Rolf G. Heinze · Claus Offe (Hrsg.)
Formen der Eigenarbeit

Rolf G. Heinze · Claus Offe (Hrsg.)

Formen der Eigenarbeit

Theorie, Empirie, Vorschläge

Springer Fachmedien Wiesbaden GmbH

CIP-Titelaufnahme der Deutschen Bibliothek

Formen der Eigenarbeit: Theorie, Empirie, Vorschläge /
Rolf G. Heinze; Claus Offe (Hrsg.). – Opladen: Westdt.
Verl., 1990
ISBN 978-3-531-12164-2   ISBN 978-3-322-94186-2 (eBook)
DOI 10.1007/978-3-322-94186-2
NE: Heinze, Rolf G. [Hrsg.]

Der Westdeutsche Verlag ist ein Unternehmen der Verlagsgruppe Bertelsmann International.

Ursprünglich erschienin bei Westdeutscher Verlag GmbH, Opladen 1990

Inhalt

III. Normative, ordnungs- und steuerungspolitische Fragen und Entwicklungsperspektiven

Rolf G. Heinze / Claus Offe

Einleitung

Die „Trennung von Haushalt und Betrieb" gilt seit Max Weber (1965, S. 16 [1920]) als eines der wichtigsten Kennzeichen des wirtschaftlichen und sozialen Modernisierungsprozesses westlicher Gesellschaften. Burkart Lutz (1984) hat im gleichen Sinne die wirtschaftliche und soziale Entwicklung in Deutschland nach dem Modell einer „Prosperitätsspirale" gedeutet; damit ist bei ihm ein säkularer, nunmehr zum Abschluß gelangender Vorgang gemeint, in dem der auf hauswirtschaftlicher und kleinhandwerklicher Produktion beruhende „traditionelle" Sektor der Versorgung und des Bedarfsausgleichs vom industriellen Sektor aufgesogen wird und gleichzeitig die auf diese Weise freigesetzten Arbeitskräfte und Konsumpotentiale auf den industriellen Sektor umgelenkt werden.

Wenn auch dieser säkulare Prozeß gewiß weit fortgeschritten ist, so haben doch andererseits die wirtschaftssoziologischen, empirisch-vergleichenden Studien (z.B. Pahl 1984; 1988) ebenfalls viel für sich, die in deskriptiver – und zum Teil auch in normativer und prognostischer – Perspektive darauf bestehen, daß mit gewichtigen Gegentendenzen zu rechnen ist. Nutzenstiftende Tätigkeiten finden nach wie vor keineswegs nur dort statt, wo förmliche, betrieblich organisierte Erwerbsarbeit in „Betrieben" vorkommt und wo Arbeitskraft bzw. die sachlichen Resultate ihres Einsatzes gegen Geldeinkommen getauscht werden. Vielmehr hat eine breite Diskussion über den Begriff der Arbeit in entwickelten Industriegesellschaften (vgl. aus unterschiedlicher Sicht Anthony 1977; Gorz 1980; Dahrendorf 1983; Offe 1984; Lafontaine 1988; Clausen 1988) Anhaltspunkte dafür herausgearbeitet, daß die zentrale Stellung der förmlichen Erwerbsarbeit in der Lebensweise, der Sozialstruktur und der Konfliktdynamik fortgeschrittener Industriegesellschaften durchaus fragwürdig geworden ist.

Wichtige Anstöße zu einer Ausweitung des Arbeitsbegriffs auf Tätigkeiten außerhalb der Erwerbssphäre kamen schon in den siebziger Jahren aus der Frauenbewegung, welche die Beschränkung von „Arbeit" auf das institutionelle Gehäuse der betrieblichen Erwerbsarbeit und die damit offenbar implizierte Herabsetzung der „Hausarbeit" einer wohl begründeten Kritik aussetzte. Diese, in Sozialwissenschaft und Ökonomie bis dahin übliche Gleichsetzung von Arbeit und Erwerbsarbeit wurde aber nicht nur durch den Aufstieg der Frauenbewegung und anderer neuer sozialer Bewegungen problematisiert. Auch sozialwissenschaftliche Untersuchungen über das Zeitbudget privater Haushalte haben eine Fülle von „nutzenstiftenden" Tätigkeiten identifiziert, die nicht als formelle Erwerbsarbeit verrichtet werden, also z.B. die Eigenarbeit im Haushalt, die Nachbarschafts- und Selbsthilfe, verschiedene Arten von Ehrenämtern, Vereinstätigkeiten etc. (vgl. die Beiträge in Glatzer/Berger-Schmitt 1986). In neu auftauchenden Begriffsbildungen wie „care work" oder „Konsumarbeit" zeigt sich die Unzulänglichkeit einer Gleichsetzung von Arbeit mit Erwerbsarbeit einerseits, von Haushalt und Freizeit mit Konsum und „zweckfreier Muße" andererseits. Angemessener wäre demgegenüber eine Dreiteilung von Erwerbsarbeit, anderer Arbeit und konsumtiver Zeitnutzung. Einer solchen Dreiteilung entspricht die in den US-amerikanischen Sozialwissenschaften neuerdings stark beachtete Erscheinung eines „dritten Sektors" (Powell 1987 sowie bereits Levitt 1973), welche die Aufmerksamkeit auf jene Sphäre zwischen Erwerbsarbeit und reinem Konsum richtet – zumeist in der mehr oder weniger deutlich ausgesprochenen Absicht, in dieser Sphäre Auswege aus den Engpässen und Funktionsschwächen bürokratisch und professionell organisierter sozialer Dienstleistungsarbeit zu weisen und gleichzeitig unter den Bedingungen anhaltend hoher Arbeitslosigkeit mögliche Rückzugswege für die am Arbeitsmarkt nicht „unterkommenden" Teile des Arbeitsangebotes zu eröffnen.

Vor dem Hintergrund dieser sehr vielfältigen Motive, Erwartungen und Orientierungen erfreut sich jener Teil der gesellschaftlichen Arbeit, der nicht betrieblich gebundene Erwerbsarbeit ist, einer anhaltenden und eher noch wachsenden gesellschaftlich-kulturellen, staatlich-politischen und auch sozialwissenschaftlichen Aufmerksamkeitskonjunktur. Angesichts der zumindest für Westeuropa gut begründbaren Zweifel daran, ob die Wiederherstellung von Vollbeschäftigung ein realistisches Ziel sein kann (und wenn ja: unter Inkaufnahme welcher Arbeitsbedingungen, Einkommensverteilungen und Umweltbelastungen), ist zu erwarten, daß das theoretische und praktische Interesse an einem Neuzuschnitt des Verteilungsmusters zwischen formeller Erwerbsarbeit und informeller, d.h. nicht durch Marktmechanismen bzw. betriebliche Herrschaftsverhältnisse zugewiesener und entgoltener nützlicher Tätigkeit in absehbarer Zeit erlöschen wird. Allerdings sind unter den in der Bundesrepublik und anderen vergleichbaren Ländern herrschenden sozial- und wirtschaftsstrukturellen, nicht zuletzt auch sozialrechtlichen Bedingungen, die Möglichkeiten einer produktiven Anwendung des menschlichen Arbeitsvermögens oder „Tätigkeitspotentials" in Bereichen außerhalb der Erwerbsarbeit außerordentlich beschränkt und mit materiellen und immateriellen Opfern belastet. Diejenigen Bevölkerungsgruppen, die sowohl nutzbare Zeitressourcen zur Verfügung hätten als auch aufgrund ihrer Versorgungslage motiviert sein könnten, sich vermehrt im Bereich der informellen Tätigkeiten zu engagieren, sind hierzu aus institutionellen Gründen am wenigsten in der Lage. Angesichts bestehender institutioneller Barrieren besteht gewiß wenig Anlaß zu einer vorbehaltlos positiven, gar gedankenlos romantisierenden Würdigung des „autonomen", „befriedigenden" und solidaritätsstiftenden Charakters von Tätigkeitsformen, die jenseits der Berufs- und Betriebsarbeit liegen.

Auch begrifflich-analytisch sind gegen eine allzu expansive Neubestimmung des Arbeitsbegriffs Einwände zu erheben. Von „Arbeit" kann nur dann gesprochen werden, wenn eine Tätigkeit durch ein vorbedachtes und nicht nur von den Arbeitenden selbst, sondern auch von anderen als nützlich bewertetes Ziel geleitet wird und wenn sich die auf dieses Ziel gerichteten Anstrengungen in einer gewissen Übereinstimmung mit dem gesellschaftlich erreichten Stand der technischen Produktivität befinden. Nach diesen beiden Kriterien der sozialen Validierung von Zielen und der Effizienz des Mitteleinsatzes würde etwa ein großer Teil der als „Hobbies" betriebenen Tätigkeiten nicht sinnvollerweise der Sphäre der „Arbeit" zugerechnet werden können, sondern müßte – wie etwa auch sportliche Tätigkeit – als eine konsumtive Art der Freizeitverwendung klassifiziert werden. Überall dort, wo der „Arbeitsprozeß" und sein „Ergebnis" schwer oder überhaupt nicht voneinander zu trennen sind und der Nutzen der Tätigkeit in ihrem „Prozeßnutzen" aufgeht, wird man deshalb nicht sinnvoll von „Arbeit" sprechen wollen.

Auch in normativer Hinsicht ist Skepsis angebracht. Allzu oft übersieht das Lob der angeblich „autonomen" informellen Arbeit die Einbußen an Freiheit, Gleichheit und Sicherheit, die mit solchen Tätigkeitsformen regelmäßig einhergehen. Diese Werte werden überall dort beeinträchtigt und oft manifest verletzt, wo Formen informeller Arbeit zu ungeschützten und rechtlich ungestalteten Verpflichtungsverhältnissen führen, gegen deren Zumutungen sich die Beteiligten nicht wehren können. Eine Schattenseite zumindest der „Schattenarbeit" besteht zudem häufig darin, daß sie zu sozialräumlichen Versorgungsmustern führt, die wesentlich ungleichmäßiger und lückenhafter sind, als es im Lichte der sozialstaatlichen Norm einer „Gleichartigkeit der Lebensverhältnisse" als wünschenswert erscheint. Denn keineswegs in allen sozialen Schichten, Subkulturen, Stadtvierteln, Verwandtschaftsnetzen, Alters- und Berufsgruppen gelingt es gleichermaßen, informelle Arrangements des Bedarfsausgleichs ins Leben zu rufen und funktionsfähig zu halten; vielmehr spricht viel dafür, daß die Verteilungsverhältnisse, die sich aus der formellen Ökonomie ergeben, von der informellen Ökonomie gerade nicht kompensiert, sondern eher noch verstärkt werden.

Trotz dieser begrifflich-analytischen und normativen Bedenken, von denen sich die Neigung zur Überschätzung der Leistungsfähigkeit informeller Arbeit ernüchtern lassen sollte, spricht viel dafür, daß der Bedarf an Hilfe, Kooperation und Unterstützung in dem Maße wächst, wie Staat und Markt als Träger des Bedarfsausgleichs lückenhaft werden und das Arrangement der Versorgung im traditionellen Familienhaushalt an deutliche Leistungsgrenzen stößt (vgl. Heinze et al. 1988, S. 177ff.). In dieser Situation käme es darauf an, auf dem Wege einer gewissen Formalisierung und institutionellen Sicherung informeller Arten nützlicher Tätigkeit den Umfang der sozialen Fremdbestimmung und Abhängigkeit zu mildern, die mit selbstorganisierten informellen Leistungen oft einhergehen, um so ihre Attraktivität zu steigern. Dazu sind, wie wir vermuten, am ehesten *markt-ähnliche* Arrangements geeignet, die jeden Fall eines Leistungsaustauschs bzw. einer Hilfe vom übereinstimmenden Willen der beteiligten Partner abhängig macht. In diesem Zusammenhang haben die Herausgeber des vorliegenden Bandes Überlegungen über ein als „Kooperationsring" bezeichnetes Modell angestellt (vgl. Offe/Heinze 1986 sowie 1990), dessen wichtigste Kennzeichen darin bestehen,

- daß innerhalb eines überschaubaren sozialräumlichen Bereichs Dienstleistungen und Hilfen auf der Basis einer Gutschein-Währung getauscht werden und
- daß das Zustandekommen und der Bestand eines derartigen, durch nicht-konvertible Nebenwährung ausgegrenzten Marktes öffentlich subventioniert wird, nämlich durch die Bereitstellung einer geeigneten materiellen und rechtlich-institutionellen Infrastruktur.

Von einem solchen Arrangement könnte man den Vorteil erwarten, daß der informelle Leistungsaustausch von den immer ebenso zu- wie anfälligen lokalen Solidaritäts- und Reziprozitätsbeziehungen abgekoppelt würde, daß aber andererseits auch der Ausweg über eine schematisierende und standardisierende Kollektivversorgung bzw. über eine Marktversorgung und ihre Preismechanismen ein Stück weit vermieden werden könnte. Auf diese Weise würden die drei heute verfügbaren institutionellen Alternativen der einzelhaushaltlichen (familiären) Selbstversorgung, des Bedarfsausgleichs über den Markt und der Versorgung über öffentliche Dienstleistungseinrichtungen um eine weitere *institutionelle Option* ergänzt.

Die inzwischen zum Abschluß gekommenen Forschungen der Herausgeber über empirische und theoretische Aspekte solcher „Nebenmärkte" werden an anderer Stelle veröffentlicht (vgl. Offe/Heinze 1990). Die Beiträge des vorliegenden Bandes beschreiben und analysieren, wie in verschiedenen Bedarfsbereichen und in mehreren untersuchten Ländern sich zwischen Privathaushalt und (Arbeits-)Markt soziale Netzwerke entwickelt haben, in denen Hilfen und andere Formen überhaushaltlicher Kooperation stattfinden. In den Beiträgen des ersten Teils wird der empirische Wissensstand über organisierte Eigenarbeit in der Bundesrepublik präsentiert. Hieran schließt sich eine ausgewählte Zusammenstellung internationaler Erfahrungen mit Formen solidarischer Selbsthilfe und Eigenarbeit an. Vor allem die Beispiele aus den USA und aus Kanada können Anregungen dafür geben, wie man gesellschaftliche Tätigkeitsfelder aktivieren könnte, ohne daß auf monetäre Anreize oder öffentliche Zwangsverpflichtungen zurückgegriffen werden müßte. Gerade weil es bisher an institutionellen Mechanismen fehlt, die es erlauben würden, ein in dem Medium „Zeit" gemessenes Tätigkeitspotential in „Nutzen" umzusetzen, *ohne* daß man darauf angewiesen wäre, das Geldmedium „zwischenzuschalten", sind solche sozial innovatorischen „Erfindungen" und Experimente aus anderen Ländern von hohem Interesse. An ihnen lassen sich zugleich die Probleme und Schwierigkeiten illustrieren, mit denen derartige überhaushaltliche Kooperationsformen regelmäßig belastet sind.

In jedem Fall stehen Vorschläge für die Neuorganisation freiwilliger sozialer Tätigkeiten und selbstorganisierter Hilfen in engem Zusammenhang mit normativen und ordnungspolitischen Fragen und Interessen. Diese beziehen sich u.a. auf das Verhältnis solcher Modelle zu dem Arbeitsbegriff, wie er von den Gewerkschaften vertreten und institutionalisiert wird, aber auch auf die staatliche Arbeitszeit-, Einkommens-, Arbeitsmarkt- und Sozialpolitik. Auch zu diesen Fragen enthält der vorliegende Band einschlägige Analysen.

Bochum und Bremen, Frühjahr 1989

Rolf G. Heinze Claus Offe

Literatur

Anthony, D., 1977: The Ideology of Work. London.
Clausen, L., 1988: Produktive Arbeit, destruktive Arbeit. Berlin/New York.
Dahrendorf, R., 1983: „Wenn der Arbeitsgesellschaft die Arbeit ausgeht", in: *J. Matthes* (Hrsg.), Krise der Arbeitsgesellschaft? Verhandlungen des 21. Deutschen Soziologentages in Bamberg. Frankfurt a.M./New York, S. 25-37.
Glatzer W., und *R. Berger-Schmitt* (Hrsg.), 1986: Haushaltsproduktion und Netzwerkhilfe. Frankfurt a.M./New York.
Gorz, A., 1980: Abschied vom Proletariat: Jenseits des Sozialismus. Frankfurt a.M.
Heinze, R.G., T. Olk und *J. Hilbert*, 1988: Der neue Sozialstaat. Analyse und Reformperspektiven. Freiburg.
Lafontaine, O., 1988: Die Gesellschaft der Zukunft. Hamburg.
Levitt, T., 1973: The Third Sector: New Tactics for a Responsive Society. New York.
Lutz, B., 1984: Der kurze Traum immerwährender Prosperität. Eine Neuinterpretation der industriell-kapitalistischen Entwicklung im Europa des 20. Jahrhunderts. Frankfurt a.M./New York.
Offe, C., 1984: „Arbeit als soziologische Schlüsselkategorie?", in: *ders.*, Arbeitsgesellschaft: Strukturprobleme und Zukunftsperspektiven. Frankfurt a.M./New York, S. 13-43.
–, und *R.G. Heinze*, 1986: „Am Arbeitsmarkt vorbei. Überlegungen zur Neubestimmung 'haushaltlicher' Wohlfahrtsproduktion in ihrem Verhältnis zu Markt und Staat", in: Leviathan, 14, S. 471-495.
–, und *R.G. Heinze*, 1990: Organisierte Eigenarbeit. Das Modell Kooperationsring. Frankfurt a.M./New York.
Pahl, R.E., 1984: Divisions of Labour. Oxford/New York.
– (Hrsg.), 1988: On Work. Historical, Comparative & Theoretical Approaches. Oxford.
Powell, W.W. (Hrsg.), 1987: The Nonprofit Sector. A Research Handbook. New Haven/London.
Weber, Max, 1965 [1920]: Die protestantische Ethik. München.

I. Der empirische Wissensstand über organisierte Eigenarbeit

Wolfgang Glatzer

Die Rolle der privaten Haushalte im Prozeß der Wohlfahrtsproduktion

Dieser Beitrag befaßt sich mit der Rolle der privaten Haushalte im Prozeß der Wohlfahrtsproduktion. Ich beginne mit der Darstellung einiger Grundgedanken des Konzepts der Wohlfahrtsproduktion (1) und behandele anschließend das Leistungspotential und die Leistungsgrenzen der Haushalte bzw. der Haushaltsproduktion (2). Dann gehe ich auf die Haushaltsproduktion in der Bundesrepublik ein, insbesondere auf die Frage, wie sich ausgewählte Aktivitäten der Haushaltsproduktion in der zurückliegenden wirtschaftlichen Stagnationsphase entwickelt haben (3). Das abschließende Kapitel befaßt sich mit den langfristigen Entwicklungstendenzen, die die Wohlfahrtsproduktion der postindustriellen Gesellschaft verändern (4).

1. Das Konzept der Wohlfahrtsproduktion

Wohlfahrt ist eine grundlegende individuelle und gesellschaftliche Zielvorstellung mit einer langen Tradition (Noll 1980, S. 6). Nach einem heute verbreiteten Verständnis bezeichnet der Wohlfahrtsbegriff sowohl die objektiven Lebensbedingungen als auch die wahrgenommene Lebensqualität von Individuen (Glatzer/Zapf 1984). Sowohl individuell als auch gesellschaftlich werden Wohlfahrtsziele mehr oder weniger nachdrücklich angestrebt. Um Wohlfahrtsziele zu erreichen, müssen Ressourcen mobilisiert und Aktivitäten bzw. Arbeitsleistungen organisiert werden. In einem ganz allgemeinen Verständnis werden dabei „inputs" in „outputs" umgewandelt, die zur Wohlfahrt beitragen. Dies kann man als Produktionsprozeß betrachten, und deshalb spricht man von „Wohlfahrtsproduktion".

Das Konzept der Wohlfahrtsproduktion ist inzwischen von mehreren Sozial- und Wirtschaftswissenschaftlern mitgestaltet worden. Zu den grundlegenden Beiträgen gehört Terleckyjs (1981) Konzept der „sozialen Produktion" (social production). Im Anschluß an die „nationale Zielanalyse" (national goals analysis) geht er von einer Vielzahl von Wohlfahrtszielen aus, die in einer Gesellschaft in umfassenden Produktionsprozessen angestrebt werden. An diesen Produktionsprozessen sind private und öffentliche Akteure mit unterschiedlichen Ressourcen und Aktivitäten beteiligt.

Oft sind mehrere Aktivitäten zur Produktion eines Gutes notwendig, und meist trägt jede Aktivität zur Produktion mehrerer Güter bei (joint production). Terleckyjs Anliegen ist es, in einer Ressourcenrechnung für die soziale Produktion den Verbrauch von Ressourcen angemessen aufzuzeigen. Neu ist dabei, daß er unter „inputs" nicht nur die finanziellen Aufwendungen, sondern auch den Zeitaufwand – also den Verbrauch der knappen gesellschaftlichen Zeitressourcen – berücksichtigt.

In manchem ähnlich zu Terleckyj werfen Juster et al. (1981) die Frage nach dem Umwandlungsprozeß von Ressourcen durch Aktivitäten in Endprodukte auf. Unter Endprodukten verstehen sie Beiträge zum individuellen Wohlbefinden. Die Erhöhung des Wohlbefindens unterliegt zwei grundsätzlichen Restriktionen, die im vorhandenen „Kapitalstock" und der Knappheit von Zeit bestehen. Der Kapitalstock wird dabei sehr umfassend verstanden und schließt menschliche Fähigkeiten und Wissen, soziale Netzwerke und Familienbeziehungen, Nachbarschaften und Gemeinschaften, Umweltressourcen wie Klima und Wasserqualität und auch gesellschaftspolitische Ressourcen ein. Die Beiträge zum Wohlbefinden entstehen auf zweierlei Weise: erstens als Bewertung des erreichten Zustands (satisfaction with outputs) und zweitens als unmittelbare Wohlfahrtserträge von Aktivitäten (process benefits). Beides ist weitgehend unabhängig voneinander. Insbesondere die Beachtung der „process benefits" ist durch diesen Ansatz gefördert worden.

Auf diese Konzepte aufbauend hat Zapf (1984) das Konzept der Wohlfahrtsproduktion weiterentwickelt. Er unterscheidet vier zentrale Instanzen der Wohlfahrtsproduktion, die über spezifische Allokations- und Entscheidungsmechanismen verfügen. Es sind dies die Märkte/Unternehmen, der Staat, die Assoziationen und die Privathaushalte. Jede Instanz produziert eine typische Klasse von Gütern; die Unternehmen bieten auf dem Markt „private" Güter an; der Wohlfahrtsstaat stellt „öffentliche" Güter bereit; die Assoziationen (z.B. Verbände, Vereine) sind für „kollektive" Güter zuständig; und der Haushalt stellt schließlich die „personalen" Güter her. Die Produktion durch diese vier Institutionen erfolgt teils substitutiv und teils komplementär; in den Steuerungsprozessen kommt es darauf an, die unvermeidbaren Abweichungen von den Zielen zu minimieren.

In allen Ansätzen kommt dem privaten Haushalt im Vergleich zu den anderen Instanzen der Wohlfahrtsproduktion eine besondere Bedeutung zu: Seinen theoretischen Stellenwert erhält der private Haushalt[1] dadurch, daß er die Produkte anderer gesellschaftlicher Institutionen und Prozesse im Rahmen seines Haushaltsführungsstils selektiv aufnimmt, weiterver-

1 Der Begriff Haushalt bezeichnet Personen, die zusammen wohnen und gemeinsam wirtschaften, sowie den darauf aufbauenden gemeinsamen Lebenszusammenhang. Der sozioökonomische Haushaltsbegriff unterscheidet sich vom sozialbiologischen Familienbegriff; er bezieht sich auch auf nicht-familiale Haushaltsformen, die sich im Zusammenhang einer Pluralisierung der Lebensstile verbreiten (vgl. Spiegel 1986).

wendet und in Wohlfahrtserträge (Haushaltsproduktion) umwandelt. In ihm schlagen sich die Leistungen aller gesellschaftlichen Institutionen und Prozesse nieder und werden zu einem haushaltsspezifischen Lebensstil integriert. Das, was das Individuum letzten Endes an Wohlfahrtsleistungen erhält und nutzen kann, ist zu einem erheblichen Maß durch den eigenen Haushalt gefiltert und geformt.

2. Leistungspotential und Leistungsgrenzen der Haushaltsproduktion

2.1 Besonderheiten der Haushaltsproduktion

Einige Besonderheiten der Haushaltsproduktion, die im Vergleich zu den anderen Institutionen der Wohlfahrtsproduktion bestehen, werden in vier Dimensionen betrachtet: die Struktur der Produktionsprozesse, der Charakter der Arbeitstätigkeiten, der Typus der Güter und Dienste und die Art der Bedürfnisbefriedigung (vgl. Glatzer 1986). Der Begriff der Produktion ist in vielen Zusammenhängen über seine enge Fassung hinausgehend, die die Produktion materieller Güter betraf, erweitert worden. Im Konzept der Wohlfahrtsproduktion wird – wie dargestellt worden ist – die Erreichung vielfältiger materieller und immaterieller Wohlfahrtsziele und die dafür erfolgende Allokation von Ressourcen als Produktionsprozeß begriffen. Der Vorzug einer weiten Fassung des Produktionsbegriffs besteht darin, daß damit umfassende Vergleiche der Institutionen der Wohlfahrtsproduktion im Hinblick auf die breite Palette ihrer Leistungen vorgenommen werden können.

Die augenfälligen Unterschiede zwischen der marktwirtschaftlichen und der hauswirtschaftlichen Produktion bestehen in deren Zielsetzung: Produktion für den eigenen Bedarf („Subsistenzproduktion") und Produktion für den Markt („Warenproduktion"). Damit ist ein ganz zentraler Unterschied im Anforderungsprofil verbunden. Die Unternehmen stellen wenige gleichartige Produkte in großer Menge her, und darauf beruhen die Vorzüge der Massenproduktion. Die Haushalte stellen viele ungleichartige Produkte in kleiner Menge her, und darauf beruht ihre ökonomische und gesellschaftliche Stärke. Sie haben eine geringere Produktivität aufzuweisen und bieten dafür eine höhere Flexibilität.

Obwohl in der Bezeichnung „Hausarbeit" der Begriff „Arbeit" implizit enthalten ist, wurde den Haushaltstätigkeiten oft nicht zugestanden, daß es sich um Arbeit im engeren Sinn handelt (vgl. Pieper 1986). Den Haushalt als Arbeitsplatz und Arbeitsbereich anzuerkennen, ist eine Sichtweise, die sich erst spät durchzusetzen beginnt. Da sich aber so gut wie für jede Aktivität in der Haushaltsproduktion ein Äquivalent im Erwerbssystem finden läßt, ist die Argumentation schwerlich zu rechtfertigen, die nur den Aktivitäten im Erwerbssystem das Prädikat Arbeit zugestehen will. Hausarbeit kann jedoch als unbezahlte Arbeit bezeichnet werden, obwohl dagegen aus marxistischer Sicht Einwände erhoben werden. Haushaltstätigkeiten werden im Alltag teils als Arbeit, teils als Freizeit und teils als eine Mischung aus beidem von den Betroffenen wahrgenommen. Die „process benefits" von Tätigkeiten variieren unabhängig von ihrem Arbeitscharakter; teilweise sind berufliche Tätigkeiten beliebter als Freizeit- und Haushaltstätigkeiten (Berk/Berk 1979).

Die Arbeit im Haushalt erfolgt personenbezogen und hat aus diesem Grund eine ausgeprägte psychische Dimension; ihr Ziel liegt primär im subjektiven Wohlbefinden der Haushaltsmitglieder. In der Haushaltsproduktion erfolgt deshalb immer auch „Beziehungsarbeit" und „Gefühlsarbeit". Es handelt sich dabei um Komponenten von Arbeitsleistungen, die im Erwerbssystem ebenfalls anzutreffen sind, aber im Haushalt haben sie in der Regel einen viel höheren Stellenwert.

Die Haushaltsproduktion besteht insgesamt aus der Erzeugung von Gütern, Diensten und immateriellen Wohlfahrtserträgen. Es handelt sich vorwiegend um Endprodukte, die direkt verbraucht werden können und die einen unmittelbaren Wohlfahrtsertrag haben („basic commodities"). Während private Güter, öffentliche Güter und kollektive Güter in der Regel für eine anonyme Nachfrage erstellt werden, werden die Güter der Haushaltsproduktion für eine bestimmte Person bzw. kleine Gruppe erzeugt. Während die Erreichbarkeit privater Güter von der Kaufkraft abhängt und von der Nutzung öffentlicher Güter dem Prinzip nach niemand ausgeschlossen ist, entscheidet über die Zugänglichkeit personenbezogener Güter die Zugehörigkeit zu einem bestimmten Haushalt. Aus dieser Sicht sind die personenbezogenen Güter des Haushalts „exclusive" Güter, von denen andere ausgeschlossen sind. Zwischen demjenigen, der diese Güter produziert, und denjenigen, die sie in Anspruch nehmen, besteht eine soziale Beziehung. Aufgrund dieser sozialen Beziehung verbindet sich mit personenbezogenen Gütern oft eine situative Bedeutung bzw. ein symbolischer Gehalt. Die Wertschätzung eines Gutes beruht also nicht allein auf seinem Gebrauchswert, sondern auch auf der spezifischen Situationsdefinition und den damit verbundenen immateriellen Wohlfahrtserträgen.

Die Produktion von Gütern, Dienstleistungen und immateriellen Wohlfahrtserträgen soll letzten Endes der Befriedigung von Bedürfnissen dienen. Auch wenn Bedürfnisse teilweise plastisch, anpassungsfähig und beeinflußbar sind, stellen sie doch eine kritische Instanz dar, um zu beurteilen, wie gesellschaftliche Leistungen bei den Individuen ankommen (Hondrich/Vollmer 1983).

Im Grunde nimmt der private Haushalt auf die Befriedigung aller Bedürfnisse, die bedürfnistheoretisch als wichtig angesehen werden, mehr und weniger Einfluß. Angefangen mit grundlegenden physiologischen Bedürfnissen, wie dem nach Nahrung, bis hin zu den höheren Bedürfnissen, wie dem nach Selbstverwirklichung, ist dem Haushalt eine bedeutsame Beeinflussung nicht abzusprechen. Im Rahmen des Lebenszusammenhangs eines privaten Haushalts findet eine multiple Bedürfnisbefriedigung statt. Der Befriedigung emotionaler und Zuneigungsbedürfnisse kommt dabei ein besonderer Stellenwert zu – nicht nur in den Familien, wie es die Familiensoziologie betont, sondern auch in den vielfältigen neuen Haushaltstypen.

2.2 Leistungsgrenzen der privaten Haushalte

Die verschiedenen Institutionen der Wohlfahrtsproduktion werden nicht selten auf ihre Schwächen und Restriktionen hin untersucht. Unter dem Stichwort „Marktversagen" wird aufgezeigt, unter welchen Bedingungen der Marktmechanismus zu ineffizienten Ergebnissen führt. Das Konzept des „Staatsversagens" bezieht sich auf die Überforderung der gesellschaftspolitischen Leistungsfähigkeit. Auch den Assoziationen, von den großen Verbänden bis zu den Selbsthilfeeinrichtungen, werden ihre Leistungsschranken aufgezeigt, z.B. wenn vernachlässigte Interessen nicht artikuliert werden oder nicht organisiert werden können.

Solche prinzipiellen Leistungsgrenzen lassen sich für den privaten Haushalt ebenfalls nennen: Er kann keine Güter in „Massenproduktion" herstellen, er kann keine „öffentlichen" Einrichtungen bereitstellen, und er kann keine interessenbezogenen Kollektivgüter erzeugen. Aber damit bleiben immer noch weitreichende Produktionsfelder offen.

Neben prinzipiellen Leistungsgrenzen sind die Belastungsgrenzen des einzelnen Haushalts von Bedeutung. Gerade da die privaten Haushalte sehr viele Aufgaben übernehmen können, sind Selektionsentscheidungen notwendig, um eine Überforderung zu vermeiden. Ein Verfahren zur Entlastung ist die zeitliche Verteilung größerer Aufgaben über den Lebenslauf (z.B. die Haushaltsgründung, das Aufziehen der Kinder, der Hausbau, die Pflege von Eltern oder Ehepartner). Wenn mehrere solche Anforderungen zur gleichen Zeit bestehen, besteht die Gefahr der Überforderung.

Verschiedene Haushaltsformen haben ein unterschiedliches Leistungsniveau. Der Einpersonenhaushalt einer älteren Witwe verfügt über ein weit geringeres Leistungspotential als der Vierpersonenhaushalt mit zwei erwachsenen Kindern. Also gelten für jeden Haushaltstyp spezifische Leistungsgrenzen. Für die Gesamtheit der Haushalte gilt allerdings, daß ihr Leistungspotential aus demographischen Gründen schrumpft, weil der Anteil alter Menschen und damit verbunden der Anteil der leistungsschwächeren Einpersonenhaushalte säkular ansteigt.

Die Leistungsdefizite der leistungsschwächeren Haushaltsformen könnten nun durch Netzwerkhilfe von Verwandten, Freunden, Nachbarn und Kollegen ausgeglichen werden. Doch hier haben empirische Untersuchungen gezeigt, daß zwar die hilfebedürftigen Haushalte ein höheres Maß an

Unterstützung erhalten, das aber zur Kompensation der eigenen Leistungsdefizite nicht ausreicht. Die Begrenztheit der Netzwerkhilfe zwischen den Haushalten stellt eine weitere Leistungsgrenze der Haushaltsproduktion dar.

Die Hauptlast der Haushaltsproduktion wird von den Frauen getragen. Wenn diese sich, wie es geschieht, stärker am Erwerbsleben beteiligen, dann bedeutet dies eine Verringerung des Leistungspotentials im Haushalt. Doch dies könnte durch eine stärkere Beteiligung der Männer an der Hausarbeit kompensiert werden, und neue Muster der Arbeitsteilung in der jüngeren Generation sprechen für eine solche Entwicklung.

Eine weitere Leistungsgrenze wird als „Modernisierungsfalle" (Offe/Heinze 1986; Rammert 1986) bezeichnet. Darunter wird verstanden, daß im Prozeß der Industrialisierung und Modernisierung der Gesellschaft die Kenntnisse und Motivationen verloren gingen, die zu einer intensiveren Haushaltsproduktion benötigt werden. Doch auch diese Modernisierungsfalle erweist sich als weniger harte Barriere, wenn man die vielen Möglichkeiten in Betracht zieht, sich handlungsrelevante Kenntnisse und Motivationen kurzfristig zu erwerben (Fleischmann 1983).

Die Produktion in den privaten Haushalten verursacht immer auch Kosten, die teils jeder Haushalts selbst zu tragen hat, teils stellen sie „Sozialkosten" dar, also Schäden und Verluste, die von dritten Personen oder der Gesamtheit getragen werden. Das Konzept der Sozialkosten wurde zwar für den Marktsektor entwickelt, die Probleme bestehen jedoch analog in der Haushaltsproduktion. Die Beispiele für Sozialkosten – Unfälle, Krankheiten, Wasser- und Luftverunreinigung, Abfall, nachteilige Wirkungen auf die Persönlichkeitsentwicklung – sind auch Nebenfolgen der Haushaltsproduktion, die dazu führen, daß ihr gesellschaftspolitisch Grenzen gezogen werden.

Ein letzter wichtiger Aspekt für die Leistungsgrenzen der privaten Haushalte liegt in den Prozessen der Wohlfahrtsproduktion, die komplementär erfolgen. Wenn der Beitrag des Marktsektors oder des Wohlfahrtsstaates in verbundenen Produktionsprozessen unzureichend ist, dann sind auch der Haushaltsproduktion Grenzen gesetzt. Konkret heißt dies, daß eine Rücknahme wohlfahrtsstaatlicher Leistungen oder eine Verschlechterung der Marktversorung gerade dazu führen kann, daß auch das Leistungspotential der privaten Haushalte reduziert wird.

Insgesamt lassen sich keine harten, unverrückbaren Schranken für das Leistungspotential der Haushalte aufzeigen, wohl aber Barrieren, Restriktionen und Belastungen, die es flexibel eingrenzen.

3. Haushaltsproduktion in der wirtschaftlichen Stagnation

3.1 Güter- und personenbezogene Leistungen im Haushalt

Die erste Hälfte der achtziger Jahre stellt eine in der Bundesrepublik bisher einmalige Phase wirtschaftlicher Stagnation dar, in der die strukturelle Arbeitslosigkeit, die Wachstumsschwäche der Wirtschaft, die Überforderung der öffentlichen Haushalte und die Kumulation ökologischer Probleme die privaten Haushalte vor Anpassungszwänge stellten. Die Schwierigkeiten, die sich in dieser Situation für viele Haushalte und Familien ergeben, werden – so lautet eine Hypothese – durch eine Verstärkung der Haushaltsproduktion und Schattenwirtschaft aufgefangen. Dies wäre für die Haushaltsproduktion zu prüfen.

Ein Haushalt kann im Extremfall autark sein und alle benötigten Güter und Dienste in Eigenarbeit erbringen. Ein solcher Haushalt wird als Selbstversorgungshaushalt bezeichnet. Das andere Extrem ist der Vergabehaushalt, der sich vollständig durch Leistungen des Marktes und öffentlicher Einrichtungen versorgt (Schweitzer/Pross 1976). Die zusammenfassende Interpretation der Analysen mit den Wohlfahrtssurveys[2] lautet, daß weder der eine noch der andere Begriff die reale Vielfalt zutreffend beschreibt.

Es gibt eine Reihe von typischen Haushaltsaufgaben, die über 90 % der Haushalte normalerweise selbst erledigen (vgl. Tabelle 1). Dazu gehören Einkaufen, Mahlzeiten zubereiten, die Wohnung sauberhalten, die Wäsche waschen und die Fenster putzen. Die Übertragung solcher Aufgaben an das soziale Netzwerk und marktliche Unternehmen hält sich in engen Grenzen. Nur in 4 % der Haushalte hält eine Putzhilfe die Wohnung sauber, 3 % der Haushalte geben ihre Bettwäsche an einen Waschsalon, und in 1 % der Haushalte bereiten normalerweise Verwandte (von außerhalb des Haushalts) die Mahlzeiten zu. Bei diesen Haushaltsaufgaben, also bei der Hausarbeit im engeren Sinn, dominiert somit eindeutig die Selbstversorgung; Unternehmen und soziale Netzwerke haben eine sehr begrenzte Entlastungsfunktion. Zwischen 1980 und 1984 sind keine bedeutsamen Veränderungen der Beteiligung der verschiedenen Leistungsinstanzen aufgetreten.

Handwerkliche Tätigkeiten, die hin und wieder in jedem Haushalt anfallen, wie tapezieren oder einen Wasserhahn reparieren, könnte man als

---

2 Die Wohlfahrtssurveys wurden im Sonderforschungsbereich 3 der Universitäten Frankfurt und Mannheim unter der Leitung von Wolfgang Zapf, Wolfgang Glatzer und Heinz-Herbert Noll durchgeführt. Das Zentrum für Umfragen, Methoden und Analysen hat methodisch beraten, die Feldarbeit lag bei Infratest. Die Umfragen beruhen auf einer Zufallsauswahl von Bundesbürgern in Privathaushalten (also ohne Gastarbeiter und ohne Bewohner von Anstalten). Für die Ergebnisse gelten die Fehlerspielräume von Zufallsstichproben, wie sie in einschlägigen Nachschlagewerken veröffentlicht sind. Umfragen haben viele Fehlerquellen, und ihre Ergebnisse sollten als Anhaltspunkt für Größenordnungen und nicht als hyperexakte Vermessung der Realität interpretiert werden.

Tabelle 1: *Die Häufigkeit von Eigenarbeit, Netzwerkhilfe und marktwirtschaftlicher Versorgung bei ausgewählten güterbezogenen Tätigkeiten in den Jahren 1980 und 1984*

Frage: In jedem Haushalt fallen verschiedene Tätigkeiten an, die erledigt werden müssen. Bitte sagen Sie mir zu jeder Tätigkeit auf dieser Liste, wer diese in Ihrem Hauehalt normalerweise erledigt.
(Zu jeder Tätigkeit maximal zwei Nennungen)

Antwortvorgaben: der/die Befragte; anderes weibliches Haushaltsmitglied; anderes männliches Haushaltsmitglied; verwandte Person von außerhalb des Haushalts; Freunde/Bekannte; Nachbarn; Haushalts- oder Putzhilfe; Firma, Handwerksbetrieb, Kantine usw.; kommnt nicht vor

	Haushalts-angehörige		soziales Netzwerk (a)		marktl. Einrichtungen (b)	
	1980	1984	1980	1984	1980	1984
	%	%	%	%	%	%
Hausarbeit						
Wohnung sauber halten	97	96	2	3	3	5
Fenster putzen	93	91	3	5	5	6
Bettwäsche waschen	92	90	4	6	4	5
Mahlzeiten zubereiten	98		2		1	
Einkaufen	99		2		0	
Handwerkliche Arbeit						
Wasserhahn reparieren	68	63	9	12	26	27
Wohnung tapezieren	66	63	13	17	26	24

(a) Verwandte, Freunde/Bekannte, Nachbarn
(b) Haushalts- oder Putzhilfe, Firma, Handwerksbetrieb usw.

Datenbasis: Wohlfahrtssurvey 1980 (N = 2396 Haushalte)
Wohlfahrtssurvey 1984 (N = 2061 Haushalte)

typische Aufgaben von Handwerksunternehmen ansehen. Aber etwa zwei Drittel der Haushalte führen diese Arbeiten normalerweise selbst durch (vgl. Tabelle 1). Auch hier besteht also eine Tendenz zur Selbstversorgung, und die Handwerksunternehmen können in diesen Fällen eher als Ersatz für unzureichende Kapazitäten der Selbstversorgung betrachtet werden als umgekehrt. Seltener als unternehmerische Angebote wird Netzwerkhilfe für die handwerklichen Tätigkeiten in Anspruch genommen, jedoch häufiger, als dies bei den Hausarbeiten der Fall ist. 1980 und 1984 ist der Anteil der Haushalte, die Unternehmen für die genannten Tätigkeiten in Anspruch genommen haben, gleichgeblieben. Ein leichter Rückgang der Eigentätigkeiten der Haushalte wird durch häufigere Netzwerkhilfe kompensiert.

Das Auto ist ein Paradebeispiel dafür, daß die privaten Haushalte einen Aufgabenbereich – die Personentransporte – in ihre Regie übernehmen, indem sie Gebrauchsgüter, die die Industrie herstellt, mit Eigenarbeit kom-

Tabelle 2: *Die Häufigkeit von Eigenarbeit bei ausgewählten, güter- und personenbezogenen Tätigkeiten in den Jahren 1980 und 1984*

	1980 %	1984 %
güterbezogene Tätigkeiten:		
PKW-Reparatur (a)		
immer selbst	9	9
manchmal selbst	37	30
personenbezogene Tätigkeiten:		
Behinderte oder Pflegebedürftige im Haushalt	6	9
nahe Verwandte in Heim oder Pflegeeinrichtung	6	7

(a) Prozentuierungsbasis sind Haushalte mit PKW
(b) Prozentuierungsbasis sind Haushalte mit Eigenheim

Datenbasis: Wohlfahrtssurvey 1980 (N = 2396 Haushalte)
Wohlfahrtssurvey 1984 (N = 2061 Haushalte)

binieren. 76 % der Haushalte verfügen 1984 über einen PKW. Sie übernehmen aber nicht nur weitgehend Personentransporte in Konkurrenz zu öffentlichen und marktwirtschaftlichen Verkehrsangeboten, sondern sie konkurrieren auch bei Wartungs- und Reparaturarbeiten mit den Autoreparaturwerkstätten (vgl. Tabelle 2). In 9 % der Haushalte wird der eigene PKW immer selbst repariert, und 30 % der Haushalte mit PKW-Besitz reparieren ihn immerhin manchmal selbst. Wartungsarbeiten am PKW werden noch häufiger selbst durchgeführt. Von 1980 bis 1984 ist entgegen der Hypothese ein Rückgang der Häufigkeit der selbst durchgeführten Reparaturen und Wartungsarbeiten zu beobachten. Eine Erklärung dafür könnte die zunehmende technische Komplexität der Autos sein, die die Laienreparatur erschwert.

Während bei güterbezogenen Leistungen vor allem der Markt die Alternative zur Haushaltsproduktion darstellt, sind es bei den personenbezogenen Leistungen bzw. den sozialen Diensten vor allem kollektive Einrichtungen. Soziale Dienste sind auf hilfebedürftige Personen, seien es Kinder, alte Menschen, Behinderte, Kranke oder Pflegebedürftige, bezogen. Die moderne Kleinfamilie ist manchen Postulaten zufolge nicht mehr in der Lage, solche Dienste zu erbringen. Doch auch hier zeigt sich, daß Behinderte und Pflegebedürftige mindestens ebenso häufig in Familien und Haushalten betreut werden, wie Personen in Heimen und Pflegeeinrichtungen versorgt werden (vgl. Tabelle 2). Vor allem die erweiterten Familien stellen erwartungsgemäß eine Haushaltsform dar, in der oft solche Personen versorgt werden. Noch häufiger sind Behinderte und Pflegebedürftige aber in den Zweipersonenhaushalten von Ehepaaren anzutreffen. In diesen Fällen handelt es sich um ältere Ehepaare, bei denen offensichtlich ein Ehepartner die Betreuung des anderen übernimmt. Dies ist ein Beispiel dafür, daß

Tabelle 3: *Die Struktur von Tätigkeiten neben der Berufs- und Hausarbeit 1980 und 1984*

Frage: Haben Sie neben Ihrer Tätigkeit in Beruf und Haushalt noch andere Tätigkeiten, die Sie zur Zeit ausüben? Bitte geben Sie mir auch an, für welche dieser Tätigkeiten Sie Bezahlung erhalten und für welche nicht.

	unbezahlt		bezahlt	
	1980	1984	1980	1984
Weitere Tätigkeiten (a)	%	%	%	%
Hilfe bei Verwandten	17,5	18,6	0,7	0,8
Hilfe bei Freunden/Bekannten	15,7	18,2	0,7	1,0
Hilfe bei Nachbarn	10,9	12,7	0,3	0,6
ehrenamtliche Tätigkeit	13,1	9,8	0,6	0,4
land-/forstwirtschaftliche Tätigkeit	1,9	2,7	0,4	1,0
Gelegenheitsarbeit	1,6	2,1	3,1	3,0
Nebentätigkeit	0,7	1,5	4,3	4,6
andere Tätigkeit	4,8	4,7	0,7	0,6
Insgesamt	41,4	36,8	10,0	10,9

(a) Liste wurde vorgelegt; Mehrfachnennungen waren möglich.

Datenbasis: Wohlfahrtssurvey 1980 (N = 2396 Befragte)
Wohlfahrtssurvey 1984 (N = 2067 Befragte)

auch kleine Haushalte in der Lage sind, hochbedeutsame soziale Dienste zu erfüllen. Generell gilt, daß sich die Haushalte in Abhängigkeit von ihrer sozialdemographischen Zusammensetzung und ihrer sozioökonomischen Lage stark unterscheiden (vgl. Glatzer/Berger-Schmitt 1986).

3.2 *Dritt-Tätigkeiten und Netzwerkhilfe*

Die für den eigenen Haushalt geleisteten güter- und personenbezogenen Tätigkeiten ergäben ein unvollständiges Bild der Haushaltsproduktion, wenn nicht die Tätigkeiten zusätzlich aufgezeigt würden, die für andere Haushalte geleistet werden. Sie können zusammenfassend als Dritt-Tätigkeiten bezeichnet werden, weil sie neben den beiden Haupttätigkeiten im Beruf und im eigenen Haushalt erbracht werden. Berufsnähe besteht beispielsweise, wenn es sich um bezahlte Dritt-Tätigkeiten handelt; das ist bei etwa 10 % aller Dritt-Tätigkeiten der Fall. Haushaltsnäher sind die unbezahlten Dritt-Tätigkeiten, die etwa 40 % der Bundesbürger 1984 ausgeübt haben (vgl. Tabelle 3).

Die Verwandtschaftshilfe und die Hilfe bei Freunden und Bekannten sind die wichtigsten Kategorien der unbezahlten Dritt-Tätigkeiten. Mit einer eher geringen Häufigkeit von 8 % sind Gelegenheitsarbeiten und Nebentätigkeiten die häufigsten Kategorien bei den bezahlten Dritt-Tätigkeiten. Entgegen der Hypothese ergeben sich auch hier zwischen 1980 und 1984 keine bedeutsamen Veränderungen.

Im Grunde bleibt die Häufigkeit aller bezahlten und unbezahlten Dritt-Tätigkeiten etwa gleich, mit Ausnahme der ehrenamtlichen Tätigkeiten, die einen Rückgang erfahren haben. Die weitgehende Stabilität bei den Dritt-Tätigkeiten im Zeitablauf läßt sich auch beobachten, wenn man einzelne güterbezogene und personenbezogene Leistungen in den Jahren 1984 und 1980 vergleicht (vgl. Tabelle 4). Weitere Analysen zeigten, daß gerade die Erwerbstätigen mit wenigen Einschränkungen die Träger der Dritt-Tätigkeiten sind. (Die Einschränkungen betreffen Schüler und Studenten, die noch aktiver bei Dritt-Tätigkeiten sind und damit anzeigen, daß ohne bezahlte Nebentätigkeit ein Studium kaum zu bestreiten ist.)

Dieser Befund hilft erklären, warum die Arbeitsmarktkrise nicht zu einer drastischen Ausweitung der Haushaltsproduktion bzw. der Dritt-Tätigkeiten geführt hat. Die Beteiligung am Erwerbsleben ist sozusagen Grundlage und Stimulanz für weitere Tätigkeiten; diese sind teilweise an den Arbeitsplatz gebunden (vgl. Jessen et al. 1985, S. 415). Die aus dem Erwerbsleben ausgeschiedenen Personen sind deshalb allem Anschein nach bei Dritt-Tätigkeiten eher zurückhaltend. Die Arbeitsmarktkrise trägt aus diesem Grund mehrfach zu einer Polarisierung von Lebenslagen bei (Pahl 1985).

Auch wenn man die Perspektive wechselt und die Empfänger von Hilfeleistungen betrachtet, zeichnen sich kaum Veränderungen im Zeitablauf ab (vgl. Diewald 1985). Die subjektive Bewertung der empfangenen Hilfeleistungen wird 1984 ganz ähnlich vorgenommen wie 1980. Ganz überwiegend wurden die empfangenen Hilfeleistungen als gerade richtig beurteilt (Tabelle 5). Lediglich diejenigen, die glauben, daß ihnen Verwandte zu wenig helfen, liegen 1984 etwas über dem Anteil von 1980. Im Aggregat gesehen hat sich die Haushaltsproduktion – soweit das die verwendeten Indikatoren zeigen – in der wirtschaftlichen Stagnationsphase von 1980 bis 1984 nicht ausgeweitet, und es sind auch subjektiv kaum neue Mangellagen entstanden.

4. Die zukünftige Entwicklung der Haushaltsproduktion

Für die Entwicklungstendenzen im Hinblick auf die zukünftige gesellschaftliche Bedeutung der Haushalte und der Haushaltsproduktion gibt es drei fundamental verschiedene Szenarien.

Die erste Perspektive geht davon aus, daß die Produktionsfunktionen der Haushalte Restfunktionen vorindustrieller Zeiten darstellen, die die Industrialisierung überlebt haben, aber im Verschwinden begriffen sind. Diese Interpretation kann auf langfristige historische Trends verweisen, die eine „Entleerung" der Haushalte fördern. Dazu gehört die anhaltende Verklei-

Tabelle 4: *Hilfeleistungen in privaten Netzwerken nach Art und Empfänger der Hilfeleistung*

Frage: Welche Hifteleistungen haben Sie in den letzten 2 bis 3 Jahren für Venwandte, Freunde, Bekannte und Nachbarn erbracht?[1]

Art der Hilfeleistung	erbracht für ... Verwandte 1980	1984	Freunde 1980	1984	Nachbarn 1980	1984	Insgesamt 1980	1984
	in %							
Personenbezogene Leistungen								
bei persönl. Problemen	18,4	18,6	20,9	24,6	7,9	8,3	32,7	35,7
bei der Beaufsichtigung kleiner Kinder	16,0	16,7	9,0	9,2	7,5	6,3	26,6	28,0
bei der Betreuung kranker oder Behinderter	10,5	11,4	3,6	3,5	4,3	2,5	15,7	15,8
Güterbezogene Leistungen								
bei Wohnungsrenovierung	17,1	19,5	11,3	13,6	3,1	4,3	24,7	29,2
bei Umzug	14,6	15,1	14,7	15,1	3,2	3,0	26,8	27,7
bei Gartenarbeit	13,6	15,4	5,1	6,5	4,2	6,7	19,3	24,4
bei Hausbau/Umbau	8,8	10,2	5,7	5,9	2,2	2,3	14,1	15,5
bei Autoreparatur	5,2	5,9	7,4	7,6	2,1	3,2	10,4	11,5
Insgesamt	52,0	51,9	41,7	42,2	23,8	23,6	68,8	69,3

1 Liste vorgelegt; Mehrfachnennungen möglich; Prozentuierungsbasis der einzelnen Tabellenfelder ist die Gesamtzahl der befragten Personen.

Datenbasis: Wohlfahrtssurvey 1980, 1984

Tabelle 5: *Die subjektive Beurteilung des Umfangs erhaltener Hilfeleistungen im Rahmen privater Netzwerke*

Frage: Und wie ist das mit Hilfeleistungen, die Ihr Haushalt von Verwandten, Nachbarn und Freunden/Bekannten erhält?
Sind diese – eher mehr als gewünscht
– eher zuwenig oder
– gerade richtig?

Beurteilung	1980	1984	Hifteleistungen von Verwandten 1980	1984	Freunden Bekannten 1980	1984	Nachbarn 1980	1984
			in %					
eher zuwenig[1]			10,9	13,9	10,2	9,2	3,8	2,8
gerade richtig[1]			82,7	81,0	86,7	88,7	82,1	81,1
eher mehr als gewünscht[1]			6,3	5,1	3,1	2,2	3,8	2,8
mache alles selbst	30,0	29,7						

1 Prozentuierungsbasis ist lediglich der Anteil der Haushalte, der überhaupt Hilfe erhält

Datenbasis: Wohlfahrtssurvey 1980, 1984

nerung der Personenzahl der Haushalte, insbesondere die außerordentliche Zunahme der Einpersonenhaushalte. Hinzu kommt die steigende Erwerbstätigkeit der verheirateten Frauen; seit Jahrzehnten zeigen die jüngeren „Alterskohorten" der verheirateten Frauen ein höheres Niveau der Erwerbsbeteiligung. Damit wird den privaten Haushalten ein Leistungspotential entzogen, das ansonsten für die Haushaltsproduktion zur Verfügung stände.

In einer zweiten Interpretation wird die Haushaltsproduktion nicht als historisches Relikt, sondern als zeitgemäße Produktions- und Reproduktionsarbeit betrachtet. Das marktmäßige Erwerbssystem setzt die Reproduktionsarbeit der privaten Haushalte – vor allem der Frauen – voraus (Ostner 1984). Dadurch daß insbesondere Frauen nichtvermarktete Leistungen erbringen, halten sie den Männern den Rücken für die Berufsarbeit frei. Einer Übertragung dieser Leistungen an die Versorgungseinrichtungen des Marktes oder des Wohlfahrtsstaates sind durch den damit verbundenen Verlust emotionaler und symbolischer Leistungskomponenten enge Grenzen gesetzt. Der Haushaltsproduktion wird außerdem im Konjunkturzyklus eine gewisse Pufferfunktion zugeschrieben. Durch verstärkte Leistungen im Haushalt könnten marktbedingte Einkommensrückgänge aufgefangen oder gemildert werden. Für diese These spricht, daß die modernen Haushalte ihre Haushaltsausstattung (von den Küchengeräten bis zum Auto) auf ein hohes Niveau gebracht haben und damit „Notzeiten" überbrücken können, wenn diese vorübergehend und nicht zu schwerwiegend sind. Allerdings deutet vieles darauf hin, daß die sozialen Probleme der strukturellen Arbeitslosigkeit durch Haushaltsproduktion nicht entscheidend gemildert werden können.

In einem dritten Szenario sind die heutigen Leistungen der privaten Haushalte der Ansatzpunkt für eine Renaissance der Haushalte (Burns 1975), beziehungsweise für das Heraufziehen einer Selbstbedienungswirtschaft (Gershuny 1978; Skolka 1986). Die Sozialstruktur der nachindustriellen Gesellschaft wird demnach durch folgende Entwicklungstendenz nachhaltig geprägt: Unternehmen und Marktwirtschaft werden sich immer mehr darauf beschränken, die Kapitalgüter (und auch Vorprodukte) für die Haushaltsproduktion herzustellen, während die Produktion der Endprodukte in den privaten Haushalten stattfinden wird. Statt der oft prophezeiten Dienstleistungsgesellschaft könnte sich so überraschenderweise eine Selbstbedienungsgesellschaft entwickeln. Für diese Perspektive spricht, daß die privaten Haushalte einen hohen Stand der Technisierung erreicht haben, ein entsprechendes Humankapital besitzen und auf dieser Grundlage ein umfangreiches Leistungsspektrum erbringen können. Die bisherige und absehbare Verringerung der erwerbsmäßigen Arbeitszeit könnte das für die Haushaltsproduktion notwendige Zeitpotential freisetzen. Ein Bedeutungsgewinn der Familie im Vergleich zum Erwerbssystem könnte diese Tendenzen ergänzen (Vollmer 1986).

In einer Situation sich widerstreitender Entwicklungstendenzen ist es schwer, den wahrscheinlichen, resultierenden Entwicklungspfad zu erkennen. Keine Frage, daß auf dem Hintergrund der modernen Frauenbewegung die Rückkehr der Frauen an den „häuslichen Herd" nicht vorstellbar ist. Neue Muster der Arbeitsteilung im Haushalt werden sich ebenso durchsetzen, wie neue Arbeitszeitarrangements im Erwerbssystem. Die Technisierung der Haushalte wird sich wohl fortsetzen, aber die Utopien des durchtechnisierten Haushaltes sind wenig realistisch (Zapf et al. 1987).

Von einer Pluralisierung von Haushaltsführungs- und Lebensstilen wird mit guten Gründen gesprochen. Vieles spricht auch dafür, daß sich eine Renaissance der Haushalte eher einstellt, wenn das Marktsystem entsprechend seinen Grundzielen funktioniert und der Wohlfahrtsstaat seine infrastrukturellen und sozialpolitischen Leistungen beibehält und entwickelt; das Leistungspotential der privaten Haushalte wird demgegenüber geschwächt, wenn wohlfahrtsstaatliche Leistungen zurückgenommen werden und die Massenarbeitslosigkeit anhält.

Literatur

Berk, Richard A., und *Sarah Fenstermaker Berk*, 1979: Labor and Leisure at Home. London/Beverly Hills.

Burns, Scott, 1975: The Household Economy. Its Shape, Origins, and Future. Boston.

Diewald, Martin, 1985: Private Netzwerke, in: *Statistisches Bundesamt* (Hrsg.) 1985, Datenreport 1985. Bonn, Schriftenreihe der Bundeszentrale für politische Bildung, Bd. 226.

Fleischmann, Gerd, 1983: Zur Produktionstheorie des Haushalts: Neuer Handlungsspielraum durch Eigenarbeit, in: *Hans G. Nutzinger* (Hrsg.), Konsum und Produktion. Heidelberg.

Glatzer, Wolfgang, 1986: Haushaltsproduktion, wirtschaftliche Stagnation und sozialer Wandel, in: *ders.* und *Regina Berger-Schmitt* 1986, S. 9-50.

–, und *Wolfgang Zapf*, 1984: Lebensqualität in der Bundesrepublik. Frankfurt a.M./New York.

–, und *Regina Berger-Schmitt* (Hrsg.), 1986: Haushaltsproduktion und Netzwerkhilfe. Die alltäglichen Leistungen der Familien und Haushalte. Frankfurt a.M./New York.

Gershuny, Jonathan, 1981: Die Ökonomie der nachindustriellen Gesellschaft. Produktion und Verbrauch von Dienstleistungen. Frankfurt a.M./New York.

Hondrich, Karl Otto, und *Randolph Vollmer*, 1983: Bedürfnisse im Wandel. Opladen.

Jessen, Johann, Walter Siebel, Christa Siebell-Rebell, Uwe-Jens Walther und *Irmgard Weyrather*, 1985: Mythos informelle Ökonomie, in: Leviathan, 13. Jg., Heft 3, S. 398-419.

Juster, Thomas F., und *Kenneth C. Land*, 1981: Social Accounting Systems. Essays on the State of the Art. New York/London.

–, *Paul N. Courant* und *Greg K. Dow*, 1981: The Theory and Measurement of Well-Being: A Suggested Framework for Accounting and Analysis, in: *ders.* und *Kenneth C. Land*, a.a.O., S. 23-94.

Noll, Heinz-Herbert, 1980: Beschäftigungschancen und Arbeitsbedingungen. Frankfurt a.M./New York.

Offe, Claus, und *Rolf G. Heinze*, 1986: Am Arbeitsmarkt vorbei. Überlegungen zur Neubestimmung „haushaltlicher" Wohlfahrtsproduktion in ihrem Verhältnis zu Markt und Staat, in: Leviathan, 14. Jg., Heft 4, S. 471-495.

Ostner, Ilona, 1984: Haushaltsproduktion heute. Implikationen eines Konzepts und seine Realisierung, in: *Friedrich Fürstenberg, Philipp Herder-Dorneich* und *Helmut Klages* (Hrsg.), Selbsthilfe als ordnungspolitische Aufgabe. Baden-Baden.

Pahl, Robert E., 1985: The Social and Political Implications of Household Work Strategies, in: The Quarterly Journal of Social Affairs V(1), S. 9-18.

Pieper, Barbara, 1986: Familie im Urteil ihrer Therapeuten. Bausteine einer Theorie familialer Arbeit. Frankfurt a.M./New York.

Rammert, Werner, 1986: Technisierung und Rationalisierung der privaten Haushalte – ein Ausweg aus der ökonomischen Krise? Arbeitsberichte und Forschungsmaterialien Nr. 17: Forschungsschwerpunkt „Zukunft der Arbeit", Universität Bielefeld.

Schweitzer, Rosemarie von, und *Helge Pross*, 1976: Die Familienhaushalte im wirtschaftlichen und sozialen Wandel. Göttingen.

Skolka, Jiri (Hrsg.), 1986: Die andere Wirtschaft. Schwarzarbeit und Do-it-yourself in Österreich. Wien.

Spiegel, Erika, 1986: Neue Haushaltstypen. Frankfurt a.M./New York.

Terleckyj, Nestor E., 1981: A Social Production Framework for Ressource Accounting, in: *Thomas F. Juster* und *Kenneth C. Land*, a.a.O., S. 95-129.

Vollmer, Randolph, 1986: Die Entmythologisierung der Berufsarbeit. Über den sozialen Wandel von Arbeit, Familie und Freizeit. Opladen.

Zapf, Wolfgang, 1984: Welfare Production: Public versus Private, in: Social Indicators Research, vol. 14, S. 263-274.

–, *Sigrid Breuer* und *Jürgen Hampel*, 1987: Technikfolgen für Haushaltsorganisation und Familienbeziehungen, in: Tagungsband des Deutschen Soziologentags 1986.

Joachim Merz / Klaus Wolff

Wohlfahrtsproduktion durch Erwerbs- und Eigenarbeit – Partizipation, Wohlfahrtsgewinne und Motivationsstruktur

1. Einführung

Die privaten Haushalte werden neben Marktsystem, Staat und Assoziationen als zentrale Instanz der Wohlfahrtsproduktion angesehen (vgl. z.B. Zapf 1982; Terleckyi 1975). Eingebettet in soziale Netzwerke unternehmen private Haushalte vielfältige ökonomische Aktivitäten, Einkommen als wohlfahrterhöhende monetäre Komponente zu erzielen. Ziel des vorliegenden Beitrages ist es, die Bedeutung von markt- und nichtmarktmäßigen Versorgungsaktivitäten privater Haushalte im Rahmen der Wohlfahrtsproduktion für die Bundesrepublik *empirisch* zu untersuchen. Neben Einkommen aus der Erwerbsarbeit im Haupt- und Nebenerwerb – als materieller Output marktmäßiger Produktion und als Ressource zur Generierung individueller Wohlfahrt – wird explizit der nichtmarktmäßige Bereich der Haushaltsproduktion (Eigenarbeit) einbezogen; ein Ansatz, der umschrieben mit formeller und informeller Ökonomie (duale Ökonomie) in neuerer Zeit auch von soziologischer Seite (vgl. Zapf 1982; Brun 1985; Glatzer/Berger-Schmitt 1986) aus an Bedeutung gewinnt.

In der ökonomischen Diskussion hat der Haushaltsbereich seit Beckers (1965) Arbeiten zur Zeitallokation oder Lancasters (1966) 'basic commodities' verstärktes Interesse erfahren. Die Haushaltsproduktion wird dort als Produktionsprozeß mit Marktgütern und Zeit als Inputfaktoren formuliert. Allerdings fehlt in der ökonomischen Diskussion weitgehend die Verbindung markt- und nichtmarktmäßiger Aktivitäten privater Haushalte auch unter dem Aspekt der Produktion von Wohlfahrt. Diese Studie wird hierzu einen Beitrag leisten.

Voraussetzung für eine solche empirisch fundierte Studie ist eine Datenbasis auf der Individual/Haushaltsebene, die die Bereiche Erwerbs- und Eigenarbeit explizit thematisiert und verbindet. Die Sfb 3-Nebenerwerbstätigkeitsumfrage 1984 ist eine solche Mikrodatenbasis, die repräsentativ für die Bundesrepublik Deutschland verbundene Erwerbs- und Eigenarbeitsinformationen umfaßt. Erste Analysen mit dieser Umfrage beschreiben Umfang und Struktur eines weitergehenden Versorgungsbegriffs (Merz/Wolff 1986), untersuchen Einkommensverteilungsaspekte (Klein/Merz/Wolff 1986) und thematisieren Nebenerwerbstätigkeiten (Helberger/Schwarze 1986).

In der vorliegenden Studie wird der Einfluß von Haupterwerb und insbesondere von Nebenerwerbstätigkeiten im Verbund mit der Eigenarbeit zur Verbesserung individueller Wohlfahrt im Haushaltskontext untersucht. Nach Darstellung der aktuellen Mikrodatenbasis, der Sfb 3-Nebenerwerbstätigkeitsumfrage 1984, untersuchen wir zunächst den personellen Umfang oder die Partizipation in Haupt-, Nebenerwerb und Eigenarbeit. Dabei wird besonders auf die Bedeutung von Aktivitätskombinationen eingegangen und der Einfluß wichtiger soziodemographischer Determinanten wie Alter und Geschlecht auf Erwerbs- und Eigenarbeit analysiert.

Nach diesen empirischen Grundinformationen zum personellen Umfang werden Wohlfahrtsgewinne insbesondere durch Nebenerwerb und Eigenarbeitsaktivitäten diskutiert. Gefragt wird, ob es eher 'Armen' oder 'Reichen' gelingt, ihre Wohlfahrtsposition durch diese Aktivitäten relativ stärker zu verbessern. Die entsprechenden Wohlfahrtsverteilungen basieren auf Vielfachen des haushaltsindividuell berechneten Sozialhilfesatzes, der für eine Vergleichbarkeit zwischen unterschiedlichen Haushaltstypen eine entsprechende Gewichtung über Äquivalenzskalen vorsieht. Abschließend werden für unterschiedliche Wohlfahrtspositionen subjektive Angaben zur Bewertung und Motivationsstruktur von Erwerbseinkommen aus Haupt- und Nebenerwerb vorgestellt und diskutiert.

2. Die Sfb 3-Nebenerwerbstätigkeitsumfrage als aktuelle Mikrodatenbasis

Zur Erfassung von Nebenerwerb und Selbstversorgungsaktivitäten ist von Christof Helberger, Joachim Merz und Hilmar Schneider die Nebenerwerbstätigkeitsumfrage 1984 (NET-Umfrage) des Sonderforschungsbereichs 3 – Mikroanalytische Grundlagen der Gesellschaftspolitik, Frankfurt a.M./ Mannheim – konzipiert worden (Helberger/Merz/Schneider 1985). Erhebungsziel war es, repräsentative Informationen auf Personenebene für die Bundesrepublik Deutschland zu den Komplexen

- Haupterwerbstätigkeit
- Nebenerwerbstätigkeit
- Eigenarbeit

zu erlangen. Fragen zur Schattenwirtschaft waren in den Nebenerwerbstätigkeitskomplexen eingebettet. Zusätzlich wurden noch Informationen zu Tätigkeiten der Befragten in sogenannten Sozialen Netzwerken erhoben.

Für die oben genannten drei Schwerpunkte wurden jeweils die Aktivitätsart, der Zeitbedarf sowie eine Bewertung durch das monetäre/nicht monetäre Einkommen aus dem Nebenerwerb bzw. bei der Eigenarbeit die Ersparnis gegenüber dem Marktbezug erfragt. Darüber hinaus wurden Angaben zur Haupterwerbstätigkeit sowie zahlreiche personenbezogene soziodemographische Daten erhoben.

Grundgesamtheit der vom MARPLAN-Institut (Offenbach) durchgeführten repräsentativen Umfrage ist die Wohnbevölkerung der BRD im Alter von 14 Jahren und älter. Es stehen 7.826 auswertbare Interviews zur Verfügung. Weitere detaillierte Informationen zu dieser Umfrage sind in der von Klaus Wolff bearbeiteten Dokumentation (Helberger/Merz/Schneider 1985) zu finden.

Für die Analyse von Haupt-, Nebenerwerbs- und Eigenarbeitsaktivitäten ist von daher ein problemadäquater Referenzzeitraum (Zeitraum, für den vom Zeitpunkt der Befragung zurückgerechnet Informationen erhoben werden) zu wählen. Von den vorstellbaren Zeiträumen wie Stichtag, Woche, Quartal, Jahr oder sogar darüber hinaus, sind kürzere Zeiträume wie Stichtag oder Woche auszuschließen, da eher gelegentlich anfallende Eigenarbeitsaktivitäten nicht ausreichend erfaßt werden. Andererseits wären (auch für weitergehende Analysen) retrospektive Jahresinformationen erwünscht, die aber das Erinnerungsvermögen überfordern dürften. Es wurde deshalb als Kompromiß ein Dreimonatszeitraum als Referenzzeitraum gewählt. Damit auch saisonale Einflüsse erfaßt werden können und Daten im Jahreszusammenhang verfügbar sind, wurde die Gesamtzahl der Interviews auf vier Quartalseinschaltungen verteilt.

Für die theoretische Abgrenzung der zunächst interessierenden Eigenarbeit wird Wert auf ökonomische Aktivitäten gelegt, die für einen möglichen Marktbezug insbesondere in Frage kommen. Wir konzentrieren uns auf die in Eigenarbeit erstellten Güter, die über das Konzept marktnaher ökonomischer Aktivitäten einer Substitution über eine Marktvergabe insbesondere zugänglich sind.

Die gewählte offene Fragestellung[1] erlaubt insbesondere eine empirisch fundierte Aussage zu entsprechenden selbstgenannten Tätigkeitsprofilen. Folgefragen beziehen sich sowohl auf zeitlichen und materiellen Input als auch auf materiellen Output in Form von geschätzter Ersparnis aus Eigenarbeit. Damit sind beispielsweise haushalts/personenbezogene Produktionsfunktionen schätz- und analysierbar (vgl. Gronau 1977); eine Aufgabe, der wir in diesem Papier aber nicht nachgehen wollen.

Untersuchungen zur Haushaltsproduktion auf der Mikroebene liegen

1 Frage zur Eigenarbeit: Haben Sie in den zurückliegenden 3 Monaten, also seit Ende November (abgesehen von der normalen Hausarbeit) für Ihren eigenen Haushalt etwas hergestellt, was andere Leute meistens kaufen (z.B. Pullover stricken, Schrank bauen, Spielzeug herstellen, selbst angebautes Obst und Gemüse etc.)? Oder haben Sie Tätigkeiten verrichtet, mit denen andere Leute einen Handwerker beauftragen (z.B. Wohnung renovieren, Auto reparieren)? Welche Tätigkeiten waren das?

auch an anderer Stelle vor.[2] Gegenstand ist allerdings der weite Bereich der im Haushalt geleisteten unbezahlten Arbeit. Ein Beispiel dafür ist Glatzer (1984), der weiterreichend Haushaltsproduktion definiert als: 'Leistungen privater Haushalte wie Güter, Dienste und immaterielle Wohlfahrtserträge, die in Eigenarbeit, Selbsthilfe und gegenseitiger Hilfe erbracht werden'. Entsprechende empirische Daten werden von ihm auf Basis der Sfb 3-Wohlfahrtssurveys (vgl. Glatzer/Zapf 1984) vorgelegt. Auf neuere Ansätze, Haushaltsproduktionsdaten in der amtlichen Statistik (Mikrozensus Baden-Württemberg) mitzuberücksichtigen, sei verwiesen (Kössler 1984).

Mikroanalytische Untersuchungen zur Eigenarbeit in der von uns abgegrenzten Weise einer (produktiven) ökonomischen Tätigkeit, die damit auch von anderen (bezahlten) Personen geleistet werden kann, aber insbesondere einem Austausch gegenüber dem Markt zur Verfügung steht (marktnahe Haushaltsproduktion), liegen unseres Wissens dagegen nicht vor. Sie liegen insbesondere nicht in der Verbindung mit bezahlter Arbeit, mit Erwerbsarbeit, vor.

Für die beabsichtigte Analyse von Kombinationen ökonomischer Aktivitäten im Haushalt und auf dem Markt sind nun noch die Fragen zur Erwerbsarbeit – untergliedert in Haupt- und Nebenerwerbstätigkeit – zu operationalisieren.

Für den Bereich der Erwerbsarbeit und dort vor allem für die Nebenerwerbstätigkeit liegen keine einheitlichen Definitionen vor. Allein für den Bereich der Mehrfachbeschäftigung (Haupt- und Nebenerwerb) gibt es gebräuchliche Konventionen. Nebenerwerbstätigkeit ist aber – wie noch gezeigt wird – nicht nur ein Phänomen, daß allein mit einer Haupterwerbstätigkeit verbunden ist. Ein erweitertes Konzept ist notwendig, um eine bezahlte Zusatztätigkeit auch für Nichterwerbstätige einzubeziehen.

Die amtliche Statistik untergliedert die Stellung einer Person zum Erwerbsleben nach dem Erwerbs- und nach dem Unterhaltskonzept (beispielsweise für den Mikrozensus oder die Volkszählung 1961 und 1970). Nach dem Erwerbskonzept, bei dem die aktive Beteiligung am Erwerbsleben im Vordergrund steht, wird unterteilt in Erwerbspersonen (Erwerbstätige und Erwerbslose) und Nichterwerbspersonen.[3] Eine Unterscheidung zwischen

---

2 Vgl. z.B. den Überblick von Hawrylyshyn 1976 oder Goldschmidt-Clermont 1982 sowie Zeitbudgetanalysen als Datenbasis zur Analyse von Haushaltsproduktion (vgl. Blass 1980 mit einem Überblick zur Zeitbudgetforschung) mit aggregierten Größen, die aus individuellen Zeitbudgetdaten deutscher Fernsehanstalten gewonnen wurden. Für die Bundesrepublik gibt Lakemann 1984 einen Überblick über das Aktivitätsspektrum privater Haushalte von 1950 bis 1980 und vergleicht empirische Studien zu zeitlichen und inhaltlichen Veränderungen von Erwerbstätigkeiten, unbezahlten Arbeiten und Freizeitaktivitäten.

3 Im 'Erwerbskonzept' gelten als Erwerbspersonen alle Personen, die während eines Berichtszeitraumes (Berichtswoche) in einem Arbeitsverhältnis stehen, als Selbständige oder Mithelfende Familienangehörige arbeiten sowie Erwerbslose ohne Tätigkeit. Alle Erwerbstätigkeiten dieser Personen sind für die begriffliche Zuordnung gleichwertig, ohne Rücksicht darauf, ob es sich um eine hauptberufliche Tätigkeit oder um eine Ne-

Haupt- und Nebentätigkeit wird nicht getroffen; Erwerbstätigkeit ist gleichermaßen eine Vollzeitbeschäftigung oder eine geringfügige Beschäftigung. Nach dem Unterhaltskonzept ist die überwiegende Unterhaltsquelle für eine Erfassung ausschlaggebend. Der Lebensunterhalt kann durch Erwerbstätigkeit, Arbeitslosengeld bzw. -hilfe, Rente und dergleichen sowie über Angehörige bestritten werden. Der personelle Umfang beider Abgrenzungen ist nicht zwangsläufig identisch; die Verflechtung des Erwerbs- und des Unterhaltskonzepts wird beispielsweise von Sperling und Herberger 1963 diskutiert.

Auf der Grundlage dieser Abgrenzungen der Erwerbstätigkeit wichtiger amtlicher Statistiken werden Nebenerwerbstätigkeiten allein als Mehrfachbeschäftigung gesehen: Den Erwerbstätigen im Mikrozensus wird die Frage nach einer zweiten Erwerbstätigkeit gestellt, die ebenso definiert ist wie die erste. Damit ist Nebenerwerbstätigkeit identisch mit Mehrfacherwerbstätigkeit. Die Abgrenzung einer Nebenerwerbstätigkeit (Mehrfachbeschäftigung) ist in der EG-Arbeitskräftestichprobe[4] noch enger gefaßt als im Mikrozensus; es werden nur die Zweitbeschäftigungen der hauptberuflich tätigen Arbeitskräfte und nicht die aller Erwerbstätigen erfaßt.

Nebenerwerbstätigkeit ist allerdings nicht nur ausschließlich ein Phänomen, das mit einer Haupterwerbstätigkeit verbunden ist. Wie auch unsere Ergebnisse noch zeigen werden, ist eine bezahlte Zusatztätigkeit neben einer Haupttätigkeit auch für Nichterwerbstätige von besonderer Bedeutung. In der Sfb 3-Nebenerwerbstätigkeitsumfrage wurde deshalb ein erweitertes Konzept verfolgt, das über die Mehrfachtätigkeit im Haupt- und Nebenerwerb hinaus auch für die anderen Bevölkerungsgruppen wie Haushaltsführende, Rentner, Arbeitslose oder Schüler/Studenten bezahlte Nebentätigkeiten erfaßt. Eine detaillierte Diskussion zur Erfassung von Nebenerwerbstätigkeit in Verbindung mit dem in der Sfb 3-Nebenerwerbstätigkeitsumfrage erfolgten Konzept führen Helberger und Schwarze 1986.

Sowohl dem Mikrozensus als auch der EG-Arbeitskräftestichprobe liegt das Berichtswochenkonzept zugrunde. Wie bereits im Zusammenhang mit der Abgrenzung zur Eigenarbeit ausgeführt, führt dies zu einer Untererfassung der nicht regelmäßig ausgeübten Tätigkeiten. Dies gilt gleichermaßen für die Nebenerwerbstätigkeiten. Zudem werden zeitlich und/oder saisonal bedingte Erwerbstätigkeiten untererfaßt. Der Sfb 3-Nebenwerbstätigkeitsumfrage liegt deshalb auch für den Berichtszeitraum ein erweitertes

bentätigkeit, z.B. eines Rentners, Pensionärs oder dergleichen handelt. Der zeitliche Umfang der Tätigkeit spielt für die Zuordnung dieser Personen zum Erwerbskonzept keine Rolle (Statistisches Bundesamt 1982, S. 7ff.).

4 Die EG-Arbeitskräftestichprobe, die die Grundlage von Studien zur Mehrfachbeschäftigung ist (vgl. beispielsweise Alden und Spooner 1982), ermittelt die allgemeine Stellung zum Erwerbsleben nach dem Arbeitskräftekonzept, aus 1. Personen, die regelmäßig erwerbstätig sind (auch in der Berichtswoche), 2. Arbeitslose und 3. nichtaktive Personen (Schüler, Studenten, Hausfrauen u.a.). Zusätzlich wurden Personen ermittelt, die i.d.R. nicht zu den Arbeitskräften zählen, aber in der Berichtswoche erwerbstätig waren.

Konzept zugrunde: entsprechend der zeitlichen Abgrenzung in der Eigenarbeit wird ein dreimonatiger Zeitraum gewählt.

Mit mehreren Antwortmöglichkeiten der Frage zur Nebentätigkeit[5] kann grundsätzlich dann jede der aufgeführten Tätigkeiten zusammen mit jeder anderen als Nebentätigkeit ausgeübt werden. Analog zur Eigenarbeit wird neben der genauen Tätigkeitsangabe auch der zeitliche und materielle Input erfragt.

Insbesondere wird es mit der Berücksichtigung der untergliederten Nichterwerbstätigen möglich, Nebentätigkeiten über Mehrfachbetätigung à la Mikrozensus oder EG-Arbeitskräftestichprobe hinaus von überwiegend Haushaltsführenden, Arbeitslosen, Rentnern, Schülern/Studenten für Gruppen zu analysieren, deren ökonomischer Basis in jüngster Zeit vermehrt Interesse entgegengebracht wird.

Zusammengenommen stehen damit sowohl für Einzelanalysen von Eigenarbeit sowie Erwerbsarbeit (Haupt- und Nebenerwerb) als auch für Aktivitätskombinationen die notwendigen Informationen zur Verfügung, die ökonomische Basis privater Haushalte auf der Mikroebene zu untersuchen.

3. Partizipation in Haupt-, Nebenerwerb und Eigenarbeit

Untersuchen wir nun den personellen Umfang von Haupt-, Nebenerwerbstätigkeit und Eigenarbeit sowie Tätigkeiten in Sozialen Netzwerken als zunächst mit anderen Aktivitätsbereichen unverbundene Aktivitäten. Daran anschließend werden Aktivitätskombinationen sowie der Einfluß der Altersstruktur und des Geschlechts auf diese Versorgungsstrategien betrachtet.

3.1 Globales Aktivitätsspektrum

Um einen ersten Eindruck über den personellen Umfang von Haupt- und Nebenerwerbstätigkeit, Eigenarbeit und Tätigkeiten in Sozialen Netzwerken zu gewinnen, sind in Tabelle 1 Daten zum globalen Aktivitätsspektrum aufgeführt.

Für einen besseren Vergleich mit noch folgenden Auswertungen basieren die Ergebnisse zum Nebenerwerb und zur Eigenarbeit auf Personen mit vollständigen Zeitangaben zum jeweiligen Tätigkeitsbereich (Ausweisung der Fälle ohne 'missing values'): die Befragten haben sowohl die Anzahl der Tage als auch die durchschnittliche Dauer pro Tag hierfür an-

5 Frage zur Nebenerwerbstätigkeit: Haben Sie in den letzten 3 Monaten eine Tätigkeit aus dieser Liste ausgeübt – dann nennen Sie mir bitte die entsprechende Nummer – oder haben Sie sich auf andere Weise etwas in diesem Zeitraum dazuverdient? Bitte möglichst genaue Tätigkeitsbezeichnungen angeben.

Tabelle 1: *Globales Aktivitätsspektrum Haupterwerb, Nebenerwerb, Eigenarbeit und Soziales Netzwerk*[1)]

Aktivität		Alle	Männer	Frauen
	n	3.318	2.116	1.202
Haupterwerb	%	42,4	59,8	28,0
	n	664	342	322
Nebenerwerb	%	8,5	9,7	7,5
	n	2.127	925	1.202
Eigenarbeit	%	27,1	26,2	28,0
Soziales	n	2.748	1.404	1.344
Netzwerk	%	35,1	39,7	31,3
Alle	n	7.826	3.538	4.288
	%	100,0	100,0	100,0

1) Abgrenzung nach Zeitangaben.

Quelle: Sfb 3-Nebenerwerbstätigkeitsumfrage 1984, Eigene Berechnungen, N = 7.826

gegeben. Damit werden zudem Tätigkeiten genannt, die zeitintensiv und somit relativ bedeutend sind. Zugleich geben sie eine Untergrenze für den jeweiligen Tätigkeitsbereich an. Wird beispielsweise Nebenerwerb alleine nach der Häufigkeit des Nennens bestimmt, so sind mit 8,8 % etwa 0,3 % mehr Personen nebentätig. 42 % der knapp 8.000 Befragten gehen einer Haupterwerbstätigkeit nach, ein Ergebnis, das beispielsweise auch den Daten aus der Beschäftigtenstatistik entspricht. Fast 9 % sind nebenerwerbstätig.

Gegenüber Mikrozensusergebnissen mit 2-3 % sind fast 9 % Nebenerwerbstätige ein beachtlich unterschiedlicher Befund. Dies ist einerseits das Ergebnis einer intensiveren Befragung zu diesem Themenkomplex, andererseits ist dies auf eine Erweiterung des befragten Personenkreises zurückzuführen. Wie im letzten Abschnitt bereits ausgeführt, umfaßt das Befragungskonzept neben den Haupterwerbstätigen auch Haushaltsführende, Arbeitslose, Rentner und in der Schul- und Berufsausbildung stehende Personen. Hinzu kommt die gegenüber dem Mikrozensus unterschiedliche Referenzperiode. Eine exakte Vergleichszahl ist somit nicht anzugeben. Grenzen wir ähnlich dem Mikrozensus die Befragten ab, die zugleich haupt- und nebenerwerbstätig sind, so ergibt dies (mit Tabelle 2) eine Nebenerwerbsquote von 3,7 %. Eine Quote dieser Größenordnung relativiert das Bild einer ausgeprägten Nebenerwerbstätigkeit in der Bundesrepublik, weist aber mit 4,8 % aller Befragten zugleich auf die Bedeutung einer bezahlten Nebentätigkeit der Nichterwerbstätigen (hier Arbeitslose, Rentner, Schüler/ Studenten und Haushaltsführende) hin.

Weitaus verbreiteter als Nebenerwerbstätigkeit ist die Eigenarbeit. Mehr als 27 %[6] betätigen sich in der Eigenarbeit, wobei hier nicht die 'normalen'

6 Oder 28,5 % Nennhäufigkeit.

Tabelle 2: *Aktivitätskombinationen Haupterwerbstätigkeit (HET), Nebenerwerbstätigkeit (NET) und Eigenarbeit (EA)*

Personen		*Betätigung in einem Aktivitätsbereich* mindestens				ausschließlich		
		Alle	Männer	Frauen		Alle	Männer	Frauen
n		4.579	2.480	2.099		3.215	1.692	1.523
%[1)]		58,5	54,2	45,8		41,1	52,6	47,4
n	HET	3.318	2.116	1.202		2.134	1.395	739
%		42,4	63,8	36,2		27,3	65,4	34,6
N	NET	664	342	322		197	81	116
%		8,5	51,6	48,4		2,5	41,1	58,9
n	EA	2.127	925	1.202		884	216	668
%		27,1	43,5	56,5		11,3	24,4	75,6
Personen		*Betätigung in zwei Aktivitätsbereichen* mindestens				ausschließlich[2)]		
		Alle	Männer	Frauen		Alle	Männer	Frauen
n		1.364	788	576		1.198	673	525
%		17,4	57,8	42,2		15,4	56,2	43,8
n	HET + NET	287	194	93	HET + NET	121	79	42
%		3,7	67,6	32,4		1,6	65,3	34,7
n	HET + EA	1.063	642	421	HET + EA	897	527	370
%		13,6	60,4	39,6		11,5	58,8	41,2
n	NET + EA	346	182	164	NET + EA	180	67	113
%		4,4	52,6	47,4		2,3	37,2	62,8

1) Die Prozentangaben beziehen sich auf die Gesamtpopulation, N = 7.826; bei der geschlechtsspezifischen Unterteilung auf die Gesamtgruppe der jeweiligen Aktivität.
2) Weitere 2,1 % (n = 166, Männer: 155, Frauen: 51) haben alle drei Aktivitätsbereiche angegeben.

Quelle: NET-Umfrage 1984, Eigene Berechnungen, N = 7.826

Haushaltstätigkeiten erfragt wurden, vielmehr wurden ja die über die übliche Hausarbeit hinausgehenden produktiven marktnahen Aktivitäten erfaßt.[7] Es mehren sich in den letzten Jahren die Hinweise auf eine tendenzielle Rückverlagerung marktmäßig erbrachter Leistungen in den Produk-

7 Die von der Konrad-Adenauer-Stiftung (1986) vorgelegte Studie: 'Schattenwirtschaft in der Bundesrepublik Deutschland – Eine empirische Untersuchung zur Eigen- und Schwarzarbeit bei den privaten Haushalten' wählt einen 2-Jahreszeitraum als Berichtszeitraum. Innerhalb dieses Berichtszeitraums haben 90 % der Haushalte handwerkliche Eigenleistungen erbracht. Der Einfluß des Berichtszeitraums auf die Ergebnisse wird durch diese hohe Quote sichtbar. Tendenziell werden sich – sofern retrospektiv erfaßbar – die Nennungen nicht regelmäßiger Tätigkeiten bei einem längeren Berichtszeitraum erhöhen; eine sorgfältige Wahl des Berichtszeitraums ist somit notwendige Voraussetzung für eine problemadäquate Analyse. Im übrigen ist diese Studie mit 800 ausgewählten Privathaushalten aus 4 Städten und einer ländlichen Gemeinde für die Bundesrepublik nicht repräsentativ.

tionsbereich der privaten Haushalte (vgl. Gershuny 1981; Schettkat 1985). Mit unserer Querschnittsanalyse können wir natürlich diesen Prozeß nicht nachvollziehen. Allerdings wollen wir festhalten, daß mehr als jeder vierte Bundesbürger marktnahe ökonomische Güter und Dienste durch Eigenarbeit im Haushalt herstellt.

Ein erster Blick auf strukturelle Unterschiede in Eigenarbeit und Erwerbsarbeit zeigt deutliche geschlechtsspezifische Unterschiede. Im Haupterwerb dominiert bekanntlich der Männeranteil: fast 60 % aller Männer, fast 30 % aller Frauen sind haupterwerbstätig (vgl. Tabelle 1). Diese Dominanz ist im Nebenerwerb weit weniger ausgeprägt: fast 10 % aller Männer sind (gegenüber fast 8 % aller Frauen) nebenerwerbstätig. Im Eigenarbeitsbereich dagegen überwiegt der Frauenanteil leicht (28 % gegenüber 26 % Männeranteil). Dies mag an der verfügbaren Zeit der relativ vielen nichtberufstätigen Frauen liegen. Andererseits ist der geschlechtsspezifische Unterschied nicht so groß, als daß hier ein entsprechender Ausgleich zu Marktaktivitäten gegeben ist. Wir werden geschlechtsspezifische Unterschiede auch in Verbindung mit anderen Einflüssen wie Alter und beruflicher Stellung noch in den nächsten Abschnitten diskutieren.

Als Einstieg in den Untersuchungskomplex haben wir nach Tätigkeiten in Sozialen Netzwerken, d.h. nach Unterstützungsleistungen bei Nachbarn, Bekannten und Verwandten sowie ehrenamtlichen Tätigkeiten gefragt. 35,1 % aller Befragten geben an, in Sozialen Netzwerken tätig zu sein. 18 % helfen bei Verwandten, 16 % bei Freunden, fast 10 % bei Nachbarn und ca. 8 % sind ehrenamtlich tätig (vgl. Merz/Wolff 1986, S. 21). Tätigkeiten in Sozialen Netzwerken werden – bis auf die Hilfe bei Verwandten – durchweg mehr von Männern als Frauen ausgeführt; die geschlechtsspezifische Quote der Männer liegt zudem um 8 Prozentpunkte höher als die der Frauen. Die Aktivitäten in Sozialen Netzwerken sind überwiegend unbezahlt: nur 6 % (= 2 % der Bevölkerung) aller in Sozialen Netzwerken Tätigen erhalten eine Bezahlung. Diese Ergebnisse stimmen weitgehend mit denen des Wohlfahrtssurveys 1984 überein (vgl. Diewald 1985, Tabelle 4, S. 459).

3.2 *Aktivitätskombinationen*

Bisher haben wir globale Daten zum Aktivitätsspektrum untersucht. Dies sind Daten, die unverbunden den personellen Umfang von Eigenarbeit und Erwerbsarbeit für sich beschreiben. Wir wollen nun Aktivitätskombinationen von Haupt-, Nebenerwerb und Eigenarbeit beschreiben. Dahinter steht die Frage, ob Mehrfachtätigkeiten, also verbundene Versorgungsstrategien aus Markt- und Haushaltsaktivitäten schon von ihrem personellen Umfang her von Bedeutung sind. Wie wir sehen werden, geht fast jeder Fünfte in der Bundesrepublik im Untersuchungszeitraum mindestens zwei Versorgungsaktivitäten nach, ein beachtlicher Teil der Bevölkerung.

Mit Tabelle 2, die die Besetzung der einzelnen Teilmengen auch nach Geschlechtern untergliedert wiedergibt, sehen wir unmittelbar die Bedeutung einer zweiten und dritten zusätzlichen Aktivität: Fast jeder Fünfte (17,4 %) der Befragten ist in mehreren Aktivitätsbereichen tätig. Von den knapp 60 % überhaupt Tätigen sind damit 30 % mehrfach tätig. 2,1 % aller Befragten geben sogar alle drei Bereiche an: Insgesamt ein beachtlicher Teil der Bevölkerung mit Mehrfachbetätigung.

Bei den Mehrfachtätigen überwiegt die Kombination einer haushaltsbezogenen Tätigkeit mit einer Haupterwerbstätigkeit (Haupterwerbstätigkeit und Eigenarbeit: 78 % der Mehrfachtätigen, 13,6 % aller Befragten). Mehr als ein Drittel der Haupterwerbstätigen ist noch nebenher zusätzlich tätig (15,2 % aller Befragten), überwiegend in der Eigenarbeit.

Jeder fünfte Mehrfachtätige übt mindestens zwei 'marktmäßige' Aktivitäten aus (Haupterwerbs- und Nebenerwerbstätigkeit: 21 % der Mehrfachtätigen, 3,7 % aller Befragten). Mehr als die Hälfte dieser 'marktmäßig' besonders engagierten Personen leistet zusätzlich noch Eigenarbeit.

Fast jeder siebte Mehrfachtätige kombiniert Eigenarbeit mit Nebenerwerbstätigkeit (13,2 % der Mehrfachtätigen, 2,3 % aller Befragten). Damit ist Eigenarbeit nicht nur als unverbundener Bereich, sondern auch in Kombination mit marktmäßigen Aktivitäten (60 % der Eigenarbeiter sind haupt- oder nebenerwerbstätig) ein durchweg in seiner Verbreitung bedeutender Aktivitätsbereich.

Geschlechtsspezifische Unterschiede bei den Befragten mit mehreren Tätigkeitsbereichen werden durch die Dominanz des Männeranteils in der Haupterwerbstätigkeit geprägt. Bei der Kombination der marktmäßigen Aktivitäten (Haupterwerbstätigkeit und Nebenerwerbstätigkeit) überwiegen die Männer mit 2/3 dieser Gruppe; bei ausschließlicher Kombination von Haupterwerb und Eigenarbeit sind noch knapp 60 % dieser Gruppe Männer. Mit wachsendem Eigenarbeitsanteil kehrt sich das Bild um: über 60 % der Gruppe, die ausschließlich einer Nebenerwerbstätigkeit und der Eigenarbeit nachgehen, sind nun Frauen. Dies kann darauf hindeuten, daß viele Frauen eine relativ geringfügigere hauptberufliche Partizipation durch Nebenerwerb oder 'nichtmarktmäßige' Aktivitäten zu ersetzen versuchen, was der traditionellen Aufgabenteilung zwischen Mann und Frau entsprechen würde.

3.3 *Aktivitätsspektrum nach Alter und Geschlecht*

Um die in den letzten Abschnitten begonnenen globalen Analysen etwas zu vertiefen, werden als wichtige Bestimmungsfaktoren Altersstruktur und Geschlecht für die Tätigkeiten im Bereich des Haupt- und Nebenerwerbs als auch in der Eigenarbeit analysiert. Geschlechtsspezifische Unterschiede haben wir in den letzten Abschnitten bereits mitangesprochen; ihre Verbin-

Tabelle 3: *Haupterwerb (HET), Nebenerwerb (NET) und Eigenarbeit (EA) nach Altersstruktur und Geschlecht*[1)]

Alter	n	Alle mit			n_1	Männer mit			n_2	Frauen mit		
		HET	NET	EA		HET	NET	EA		HET	NET	EA
Unter 20	621	33,2[2)]	20,3	24,0	330	36,4	19,4	19,1	291	29,6	21,3	29,6
21 bis 25	691	55,0	13,9	33,4	329	59,8	13,4	31,0	362	50,6	14,4	35,6
26 bis 30	730	64,1	11,6	32,6	365	70,9	13,7	30,4	365	49,3	9,6	34,8
31 bis 35	671	63,5	8,3	33,5	317	86,8	9,1	30,3	354	42,7	7,6	36,4
36 bis 40	660	68,6	8,6	31,5	319	91,2	9,7	29,2	341	47,5	7,6	33,2
41 bis 50	1.263	61,8	7,4	30,6	611	85,8	6,5	27,7	652	39,3	8,1	33,3
51 bis 55	539	56,0	7,9	29,3	259	82,2	10,0	32,0	280	31,8	6,1	26,8
56 bis 60	629	38,8	6,7	28,3	272	62,9	7,0	28,3	357	20,4	6,4	20,3
61 bis 65	589	8,1	5,8	24,9	223	13,9	8,5	25,6	366	4,6	4,1	24,6
66 u. ält.	1.433	0,8	2,2	14,4	513	1,2	3,9	14,4	920	0,5	1,3	14,5
Insges.	7.826	42,4	8,5	27,2	3.538	59,8	9,3	26,1	4.288	28,0	7,5	28,0

1) Abgrenzung nach dem Zeitkonzept mit vollständigen Stunden- und Tagesangaben.
2) Prozentangaben bezogen auf die jeweilige Altersklasse (n, n_1, n_2).

Quelle: NET-Umfrage 1984, Eigene Berechnungen, N = 7.826, Mehrfachnennungen möglich

dung bezüglich der Altersstruktur und beruflicher Stellung wird innerhalb der beiden Themenkomplexe diskutiert.

Beginnen wir mit der Analyse der Altersstruktur. Tabelle 3 untergliedert die globalen und geschlechtsspezifischen Tätigkeitsanteile im Haupterwerb, Nebenerwerb und Eigenarbeit nach Altersklassen. Sowohl bei den beiden marktmäßigen Aktivitäten Haupt- und Nebenerwerb als auch bei der nichtmarktmäßigen Aktivität Eigenarbeit nimmt der relative Anteil der Tätigen nach dem 60. Lebensjahr und besonders nach dem 65. rapide ab. Ältere Menschen, und damit auch die Rentner, scheinen sich tatsächlich zur Ruhe zu setzen. War man in der sozialpolitischen Diskussion der Meinung, daß insbesondere Rentner einer Nebenbeschäftigung nachgehen werden, so wird dies global gesehen durch die Ergebnisse der Sfb 3-Nebenerwerbstätigkeitsumfrage nicht unterstützt.

Kehren wir zurück zur globalen Analyse der Altersstruktur aller Befragten. In allen Altersklassen unter 60 Jahren sind unterschiedliche Tendenzen in Haupt-, Nebenerwerb und Eigenarbeit zu sehen.

Haupterwerbstätige: Ein Drittel der bis zu 20-jährigen ist haupterwerbstätig. Dieser Anteil steigt über die folgenden Altersklassen an (max. mit mehr als zwei Dritteln bei den 30- bis 40-jährigen) und fällt danach wieder ab.

Nebenerwerbstätige: Im Gegensatz zu dem in etwa glockenförmigen Verlauf der Haupterwerbsbeteiligung nimmt die Nebenerwerbstätigkeit im Altersverlauf durchgängig ab. War bei den bis zu 20-jährigen noch jeder Fünfte nebenerwerbstätig, so trifft dies nur noch auf jeden Dreißigsten zu, der älter als sechzig ist.

Eigenarbeit: Lediglich von der jüngsten Altersgruppe zu den 20-jährigen nimmt die Bedeutung der Eigenarbeit zu. Im Gegensatz zu den Marktaktivitäten ist danach keine altersspezifische Entwicklung zu beobachten. Der Anteil der Eigenarbeiter liegt in allen Altersklassen (bis 60 Jahre) konstant bei ca. 30 %.

Damit ist ein deutlicher Alterseinfluß in der Erwerbsarbeit gegeben. Besonders in jungen Jahren und in der Aufbauphase der beruflichen Existenz werden verstärkt Zusatzeinkommen aus einer Nebenerwerbstätigkeit herangezogen. Haushaltsaktivitäten zur Produktion marktnaher Güter sind weitgehend altersunabhängig. Hier spielt eine jüngeren Jahrgängen zugesprochene erhöhte Aktivität keine besondere Rolle. Andere Einflußfaktoren wie Zeitverfügung, die Einkommenssituation oder das Geschlecht mögen hier bedeutend sein.

Gehen wir nun der Frage nach, ob mit der Altersstruktur verbundene geschlechtsspezifische Einflüsse auf den personellen Umfang von Eigenarbeit und Erwerbsarbeit gegeben sind. Die Altersstruktur aller Haupterwerbstätigen wird im wesentlichen durch den hohen Männeranteil bestimmt. Die Beteiligung der Frauen am Haupterwerb folgt allerdings keinem glockenförmigen Verlauf: Die höchste Partizipationsrate hat ihr Maximum mit 50 % bei den Anfang 20-jährigen und nimmt danach ab. Ein zweiter Beteiligungsgipfel (mit 47 %) wird aber bei den 36- bis 40-jährigen erreicht.

Im Nebenerwerb nimmt die relative Beteiligung sowohl bei Männern als auch bei Frauen im Altersverlauf durchgehend ab. Allerdings sind Männer Anfang Fünfzig noch einmal im Nebenerwerb besonders aktiv (10 %). Bei Frauen, die bis zu 25 Jahren ein höhere Beteiligung am Nebenerwerb haben, sinken die altersklassenspezifischen Beteiligungsanteile jedoch schneller.

In der Eigenarbeit sind in der jüngsten Altersklasse ca. 20 % der Männer, aber ca. 30 % der Frauen tätig. Bis zum fünfzigsten Lebensjahr ist der Frauenanteil (33-35 %) durchgehend höher als der Männeranteil (28-31 %). Relativ mehr Männer als Frauen sind dagegen im Alter von Anfang Fünfzig in der Eigenarbeit aktiv. Mit Überschreiten des fünfundfünfzigsten Lebensjahres sind keine geschlechtsspezifischen Unterschiede mehr gegeben.

Zusammengefaßt: Die Partizipation an Nebenerwerbstätigkeiten und an der Eigenarbeit folgt nicht dem durch die Männer getragenen altersspezifischen Glockenverlauf der Haupterwerbstätigkeit. Bei Frauen und Männern nimmt die Beteiligung am Nebenerwerb nach einem Alter von etwa 25 Jahren im Altersverlauf durchgehend ab. Relativ konstant ist dagegen bei beiden Geschlechtern die Beteiligung an der Eigenarbeit. Die Gruppe der Anfang 50-jährigen Männer ist in der späteren Lebensphase neben ihrer hohen Beteiligung am Haupterwerb sowohl im Nebenerwerb als auch in der Eigenarbeit besonders aktiv. Ältere Menschen (ab 60 Jahren) zeigen eine deutlich geringere Partizipation an Haupt-, Nebenerwerb und Eigenarbeit und somit an ökonomischen Markt- und Haushaltsaktivitäten. Insgesamt gesehen sind damit in der Eigenarbeit und der Erwerbsarbeit deutlich unterschiedliche altersspezifische Einflüsse festzuhalten.

4. Wohlfahrtsgewinne durch Nebenerwerbstätigkeit und Eigenarbeit

Nach den eher grundlegenden Fragen einer Partizipation in markt- und nichtmarktmäßigen Aktivitäten als Versorgungsstrategien von Personen in privaten Haushalten stellt sich in diesem Abschnitt die Frage, welche Auswirkungen die Partizipation insbesondere im Nebenerwerb (als marktmäßige Aktivität) und der Eigenarbeit (als nichtmarktmäßiger Aktivität) auf die Wohlfahrtspositionen der einzelnen Haushalte hat.

Für die Analyse wohlfahrtssteigernder Wirkungen von Nebenerwerb und Eigenarbeit ist es notwendig, sich von dem Konzept der rein personellen Einkommensbetrachtung zu lösen und den Haushalt als wirtschaftliche Einheit zu berücksichtigen.

Zur Operationalisierung einer Untersuchung auf Haushaltsebene ist es notwendig, die Vergleichbarkeit verschiedener Haushaltstypen herzustellen. Dies kann über sogenannte Äquivalenzskalen geschehen (vgl. zur Diskussion Klein 1986). Die Sozialhilferegelungen des Jahres 1984 sollen herangezogen werden, um eine Vergleichbarkeit der Haushalte zu ermöglichen. Um Rücksicht auf die Produktivitätsgewinne eines gemeinsamen Wirtschaftens mehrerer Personen zu nehmen (vgl. Klanberg 1978), wurde danach eine Gewichtung der einzelnen Haushaltsmitglieder bei der Höhe des monatlichen Sozialhilferegelsatzes (1984: DM 345,-) vorgenommen. Während der Haushaltsvorstand mit 1 gewichtet wird, jeder andere Erwachsene (21 und älter) mit 0,8, wurden jüngere Personen im Haushalt mit 0,6 des Sozialhilferegelsatzes berücksichtigt. Zur Berücksichtigung zusätzlicher unregelmäßiger Zahlungen wurde die so für jeden Haushalt ermittelte Summe mit 1,15 multipliziert.

Da in der Sfb 3-Nebenerwerbstätigkeitsumfrage 1984 keine Informationen zu Wohnkosten vorhanden sind, wurden für die Berechnung von Wohngeldzahlungen größenspezifische Durchschnittswerte aus der Wohnungsstichprobe 1978 (vgl. Klein/Merz/Wolff 1986) verwendet.

Damit wurde für jeden Haushalt nach Addition aller Zahlungen eine Armutsgrenze errechnet. Im nächsten Schritt erfolgt die Division des Haushaltseinkommens durch die mit Hilfe der Sozialhilferegelungen berechneten Armutsgrenzen. Die so standardisierten Haushaltseinkommen werden als Wohlfahrtsposition bezeichnet (vgl. auch Hauser 1982). Ist das Haushaltseinkommen kleiner oder gleich den für einen Haushalt berechneten Sozialhilfeleistungen, so wollen wir von (materieller) Armut sprechen.[8] Dies

8 Ist eine Wohlfahrtsposition von 1 mit Armut gleichzusetzen, so bedeutet der Wert 2, daß die Wohlfahrtsposition in dem Intervall zwischen der Armutsgrenze und dem Doppelten der Armutsgrenze liegt. Analoges gilt für höhere Wohlfahrtspositionen.

soll als Referenz für alle höheren Wohlfahrtspositionen gelten. Dadurch gelangt man zu einer Wohlfahrtsverteilung als intervallskalierte Gliederung von Wohlfahrtspositionen.

Indem zur Berechnung dieser Wohlfahrtspositionen sowohl das Haushaltseinkommen ohne Nebenerwerbseinkommen als auch dasjenige inklusive Nebenerwerbseinkommen berücksichtigt wird, ist es möglich, die wohlfahrtssteigernden Wirkungen von Nebenerwerb zu untersuchen. Dies geschieht anhand eines Vergleichs der durch die unterschiedlichen Einkommenskonzepte entstehenden verschiedenen Verteilungen der Haushalte auf die einzelnen Wohlfahrtspositionen.

Die Wohlfahrt einzelner Haushalte wird jedoch nicht nur durch die marktmäßige Aktivität Nebenerwerb erhöht, auch die nichtmarktmäßige Eigenerstellung von Gütern und Dienstleistungen in Eigenarbeit trägt zu Wohlfahrtssteigerungen bei.[9]

Als Maß für die Stärke der wohlfahrtssteigernden Wirkungen von Eigenarbeit und Nebenerwerb sollen die relativen monetären Größenanteile dieser beiden Aktivitäten, bezogen auf das Haushaltseinkommen ohne Nebenerwerbseinkommen, für die Haushalte in den einzelnen Wohlfahrtspositionen betrachtet werden.

Eine weitergehende Analyse von Wohlfahrtspositionen und relativen Anteilen der Ersparnis aus Eigenarbeit sowie des Nebenerwerbseinkommens an Haushaltseinkommen nach verschiedenen sozialen Gruppen, Haushaltstypen und -größen sowie einigen anderen Merkmalen soll hier nicht vorgenommen werden. Für eine detaillierte Analyse zu diesen Problembereichen unter dem Schwerpunkt der Beseitigung von Armut durch Nebenerwerb und Eigenarbeit sei verwiesen auf Klein, Merz und Wolff (1986).

Tabelle 4 spiegelt die Verteilung auf Wohlfahrtspositionen für alle Haushalte und die Haushalte mit nebenerwerbstätigen Mitgliedern wider. Es werden sowohl Verteilungen auf Wohlfahrtspositionen und Haushaltseinkommen ohne Nebenerwerbseinkommen als auch inklusive dieser Einkommen analysiert.

Ohne Berücksichtigung von Nebenerwerbseinkommen sind 3,9 % aller Haushalte als arm zu bezeichnen (Spalte 2) Knapp über die Hälfte aller Haushalte (54 %) liegen zwischen der Armutsgrenze und ihrem doppelten Wert. In der Wohlfahrtsposition 3 sind 28,9 % aller Haushalte angesiedelt. 'Wohlhabende' und 'Reiche' stellen 11,0 bzw. 2,1 %.

9 Eine direkte Einbeziehung von Ersparnis aus Eigenarbeit bei der Berechnung von Wohlfahrtspositionen (wie die bei Einkommen aus Nebenerwerb) erfolgt nicht, da Wohlfahrtspositionen und deren Berechnung alleine auf der Basis von Markteinkommen und Einkommensbedarf charakterisiert sind. Ein weiterer Grund, Eigenarbeit nicht in die Bestimmung von Wohlfahrtspositionen mit aufzunehmen, liegt darin, daß die Größe Einkommensbedarf in Form von Sozialhilfe implizit schon Teile der Eigenarbeit enthält (z.B. selbst kochen anstelle von Essen gehen).

Tabelle 4: *Wohlfahrtspositionen von Personen in Haushalten – Partizipation: Ein Vergleich zwischen einer alleinigen Berücksichtigung von Haushaltseinkommen ohne Nebenerwerbseinkommen und zusätzlicher Berücksichtigung des Nebenerwerbseinkommens der befragten Person*

Wohlfahrts-position[1)]	Haushaltseinkommen ohne Nebenerwerbseinkommen				Haushaltseinkommen mit Nebenerwerbseinkommen			
	Alle Personen		Personen mit Nebenerwerb[2)]		Alle Personen		Personen mit Nebenerwerb	
	n	%	n	%	n	%	n	%
	1	2	3	4	5	6	7	8
1	305	3,9	34	5,9	294	3,8	23	4,0
2	4.228	54,1	313	53,9	4.209	53,8	294	50,6
3	2.265	28,9	174	29,9	2.281	29,1	190	32,7
4	864	11,0	57	9,8	873	11,2	66	11,3
Mehr als 4	164	2,1	3	0,5	169	2,1	8	1,4
Summe	7.826	100,0	581	100,0	7.826	100,0	581	100,0

1) Definiert als Quotient aus jeweiligem Einkommen und dem für den Haushalt der befragten Person berechneten Sozialhilfesatz.
2) Bei 664 Personen mit Zeitangaben zum Nebenerwerb liegen nur 581 Einkommensangaben vor.

Quelle: Sfb 3-Nebenerwerbstätigkeitsumfrage 1984, Eigene Berechnungen, N = 7.826

Eine merkliche Änderung der gesamten Wohlfahrtsverteilung (Spalten 5 und 6) bei der Berechnung der Wohlfahrtspositionen unter Einschluß der Nebenerwerbseinkommen sind zunächst für alle Haushalte nicht festzustellen, allerdings sind hier auch die Haushalte ohne Nebenerwerb (93,6 % aller Haushalte) enthalten. Betrachtet man dagegen die Verteilung der Haushalte mit nebenerwerbstätigen Mitgliedern (Spalten 7 und 8) unter Berücksichtigung des Nebenerwerbseinkommens, so gelingt es fast einem Drittel der Armen, mit Hilfe von Einkommen aus Nebenerwerb der Armut zu entfliehen. Änderungen der Wohlfahrtspositionen spielen ebenfalls bis zur dreifachen Größe der Armutsgrenze eine Rolle. Mehr als 5 % aller Nebenerwerbstätigen wechseln von Wohlfahrtsposition 1 und 2 mindestens in die Position 3. Für wohlhabende Haushalte ab Position 3 spielt zusätzlicher Nebenerwerb keine Rolle mehr.

Insgesamt ist Tabelle 4 ein Indiz dafür, daß Nebenerwerbstätigkeit in der Gruppe der armen Haushalte besonders wohlfahrtssteigernd ist. Ebenfalls von Einfluß ist der Nebenerwerb am Übergang von Wohlfahrtsposition 2 und 3. Danach nimmt die relative Bedeutung zusätzlicher marktmäßiger Aktivitäten (Nebenerwerbstätigkeiten) für eine Erhöhung der Wohlfahrtsposition ab.

Erweitern wir nun die Fragestellung und beziehen nichtmarktmäßige Aktivitäten, hier die Ersparnisse aus Eigenarbeit, in die Analyse von Wohlfahrtsgewinnen ein. In Tabelle 5 werden dazu der durchschnittliche relati-

Tabelle 5: *Wohlfahrtspositionen von Personen in Haushalten – Einkommen/Ersparnis: Relativer Anteil von Nebenerwerbseinkommen und Ersparnis aus Eigenarbeit am Haushaltseinkommen ohne Nebenerwerbseinkommen*

Wohlfahrtsposition[1)]	Durchschnittliche Größe des Nebenerwerbseinkommens relativ zum Haushaltseinkommen für Alle Personen %	Durchschnittliche Größe des Nebenerwerbseinkommens relativ zum Haushaltseinkommen für Nebenerwerbstätige %	Anteil der Nebenerwerbstätigen aus den Personen der jeweiligen Wohlfahrtsposition %	Durschnittliche Größe der Ersparnis aus Eigenarbeit relativ zum Haushaltseinkommen für Alle Personen %	Durschnittliche Größe der Ersparnis aus Eigenarbeit relativ zum Haushaltseinkommen für Personen mit Eigenarbeit %	Anteil der Personen mit Eigenarbeit an den Personen der jeweiligen Wohlfahrtsposition %
	1	2	3	4	5	6
1	2,3	20,9	11,1	3,6	14,5	24,9
2	0,8	11,0	7,4	1,9	7,7	24,0
3	0,5	6,3	7,7	1,8	6,4	28,2
4	0,4	5,5	6,6	1,4	5,0	27,4
Mehr als 44	0,1	3,8	3,5	0,9	4,5	21,3
Mittelwert	0,7	9,6	7,4	1,8	7,2	25,6

1) Definiert als Quotient aus jeweiligen Einkommen und des für den Haushalt der befragten Person berechneten Sozialhilfesatzes.

Quelle: Sfb 3-Nebenerwerbstätigkeitsumfrage 1984, Eigene Berechnungen, N = 7.826

ve Anteil des Einkommens aus Nebenerwerb und der Ersparnis aus Eigenarbeit am Haushaltseinkommen (ohne Nebenerwerbseinkommen) für die einzelnen Wohlfahrtspositionen sowohl für alle Haushalte als auch nur für die jeweils Aktiven (Nebenerwerbstätige bzw. Personen in Eigenarbeit) aufgezeigt. Man erhält für jede Wohlfahrtsposition somit den durchschnittlichen zusätzlich verfügbaren (bzw. gesparten) Betrag. Um einen Bezug zu Tabelle 4 herzustellen und außerdem die Partizipation bei Eigenarbeit aufzuzeigen, enthalten die Spalten 3 und 6 den relativen Anteil der Nebenerwerbstätigen und der Personen in Eigenarbeit an der Besetzung der einzelnen Wohlfahrtspositionen. Die letzte Zeile von Tabelle 5 enthält die Durchschnittswerte bezogen auf alle Personen.

Betrachtet man den relativen Anteil an Personen im Nebenerwerb (Spalte 3) bezogen auf die Gesamtfallzahlen der einzelnen Wohlfahrtspositionen, so fällt hier nochmals sehr deutlich auf, daß die Partizipation der Armen mit 11,1 % wesentlich höher ist als die durchschnittliche Quote von 7,4 %. Insgesamt nimmt die Partizipation mit zunehmendem Wohlstand ab. Ein gleichlaufender Effekt ist auch bei der relativen Bedeutung des Nebenerwerbseinkommens, gemessen als Anteil des Nebenerwerbseinkommens am Haushaltseinkommen (Spalte 2) zu sehen. Hier werden die Ergebnisse aus Tabelle 4 deutlich untermauert: Arme beziehen mit 20,9 % zusätzlichem

Haushaltseinkommen mehr als das Doppelte des durchschnittlichen relativen Haushaltseinkommens aller nebenerwerbstätigen Personen.

Etwas mehr als jede vierte befragte Person in Haushalten (25,6 %) geht mindestens einer Eigenarbeit nach (Spalte 8). Interessant an der Partizipation in Eigenarbeit ist, daß die Schwankungen zwischen den verschiedenen Wohlfahrtspositionen nicht so stark wie im Nebenerwerb sind. Die Gruppe der Armen liegt hierbei mit 24,9 % sogar knapp unter der durchschnittlichen Partizipation. Dieses gilt noch stärker für die Reichen (Wohlfahrtsposition mehr als 4), die wohl eher zum Marktbezug anstelle von in Eigenarbeit erstellten Gütern und Dienstleistungen neigen (dies ist auch mit dem verwendeten speziellen Eigenarbeitsbegriff der relativen Marktnähe zu erklären). Partizipation in Eigenarbeit scheint hauptsächlich eine im *Mittelstand* (Wohlstandsposition 3 und 4) verbreitete Tätigkeit zu sein. Diese Gruppe besitzt vom Markteinkommen her gesehen wohl am ehesten die notwendige Ausstattung für eine effiziente Haushaltsproduktion. Die Armen erzielen mit 1,45 % des Haushaltseinkommens (Spalte 5) im Durchschnitt die doppelte Ersparnis als der Durchschnitt aller Personen in Eigenarbeit von 7,2 %. Mit zunehmendem Wohlstand nimmt die relative Bedeutung der Ersparnis gemessen am Haushaltseinkommen ab. Im Gegensatz zu den relativen Anteilen des Nebenerwerbseinkommens jedoch scheint die relative Bedeutung von gesparten Beträgen bei Wohlhabenden höher zu sein.

Als Ergebnis bleibt festzuhalten, daß die Bedeutung von Nebenerwerbseinkommen und Ersparnis aus Eigenarbeit mit Zunahme des Wohlstandes abnimmt. Oder anders ausgedrückt: In der Bundesrepublik gelingt es besonders den Armen, durch zusätzliche Aktivitäten im Nebenerwerb und in der Eigenarbeit ihre Wohlfahrtsposition zu erhöhen.

Bezüglich der Partizipation sind wesentliche Unterschiede feststellbar. Nimmt die relative Bedeutung von Nebenerwerb gemessen an der Partizipation in den einzelnen Wohlfahrtspositionen ab, so ist die Partizipation in der Eigenarbeit wesentlich homogener und für jede Wohlfahrtsposition etwa doppelt so hoch als die gruppenspezifische höchste Partizipation der Armen im Nebenerwerb von 11,1 %. Insbesondere scheint Eigenarbeit im Gegensatz zu Nebenerwerb eine Domäne des Mittelstandes zu sein.

5. Zur subjektiven Bewertung und Motivationsstruktur von Erwerbseinkommen aus Haupt- und Nebenerwerb

Im letzten Abschnitt haben wir sogenannte 'objektive' Maße zur Analyse der Bedeutung insbesondere von Nebenerwerb und Eigenarbeit als wohlfahrtssteigernde Aktivitäten herangezogen. Nun ist gerade im Zusammenhang mit individueller Wohlfahrt und Lebensbedingungen des einzelnen die Bedeutung subjektiver Angaben und Bewertungen wichtig und u.a.

Tabelle 6: *Wohlfahrtsposition von Personen in Haushalten – Subjektive Bewertung des Haushaltseinkommens bei Berücksichtigung des Haushaltseinkommens und bei Berücksichtigung von Haushaltseinkommen und Nebenerwerbseinkommen*

Wohlfahrts-position[1]		*Das Haushaltseinkommen ist* ausgezeichnet		zufrieden-stellend		bescheiden		zu niedrig		unzu-reichend		Summe[4]
		vor[2]	nach[3]	vor	nach	vor	nach	vor	nach	vor	nach	
1	%	0,0	0,0	4,3	1,4	5,9	5,9	33,3	25,0	0,0	0,0	9
	n	0	0	3	1	2	2	4	3	0	0	6
2	%	22,2	11,1	44,9	46,4	73,5	61,7	66,7	66,7	0,0	0,0	66
	n	2	1	31	32	25	21	8	8	0	0	62
3	%	66,7	77,8	39,2	37,7	20,6	32,4	0,0	8,3	100,0	100,0	41
	n	6	7	27	26	7	11	0	1	1	1	46
4	%	11,1	11,1	11,6	14,5	0,0	0,0	0,0	0,0	0,0	0,0	9
	n	1	1	8	10	0	0	0	0	0	0	11
Summe	%	100,0	100,0	100,0	100,0	100,0	100,0	100,0	100,0	100,0	100,0	100,0
	n	9	9	69	69	34	34	12	12	1	1	125

1) Definiert als Quotient aus jeweiligem Einkommen und dem für den Haushalt der befragten Person berechneten Sozialhilfesatz.
2) Ausschließliche Berücksichtigung des Haushaltseinkommens ohne Nebenerwerbseinkommen.
3) Berücksichtigung von Haushaltseinkommen und Nebenerwerbseinkommen.
4) Die erste Zahl ist Zeilensumme der Spalten 'vor' für die jeweilige Wohlfahrtsposition, die zweite zu einer Wohlfahrtsposition gehörende Zahl ergibt sich als Summe der Spalten 'nach' dieser Wohlfahrtsposition.

Quelle: Sfb 3-Nebenerwerbstätigkeitsumfrage 1984, 4. Einschaltung, Eigene Berechnungen, N = 1.980

auch im Rahmen der 'Sozialen Indikatoren' hervorgehoben worden (vgl. z.B. Glatzer/Zapf 1984). In diesem Abschnitt wollen wir deshalb auch subjektive Angaben zur Bewertung und Motivationsstruktur von Erwerbseinkommen aus Haupt- und Nebenerwerb untersuchen.

Die Analyse subjektiver Bewertungen des Haushaltseinkommens soll das Potential an materieller Unzufriedenheit ergründen, das letztlich in die Motivation zusätzlicher Einkommensaktivitäten eingeht. Ob materielle, ökonomische Gründe alleine ausschlaggebend für eine Nebenerwerbstätigkeit sind, wird abschließend untersucht.

Beide Fragenkomplexe wurden in der vierten Einschaltung der Sfb 3-Nebenerwerbstätigkeitsumfrage zusätzlich zu den in allen vier Einschaltungen erhobenen Fragen erfragt. Beginnen wir mit der subjektiven Haushaltseinkommenszufriedenheit, die in fünf Klassen ausgezeichnet und erfragt wurde. Die jeweiligen Antworthäufigkeiten sind in Tabelle 6 nach Wohlfahrtspositionen von Personen in Haushalten untergliedert.

In der Spalte „vor" ist für jede einzelne Klasse der Zufriedenheit mit dem Haushaltseinkommen eine Verteilung auf die Wohlfahrtspositionen 1 bis 4 unter alleiniger Berücksichtigung des Haushaltseinkommens ohne Nebenerwerbseinkommen vorgenommen. Dieser Wohlfahrtsverteilung der Haushalte mit der befragten Person aktiv im Nebenerwerb steht jeweils die Spalte „nach" gegenüber. Bei dieser Spalte wurde in Analogie zu Tabelle 4 das Nebenerwerbseinkommen zum Haushaltseinkommen der befragten Personen addiert. Die Besetzungen der einzelnen Wohlfahrtspositionen in dieser Spalte (verglichen mit der Spalte „vor") geben somit an, wie sich in Abhängigkeit von der subjektiven Zufriedenheit durch Nebenerwerbsaktivitäten die Wohlfahrtsposition ändert.

Insgesamt fällt auf, daß in der Klasse „unzureichend" und „zu niedriger" als auch „ausgezeichneter" Einkommen kaum Wohlfahrtssteigerungen durch Nebenerwerb vorliegen. Bei der Interpretation ist hier generell zu berücksichtigen, daß die jeweilige Fallzahl relativ klein ist.

Die vom personellen Umfang relativ höchsten Änderungen von Wohlfahrtspositionen findet man in den Klassen „bescheiden" und „zufriedenstellend", wobei zwei Drittel aller Armen die Wohlfahrtsposition 2 in der Klasse der mit den Haushaltseinkommen „zufriedenen" erreichen. Diese beiden Gruppen besitzen von den fünf Klassen der subjektiven Einkommenseinschätzung auch die höchste Fallzahl mit 34 bzw. 69 Personen.

Die meisten Verbesserungen finden in allen Wohlfahrtspositionen bei einer mittleren subjektiven Einschätzung des Haushaltseinkommens statt.

Neben der indirekten Motivation zum Nebenerwerb durch die subjektive Einschätzung des Haushaltseinkommens wurden in der vierten Einschaltung der Sfb 3-Nebenerwerbstätigkeitsumfrage auch für die Ausübung einer Nebenerwerbstätigkeit direkt die Gründe:

- zusätzliches Geld zum täglichen Leben
- Sparen für den Kauf eines Gutes
- Rückzahlung von Schulden
- Versuch, den Nebenerwerb zum Haupterwerb zu machen
- Verpflichtung zum Nebenerwerb
- Nebenerwerb im Familienbetrieb
- Spaß an der Arbeit
- Sonstiges

erhoben. Für jedes dieser Motive zur Ausübung einer Nebenerwerbstätigkeit wird in Tabelle 7 analog zu Tabelle 6 untersucht, welche Motive wohlfahrtssteigernd sind.

Verschiebungen in den Wohlfahrtspositionen finden zum einen bei monetären Motiven wie 'Geld zum täglichen Leben' und 'Sparen für den Kauf eines Gutes' statt. Allerdings spielt die 'Rückzahlung von Schulden' als weiteres monetäres Motiv zur Wohlfahrtsverbesserung keine Rolle. Zum anderen sind Verbesserungen im Bereich 'Nebenerwerb im Familienbetrieb' sowie in starkem Ausmaß bei dem Motiv 'Spaß an der Arbeit' festzuhalten.

Tabelle 7: *Wohlfahrtsposition von Personen in Haushalten – Motive zur Nebenerwerbstätigkeit und Wohlfahrtssteigerung durch Nebenerwerbseinkommen*

		Motive zur Nebenerwerbstätigkeit[2]															
Wohlfahrts-position[1]		Zusätzliches Geld zum täglichen Leben		Sparen für den Kauf eines Gutes		Rückzahlung von Schulden		Versuch den Nebenerwerb zum Haupterwerb zu machen		Verpflichtung zum Nebenerwerb		Nebenerwerb im Familienbetrieb		Spaß an der Arbeit		Sonstiges	
		vor[3]	nach[4]	vor	nach	vor	nach	vor	nach	vor	nach	vor	nach	vor	nach	vor	nach
1	%	14,3	9,5	5,3	5,3	0,0	0,0	0,0	0,0	14,2	14,2	25,0	0,0	3,8	1,9	0,0	0,0
	n	6	4	2	2	0	0	0	0	1	1	1	0	2	1	0	0
2	%	73,8	69,1	47,4	39,5	50,0	50,0	100,0	0,0	28,6	28,6	50,0	75,0	44,3	38,5	66,7	55,6
	n	31	29	18	15	3	3	2	0	2	2	2	3	23	20	6	5
3	%	11,9	19,0	34,2	42,1	33,3	33,3	0,0	100,0	28,6	28,6	0,0	0,0	50,0	55,8	33,4	44,4
	n	5	8	13	16	2	2	0	2	2	2	0	0	26	29	3	4
4	%	0,0	2,4	13,1	13,1	16,7	16,7	0,0	0,0	28,6	28,6	25,0	25,0	1,9	3,8	0,0	0,0
	n	0	1	5	5	1	1	0	0	2	2	1	1	1	2	0	0
Summe	%	100,0	100,0	100,0	100,0	100,0	100,0	100,0	100,0	100,0	100,0	100,0	100,0	100,0	100,0	100,0	100,0
	n	42	42	38	38	6	6	2	2	7	7	4	4	52	52	9	9

1) Definiert als Quotient aus jeweiligem Einkommen und dem für den Haushalt der befragten Person berechneten Sozialhilfesatz.
2) Mehrfachnennungen möglich.
3) Ausschließliche Berücksichtigung des Haushaltseinkommens ohne Nebenerwerbseinkommen.
4) Berücksichtigung von Haushaltseinkommen und Nebenerwerbseinkommen.

Quelle: Sfb 3-Nebenerwerbstätigkeitsumfrage 1984, 4. Einschaltung, Eigene Berechnungen, N = 1.960

Auch der Versuch, durch Nebenerwerb einen 'Fuß in die Tür zum Haupterwerb zu bekommen', scheint ein wohlfahrtssteigerndes Motiv zu sein.

Neben der Rückzahlung von Schulden spielen 'Verpflichtungen zum Nebenerwerb' keine wohlfahrtssteigernde Rolle; eine solche Verpflichtung, als Gefälligkeit interpretiert, wird wenn, dann nur geringfügig entlohnt.

Zusammengenommen haben vor allem die Gründe 'Spaß an der Arbeit' (4,2 % aller Antworten) 'Zusätzliche Verfügbarkeit von Geld zum täglichen Leben' (33 %) und 'Sparen zum Kauf eines Gutes' (28,3 %) zur Steigerung von Wohlfahrtspositionen durch Nebenerwerb geführt. Damit erweisen sich auch nichtökonomische Gründe als wichtige Motive für eine Nebenerwerbstätigkeit.

6. Abschließende Bemerkungen

In diesem Beitrag haben wir die Wohlfahrtsproduktion privater Haushalte durch Erwerbs- und Eigenarbeit untersucht. Mit der expliziten Berücksichtigung von Nebenerwerbstätigkeit und Eigenarbeit (hier als marktnahe Haushaltsproduktion definiert), konnte der Einfluß unterschiedlicher Versorgungsstrategien auf die individuelle Wohlfahrt analysiert werden. Auf der Basis der für die Bundesrepublik repräsentativen Sfb 3-Nebenerwerbstätigkeitsumfrage wurde der personelle Umfang dieser Aktivitäten, die individuelle Kombination sowie die Bedeutung von Alter und Geschlecht als Aktivitätsdeterminanten von Nebenerwerb und Eigenarbeit zur Verbesserung der Wohlfahrtspositionen herausgearbeitet. Charakterisiert wurde die Wohlfahrtsverteilung auf der Basis der Sozialhilferegelungen mit unterschiedlicher Gewichtung verschiedener Haushaltstypen. Den Abschluß bildete eine Analyse der Motivationsstruktur zum Erwerbseinkommen.

Zusammengenommen können neben einer Fülle von Einzelresultaten als zentrale Ergebnisse thesenartig formuliert werden:

- Fast jeder Zehnte ist nebenerwerbstätig.
- Mehr als jeder Vierte ist in marktnaher Eigenarbeit tätig.
- Über ein Drittel der Haupterwerbstätigen gehen noch mindestens einer weiteren Aktivität in Eigenarbeit und/oder Nebenerwerb nach.
- Jeder Zwanzigste ist haupt-, nebenerwerbstätig sowie in Eigenarbeit zusammen aktiv.
- Eigenarbeit wird außer bei den unter 20-jährigen im Altersverlauf relativ konstant von fast 30 % der Bevölkerung ausgeübt.
- Die Teilnahme am Nebenerwerb, die bis zum Alter von 25 Jahren bei Frauen höher ist als bei Männern, verringert sich im Vergleich zu den Männern dann schneller.
- Es gelingt insbesondere den armen Haushalten, durch Nebenerwerb ihre Wohlfahrtsposition zu verbessern. Eigenarbeit ist eher eine Domäne des Mittelstandes.

- Neben rein ökonomischen Gründen, die zur Nebenerwerbstätigkeit führen, ist Nebenerwerb zum großen Teil auch mit „Spaß an der Arbeit" verbunden.

Damit wird deutlich, daß über den tradierten Bereich eines alleinigen Haupterwerbs hinaus Nebenerwerbsaktivitäten und Aktivitäten in der Eigenarbeit im Rahmen eines erweiterten Wohlfahrtsproduktionsbegriffes bedeutend sind.

Literatur

Alden, J., und *R. Spooner*, 1982: An Analysis of Second Jobs in the European Community. Luxemburg.

Becker, G.S., 1965: A Theory of the Allocation of Time, in: Economic Journal 75.

Blass, W., 1980: Zeitbudget-Forschung – Eine kritische Einführung in Grundlagen und Methoden. Frankfurt a.M/Mannheim.

Brun, R. (Hrsg.), 1985: Erwerb und Eigenarbeit – Dualwirtschaft in der Diskussion. Frankfurt a.M.

Diewald, M., 1985: Private Netzwerke, in: Statistisches Bundesamt (Hrsg.), S. 454-461.

Gershuny, J., 1981: Die Ökonomie der nachindustriellen Gesellschaft. Frankfurt a.M./New York.

Glatzer, W., 1984: Haushaltsproduktion, in: *ders.* und *W. Zapf* (Hrsg.), S. 366-388.

–, und *R. Berger-Schmitt* (Hrsg.), 1986: Haushaltsproduktion und Netzwerkhilfe. Frankfurt a.M./New York.

–, und *W. Zapf* (Hrsg.), 1984: Lebensqualität in der Bundesrepublik – Objektive Lebensbedingungen und subjektives Wohlbefinden. Frankfurt a.M./New York.

Goldschmitt-Clermont, L., 1982: Unpaid Work in the Household. Genf.

Gronau, R., 1977: Leisure, Home Production and Work – the Theory of Time Revisited, in: Journal of Political Economy 85, S. 1099-1125.

Hauser, R., 1982: Some Problems of Defining a Poverty Line for Comparative Studies, Sfb 3-Arbeitspapier, Nr. 119. Frankfurt a.M./Mannheim.

Hawrylyshyn, O., 1976: The Value of Household Services: A Survey of Empirical Estimates, in: The Review of Income and Wealth 22, S. 101-131.

Helberger, Chr., *J. Merz* und *H. Schneider*, 1985: Nebenerwerbstätigkeitsumfrage '84 – Dokumentation, bearbeitet von Klaus Wolff. Frankfurt a.M.

–, und *J. Schwarze*, 1986: Umfang und Struktur der Nebenerwerbstätigkeit in der Bundesrepublik Deutschland, in: MittAB 19, S. 271-286.

Klanberg, F., 1978: Materielle Armut in Perspektive, in: *H.-J. Krupp* und *W. Glatzer* (Hrsg.), S. 113-158.

Klein, Th., *J. Merz* und *K. Wolff*, 1986: Poverty, Secondary Occupation and Household Production – Empirical Evidence for the Federal Republic of Germany, Sfb 3-Arbeitspapier, Nr. 214. Frankfurt a.M./Mannheim.

Konrad-Adenauer-Stiftung (Hrsg.), 1986: Schattenwirtschaft in der Bundesrepublik Deutschland – Eine empirische Untersuchung zur Eigen- und Schwarzarbeit bei den privaten Haushalten. Bonn.

Kössler, R., 1985: Arbeitszeitbudgets ausgewählter privater Haushalte in Baden-Württemberg. Materialien und Berichte der Familienwissenschaftlichen Forschungsstelle, Band 12. Stuttgart.

Krupp, H.-J., und *W. Glatzer* (Hrsg.), 1978: Umverteilung im Sozialstaat – Empirische Einkommensanalysen für die Bundesrepublik. Frankfurt a.M./New York.

Lakemann, U., 1984: Das Aktivitätsspektrum privater Haushalte in der Bundesrepublik Deutschland 1950 bis 1980: Zeitliche und inhaltliche Veränderungen von Erwerbstätigkeiten, unbezahlten Arbeiten und Freizeitaktivitäten. Eine vergleichende Auswertung empirischer Untersuchungen. Internationales Institut für Management und Verwaltung, IIM/LMP 84-19. Berlin.

Lancaster, K., 1966: A New Approach to Consumer Theory, in: Journal of Political Economy 74, S. 132-157.

Merz, J., und *K. Wolff*, 1986: Eigenarbeit und Erwerbsarbeit in Haupt- und Nebenerwerb. Ergebnisse der Sfb 3-Nebenerwerbstätigkeitsumfrage, Sfb 3-Arbeitspapier Nr. 191. Frankfurt a.M./Mannheim.

Sperling, H., und *L. Herberger*, 1963: Erwerbstätigkeit und Lebensunterhalt, in: Wirtschaft und Statistik, S. 137-140.

Statistisches Bundesamt (Hrsg.), 1982: Fachserie 1, Reihe 4.1.1 Bevölkerung und Erwerbstätigkeit. Stuttgart/Mainz.

– (Hrsg.) in Zusammenarbeit mit dem Sonderforschungsbereich 3 der Universitäten Frankfurt a.M. und Mannheim, 1985: Datenreport 1985 – Zahlen und Fakten für die Bundesrepublik Deutschland. Stuttgart/Mainz.

Terleckyi, N.E. (Hrsg.), 1975: Household Production and Consumption. National Bureau of Economic Research. New York.

Zapf, W., 1982: Welfare Production – Public versus Private, Sfb 3-Arbeitspapier, Nr. 85. Frankfurt a.M./Mannheim.

Jiri Skolka

Eigenleistungen, Zeit und Unabhängigkeit

Während der Industrialisierung der letzten 200 Jahre ging die Haushaltsproduktion für den Eigenbedarf zurück. Gegenwärtig zeichnet sich allerdings in den Industriestaaten eine gewisse Renaissance der Eigenleistungen der Haushalte ab. Diese Wende hat vielfältige wirtschaftliche, technologische und gesellschaftliche Gründe.

1. Industrialisierung und Eigenleistungen

Die Industrialisierung – die „Große Transformation" (Polanyi 1944) der traditionellen Gesellschaft in eine industrielle – hat weitgehende Arbeitsteilungen[1] in der Organisation der Produktion und im sozialen Leben hervorgerufen (Skolka 1985):

– Der Zeitaufwand für die produktive[2] Arbeit verschob sich zugunsten der bezahlten erwerbstätigen Arbeit[3]; unentgeltliche Eigenleistungen gingen zurück. Es wurde mehr für den Markt und weniger für den Eigenbedarf produziert. Erwerbstätige Arbeit, Arbeit für den Eigenbedarf und Freizeit wurden voneinander scharf getrennt.

– Aus Produzenten für den Eigenverbrauch sind Erzeuger von Gütern für andere und Konsumenten von Gütern, die andere erzeugt haben, geworden; die Arbeit wurde „entfremdet".

---

1 Der Terminus „Arbeitsteilungen" wird in Anlehnung an das Buch des englischen Ökonomen und Soziologen Pahl „Divisions of Labour" (1984) verwendet.

2 Mit der Industrialisierung änderte die Wirtschaftstheorie ihre Auffassung über die produktive Arbeit. Produktiv war für F. Quesnay (1758) nur die Landwirtschaft, für A. Smith (1776) die Produktion materieller Güter. Nach der gegenwärtigen Auffassung ist jene Leistung produktiv, die Nutzen stiftet und Gegenstand freiwilliger Nachfrage ist: „It is productive because ist is valued" (Robbins 1932). Laut M. Reid (1934) sind auch solche Eigenleistungen produktiv, „die eine dritte Person gegen Bezahlung erbringen könnte".

3 Vor zweihundert Jahren deckten Haushalte in Westeuropa und in Nordamerika ungefähr 75 % ihres Bedarfs durch Eigenproduktion, erwarben etwa 20 % durch Tausch auf den lokalen Märkten und 5 % durch Geld (Burns 1977). Der Anteil der Eigenleistungen ist heute auf die Hälfte gesunken (Goldsmith-Clermont 1982).

– In der traditionellen Wirtschaft wurde überwiegend für den laufenden Verbrauch produziert. In der Industriewirtschaft werden umfangreiche Investitionen in Produktionseinrichtungen und Verkehrsmittel getätigt; die marktmäßige Produktion teilt sich in Produktion kurzlebiger Verbrauchsgüter und langlebiger Investitionsgüter.

– Geldloser Tausch der Verbrauchsgüter wurde durch Verkauf von Waren und Dienste für Geld ersetzt; Geld dient auch der Akkumulation des Finanzkapitals für die Beschaffung der Investitionen. Die monetäre Bewertung der Produktion für den Markt hat die traditionelle Bewertung der Waren und Dienste nach den Kriterien der „moral economy" (Thompson 1971) zurückgedrängt.

– Produktive Tätigkeiten erweisen sich als unterschiedlich innovationsfähig. Heute können sie teils einem innovationsintensiven (fortschrittlichen), teils einem innovationsarmen (rückständigen) Sektor zugeordnet werden. Unterschiede in der Innovationsintensität beeinflußten Beschäftigung, Produktivität und Preise in beiden Sektoren (Baumol 1967).

Neben diesen „Makro-Spaltungen" der Wirtschaft und Gesellschaft kam es zu Diversifizierungen auf der „Mikro-Ebene". Die Anzahl der Waren und Dienstleistungen, der wirtschaftlichen Aktivitäten und Berufe nahm zu.

Obwohl während der zwei Jahrhunderte der Industrialisierung die erwerbstätige Arbeit kräftig stieg, beansprucht heute in den entwickelten Ländern die Eigenarbeit noch etwa die Hälfte der produktiven Arbeitszeit (Goldsmith-Clermont 1982). In den Haushalten gibt es weiterhin Tätigkeiten, deren Qualifikationsansprüche niedrig sind, in denen Skalenerträge nicht erreicht werden können, deren qualitative und emotionelle Aspekte aber bedeutend sind. Nach Vollendung der Industrialisierung, beim Übergang zur Dienstleistungsgesellschaft, kommt die Tendenz zugunsten der erwerbstätigen Arbeit zum Stillstand, und in den Industrieländern beginnt eine Renaissance der Eigenleistungen der Haushalte.

2. Renaissance der Eigenleistungen in Österreich

Die Wiederbelebung der Eigenproduktion der Haushalte in Österreich während der letzten Jahrzehnte kann mit statistischen Daten zwar nicht systematisch, für viele Tätigkeiten dennoch ausreichend belegt werden (Skolka 1986):

– *Personenverkehr:* Der Individualverkehr hat in der Nachkriegszeit den öffentlichen Verkehr verdrängt. Die Ausstattung der Haushalte mit Personenkraftwagen stieg von 13 Autos je 1.000 Personen 1954 auf 215 Autos 1974 und 323 Autos 1984 (Wüger 1981); 1974 besaßen 49 %, 1979 55 % und 1984 61 % der Haushalte Personenkraftwaren (Vocelka-Zeidler 1985). 1980 wurden im Individualverkehr rund 55 Mrd. Personenkilometer erbracht, d.h.

fast 78 % aller Personenverkehrsleistungen auf Schiene und Straße. Die geschätzte (zugerechnete) Wertschöpfung des Individualverkehrs war 1980 mit etwa 62 Mrd. S gleich hoch wie die Wertschöpfung des gesamten institutionellen Verkehrs (Puwein 1984). Der Anteil der privaten Autos an der gesamten Leistung des Personenverkehrs (in Personenkilometern) hat sich von 54,0 % 1960 auf 74,5 % 1970 und 76,8 % 1980 erhöht (Puwein 1985). Die Anteile anderer Arten des Personenverkehrs gingen zurück: der Eisenbahn von 27,7 % 1960 auf 15,0 % 1970 und 11,9 % 1980, der Bus-Überland-Linien von 6,5 % 1960 auf 4,1 % 1970 und 5,8 % 1980, der innerstädtischen Verkehrsbetriebe von 11,8 % 1964 auf 6,4 % 1970 und 5,5 % 1980. Die Effekte anderer Formen der Eigenleistungen im Verkehr, wie die Abschaffung der Schaffner im innerstädtischen Verkehr, Ersetzung der Träger an den Bahnhöfen oder Flughäfen durch „Kuli-Wagen", Beförderung kleiner Lasten in gemieteten Lastautos, Fliegen mit eigenen Flugzeugen oder die Wiederbelebung des Fahrrads als Verkehrsmittel, waren weniger bedeutend.

– *Tourismus:* Erholungsreisen ins eigene Wochenendhaus, ins gemietete Appartment und Urlaub am Campingplatz sind die „Do-it-yourself"-Formen des Tourismus: ein Teil der Leistungen der Beherbergungsbetriebe wird von den Reisenden übernommen. Zwischen 1975 und 1981 nahm die erste Form um 176 %, die zweite um 195 % und die dritte um 47 % zu, der Anstieg aller drei betrug 147 %; die gesamten Inlandsreisen in Österreich stiegen im gleichen Zeitraum nur um etwa 12 %. Der Anteil der „Do-it-yourself"-Reisen an den Inlandsreisen stieg zwischen 1975 und 1981 von 7,3 % auf 16,2 % (Bobretzky 1984). Die Infrastruktur für die Eigenleistungen der Touristen bildeten der hohe Motorisierungsgrad und die zunehmende Zahl der Zweitwohnplätze. 1981 gab es in Österreich 161.200 Wochenend- und Ferienhäuser. Ihr Anteil am gesamten Gebäudebestand war hoch im Osten des Landes (14,8 % in Niederösterreich, 14,2 % im Burgenland, 13,3 % in Wien); in den südlichen und westlichen Bundesländern war er niedriger und betrug zwischen 6,0 % und 7,9 % (Klein 1986).

– *Handel:* Die Kunden haben, vor allem im Lebensmitteleinzelhandel, die Bedienung in den Geschäften und die Lagerung der Waren teilweise übernommen. Die Zahl der Selbstbedienungsgeschäfte im organisierten Lebensmitteleinzelhandel stieg von 34 % 1967 auf 70 % 1977 (ÖIV 1978) und auf 83 % 1982 (ÖIV 1984). Der Bestand an Kühlschränken pro 1.000 Personen betrug 7 Stück 1954, 265 Stück 1974 und 308 Stück 1979 (Wüger 1981). 1979 hatten 86 %, 1984 96 % aller Haushalte einen Kühlschrank; die entsprechenden Zahlen für Gefriertruhen oder -schränke lauteten 42 % 1979 und 56 % 1984 (Vocelka-Zeidler 1985).

– *Unterhaltung:* Die Unterhaltung durch Theaterstücke, Filme und Musik in den Haushalten – außerhalb von Theatern, Kinos und Konzertsälen – nahm stark zu. Die Zahl der Fernsehgeräte pro 1.000 Personen stieg von 11 Geräten 1954 auf 242 Geräte 1974 und 279 Geräte 1979 (Wüger 1981); 1974 hatten

80 %, 1979 83 % und 1984 97 % der Haushalte ein Fernsehgerät (Vocelka-Zeidler 1985). Die Zahl der Kinos und der Kinobesucher ging zurück; das Kinosterben setzte mit dem Vormarsch des Fernsehens Ende der sechziger, Anfang der siebziger Jahre ein. Vergleichbare Zahlen für eine längere Periode sind für Wien vorhanden: 1964 besuchten 25,3 Mill. Menschen 194 Kinos, 1976 kamen 6,2 Mill. Besucher in 82 Kinos, 1984 5,9 Mill. Personen in 105 Kinos (ÖStZ 1965; 1977; 1985). Die finanzielle Krise des Theaters hat sich vertieft, die Subventionen nahmen zu. Die Bundestheater erhielten 1970 381 Mill. S an Subventionen; direkte Subventionen für private Theater betrugen 1970 20 Mill. S, 1984 122 Mill. S. Indirekt, durch Zweckzuschüsse des Bundes an Länder und Gemeinden, wurden den Theatern 1970 weitere 25 Mill. S, 1984 weitere 100 Mill. S zugeführt. Insgesamt betrugen die Subventionen der Theater 1970 426 Mill. S, 1984 1.637 Mill. S; sie sind binnen 14 Jahren um 284 % gestiegen. (Der durchschnittliche Preisanstieg zwischen 1970 und 1984 betrug 96 %; wird die nominelle Wachstumsrate mit diesem Wert deflationiert, betrug der „reale" Zuwachs der Theatersubventionen zwischen 1970 und 1984 + 96 %. Das Brutto-Inlandsprodukt ist im gleichen Zeitraum real um nur 51 % gestiegen.)

– *Haushaltsarbeit:* 1981 hat in Österreich eine erwachsene Person (ab 19 Jahren) im Durchschnitt (d.h. einschließlich Sonntagen und Feiertagen) ähnlich wie in anderen Industriestaaten gleich viel Zeit mit produktiver erwerbstätiger Arbeit und produktiver Arbeit für den Eigenbedarf verbracht (Simhandl 1984). Vom gesamten Zeitaufwand für den Eigenbedarf entfielen etwa 79 % auf traditionelle Haushaltsarbeit, etwa 11 % auf handwerkliche Tätigkeiten und etwa 10 % auf Gartenarbeiten. Die Haushalte haben kräftig in die Beschaffung von Haushaltsgeräten investiert. Die Ausstattung mit Waschmaschinen je 1.000 Personen stieg von 3 Stück 1954 auf 144 Stück 1974 und auf 167 Stück 1979 (Wüger 1981). 1974 stand 64 %, 1979 67 % und 1984 80 % der Haushalte eine Waschmaschine zur Verfügung. 1974 besaßen 4 %, 1979 10 % und 1984 18 % der Haushalte eine Geschirrspüler. 1974 hatten 75 % der Haushalte einen Staubsauger, 1979 waren es 85 %, 1984 89 %. Die Produktivität der Haushaltsarbeit stieg kräftig; viele Hausfrauen konnten einen Beruf ausüben und gleichzeitig auf bezahlte Hilfe verzichten. Die Erwerbsquote der Frauen zwischen 30 und 40 bzw. zwischen 40 und 50 Jahren[4] betrug 1964 53,3 % in der ersten und 51,2 % in der zweiten Altersgruppe, 1976 58,5 % und 56,9 %, 1984 62,4 % und 60,3 %. Die Zahl der Beschäftigten in der Haushaltung (Haushälterinnen, Dienstmädchen u.a.) ging von 16.439 Personen 1964 auf 11.023 Personen 1976 und 7.228 Personen 1984 zurück. Die Wertschöpfung (zu konstanten Preisen) der

4 Trotz der steigenden Beschäftigung der Hausfrauen in den Städten blieb die Erwerbsquote aller Frauen im erwerbsfähigen Alter wegen der steigenden Zahl von Studentinnen und des Rückgangs der Bäuerinnen fast unverändert: zwischen 1964 und 1976 stieg sie nur von 55,2 % auf 57,1 %.

„Häuslichen Dienste" betrug 1964 1.489 Mill. S, 1976 645 Mill. S und 1984 423 Mill. S, die jährliche durchschnittliche Veränderungsrate betrug – 6,1 %.

– *Eigenheimbau:* Eigenleistungen und Schattenwirtschaft sind im Eigenheimbau und bei den Haus- und Wohnungsreparaturen eng verflochten. Besonders in den ländlichen Gebieten wird das Haus vom Eigentümer, seiner Familie und Bauarbeitern, die ihr reguläres Einkommen durch Schwarzarbeit verbessern wollen, gebaut[5]. Schwarzarbeit und Eigenleistungen (einschließlich Nachbarschaftshilfe) machen etwa 40 % des Gesamtarbeitsaufwands aus; das Verhältnis der Schwarzarbeit zu Eigenleistung beträgt ungefähr 3 : 2. Der Anteil der Schwarzarbeit und der Eigenleistungen ist in einzelnen Bauphasen unterschiedlich: hoch (60 % bis 70 %) beim Keller- und Rohbau, hingegen niedrig (20 % bis 30 %) beim weiten Ausbau der Häuser und bei den Heizungs-, Elektrizitäts- und Wasserinstallationen (Neubauer 1984).

– *Landwirtschaft:* Die traditionelle landwirtschaftliche Eigenproduktion ging – in Fortsetzung des säkularen Trends – zurück. Der Anteil der Erzeugung landwirtschaftlicher Waren für den Bedarf der bäuerlichen Haushalte am Brutto-Produktionswert der Land- und Forstwirtschaft sank von 11,4 % 1970 auf 6,6 % 1980 – stärker in der pflanzlichen Produktion, schwächer in der tierischen Produktion; in der forstwirtschaftlichen Produktion blieb der Anteil mit etwa 3 % stabil. Landwirte widmeten hingegen den Maschinenreparaturen, dem Wohnungsbau und dem Bau landwirtschaftlicher Gebäude mehr Zeit. Der Anteil der Eigenleistungen an den Bauinvestitionen der Landwirtschaft stieg von weniger als 5 % Mitte der sechziger Jahre auf etwa 20 % Anfang der achtziger Jahre (Schneider 1984).

3. Wirtschaftliche und technologische Gründe der Zunahme der Eigenleistungen

Eigenleistungen, welche die auf dem Markt erhältlichen Dienstleistungen bzw. Waren ersetzen, haben wirtschaftliche Vorteile für die Haushalte; der technologische Fortschritt verstärkt diese Vorteile, erleichtert die Eigenleistungen oder transformiert sie (Skolka 1976a,b; 1977). Die beiden Faktoren unterstützen einander gegenseitig; wirtschaftliche Vorteile stimulieren die Suche nach neuen Technologien, neue Technologien steigern die wirtschaftlichen Vorteile der Eigenleistungen.

Viele Dienstleistungen, einige Waren und manche Tätigkeiten in der Warenproduktion (z.B. Montage der Fertigprodukte) gehören zu den innovationsarmen (rückständigen) Tätigkeiten in der Wirtschaft; sie weisen aus technologischen Gründen einen schwachen Anstieg der Arbeitsproduktivi-

5 Ähnliche Angaben für die BRD bringen Jessen et al. (1986; 1987) und Heinze/Schedl/Vogler-Ludwig (1986).

tät aus. Hohe Arbeitsintensität dieser Tätigkeiten verursacht in einem Industrieland (mit hohem Pro-Kopf-Einkommen) hohe Lohnkosten, an die hohe Sozialversicherungsbeiträge, Gemeinkosten und Steuern gekoppelt sind. Die arbeitsintensiven Waren und Dienste verteuern sich deswegen relativ[6]. Unter diesen Umständen kommt ihre Erbringung bzw. Herstellung im Haushalt den Konsumenten billiger: Lohnkosten, Gemeinkosten (und auch Verteilungskosten – Frachten, Werbung, Handelsspannen), die in der marktmäßigen Produktion verrechnet werden, fallen weg; Eigenleistungen erlauben legale Steuervermeidung (Skolka 1976a; Scharpf 1985). Die Konsumenten müssen arbeiten, doch das imputierte (zugerechnete) Einkommen aus dieser Eigenarbeit ist hoch. Steuern, Abgaben und Gemeinkosten haben zur Folge, daß das Pro-Stunde-Nettoeinkommen der Konsumenten aus ihrer Erwerbstätigkeit (Einkommen nach der Bezahlung von Steuern und Abgaben) nicht selten niedriger ist als der Pro-Stunde-Bruttolohn der Beschäftigen in Dienstleistungs-, Reparatur- oder Gewerbebetrieben (der den Konsumenten verrechnet wird). Die Einkommensunterschiede in den Industrieländern, teils als Folge der Bildung breiter Bevölkerungsschichten, teils als Folge der Einkommenstransfers, sind geringer und die Belastung der Einkommen mit der Lohnsteuer und den Sozialversicherungsbeiträgen höher geworden. Bei solchen Einkommensrelationen ist es wichtig, daß die Arbeitsproduktivität im Haushalt nahe der Arbeitsproduktivität des Gewerbebetriebs, der die gleiche Leistung oder die gleiche Ware für den Markt erzeugt, liegt. Diese Voraussetzung ist oft erfüllt. In den traditionellen persönlichen Diensten (in der Betreuung von Kindern, von Kranken oder von Alten) bestehen zwischen Haushalten, privaten oder öffentlichen Organisationen kleine Produktivitätsunterschiede. In den „modernen" Eigenleistungen wird die Produktivität der Haushalte durch ihre „Industrialisierung" (Huber 1984; Joerges 1985) gesteigert. Nach dem Zweiten Weltkrieg hat die Industrie Haushalte mit massenproduzierten Geräten, Maschinen, Verkehrsmitteln, halbfertigen Produkten und Hilfsmaterial reichlich versorgt.

Einige Haushaltsgeräte sind ein Glied in der Kette des Wandels der Dienstleistungen in Waren, mit denen wieder Dienstleistungen erbracht werden. Ein solcher Wandel kommt in den „mentalen" (informierenden und emotionalisierenden) Dienstleistungen, die sich „dem Geist oder der Seele zuwenden" (Scharpf 1985), häufig vor. Er ist nicht neu: Mit dem Niederschreiben des Homerischen Epos wurde eine Dienstleistung (Erzählung) in ein Gut (Buch) transformiert; die Erfindung des Buchdrucks ermöglichte eine Massenproduktion der Bücher. Heute hat ein ähnlicher Wandel von Theaterspielen und Musik ein bis dahin nie dagewesenes Ausmaß erreicht;

6 Die Relation ist auch mit dem Niveau des Pro-Kopf-Inlandsprodukts stark korreliert. Anfang der siebziger Jahre betrug das Verhältnis des Preises eines kleinen PKW zu dem eines Haarschnitts 4.000 : 1 in Portugal, 2.400 : 1 in Großbritannien, 1.200 : 1 in Schweden und 700 : 1 in den USA (OECD 1974).

arbeitsintensive professionelle künstlerische Leistungen für reiche Schichten werden in billige Massenware verwandelt. (Die Kehrseite solcher Verbreitung der Kunst ist leider oft ein Niveaurückgang[7] der Unterhaltung; vgl. Tullock 1974). Technischer Fortschritt, relative Preise und Einkommensverteilung wirken dabei zusammen. Im Theater gab es früher große Einkommensunterschiede zwischen Zuschauern und professionellen Schauspielern, die sich mit dem wirtschaftlichen Aufschwung verminderten. Dadurch verschlechterten sich die Tauschverhältnisse zwischen den Zuschauern und den Darstellern, und der wirtschaftliche Ertrag des Theaters[8] ging zurück. Industrielle Innovationen boten einen billigen Ersatz der teuren Theaterunterhaltung an. Die erste, chemische und mechanische Innovationswelle schuf eine kapitalintensive Filmindustrie; die materialisierte dramatische Kunst wurde als billiges Massenprodukt in Kinos verkauft. Die zweite, elektronische Innovationswelle verlagerte den Konsum der Unterhaltung in die Haushalte, die in die Beschaffung der Ausrüstung investieren mußten. Das Fernsehen liefert die Unterhaltung (und die Nachrichten) in das Wohnzimmer; Filme, Theaterspiele und Fernsehprogramme werden auf Videobändern gespeichert und im Selbstbedienungsverfahren konsumiert. Die Musik hat einen ähnlichen Wandel durchgemacht: Von den großen Orchestern der feudalen Herrscher und der Kirche führt der Weg zu Eigenleistungen mit Rundfunk- und Tonbandgeräten und Plattenspielern.

Mit der Verbreitung der elektronischen Datenverarbeitung werden sich Eigenleistungen der Haushalte verstärken und in neue Bereiche – wie Bildung, Gesundheitswesen, Bankwesen – vordringen (Presvelou 1986). Ein gutes Beispiel eines funktionierenden Systems der universitären Selbstbildung[9] ist die britische Fernuniversität (Open University; vgl. Gershuny/Miles 1983). Im traditionellen Hochschulunterricht hat die Verwendung von Fernsehen und von Videobändern begonnen, der Einsatz von Lerngeräten auf verschiedenen Bildungsstufen steht bevor. Einige medizinische Diagnostikgeräte und Diagnostikmittel werden auch im Haushalt verwendbar sein. Handel und Banken bereiten sich auf den Anschluß der Heimcomputer der Kunden vor.

---

7 „Economics prosperity does not automatically bring with it all the things that are usually taken to contribute to the quality of life and if it is accompanied by rising real incomes for all economic classes, it may be a positive detriment to such activities" (Oates/Baumol 1972).

8 Zwischen 1670 und 1970 ist die Produktivität eines Genfer Uhrmachers auf das 200fache gestiegen. 1680 schrieb Purcell die Oper „Dido und Aeneas"; sie braucht heute die gleiche Zahl an Darstellern und Musikern wie vor 200 Jahren (Baumol/Batey/Wolff 1985). Shakespeares Stücke waren zu seiner Zeit nach zwei Wochen Spielzeit kostendeckend. Vor dem Ersten Weltkrieg wurde dieser „break-even-point" nach vier Wochen, in den zwanziger Jahren nach fünf bis acht Wochen und Anfang der siebziger Jahre nach siebzig Wochen Spielzeit erreicht (Oates/Baumol 1972).

9 Die Fernuniversität verwendet Lehrbücher, Skripten und Fernsehprogramme; die Studenten sind erwerbstätig und lernen zu Hause. Die Fernuniversität ist um 40 % bis 60 % billiger als die konventionelle Massenuniversität (Gershuny/Miles 1983).

4. Vielseitige Motivation für Eigenleistungen

Die Renaissance der Eigenleistungen hat allerdings nicht nur ökonomische Ursachen (die die Eigenleistungen für die Haushalte wirtschaftlich interessant machen) oder technologische Ursachen (die die Eigenleistungen durchführbar machen). Die Ursachen sind vielfältiger, wie an dem folgenden Beispiel des Wäschewaschens gezeigt wird. Das traditionelle Wäschewaschen war eine der schwersten Haushaltsarbeiten, sie wurde von Hausfrauen, als Eigenleistung, oder von bezahltem Personal, als marktmäßige Dienstleistung, erledigt. Dies hat sich in der Nachkriegszeit grundsätzlich verändert. Auskunft darüber geben u.a. französische (Preel 1986) und schwedische (Cronberg/Sangregorio 1982) Studien.

Im Vordergrund der französischen Studien stehen die wirtschaftlichen Motive des Wandels von den früheren Formen des Wäschewaschens – entweder in kommerziellen Wäschereien oder mit bezahltem Haushaltspersonal – zur Erledigung dieser Arbeit in kleineren automatischen Waschmaschinen in den Haushalten. Dieser Wandel verlief in Frankreich auffallend rasch: Der Anteil der Ausgaben im Haushaltsbudget für „Wäschewaschen und Reinigung" betrug 1955 0,54 %, 1970 0,37 % und 1983 0,20 %. Der Anteil der Ausgaben für das Wäschewaschen zu Hause stieg von 0,08 % 1955 auf 0,25 % 1970 und ging 1983 leicht auf 0,22 % zurück. Der Anteil der Ausgaben für „Häusliche Dienste" (Hauspersonal) ging von 2,21 % 1955 auf 0,98 % 1970 bis auf 0,48 % 1983 zurück. In relativen Zahlen bei einem Indexwert von 100 für das Volumen der Haushaltsausgaben und das Preisniveau 1959 betrug 1984 das Volumen der Ausgaben für das Wäschewaschen in den Haushalten 10,3 das Preisniveau 138,5; das Volumen der Ausgaben für die kommerzielle Erledigung von „Wäschewaschen und Reinigung" 39,9, das Preisniveau 123,1; das Volumen der Ausgaben für „Häusliche Dienste" 24,3, das Preisniveau 315,1. Die relativen Preise beeinflußten die Konsumstruktur – und auch den Arbeitsmarkt. Die Zahl der Beschäftigten in den Wäschereien und chemischen Putzereien ging von 69.840 Personen 1962 auf 47.200 Personen 1982 zurück (die durchschnittliche jährliche Veränderungsrate betrug – 1,94 %). Dafür wird zu Hause mehr gearbeitet: Der Arbeitsaufwand für das Wäschewaschen in Haushalten wird in Frankreich gegenwärtig auf 2,3 Millionen voll beschäftigter Personen geschätzt. Die relativen Preise – und mit ihnen die Nachfragestruktur – haben sich in der Nachkriegszeit deutlich verändert; das Wäschewaschen zu Hause ist bequemer geworden. Es ist gegenwärtig allerdings nicht billiger als in den kommerziellen Wäschereien, die Kosten der beiden Formen sind ungefähr gleich. (Etwa 45 % der Kosten des Wäschewaschens im Haushalt sind zugerechnete – imputierte – Arbeitskosten, die gleichzeitig zugerechnetes Einkommen der Haushalte – fiktives Entgelt für den Arbeitsaufwand – sind.)

Die schwedischen Studien über das Wäschewaschen befassen sich mit verschiedenen Formen der Eigenleistungen der Haushalte. Um die schwere

Arbeit des Wäschewaschens zu erleichtern, hat 1941 die schwedische „Population Commission" empfohlen, mit Waschmaschinen ausgerüstete Zentralwäschereien zu errichten, in denen Hausfrauen die Wäsche entweder selbst oder mit Hilfe des Personals waschen können. Acht Jahre später mußte die Kommission feststellen, daß 70 % des Wäschewaschens in Schweden noch immer händisch zu Hause durchgeführt wurde. Die Zentralwäschereien waren auf das Waschen großer Mengen stark verschmutzter Wäsche in größeren Zeitabständen eingerichtet, was den Bedürfnissen der Haushalte offensichtlich nicht entsprach. Daraufhin wurden die Wäschereien mit kleineren Maschinen ausgerüstet, aber 1973 stellte die Kommission fest, daß die Zentralwäschereien weiterhin wenig gefragt waren. Sie waren weit von den Wohnungen entfernt, die Familien mußten auf Termine warten und konnten die Wäscherei nur für begrenzte Zeit in Anspruch nehmen. Nach dem Krieg waren kleine Waschmaschinen für Haushalte auf den Markt gekommen; 1950 wurde geschätzt, daß mit ihnen 12 % des Wäschewaschens erledigt wurde (verglichen mit 8 % in den Waschküchen der Wohnhäuser und 2 % in den zentralen Wäschereien). In neuen Häusern wurden mit kleinen Waschmaschinen eingerichtete Waschküchen gebaut; 1955 standen solche Waschküchen 12 % der Haushalte, 1974 88 % der Haushalte zur Verfügung. Viele Haushalte machten von dieser Einrichtung allerdings keinen Gebrauch; 1974 hatten 47 % der Haushalte eigene Waschmaschinen.

Die Präferenz der Haushalte für Eigenleistungen kann mit ökonomischen Faktoren allein nicht erklärt werden. In Frankreich gab es 1979 zwischen den Kosten der Eigenleistung (wenn eigene Arbeit bewertet wird) und den Preisen der kommerziellen Wäschereien keine wesentlichen Unterschiede. Die schwedischen Schätzungen der Kosten verschiedener Formen der Eigenleistung beim Wäschewaschen für 1968 und 1969 zeigten, daß die Verwendung eigener Waschmaschinen in der Wohnung die teuerste Methode des Wäschewaschens war; die Kosten des Waschens in einer Waschküche einer Wohnanlage waren niedriger[10]. Die wirtschaftlichen Vorteile der Eigenleistungen im Haushalt sind nicht die einzige Ursache der Renaissance der unentgeltlichen Haushaltsarbeit. Die Konsumenten orientieren sich – oft nur intuitiv, ohne genauere Kalkulation – an einer Kosten-Nutzen-Rechnung, in der sie auch die folgenden qualitativen, nicht-monetären Aspekte berücksichtigen[11]:

10 Die Kosten waren wie folgt: 1,30 skr pro Kilogramm Wäsche bei Verwendung einer eigenen Waschmaschine in der Wohnung; in der Waschküche einer Wohnanlage betrugen sie 0,78 skr pro Kilogramm (bei 25 Wohneinheiten) bzw. 0,74 skr pro Kilogramm (bei 40 Wohneinheiten); in einer Zentralwäscherei 0,86 skr (bei 25 Wohneinheiten), 0,78 skr (bei 105 Wohneinheiten) und 0,71 skr (bei 210 Wohneinheiten).

11 Verschiedene Typen von Haushalten weisen auch unterschiedliche Neigungen zu Eigenleistungen auf. Capecci und Pesce (1986) unterscheiden zwischen vier Haushaltstypen: 1) selbstversorgende (autosuffisante); 2) konsumorientierte (consomatrice); 3) indivi-

- Zugang zu technologischem Wissen,
- Zeitersparnis und Zeitsouveränität,
- Vertrauen in eigene Leistung (informationelle Asymmetrie),
- individuelle Unabhängigkeit,
- soziale Gleichheit.

Bei der Wahl zwischen verschiedenen Möglichkeiten des Wäschewaschens wirken alle fünf Motive. In automatischen Waschmaschinen und in Waschmitteln ist das Wissen über das Wäschewaschen verkörpert und steht den Konsumenten zur Verfügung. Konsumenten können ihre Zeit flexibler gestalten und gewinnen an Zeitsouveränität. Sie wissen, ob ihre Wäsche richtig, schonend behandelt wurde und mit fremder Wäsche nicht in Berührung kam. Die Haushalte sind vom Markt unabhängig, und sie sind alle gleich. Solche Motive wirken – neben den wirtschaftlichen und technologischen – auch in vielen am Anfang des vorliegenden Aufsatzes erwähnten Fällen der Renaissance der Eigenleistungen in Österreich: im Individualverkehr, im „Do-it-yourself"-Tourismus, im Selbstbedienungshandel, in der Unterhaltung.

5. Zugang zu technologischem Wissen

Wissen ist strukturierte Information, die für die Lösung gegebener Fragen relevant ist. Für die Wahl zwischen Marktproduktion und Eigenleistungen ist vorwiegend das ökonomische und technologische Wissen relevant. Das ökonomische Wissen ist das Wissen über die Märkte (über die Preise, über die Löhne, über die Kosten alternativer Herstellungstechnologien, über die Kosten und die Verfügbarkeit von Produktionsfaktoren). Das technologische Wissen ist das Wissen über die Erbringung von Dienstleistungen. Beides Wissen wird entweder durch Erfahrungen in der Produktion oder durch systematische wissenschaftliche Forschung geschaffen. Es wird im menschlichen Gedächtnis gespeichert oder symbolisch – schriftlich, heute auch elektronisch – registriert. Das technologische Wissen wird desweiteren in Werkzeugen, Geräten, Maschinen, Transportmitteln, Bauten, modernen Rohstoffen und vielen Verbrauchsgütern verkörpert.

Der Wandel von der traditionellen Gesellschaft in eine industrielle (der vor zwei Jahrhunderten begonnen hat) und dessen Fortsetzung, der Wandel in eine Informationsgesellschaft (der heute beginnt) wird durch den Wandeln in der Schaffung, Speicherung, Verkörperung und Verbreitung des Wissens begleitet und gefördert (Skolka 1987). In der traditionellen vorindustriellen Gesellschaft wurde einfaches Wissen verwendet, das durch Erfahrungen erworben und innerhalb von Familien, in Traditionen und Bräu-

dualistische (individualiste) und 4) kollektivorientierte (associative). Jeder Typ hat auch eine andere Haltung zu den marktmäßigen und öffentlichen Dienstleistungen.

chen von Generation zu Generation weitergegeben wurde. In der traditionellen Produktion beherrschten einzelne Menschen einen großen Teil des verfügbaren Wissens und waren auf das Wissen anderer wenig angewiesen. In der Industriegesellschaft werden in der Produktion neben dem praktischen Wissen auch Erkenntnisse der wissenschaftlichen Forschung angewendet. Das Wissen wird umfangreicher, wird unter spezialisierten Fachleuten verteilt, in Fachliteratur beschrieben und in spezialisierten Maschinen, Einrichtungen und Verkehrsmitteln verkörpert. Im Bildungssystem wird es von einer Generation an die nächste übergeben. Die Verteilung des Wissens unter eine große Anzahl von Menschen erfordert intensive Arbeitsteilungen in der Produktion und im sozialen Leben. Die elektronische informationsverarbeitende Technologie (die als „Epizentrum der gegenwärtigen technologischen Schockwelle" bezeichnet wird) eröffnet neue Möglichkeiten der Speicherung, Verkörperung und Verbreitung (Übergabe) des Wissens. Die hohe „Wissensintensität" der elektronischen Einrichtungen (Computer, Roboter usw.) steht ihren Benutzern zur Verfügung und macht sie vom Wissen anderer Menschen weniger abhängig.

Dieselben technologischen Veränderungen setzten sich, mit gewisser Verspätung, in der Haushaltsproduktion durch. Die traditionelle Haushaltsarbeit hatte einfache Technologie verwendet. In den letzten Jahrzehnten wurden Haushalte mit Investitionen in langlebige Güter „industrialisiert". Der bevorstehende Einsatz von elektronischen Einrichtungen wird die Haushaltsarbeit in die Informationsgesellschaft integrieren. Die Öffnung des Zugangs zu technologischem Wissen für die Haushalte – sei es durch Haushaltsmaschinen, sei es durch elektronische Einrichtungen – fördert schon heute die Eigenleistungen. Damit verlieren einige Arbeitsteilungen, die in der Industriegesellschaft entstanden sind, an Bedeutung: Ein Teil der produktiven Arbeit verlagert sich vom Markt zurück in die Haushalte; monetäre Kriterien werden hie und da durch Nutzwerte verdrängt. Enge Spezialisierung wird in der erwerbstätigen Arbeit nicht so hoch wie früher geschätzt, verlagt werden eher multiprofessionelle Arbeitskräfte mit allgemeinen Kenntnissen (Kern/Schumann 1984). Dasselbe gilt auch für Haushalte; Hausfrauen (und Hausmänner) müssen heute imstande sein, mit modernen Haushaltseinrichtungen vieles zu erledigen, was früher wegen des Mangels an Fachwissen nicht möglich war.

6. Zeitersparnisse und Zeitsouveränität

In jeder Gesellschaft teilen Menschen die verfügbare Zeit in biologisch notwendige (Schlaf, Körperpflege usw.), produktive und konsumptive Tätigkeiten auf. Die waren in der vorindustriellen traditionellen Gesellschaft nicht streng voneinander getrennt, eher in einem „Lebensstil" (Usher 1980) verschmolzen. Während der Industrialisierung trennte sich die Erwerbsarbeit scharf von der „übrigen" Beschäftigung (teils Freizeit[12], teils Eigenleistungen). Zur Koordinierung der Arbeitsteilungen wurde eine strenge Regelung der Zeitverwendung eingeführt: „Die Uhr, nicht die Dampfmaschine, ist die Schlüsselmaschine des modernen Industriezeitalters" (Mumford 1934)[13].

Die Fixierung des Zeitablaufs der erwerbstätigen Arbeit in der Industriegesellschaft beschränkt die Zeitsouveränität der Menschen: Die Länge der Erwerbsarbeit – wöchentliche Arbeitszeit, Öffnungszeiten der Geschäfte und Büros, Ordinationsstunden –, die Länge des Urlaubs, Schulferien, Pensionsalter usw. sind gesetzlich geregelt. Sie werden dem Produktivitätsfortschritt angepaßt[14]. Die erwerbstätige Arbeit wurde verkürzt, aber die Menschen klagen über zunehmende Zeitknappheit (Burestam-Linder 1970). Sie sind in der durch die Verkürzung der erwerbstätigen Arbeit gewonnenen Zeit mit neuen Aufgaben beschäftigt. Die Zeit, welche Haushalten für den Konsum der erzeugten Waren und Dienste zur Verfügung steht, hat weniger zugenommen als das reale Volumen des Konsums, der Pro-Stunde-Konsum ist gestiegen[15]. Zeitaufwendiger Konsum wird verdrängt[16], auch auf Kosten der Lebensqualität (Oates/Baumol 1972; Tullock 1974). Auch die Bewältigung komplizierter zwischenmenschlicher und zwischeninstitutioneller Beziehungen[17], die durch die intensiven Arbeitsteilungen verursacht werden, nimmt immer mehr Zeit in Anspruch. Der populäre Slogan „time is money" ist nicht symmetrisch (bzw. als mathematische Gleichung nicht kommutativ), Zeit kann mit Geld nicht direkt gekauft werden. Sie kann aber mit Hilfe von Dienstleistungen (entweder der marktmäßigen oder der unentgeltlichen, öffentlichen) gewonnen werden. Der zeitsparende Effekt der Dienstleistungen zeichnet sich auch in ökonometrischen Konsumfunktio-

12 „Freizeit ist jene Zeit, die man frei von allen Notwendigkeiten und Verpflichtungen rein zum Vergnügen oder zum Nichtstun übrig hat" (Gehmacher 1980).

13 „The clock, not the steam engine, is the key machine of the modern industrial age" (Mumford 1934).

14 Die wöchentliche Arbeitszeit wurde in den meisten Industrieländern von etwa 80 Stunden um 1900 auf gegenwärtig etwa 40 Stunden verkürzt, bis zum Ende des Jahrhunderts wird sie vermutlich auf etwa 35 Stunden sinken. Bezahlter Urlaub wurde von einer bis zwei Wochen Anfang des Jahrhunderts auf etwa einen Monat verlängert, bis zum Ende des Jahrhunderts kommt vermutlich noch eine Woche dazu. In Österreich wurden zwischen 1964 und 1982 etwa 20 % der Steigerung der Arbeitsproduktivität nicht als höherer privater Konsum von Gütern und Dienstleistungen, sondern als Verkürzung der Arbeitszeit konsumiert (Mitter/Skolka 1984).

15 In der Schweiz hat sich zwischen 1900 und 1980 das Volumen der „Freizeit" verdoppelt, der Umfang der verfügbaren materiellen Güter hat sich verelffacht (Fritsch 1984).

16 „Utility is a function not only of commodities, but also of the time allocated to them" (DeSerpa 1971).

17 Beim Telefonieren sind es in den Entwicklungsländern die versuchten Anrufe bei anderen Personen, in den Industrieländern sind es hingegen die erhaltenen Anrufe anderer, die einen zur Verzweiflung bringen: „I tell my students that one excellent way to tell apart the underdeveloped from the developed countries is by looking at their phone systems: in the underdeveloped countries, you go crazy making telephone calls; in the developed countries, receiving them!" (Bhagwati 1987).

nen ab. Die positiven Einkommenselastizitäten für die warenintensiven Aufwandsarten sind kleiner und für die dienstleistungsintensiven Aufwandsarten größer als eins; die negativen Preiselastizitäten für die dienstleistungsintensiven Aufwandsarten sind höher als jene für die warenintensiven[18]. Die hohen Einkommenselastizitäten der dienstleistungsintensiven Aufwandsarten könnten auch als Zeichen des zunehmenden Zeitmangels, die hohen negativen Preiselastizitäten als Zeichen höherer Bewertung der Zeit bei steigendem Einkommen verstanden werden. Die langfristig fast stabilen relativen Unterschiede[19] im marktmäßigen Konsum von Waren und Dienstleistungen zwischen verschiedenen Einkommensklassen sind durch diese Komplementarität der Einkommens- und Preiselastizitäten weitgehend bestimmt.

Dennoch werden die marktmäßigen Dienstleistungen – trotz ihres zeitsparenden Effekts – durch Eigenleistungen ersetzt, welche die Zeit des Konsumenten beanspruchen. Eine Ursache dafür sind die schnell steigenden relativen Preise der Dienstleistungen (die überwiegend dem innovationsarmen, technologisch rückständigen Sektor angehören). Ein anderer, bisher wenig beachteter Grund dieser Substitution ist, daß Eigenleistungen die Zeit wirksamer als marktmäßige Dienstleistungen sparen können. Die Erklärung dieses Paradoxons liegt im unregelmäßigen Zeitverlauf der Nachfrage. Dienstleistungen können nicht auf Lager erzeugt werden; den Betrieben entstehen durch das Warten auf Kunden Verluste; in den Stoßzeiten müssen die Konsumenten auf Bedienung warten. Eigenleistungen werden hingegen in dem Moment erbracht, in dem sie benötigt werden; weder der Produzent noch der Konsument müssen warten, da die beiden in derselben Person verkörpert sind. Das tägliche Leben zeigt dies anschaulich: Männer rasieren sich am Morgen, Frauen pflegen ihre Frisur; Menschen fahren an ihren Arbeitsplatz, gehen mittags essen und erledigen am Abend Einkäufe. Alle könnten die dazu betreffenden marktmäßigen Dienstleistungen in Anspruch nehmen: beim Friseur, in den öffentlichen Verkehrsmitteln, in Restaurants und in Geschäften mit Bedienung. Sollten sich aber alle Konsumenten so verhalten, wäre der Bedarf an Arbeitskraft und Ausrüstung in diesen Diensten in den Stoßzeiten enorm, und den Kunden würden längere Wartezeiten nicht erspart bleiben. Theoretisch könnten Mehrzweckarbeitskräfte ausgebildet werden, die den Arbeitstag als Friseure beginnen und sich später als Straßenbahnlenker und Schaffner, Kellner und Verkäu-

18 Da die relativen Preise der dienstleistungsintensiven Aufwandsarten schneller als die der warenintensiven Aufwandsarten steigen, ergibt diese Konstellation der Elastizitäten beim steigenden Einkommen der Haushalte eine fast stabile reale Verteilung des Konsums auf waren- und dienstleistungsintensive Aufwandsarten. Empirische Untersuchungen bestätigen diese Stabilität (Carre 1960; Fuchs 1968; Summers 1985).

19 „A poor person in an industrialized country should not be expected to behave in his consumption pattern like a person at the same income level in a developing country, and in the course of economic development the low income groups cannot hope to achieve the present consumption pattern of the high income groups" (Lancaster 1966).

fer betätigen würden. (Eine ähnlich vielseitig verwendbare Ausrüstung ist noch schwerer vorstellbar.) Die weitaus effizientere Lösung besteht allerdings darin, daß sich die Konsumenten in Mehrzweckkräfte verwandeln. Sie rasieren und frisieren sich selbst, chauffieren ihren eigenen PKW, essen in Selbstbedienungskantinen und kaufen in Selbstbedienungsgeschäften ein. Die Eigenleistungen beanspruchen zwar Zeit und Arbeitsaufwand der Konsumenten, aber sie ersparen ihnen das Warten und erhöhen die Flexibilität der Zeitverwendung.

7. Vertrauen in eigene Arbeit (Informationsasymmetrie)

Die meisten Eigenleistungen der Haushalte sind Dienstleistungen, Waren werden in den Haushalten seltener erzeugt. Dienstleistungen und Waren unterscheiden sich durch mehrere Eigenschaften. Die eine ist die „Informationsasymmetrie", sie kommt bei den Dienstleistungen häufiger als bei den Waren vor: Der Kunde weiß weniger über die Qualität der Leistung als der Produzent, kann sie ex ante nur schwerlich oder gar nicht beurteilen. Beim Kauf einer Dienstleistung ist dieses Risiko größer als beim Kauf einer Ware. Eine mangelhafte Ware kann repariert oder gegen neue getauscht werden, eine fehlerhafte Dienstleistung verändert den Zustand des Eigentums des Kunden (einer Ware oder seines Körpers) und ist oft irreversibel.

Eine Form der Informationsasymmetrie ist, daß der Käufer die Qualität der angebotenen Dienstleistung schwer überprüfen kann („moral hazard"; vgl. Stieglitz 1983). Sie ist z.B. im Gesundheitswesen vorhanden, kommt aber auch bei einfacheren Diensten vor: Im Restaurant weiß der Gast nicht, ob die Rohstoffe, die der Koch verwendet hat, frisch waren, ob die Küche sauber ist usw.; in der öffentlichen Wäscherei weiß der Kunde nicht, ob seine Wäsche in Berührung mit fremder Wäsche gekommen ist; in der Betreuung der Kinder, der Kranken, der Gebrechlichen oder der Alten hängt die Qualität der Pflege von der persönlichen Beziehung des Pflegers zum Betreuten ab. Bei einer anderen Form der Informationsasymmetrie wird das Ausmaß der benötigten Leistung beim Angebot überschätzt („adverse selection"). Die angebotenen unnötigen Leistungen werden entweder tatsächlich durchgeführt; oder es wird nur die notwendige Leistung durchgeführt und die angebotene überhöhte Leistung dem Kunden verrechnet. Solche Fälle kommen bei der Reparatur von Autos, Geräten und Einrichtungen vor[20].

20 Die Österreichische Zeitschrift „Konsument" hat in Nr. 8/1984, S. 7, einen Leserbrief des Herrn Carl Sehner aus Königsbrunn zum Thema „Facharbeit-Pfusch" veröffentlicht: „Vor etwa zehn Jahren begann mein alter Schwarzweißapparat zu streiken. Guter Ton, aber kein Bild. Kommentar eines Fernsehbetriebes: Den können's wegwerfen, da ist die Bildröhre kaputt. Als Halbfachmann machte mich dies stutzig. So schrieb ich an die Erzeugerfirma und bekam prompt, nebst einem freundlichen Begleitschreiben, kostenlos einen Schaltplan zugeschickt. Ein kleiner Widerstand (damalige Kosten 5,50 Schilling)

Auf die Informationsasymmetrie reagieren die Produzenten und die Konsumenten unterschiedlich. Der Produzent versucht, das Vertrauen der Kunden – den „guten Ruf" (Reputation; vgl. Holmstrom 1985) – zu gewinnen. Er baut mit perfekten Leistungen einen Kundenstock auf, investiert in Werbung, unterwirft sich öffentlichen Kontrollen und Prüfungen. Der Kunde kann dennoch mißtrauisch bleiben und – falls er die notwendigen Kenntnisse und Ausrüstung hat – die Leistung selbst erbringen. Eigenleistungen schließen die Informationsasymmetrie aus: Man weiß, was notwendig war und was tatsächlich geleistet wurde.

8. Individuelle Unabhängigkeit

Freie Zeitgestaltung – Zeitsouveränität – und die Fähigkeit, der Informationsasymmetrie durch Eigenleistungen auszuweichen, sind wesentliche Aspekte individueller Unabhängigkeit. In der traditionellen Gesellschaft war die freie Zeitgestaltung durch den Ablauf der biologischen Prozesse in der Landwirtschaft und durch die soziale Ordnung beschränkt. Die Haushalte besaßen alle für die damals überwiegende Produktion für den Eigengebrauch notwendigen Kenntnisse. Koordinierung der Arbeitsteilungen, genauere Zeitmessung und wachsende Abhängigkeit vom Wissen anderer Menschen haben im Industriezeitalter die individuelle Unabhängigkeit beschränkt. Mit der Renaissance der Eigenleistungen wird sie wieder erhöht. Eigenleistungen sind auf das Wissen anderer wenig angewiesen und können zu beliebiger Zeit getätigt werden. Auch wenn der Begriff „Schattenwirtschaft" mit dem der Eigenleistungen nicht ganz identisch ist, gilt für diese folgendes: „Auf den einfachsten Nenner gebracht, erscheint die Schattenwirtschaft als die Summe der Versuche von Menschen, ihre Probleme selbst zu lösen" (Groser 1984).

Das Gefühl größerer individueller Unabhängigkeit, das die Eigenleistungen vermitteln, ist zum Teil trügerisch. Eigenleistungen können ohne Material, Energie, Werkzeuge, Maschinen, Verkehrsmittel, die nur auf dem Markt erhältlich sind, nicht getätigt werden. Die zu deren Kauf notwendigen Mittel müssen durch erwerbstätige Arbeit verdient werden. Weil moderne Eigenleistungen eng an den Markt gebunden sind, entsteht eine neue Form der Abhängigkeit. Für die traditionelle landwirtschaftliche Eigenproduktion war nur der freie Zugang zum Boden unentbehrlich; Rohstoffe, einfache Werkzeuge und Bauten wurden in Eigenregie erzeugt. Moderne Eigenleistungen schaffen die Abhängigkeit von den Arbeitsteilungen nicht ab: Unmittelbare Abhängigkeit von den Leistungen anderer Leute wird in Abhängigkeit von Ausrüstung, Material und Energie für Eigenleistungen,

war kaputt. Nach dessen Austausch funktionierte das Gerät noch sechs Jahre anstandslos!" Herr Sehner schildert drei ähnliche Fälle und schließt den Brief mit folgender Frage: „Wieviele Konsumenten werden und wurden geschädigt?".

zu deren Einkauf monetäres Einkommen notwendig ist[21], verwandelt; die Renaissance der Eigenleistungen hängt vom Zugang zur erwerbstätigen Arbeit[22] ab (Archambault 1985). Deswegen sind Eigenleistungen ein Privileg – und eine Domäne – der breiten Mittelschicht, die ein nicht niedriges und gesichertes Einkommen hat; die Armen können die Maschinen und Werkzeuge nicht kaufen, die Reichen können die teuren marktmäßigen Dienste bezahlen und auf Eigenleistungen verzichten.

In diesem Punkt berührt die Problematik der Eigenleistungen die Problematik des „arbeitslosen Grundeinkommens", das bei der angeblich drohenden permanenten technologischen Arbeitslosigkeit (Leontief 1983) die Grundbedürfnisse aller Bürger sichern soll. Der Staat solle dieses Einkommen durch Umverteilung eines Teils des Nationaleinkommens sichern. Solche Ideen – deren Vorbilder in utopischen Schriften der Vergangenheit zu finden sind – wurden in der letzten Zeit in Westeuropa, vorwiegend im deutschsprachigen Raum, geäußert (Gretschmann 1985; Schaff 1985; Opielka/Vobruba 1986); in den Vereinigten Staaten tauchten sie schon früher auf (Brüder Goodman 1960; Theobald 1965). In der amerikanischen Diskussion wurde vor kurzem vorgeschlagen, daß die Grundbedürfnisse der Bürger mit einer Vermögensumverteilung statt einer Einkommensumverteilung gesichert werden sollen (Davidson 1985; Morehouse 1985; Speiser 1985). Die Fragen, ob das arbeitslose Grundeinkommen eine ausreichende Einkommensquelle für die Beschaffung der Ausrüstung und des Materials für Eigenleistungen sein könnte, ob Eigenleistungen zur Milderung der technologischen Arbeitslosigkeit geeignet wären[23] und ob die Umverteilung des Einkommens oder des Vermögens die individuelle Unabhängigkeit erhöhen oder vermindern würde, wurden bisher nicht berührt.

9. Soziale Gleichheit

Die Idee sozialer und ökonomischer Gleichheit ist Bestandteil vieler Religionen und sozialer Bewegungen; man findet sie auch bei den ersten Ökonomen vor Adam Smith. In der Nachkriegszeit haben die industrialisierten Länder eine Verminderung der Einkommensunterschiede erreicht: dank des kräftigen Wirtschaftswachstums, dank der Verbreitung der Bildung, dank der keynesianischen Wirtschaftspolitik[24] und dank der Einkommenstrans-

21 Delmas und Gadrey (1987) zeigen mit einem mathematischen Modell, daß monetäres Einkommen eine Voraussetzung für Eigenleistungen ist.

22 „Informal work depends on formal work" (Jessen et al. 1987).

23 „Im Haushalt kann es keine technologische Arbeitslosigkeit geben" (Macek 1945).

24 In der Lehre von Keynes dient die Umverteilung des Einkommens von den reichen zu den ärmeren Haushalten zur Steigerung der Wirtschaftstätigkeiten und zum Erreichen der Vollbeschäftigung. „... it must not be forgotten that he (Keynes) rendered a decisive service to equalitarianism in an all-important point. Economists with an equalitarian bent had long before learned to discount all other aspects or functions of inequality of

fers und Leistungen des Wohlfahrtsstaates (Paukert 1973). Unbemerkt blieb, daß die Renaissance der Eigenleistungen auch zum Ausgleich der Vermögensverteilung und der Belastung durch Haushaltsarbeit beigetragen hat. Dies wird mit drei Beispielen belegt; die ersten zwei betreffen die Investitionen der Haushalte, das dritte die Haushaltsarbeit.

Die Investitionen der Haushalte in Haushaltseinrichtungen und Verkehrsmittel (und auch in Zweitwohnungen) wuchsen in der Nachkriegszeit kräftig. Die amerikanischen Haushalte besaßen 1966 40,9 % des Gesamtvermögens der Vereinigten Staaten; davon entfiel ein Viertel (11,8 %) auf Maschinen und Geräte. Der Anteil der privaten Unternehmungen betrug 41,7 %, davon waren 11,6 % Maschinen und Einrichtungen. Die amerikanischen Haushalte hatten den Hauptanteil am Fixkapital in drei Dienstleistungsbereichen: Wohnen, Unterhaltung und Personalverkehr. Die Investitionen in dieses Kapital waren ertragreich: Der zugerechnete Gewinn (imputed return on capital) pro Jahr wurde auf 10 % bis 40 % geschätzt (Poapst/Waters 1964; Juster 1966; Burns 1977; Katz/Peskin 1980). In der Bundesrepublik Deutschland betrug das Vermögen der privaten Haushalte (zu konstanten Preisen 1976) 1970 398 Mrd. DM, 1984 945 Mrd. DM; es hat binnen 14 Jahren um 137 % zugenommen (Schäfer 1985).

Eigenleistungen gleichen die Unterschiede in der Belastung durch die Haushaltsarbeit aus. Die Zahl der bezahlten Haushaltskräfte ging in der Nachkriegszeit zurück, viele Haushalte konnten sich infolge des Anstiegs der Reallöhne Haushaltskräfte nicht leisten. Sie verwandelten sich in mit Maschinen und Geräten ausgestattete Selbstbedienungs-Haushalte, in denen verschiedene soziale Schichten ungefähr den gleichen Arbeitsaufwand leisten müssen. In Großbritannien verbrachten 1937 die Hausfrauen der Arbeiterklasse zweimal so viel Zeit mit der Haushaltsarbeit wie Hausfrauen der Mittelklasse. 1961 waren die Arbeiterfrauen mit der Haushaltsarbeit weniger, die Frauen der Mittelklasse aber stärker zeitlich belastet als in den dreißiger Jahren. Die Unterschiede zwischen den beiden Gruppen haben sich wesentlich vermindert, aber beide Effekte zusammen ergaben – paradoxerweise – einen leichten Anstieg der durchschnittlichen Belastung aller Frauen (Gershuny 1983). Der bevorstehende Einsatz der datenverarbeitenden Technologie in Haushalten wird vermutlich die Tendenz zur Gleichheit verstärken und besonders den Zugang zu akkumuliertem Wissen (in den Datenbanken oder in Expertensystemen) für breite Bevölkerungsschichten öffnen.

Die gegenwärtige Renaissance der Eigenleistungen hat wichtige technologische und ökonomische Gründe: unterschiedliche Produktivitätsentwicklung in der Waren- und Dienstleistungsproduktion, unterschiedliche Preis-

income except one: like J.S. Mill they had retained scruples concering the effects of equalitarian policies upon saving. Keynes freed them from these scruples" (Schumpeter 1954).

entwicklung, steigende Steuer- und Abgabenbelastung und Verminderung der Einkommensunterschiede. Diese Faktoren allein können die Renaissance der Eigenleistungen allerdings nicht erklären[25]. Breiter Zugang zu technologischem Wissen, Zeitersparnisse und Zeitsouveränität, Informationsasymmetrie, Präferenz für die Unabhängigkeit und soziale Gleichheit sind die weiteren Gründe für die Zunahme der Eigenleistungen.

Literatur

Archambault, E., 1985: Travail domestique et emploi tertiaire: Substitution ou complementarité, in: *M. Vernieres* (Hrsg.), L'Emploi du tertiaire. Paris, S. 189-205.

Baumol, W.J., 1967: Macroeconomics of Unbalanced Growth: The Anatomy of Urban Crisis, in: The American Economic Review, 2, S. 415-426.

–, *S.U. Batey Blackman*, und *E.N. Wolff*, 1985: Unbalanced Growth Revisited: Asymptotic Stagnancy and New Evidence, in: The American Economic Review, 4, S. 806-817.

Bhagwati, J., 1987: International Trade in Services and its Relevance for Economic Development, in: *O. Giarini*, The Emerging Service Economy. Oxford, S. 3-34.

Bobretzky, H., 1984: Die Do-it-yourself Komponente im Fremdenverkehr, in: *J. Skolka* (Hrsg.), Die andere Wirtschaft: Schwarzarbeit und Do-it-yourself in Österreich. Wien, S. 179-218.

Burestam-Linder, S., 1970: The Harried Leisure Class. New York.

Burns, S., 1977: The Household Economy: Its Shape, Origins und Future. Boston.

Cappecchi, V., und *A. Pesce*, 1986: Services aux ménages: La situation italienne. Final Report to the FAST Programme, EEC. Brüssel.

Carre, P., 1960: Etude empirique sur l'évolution des structures d'économies en état de croissance. Edition du Centre National de la Recherche Scientifique. Paris.

Cronberg, T., und *I.-L. Sangregorio*, 1982: Within our own Walls: New Technology and its Impact on Lifestyle, in: UNEP – United Nations Environment Programme: Life-Style, Environment and Development: An European Perspective. Nairobi, S. 106-123.

Delmas, B., und *J. Gadrey*, 1987: Examen de la théorie de la substitution des biens et des services. Rencontre Internationalle sur la Dynamique des Services et Théories Economiques, Université de la Lille I. Lille.

Davidson, P., 1985: Can Effective Demand and the Movement toward further Income Equality be Maintained in the Face of Robotics? An Introduction, in: Journal of Post Keynesian Economics, 3, S. 422-425.

DeSerpa, A.C., 1971: A Theory of the Economics of Time, in: The Economic Journal, 324, S. 828-846.

Fritsch, B., 1984: Zukunftsgestaltung durch Innovation. Institut für Wirtschaftsforschung, Eidgenössische Technische Hochschule. Zürich.

Fuchs, V.R., 1968: The Service Economy. Columbia University. New York.

Gehmacher, E., 1980: Das Freizeitverhalten der Österreicher, in: Erwachsenenbildung in Österreich, 6, S. 398-410.

Gershuny, J.I., 1983: Social Innovation and the Division of Labour. Oxford.

–, und *I. Miles*, 1983: The New Service Economy. London.

Goldsmith-Clermont, L., 1982: Unpaid Work in the Household. International Labour Office. Genf.

Goodman, P., und *P. Goodman*, 1960: Communitas. New York.

25 Jessen et al. (1986; 1987) betonen, daß die Eigenleistungen der Haushalte mit dem klassischen Modell des „homo oeconomicus" allein nicht erklärt werden können. Die Kriterien der „moral economy" (Thompson 1971) müssen auch berücksichtigt werden.

Gretschmann, K., 1985: Garantiertes Minimum: Vom Recht auf Arbeit zum Recht auf Einkommen, in: *R. Brun* (Hrsg.), Erwerb und Eigenarbeit. Frankfurt a.M., S. 85-99.
Groser, M., 1984: Die Schattenwirtschaft als Herausforderung für die Wirtschafts- und Sozialpolitik, in: *Katholische Akademie Schweiz*, Arbeitsgesellschaft im Wandel. Schwek, S. 16-25.
Heinze, J., H. Schedl und *K. Vogler-Ludwig*, 1986: Wachstumsfelder am Rande der offiziellen Wirtschaft. IFO-Institut für Wirtschaftsforschung. München.
Heinze, R.G., und *T. Olk*, 1982: Development of the Informal Economy, in: Futures, 2, S. 189-204.
Holmstrom, B., 1985: The Provision of Services in a Market Economy, in: *R.P. Inman* (Hrsg.), Managing the Service Economy: Prospects and Problems. Cambridge, S. 183-213.
Huber, H., 1984: Public Help and Self Help, in: Futures, 2, S. 139-147.
Jessen, J., W. Siebel, C. Siebel-Rebell, U.-J. Walter und *I. Weyrather*, 1986: Versorgungsstrategien von Arbeiterhaushalten in städtischen und ländlichen Lebenssituationen. Oldenburg.
–, *W. Siebel, C. Siebel-Rebell, U.-J. Walter und I. Weyrather*, 1987: The Informal Work of Industrial Workers. Present Situation, Trend Prognosis and Policy Implications, in: *S. Alessandrini* und *B. Dallago*, The Unofficial Economy. Aldershot, S. 271-282.
Joerges, B., 1985: Eigenarbeit unter industriellen Bedingungen, in: *R. Brun* (Hrsg.), Erwerb und Eigenarbeit. Frankfurt a.M., S. 29-45.
Juster, F.T., 1966: Householf Capital Formation and Financing 1897–1962. New York.
Katz, A.J., und *J. Peskin*, 1980: The Value of Services Provided by the Stock of Consumer Durables, 1947–1977: An Opportunity Cost Measure, in: Survey of Current Business, July, S. 22-31.
Kern, H., und *M. Schumann*, 1984: Das Ende der Arbeitsteilung? Rationalisierung in der industriellen Produktion. München.
Klein, K., 1986: Wochenend- und Ferienhäuser, in: Statistische Nachrichten, 6, S. 471-475.
Lancaster, K.J., 1966: A New Approach to Consumer Theory, in: The Journal of Political Economy, 2, S. 132-157.
Leontief, W., 1983: Technological Advance, Economic Growth and the Distribution of Income, in: Population and Development Review, 3, S. 403-410.
Macek, J., 1945: Socialni ekonimika (Soziale Wirtschaftslehre). Prag.
Mitter, P., und *J. Skolka*, 1984: Labour Productivity in Austria between 1964 and 1980, in: Empirical Economics, 1, S. 27-49.
Morehouse, W., 1985: Beyond SuperStock. The Three-Tiered Plan for Universal Capital Ownership, in: Journal of Post Keynesian Economics, 3, S. 435-439.
Mumford, L., 1934: Technics and Civilization. New York.
Neubauer, H., 1984: Schwarzarbeit und Eigenleistungen in der österreichischen Bauwirtschaft, in: *J. Skolka* (Hrsg.), Die andere Wirtschaft: Schwarzarbeit und Do-it-yourself in Österreich. Wien, S. 131-160.
Oates, M.I., und *W.J. Baumol*, 1972: On the Economics of Theater in Renaissance London, in: The Swedish Journal of Economics, 1, S. 136-160.
OECD – Organization for Economic Cooperation and Development, 1974: Inflation and the Service Sector, in: OECD Observer, 12, S. 27-29.
ÖIV – Österreichisches Institut für Verpackungswesen an der Wirtschaftsuniversität Wien, 1978: 10. Bericht-Selbstbedienung Österreich. Wien.
–, 1984: 16. Bericht-Selbstbedienung Österreich. Wien.
Opielka, M., und *G. Vobruba* (Hrsg.), 1986: Das garantierte Grundeinkommen: Entwicklung und Perspektiven einer Forderung. Frankfurt a.M.
ÖStZ – Österreichisches Statistisches Zentralamt, 1965: Statistisches Handbuch für die Republik Österreich 1965, ÖStZ. Wien.
–, 1977: Statistisches Handbuch für die Republik Österreich 1977, ÖStZ. Wien.
–, 1985: Statistisches Handbuch für die Republik Österreich 1985, ÖStZ. Wien.
Pahl, R.E., 1984: Divisions of Labour. Oxford.
Paukert, F., 1973: Income Distribution at Different Levels of Development: A Survey of Evidence, in: International Labour Review, 2-3, S. 97-126.

Pfannkuch, E., 1976: Der Einfluß der Technisierung der Haushaltswirtschaft auf das Geld- und Zeitbudget ausgewählter Haushalte im wirtschaftlichen und sozialen Wandel, in: *R.V. Schweitzer* und *H. Pross* (Hrsg.), Die Familienhaushalte im wirtschaftlichen und sozialen Wandel. Göttingen.

Poapst, J.V., und *W.R. Waters*, 1964: Rates of Return on Consumer Durables, in: Journal of Finance, Dec., S. 673-677.

Polanyi, K., 1944: The Great Transformation. Boston.

Preel, B., 1986: Essai sur l'avenir des services: Quatre cas exemplaires. Final Report to the FAST Programme, EEC. Brüssel.

Presvelou, C., 1986: Households, the Home Computer, and Related Services in the Netherlands: Attitudes, Trends and Prospects. Final Report to the FAST Programme, EEC. Brüssel.

Puwein, W., 1984: Parallele Wirtschaft im Verkehr, in: *J. Skolka* (Hrsg.), Die andere Wirtschaft: Schwarzarbeit und Do-it-yourself in Österreich. Wien, S. 165-178.

–, 1985: Prognose des Personenverkehrs bis zum Jahr 2000. Österreichisches Institut für Wirtschaftsforschung, Wien.

Quesnay, F., 1758: Tableau economique.

Reid, M., 1934: Economics of Household Production. New York.

Rinderspacher, J.P., 1985: Gesellschaft ohne Zeit. Frankfurt a.M.

Robbins, L., 1932: The Nature and Significance of Economic Science. London.

Schäfer, D., 1985: Wert des Gebrauchsvermögens der privaten Haushalte, in: Wirtschaft und Statistik, 2, S. 110-118.

Schaff, A., 1985: Wohin führt der Weg? Die gesellschaftlichen Folgen der zweiten industriellen Revolution. Wien.

Scharpf, F.W., 1985: Strukturen der post-industriellen Gesellschaft, in: Wirtschaft und Gesellschaft, 1, S. 9-34.

Schneider, M., 1984: Eigenleistungen in der Land- und Forstwirtschaft, in: *J. Skolka* (Hrsg.), Die andere Wirtschaft: Schwarzarbeit und Do-it-yourself in Österreich. Wien, S. 219-229.

Schumpeter, J.A., 1954: History of Economic Analysis. London.

Scitovski, T., 1972: What's Wrong with the Arts is What's Wrong with Society, in: The American Economic Review, 2, S. 62-69.

Simhandl, G., 1984: Der Tagesablauf der Österreicher, in: *J. Skolka* (Hrsg.), Die andere Wirtschaft: Schwarzarbeit und Do-it-yourself in Österreich. Wien, S. 39-58.

Skolka, J., 1976a: Long-Term Effects of Unbalanced Labour Productivity Growth: On the Way to a Self-Service Society, in: *L. Solari* und *J.N. Pasquier* (Hrsg.), Private and Enlarged Consumption: Essays on Methodology and Empirical Analysis. Amsterdam, S. 279-301.

–, 1976b: The Substitution of Self-Service Activities for Marketed Services, in: The Review of Income and Wealth, 4, S. 297-304.

–, 1977: Dienstleistungen oder Selbstbedienung, in: Wirtschaft und Gesellschaft, 4, S. 397-406.

–, 1985: Wende in der Arbeitsteilung, in: Wirtschaft und Gesellschaft, 4, S. 445-469.

–, 1986: Der Dienstleistungssektor der österreichischen Wirtschaft, in: WIFO-Monatsberichte, 10, S. 584-611.

–, 1987: Wissen, Arbeitsteilungen und Strukturwandel, in: Wirtschaft und Gesellschaft, 2, S. 245-270.

Smith, A., 1776: An Inquiry into the Nature and the Causes of the Wealth of Nations (Edition Clarendon Press, Oxford 1979).

Speiser, S.M., 1985: Broadened Capital Ownership – The Solution to Major Domestic and International Problems, in: Journal of Post Keynesian Economics, 3, S. 426-434.

Summers, R., 1985: Services in the International Economy, in: *R.P. Inman* (Hrsg.), Managing the Service Economy: Prospects and Problems. Cambridge, S. 27-48.

Theobald, R., 1965: Free Men and Free Markets. New York.

Thienen, V. von, 1986: Zeitstruktur und technisch-gesellschaftlicher Wandel. Berlin.

Thompson, E.P., 1971: The Moral Economy and the English Crowd in the 18th Century, in: Past and Present, 50, S. 76-136.

Tullock, G., 1974: On the Economics of Theater in Renaissance London and Gay Nineties Eldora, in: The Swedish Journal of Economics, 3, S. 366-368.
Usher, P.J., 1980: A Northern Perspective on the Informal Economy. The Vanier Institute of Family, Ottawa.
Vocelka-Zeidler, S., 1985: Ausstattung der Haushalte, in: Statistische Nachrichten, 7, S. 476-483.
Weinrobe, M., 1974: Household Production and National Production: An Improvement of the Record, in: The Review of Income and Wealth, 1, S. 89-102.
Wüger, M., 1981: Dauerhafte Konsumgüter – Nachfrage und Ausstattung der österreichischen Haushalte, in: WIFO Monatsberichte, 2, S. 63-78.

Johann Jessen / Walter Siebel / Christa Siebel-Rebell / Uwe-Jens Walther / Irmgard Weyrather

Informelle Arbeit bei Industriearbeitern

Wir berichten aus einer Studie über Versorgungsstrategien von Arbeiterhaushalten, in deren Mittelpunkt die Rolle der informellen Arbeit steht[1]. Wir haben 120 Werftarbeiter in offenen, thematisch strukturierten Interviews befragt. Das Sample ist je zur Hälfte nach städtischer bzw. ländlicher Wohnsituation und nach beruflicher Qualifikation in qualifizierte Facharbeiter und Angelernte gegliedert. Wir haben dabei – soweit möglich – das Sample der Studie von M. Schumann et al. „Arbeiter, Krise, Rationalisierung" übernommen. In dieser Studie waren Arbeitssituation und Arbeitserfahrung in betrieblich organisierter Lohnarbeit untersucht worden. Daran anzuschließen hat uns erlaubt, systematisch die subjektive Verarbeitung von Erfahrungen in formeller und in informeller Arbeit zu erfassen. Darauf zielte auch eine unserer zentralen Fragestellungen. Die Gliederung nach betrieblicher Arbeitssituation und außerbetrieblicher Lebenssituation diente einer zweiten zentralen Fragestellung des Projekts, nämlich der, in welcher Weise die betriebliche Arbeitssituation und die berufliche Qualifikation einerseits, die objektiven materiellen und die sozialen Lebensbedingungen außerhalb des Betriebs andererseits das Engagement in informeller Arbeit prägen. Anders gesagt: Stimmt die Behauptung vom Produktionsbereich als der unabhängigen, dem sogenannten Reproduktionsbereich als der abhängigen Variablen. Schließlich ging es uns drittens um Funktionen, Bedingungen und Erscheinungsformen informeller Arbeit bei Industriearbeitern. Zu letzter Fragestellung stellen wir hier kurz einige Ergebnisse vor.

In unserer Studie haben wir das Gesamt der informellen Arbeit untersucht, also Selbstversorgungsaktivitäten innerhalb des privaten Haushaltes, unentgeltliche Arbeiten für Dritte und Tätigkeiten in der sogenannten Untergrundwirtschaft, also insbesondere Schwarzarbeit. Zentrales Ergebnis unserer Studie ist die funktionale Angewiesenheit der informellen Arbeit auf die formelle. Die informelle Arbeit ist weder ökonomisch hinsichtlich der existentiellen Abhängigkeit vom Lohn, noch sozial hinsichtlich der Selbstverortung der Befragten innerhalb des gesellschaftlichen Statussystems, noch psychologisch, wie in der Wertwandeldiskussion zuweilen be-

1 J. Jessen, W. Siebel et al., 1987: Arbeit nach der Arbeit – Schattenwirtschaft, Wertewandel und Industriearbeit. Westdeutscher Verlag.

hauptet wird, eine Alternative zur Lohnarbeit. Diese These von der Komplementarität von formeller und informeller Arbeit gilt sowohl auf gesellschaftlicher Ebene als auch auf der Mikroebene der Versorgungsstrategien privater Haushalte, als auch schließlich auf der Ebene der bewußtseinsmäßigen Verarbeitung von Arbeitserfahrungen. Schlagwortartig zugespitzt vertreten wir drei Thesen:

1. Nicht Wachstum sondern Marktintegration ist das dominante Muster der Veränderung der informellen Ökonomie. Die Vorstellung von Markt, Staat und informeller Ökonomie als getrennte Sektoren verstellt den Blick auf die tatsächliche Qualität des sozialen Wandels. Dominant ist nicht ein Wachstum der informellen Ökonomie zu Lasten von Markt und Staat, sondern ihre höchst ambivalente Integration in politisch-administrative bzw. marktförmig organisierte Prozesse.

Die Fixierung der Diskussion auf Verschiebungen von Aktivitätsbündeln zwischen Markt, Staat und informellem Sektor sowie auf die Gründe solcher Verschiebungen ist nicht umsonst so unergiebig. Fast immer lassen sich Gegenbeispiele zu jedem angeführten Beispiel eines Wechsels von Aktivitäten vom formellen in den informellen Bereich anführen. Wenn auf die Steigerung des in informeller Arbeit einsetzbaren Humankapitals aufgrund von Lernprozessen innerhalb der informellen Arbeit hingewiesen wird, so gibt es andererseits immer engere Grenzen solchen Lernens durch technische Komplizierung, black-boxes etc. Fast immer lassen sich bei jedem einzelnen Beispiel soziale und räumliche Bedingungen nennen, die sehr unterschiedliche Auswirkungen desselben Prozesses je nach Wohnsituation oder sozialer Schicht zur Folge haben. Zum Beispiel bedeutete die Einführung der Tiefkühltruhe für Arbeiterhaushalte unter städtischen Lebensbedingungen in der Tat häufig, daß diese Haushalte bestimmte Funktionen der Lagerhaltung von Lebensmitteln wieder zurückgewinnen konnten. Die gleichen Haushalte von Arbeitern auf dem Lande aber geben Arbeit und Wissen für die Verarbeitung und Lagerhaltung von Lebensmitteln auf, wenn sie dazu übergehen, ihre Lebensmittel „wegzufrieren". Hier bedeutet die Anschaffung einer Tiefkühltruhe den letzten Schritt bei der Reduktion und Marktintegration vormals sehr komplexer und komplizierter Tätigkeiten und Fertigkeiten informeller Verarbeitung von Lebensmitteln.

Der Wandel informeller Arbeit wird vorangetrieben von vielfältigen gesellschaftlichen Prozessen: Verstädterung, Ausbau der privaten und öffentlichen Infrastruktur, steigende räumliche Mobilität, technische Entwicklungen, neue Managements- und Unternehmenskonzepte, die den privaten Haushalt zunehmend einbeziehen, Zunahme der verfügbaren Einkommen und der lohnarbeitsfreien Zeit, Wandel der beruflichen Qualifikation, Zunahme der Büroberufe, Ausbau des Bildungswesens, sinkende Haushaltsgrößen etc. Diese Prozesse bedingen teilweise gegenläufige Entwicklungen. Trotzdem erlauben unsere Befunde, einige zentrale Annahmen über die informelle Ökonomie als zum Teil falsch, zum Teil als zu pauschal zurückzuweisen.

Die informelle Arbeit der Werftarbeiter ist sehr heterogen strukturiert. Je nach Gegenstandsbereich weist sie unterschiedliche Merkmale, Bedingungen und Motive auf. Je nach Gegenstandsbereich, Schichtzugehörigkeit, außerbetriebliche Lebensbedingungen etc. verläuft der Wandel sehr unterschiedlich. Das gesamte Spektrum der Tätigkeiten nimmt per saldo eher ab. Entscheidend jedoch ist, daß die informelle Arbeit sich qualitativ verändert im Sinne zunehmender Verflechtung mit dem Markt- und Staatssektor. Dies beinhaltet einerseits einen Prozeß der Humanisierung: von einer durch Not erzwungenen Subsistenzproduktion zu produktiver selbstbestimmter Arbeit für differenzierte Bedürfnisse. Andererseits bedeutet dies die immer engere Einbindung der informellen Arbeit in vom Markt und von der technischen Entwicklung „vorgesehene" Nischen. Wie die Massenmedien die passive Erholung organisieren, so die do-it-yourself-Industrie die informelle Arbeit. Und selbst, daß informelle Arbeit zum Gegenstand wachsender sozialwissenschaftlicher Neugier wird, kann als ein Zeichen der Marktintegration gewertet werden. Auch die Sozialwissenschaft bildet einen der Mechanismen, die das erfassen, bekannt und damit kontrollierbar machen, was bislang den Blicken von Staat und Kapital entgangen war.

Die zunehmende Verflechtung von formeller und informeller Arbeit läßt sich gerade an einem der Argumente plastisch machen, das besonders häufig für die These des Wachstums der informellen Ökonomie angeführt wird, nämlich die wachsende Ausstattung der Haushalte mit Haushaltsinvestitionsgütern (Gershuny 1983). Sie hat durchaus ambivalente Auswirkungen auf informelle Arbeit hinsichtlich ihrer Gegenstände wie hinsichtlich der Arbeitsprozesse selbst. Die Entwicklung neuer, leicht handhabbarer und billiger Werkzeuge, Maschinen und Materialien hat neue Betätigungsfelder für immer größere Bevölkerungskreise eröffnet und vorhandene erweitert. Andererseits hat die relative Verbilligung von Konsumgütern (Kleidung und Nahrungsmittel) einstmals wichtige Tätigkeitsbereiche der informellen Arbeit erleichtert oder überflüssig werden lassen oder die Arbeit von der Herstellung eines Produkts auf die Instandhaltung reduziert. Schließlich verringern technische Komplizierungen, black-boxes, eingebauter, nicht reparierbarer Verschleiß die Chancen, die Geräte selbst instand zu halten und reparieren zu können. Darüber haben sich die Arbeitsprozesse, die geforderten Qualifikationen und auch ihr sozialer Kontext verändert (Joerges 1985). Einerseits werden die Bedienung von Apparaten und Maschinen sowie die Handhabbarkeit von Materialien erleichtert und die Produktivität erhöht. Andererseits setzt die Differenzierung und Komplizierung des Geräts aufwendigere und sich verändernde Qualifikationen voraus. Tradierte Wissensbestände werden entwertet. Die Qualifikation der informellen Arbeit wird zunehmend selbst Gegenstand von Marktstrategien (do-it-yourself-Kurse, Hobby-Zeitschriften ... ein Prozeß, dem sich jedoch die meisten der befragten Arbeiter im Vertrauen auf die im Regelfall immer noch leistungsfähigen traditionellen Lernmodi weithin entziehen). Damit entstehen neue haushaltsbezogene Dienstleistungen im Informations-, Wartungs- und Versicherungsbereich (Kundendienste, Verbraucherberatung ...). Diese formelle Vermittlung informeller Arbeit verändert auch deren soziale Qualität: Märchenkassetten ersetzen die Oma, das Gartenhandbuch den Ratschlag des Nachbarn, der Kundendienst die aushelfende Hand des Kollegen. An die Stelle persönlicher, kommunikativer Verhaltensweisen treten stoffliche Produkte: „Verstofflichung persönlicher face-to-face-Tätigkeiten" (Ostner/Willms 1983, S. 219).

Wie der technische Fortschritt bei der Produktion von Lebensmitteln und von Konsumgütern, so hat auch der Ausbau der infrastrukturellen Versorgung im öffentlichen wie im privaten Bereich zu Veränderungen in der informellen Arbeit in Haushalten beigetragen. Der Ausbau der technischen Infrastruktur, namentlich der Wasser- und Energieversorgung, hat einen großen Teil informeller Arbeit unnötig gemacht und zugleich aber auch mit dem Anschlußzwang der Verfügung der Haushalte entzogen.

Durch die Modernisierung der sanitären Anlagen und Heizungssysteme, meist in kampagneartigen Selbsthilfeanstrengungen, hat sich der größte Teil der Familien weiterer Formen informeller Arbeit entledigt. Wachsendes Lohneinkommen, technischer Fortschritt und Urbanisierungsprozesse haben zu dem geführt, was Lutz (1984) als die „Absorption des traditionellen Sektors" bezeichnet und was gleichermaßen die Auflösung subsistenzwirtschaftlicher Versorgungsmuster privater Haushalte wie auch der „früher dominierenden kleinbetrieblichen, auf nachbarschaftliche Einzugsgebiete abgestellten Versorgungsstrukturen" (S. 215) umschließt. Diese Prozesse haben ohne Frage als Ganzes zu einer Reduktion der informellen Arbeit privater Haushalte geführt, haben diese aber keineswegs völlig zum Verschwinden gebracht oder auch nur auf den nicht absorbierbaren Rest der Hausarbeit, wie sie vor allem im Bereich der Kindererziehung und Teilen der weiblichen Hausarbeit gesehen wird, beschränkt. Im Gegenteil, von ihnen sind zugleich Impulse ausgegangen, deren gemeinsamer Fluchtpunkt die immer stärkere Verflechtung der informellen Ökonomie mit dem Marktsektor ist. Jene Veränderungen innerhalb des formellen Sektors sind nicht zu übersehen, die sich schlicht aus der Tatsache ergeben, daß die Bestände an Sachkapital in den Haushalten inzwischen Investitionswerte darstellen, die teilweise an die eines industriellen Arbeitsplatzes heranreichen. Was den Wäschereien an Aufträgen entgeht, wächst also nicht allein den Haushalten zu, sondern zunächst auch den Produzenten von Waschmaschinen und Wäschetrocknern. Was dem Bauhandwerk entgeht, fällt zum Teil dem Heimwerkermarkt zu.

Es ist hier eher von Verschiebungen innerhalb der neu entstandenen Konkurrenz zwischen einer Koalition von Großindustrie und privaten Haushalten einerseits und den kleinen Handwerksbetrieben als wesentlichem

Bestandteil des traditionellen Sektors andererseits zu reden, statt von Verlagerung aus dem formellen in den informellen Bereich.

2. Im Bewußtsein der Befragten erscheint Arbeit nach der Arbeit weder als kompensatorische Entlastung noch als kritisch gegen entfremdete Lohnarbeit gewendete Alternative, sondern als ein Reich der Freiheit, weil und so weit informelle Arbeit durch Lohnarbeit vom Zwang der Lebensnot befreit ist.

Zunächst bestätigen unsere Ergebnisse die in der Werftstudie (Schumann/Siebel-Rebell et al. 1982) gegen die Instrumentalismusthese gerichtete These vom doppelten Bezug auf Arbeit. Danach ist die in der Tat „objektiv gesetzte Gleichgültigkeit" des Lohnarbeiters gegenüber seiner Arbeit subjektiv nicht realisierbar. Neben der Arbeitskraftperspektive, in der der einzelne sich auf seine Arbeitssituation bezieht unter Gesichtspunkten der Erhaltung bzw. Vernutzung und des maximalen Ertrags seiner Arbeitskraft, steht die Subjektperspektive, wonach selbst unter restringiertesten Arbeitsbedingungen jeder Arbeitende noch nach Anknüpfungspunkten sucht, seine eigenen Fähigkeiten und eigenen Handlungsmöglichkeiten zu realisieren, und sei es auch nur als leidendes Subjekt. In unseren Interviews, die sich überwiegend innerhalb des Assoziationsraums des außerbetrieblichen Lebensbereichs bewegten, sind allerdings der konkreten, betrieblichen Arbeitssituation gegenüber abstraktere Gesichtspunkte stärker zum Ausdruck gekommen: Arbeit als eine zerstörerische Gewohnheit, an der die Subjekte trotz allen Leidens und aller Kritik festhalten. Die bloße Tatsache, eine berufliche Arbeit zu haben, ist jenseits der Arbeitskraftperspektive auch subjektiv notwendig. Als Korsett der Normalität und alltäglicher Grund zum Leben, als Schutz vor Langeweile und dem Zerfall des Tageslaufs.

Angesichts des Umfangs und der Vielfalt von Arbeit nach der Arbeit scheint allerdings die in der Wertwandeldiskussion von einigen Autoren vertretene These fraglich, die Mitte der Identität verlagere sich aus der Institution betrieblich organisierter Arbeit in einen hedonistisch bestimmten Freizeitbereich. Diese These gilt allenfalls für eine altersbedingte Devalenz von Arbeit bei den älteren Befragten und im Sinne eines erzwungenen Verzichts bei jenen, deren außerbetriebliche Lebensbedingungen beinahe ebenso harte Restriktionen für die Selbstbestätigung als tätiger Produzent setzen wie die betriebliche Arbeit. Wir haben in unserem Sample nicht den reinen Typus des Freizeitmenschen gefunden und auch nicht jenen aus der Welt der protestantischen Ethik. Eher lassen sich zwei andere Typen einander gegenüberstellen: auf der einen Seite der durch parallele Restriktionen in betrieblicher und außerbetrieblicher Lebenssituation in seinen Ansprüchen und Hoffnungen allseits reduzierte Arbeiter, auf der anderen Seite der aufgrund besserer objektiver Möglichkeiten noch mit einem ausgeprägten Selbstbewußtsein ausgestattete tätige Produzent. Hohes Engagement in außerbetrieblicher produktiver Arbeit geht fast in allen Fällen einher mit hohen arbeitsinhaltlichen Ansprüchen an einen guten Beruf und entsprechend harscher Kritik an der eigenen Arbeitssituation im Betrieb. Außerbetriebliche und betriebliche Arbeitserfahrungen sind nicht nach dem Wetterhäuschenmodell miteinander verbunden, bei dem der Lohnarbeiter in dem Maße in den Hintergrund rückt, wie der Freizeitarbeiter nach vorn tritt.

Außerbetriebliche Arbeit spielt aber auch nicht die Rolle eines Gegenbilds zur beruflichen Arbeit, mit dessen Farben eine Vorstellung vom guten Beruf ausgepinselt würde. Obwohl die Befragten der Andersartigkeit von betrieblicher und außerbetrieblicher Arbeit beredten Ausdruck verleihen und dort, wo sie mehr oder weniger direkte Vergleiche ziehen, die außerbetriebliche Arbeit als Reich der Selbstverwirklichung und Selbstbestätigung zeichnen, begründen sie aus den erfahrenen Qualitäten ihrer informellen Arbeit doch keinen Begriff befreiter Arbeit. Ebenso selten wird außerbetriebliche Arbeit zum Bezugspunkt offensiver arbeitspolitischer Forderungen. Statt dessen werden formelle und informelle Arbeit zu zwei grundsätzlich verschiedenen Erfahrungsbereichen stilisiert, in denen das Gemeinsame, daß es sich nämlich bei der Arbeit am Bau des eigenen Hauses wie bei der Arbeit auf der Werft um Verausgabung des eigenen Arbeitsvermögens handelt, verschwindet im „himmelweiten Unterschied" zwischen einem Reich der Notwendigkeit und einem der Freiheit. Darauf scheinen die Befragten mit einer Art illusionsloser Resignation zu reagieren. Indirekt aber, indem die Erfahrung außerbetrieblicher Arbeit das Selbstbewußtsein, qualifizierter Produzent zu sein, vermittelt, ist informelle Arbeit doch eine Stütze der Arbeitskritik: sie hält die arbeitsinhaltlichen Ansprüche wach, die sonst in resignierter Anpassung an die Realität betrieblicher Arbeit allmählich zurückgenommen würden.

Allerdings kann informelle Arbeit solche identitätsstabilisierenden Erfahrungen erst vermitteln, seit die Arbeiter über ausreichendes Lohneinkommen verfügen, ihre informelle Arbeit also durch Lohnarbeit vom nackten Zwang, Arbeit zum Überleben zu sein, entlastet ist. Nur soweit informelle Arbeit ein Zubrot verschafft oberhalb eines durch das staatliche soziale Netz und durch Lohnarbeit abgesicherten Existenzminimums, nur in so weit erhält sie auch ihre humanen Qualitäten.

3. Die These von der Komplementarität zwischen informeller und formeller Arbeit gilt auch hinsichtlich der Produktivität der informellen Arbeit. Unsere dritte These besagt, daß die teilweise beträchtlichen Erträge der Haushaltsproduktion bei Arbeitern auf dem Land weniger aus besonderem Fleiß und Sparsamkeit, also aus der Summe von Muskelhypothek und Konsumverzicht zu erklären sind, als aus der Art und Weise, in der ländliche Arbeiterhaushalte sämtliche verfügbaren formellen und informellen Ressourcen mobilisieren und miteinander kombinieren. Informelle Arbeit entfaltet ihre ökonomische Wirksamkeit in dem Maße, indem sie in eine spezifisch ländliche Lebensweise eingebunden ist.

Was wir auf gesamtgesellschaftlicher Ebene als Marktintegration bezeichnen, erscheint auf mikroanalytischer Ebene als Verflechtung verschiedener

Strategien, in der der einzelne Haushalt seine formellen und informellen Ressourcen mobilisiert, um bestimmte Projekte der Haushaltsproduktion zu verwirklichen. Für die Art und Weise, wie diese Verflechtung gelingt, ist der Unterschied zwischen Stadt und Land entscheidend.

Informelle Arbeit ist – vor allem auf dem Land – ökonomisch, d.h. für den Lebensstandard des Haushalts, relevant und strukturiert den Tageslauf jenseits der Werftarbeitszeit. Sie ist Arbeit auf Gegenseitigkeit, mit und für die Mitglieder des Haushalts. Es dominiert die Wohnung (Haus und Garten) als Ort, Gegenstand und Ziel der Arbeit. Wie und in welchem Umfang informell gearbeitet wird, bestimmt die Wohnsituation. Gegenüber der Varianz zwischen Stadt und Land schlagen die in unserem Sample vertretenen beruflichen Differenzierungen zwischen Facharbeitern und Angelernten kaum zu Buche. Es sind die außerbetrieblichen Lebensbedingungen und weniger die betrieblichen Arbeitssituationen, aus denen die Binnendifferenzierung innerhalb der Industriearbeiterschaft, soweit sie in unserer Untersuchung als Unterschiede informeller Arbeit erfaßt werden konnten, zu erklären sind. Damit legen unsere Ergebnisse nahe, die Annahmen hinsichtlich einer einseitigen Dominanz der betrieblichen Arbeits- über die außerbetriebliche Lebenssituation, des Produktions- über den Reproduktionsbereich, einzuschränken. Ebenso sind die stadtsoziologischen Thesen über eine zunehmende Irrelevanz des Stadt-Land-Unterschieds zu modifizieren.

Ob jemand in der Stadt oder auf dem Land wohnt, prägt die Art und Weise, in der der Haushalt seine verschiedenen Ressourcen miteinander kombinieren kann. Damit ist der Unterschied zwischen Stadt und Land von zentraler Bedeutung für die Effektivität informeller Arbeit. Das wird deutlich, betrachtet man die Genese des Besitzgefälles zwischen städtischen und ländlichen Arbeiterhaushalten. Fast alle Werftarbeiter auf dem Land wohnen im eigenen Haus, das nach Abzug der Schulden im Durchschnitt einen Wert zwischen 50.000 DM und 100.000 DM darstellt. Trotz gleicher Qualifikation, gleicher Arbeitssituation und gleich hohem Einkommen haben sich ihre städtischen Kollegen nichts Vergleichbares erarbeiten können. Diese, gemessen am Einkommen der Befragten beträchtlichen Besitzunterschiede – sie entsprechen immerhin dem 2- bis 4-fachen des Nettojahreslohns eines Werftarbeiters – sind nicht das Ergebnis von Erbschaft. Sie lassen sich auch nicht aus einer besseren Marktposition der ländlichen Haushalte erklären nach dem Muster: höheres Einkommen und weniger Ausgaben ergeben höhere Sparleistungen. Faßt man alle Lohneinkommen der Haushalte zusammen, also auch das Einkommen der Ehefrauen, so stehen die städtischen Haushalte eher besser da. Bei den Ausgaben ergibt sich ein differenziertes Bild, bei dem die Ländler aber nicht unbedingt als weniger belastet erscheinen. Unterschiede ergeben sich dagegen in qualitativer Hinsicht: Ländliche Haushalte konzentrieren ihre Anstrengungen in bezahlter Lohnarbeit, etwa Überstunden und Nachtschicht sowie Erwerbsarbeit der Ehefrau, auf bestimmte Phasen, in denen sie alle verfügbaren Ressourcen mobilisieren. Bei städtischen Haushalten geschieht beides kontinuierlicher. Ländliche Haushalte geben ihr Geld häufiger für investive und prosumtive Haushaltsgüter aus. Städtische Haushalte neigen eher zu rein konsumtiven Ausgaben. Schließlich spielt auch eine spezifisch biographische Form des Sparens eine Rolle: Heirat und Gründung eines eigenen Haushalts fallen auf dem Land oft weit auseinander. Das junge Ehepaar wohnt häufig über die Geburt des ersten Kindes hinaus bei den Eltern, ohne mehr als symbolisch dafür zahlen zu müssen, eine wichtige Voraussetzung, um Startkapital ansparen zu können.

Die phasenspezifische Mobilisierung aller Ressourcen und die besondere Form des Generationenvertrags auf dem Land, bei dem informelle Leistungen der Eltern ihren Kindern das Ansparen eines Startkapitals ermöglichen, informelle Arbeit also auf recht indirekte Art in Geldkapital umgewandelt wird, sind Beispiele dafür, daß es nicht nur niedrige Immobilienpreise und das Sozialkapital weit verzweigter sozialer Netze sind, die informelle Arbeit auf dem Land besonders effektiv machen. Hinzukommen muß die besondere Art der zeitlichen und räumlichen Kombination aller Ressourcen. Der Mann mobilisiert alle Mittel, die ihm durch seine formelle Arbeit zugänglich sind: Lohneinkommen, Helfer, Material, Werkzeug, Produktionseinrichtungen, Informationen ... Zugleich versucht er eine Art Gegenverwaltung des eigenen Arbeitsvermögens: Soweit innerhalb des Lohnarbeiterverhältnisses überhaupt möglich, versucht er, den Einsatz seines Arbeitsvermögens im Betrieb mit den Anforderungen der Haushaltsproduktion abzustimmen: Urlaub wird gemäß den Erfordernissen des Hausbaus genommen, Nachtschicht bringt höheres Einkommen und ermöglicht zugleich informelle Arbeit bei Tageslicht. Überstunden werden je nach zeitlichem und finanziellem Bedarf der informellen Arbeit gesucht oder abgelehnt.

Ähnliches trifft auch für das Engagement der Ehefrau in formeller und informeller Arbeit zu. Zwar ist der ländliche Arbeitsmarkt für Frauen am Maßstab tariflich abgesicherter Lohnarbeit gemessen eindeutig defizitär, er hat aber für die ländliche Produzentengemeinschaft von Mann und Frau auch Vorteile, die genutzt werden: die Ehefrau setzt nach Maßgabe ihrer Möglichkeiten ihre Arbeitskraft räumlich und zeitlich flexibel ein. Sie nutzt die größeren Möglichkeiten, Erwerbsarbeit und Haushaltsproduktion zu koppeln und bezieht möglichst die Erwerbsarbeit in die Hausarbeit (z.B. Beherbergung von Feriengästen) mit ein. Wie immer dies aus der Perspektive der Frauenemanzipation auch negativ zu bewerten ist, hier soll allein darauf hingewiesen werden, daß der Beitrag der Frau zur Versorgung des Haushalts aus diesen Gelegenheitsjobs und Gelegenheitseinkünften systematisch unterschätzt wird, wenn man ihn allein am Maßstab städtischer, tariflich abgesicherter Lohnarbeit mißt: diese Formen der Frauenarbeit sind produktiver als es auf den ersten Blick erscheint, einmal aufgrund der besonderen Bereitschaft und Möglichkeit, die eigene Arbeitskraft zeitlich und räumlich flexibel zu disponieren, zum anderen aufgrund der besonderen Form des Entgeltes, sehr häufig in Gestalt von Naturalien (Beköstigung, Nutzungsrecht, Material, Lebensmittel ...), die eben nicht als Geld sichtbar werden.

Die Produktivität der ländlichen Lebensweise beruht also sowohl auf der Summe der eingesetzten Ressourcen als auch auf der besonderen Art ihrer Kombination. Der Ort dieser Mobilisierung aller Ressourcen, die Instanz, die den Einsatz von Arbeitsvermögen und stofflichen Produktionsvoraussetzungen organisiert, ist der Haushalt. Der Haushalt ist nicht nur als Einheit des Konsums, sondern ebenso als Einheit der Produktion zu betrachten. Als Einheit der Produktion aber folgt der Haushalt einer besonderen Rationalität, deren Differenz zu der des homo oeconomicus zusammenhängen könnte mit den Differenzen zwischen Geld als dem zentralen Medium der formellen Ökonomie und Arbeitsvermögen als der zentralen Ressource der Haushaltsproduktion. Geld – das macht ja gerade seine ungeheure Überlegenheit aus – ist qualitativ unbestimmt, weder zeitlich noch räumlich, noch inhaltlich gebunden. Arbeitsvermögen dagegen ist vor allem an Personen gebunden und durch seine Einbindung in betrieblich organisierte Lohnarbeit, durch berufliche Ausbildung und Zurichtung in beruflichen Erfahrungen sowie durch die Bindung an Produktionsmittel in vielfältiger Weise qualitativ bestimmt. Dagegen erscheint Arbeitsvermögen angesichts der prinzipiellen Knappheit des Geldes in Arbeiterhaushalten als beinahe beliebig dehnbare Ressource, wie viele Beispiele von Befragten belegen, die etwa zur Zeit des Hausbaus oder anderer größerer Projekte der Haushaltsproduktion ihren Arbeitstag über längere Zeit hinweg extrem, bisweilen auf das Doppelte der beruflichen Arbeitszeit ausgeweitet haben.

Mit dieser Spezifität des Arbeitsvermögens als der zentralen Ressource der Haushaltsproduktion scheint nun eine besondere Handlungslogik verknüpft zu sein, die sich weder aus der Perspektive der Reproduktion vernutzter Arbeitskraft, also aus der Perspektive der Freizeit als funktional abhängiger der Lohnarbeit erschließt, noch aus der Rationalität des homo oeconomicus. Die Logik der Haushaltsproduktion ist weniger orientiert auf Ziele bzw. Zwecke als auf Gelegenheiten bzw. Mittel. Sie entfaltet ihre Produktivität weniger durch Ausgliederung der ökonomischen aus den nichtökonomischen Tätigkeiten als durch Kopplung verschiedener Funktionen in komplexen Aktivitätsmustern. Schließlich beruht sie weniger auf bewußten individuellen Wahlakten zwischen alternativen Möglichkeiten als auf den habitualisierten Regeln einer moralischen Ökonomie. Die new-home-economics unterschlagen eben diese Besonderheit, wenn sie die Prinzipien der individuellen Wahl der Knappheit der Mittel und der Zweckorientiertheit des Handelns auf die Haushaltsproduktion übertragen. Es ist dies eine Ökonomie, in der sich etwas lohnt, weil es richtig getan ist entsprechend einer dörflichen Tradition, dem Bild des guten Familienvaters oder des allseitig kompetenten Handwerkers. So bedingt z.B. die Norm der Selbstzuständigkeit des Handwerkers für alle im Haushalt anfallenden Instandhaltungs- und Reparaturarbeiten einen Handlungsablauf, bei dem nicht zwischen der Alternative informeller vs. formeller Erledigung nach wie immer komplexen Kosten-Nutzen-Kalkülen abgewogen wird: Zunächst versucht man es selber, dann greift man auf die sozialen Netze zurück, über die man verfügt. Erst zum Schluß und nachdem diese Lösungsversuche gescheitert sind, werden illegale oder legale Marktleistungen gezwungenermaßen in Anspruch genommen. Nicht die informelle, sondern die formelle Ökonomie ist hier also subsidiär. Daß damit auch spezifische Beschränktheiten einhergehen, etwa ein ausgeprägter Konservativismus der Arbeiter bezüglich Baustoffen und Techniken, ist leicht vorstellbar, aber auch leicht als sinnvoll verstehbar.

Weiter oben haben wir auf die Funktionen der informellen Arbeit bei der Stabilisierung der eigenen Identität hingewiesen. Die Norm der Selbstzuständigkeit bei handwerklich-technischen Problemen im Haushalt ist Bestandteil eines Bildes vom eigenen Selbst als einem allseitig kompetenten Handwerker. Daraus folgt ein Handlungsablauf, der der Bestätigung eben dieses Selbstbildes dient und in dem Wahlakte keine Rolle spielen. Sich einen Handwerker kommen zu lassen, ist für die meisten die letzte Wahl, ein ungeliebter und identitätsfremder Ausweg, den zu beschreiten man bei Versagen der eigenen Kompetenz kränkenderweise gezwungen sein kann. Sicherlich ist dies eine Stilisierung. Auch innerhalb der informellen Arbeit zeigt sich eine Tendenz zur Durchsetzung zweckrationalen Handelns, worauf unsere erste These von der Marktintegration der informellen Arbeit hinweist. Unsere Argumentation richtet sich aber gegen die ausschließliche Gültigkeit dieses Modells zweckrationalen Handelns. Jenseits des Geltungsbereichs der Steuerungsressource Geld, in der informellen Ökonomie also, soweit in ihr im Bezugsrahmen Arbeitsvermögen gedacht und gehandelt wird, müssen die Prämissen eines solchen Handlungsmodells zu einem schiefen Bild führen. Statt der These von der nur defizitären, löcherstopfenden und Mängel an Kaufkraft ausgleichenden Eigenvornahme, unterstellen wir eine besondere Logik, die der prinzipielle Rückgriff auf das eigene Arbeitsvermögen erfordert.

In der informellen Ökonomie ist funktional, was in der formellen Ökonomie eher als disfunktional gilt. Die informelle Ökonomie besteht eben nicht aus „Beziehungen", sondern muß, will sie funktionieren, aus Bekanntschaften und Freundschaften bestehen, die *auch* ökonomisch relevant sein können, aber als „Beziehungen" nicht in dieser ökonomischen Relevanz aufgehen. Es kann in der informellen Ökonomie nicht allein darum gehen, Güter und Dienstleistungen herzustellen, es geht immer auch um einen konkreten Lebenszusammenhang, der mit ökonomisch relevanten Bestandteilen durchwirkt ist. Aber diese ökonomisch relevanten Aspekte sind nicht selbst Gegenstand instrumentellen Handelns. Freundschaften, Bekanntschaften, Nachbarschaften, Verwandtschaften sind die praktischen Medien, in denen ökonomisches Potential akkumuliert ist. Der Lebenszusammenhang beinhaltet auch ökonomische Transaktionen, wie ökonomische Transaktionen an der Reproduktion des Lebenszusammenhangs beteiligt sind. Informelle soziale Netze sind jedoch nicht darauf reduzierbar und schon gar nicht als solche inszenierbar. Die informelle Ökonomie ist informell, weil sie nicht instrumentell und auch nicht professionell organisierbar ist. Potentiale der informellen Ökonomie zu organisieren, erfordert ein Handeln, das sich vom Modell instrumentellen Handelns absetzt: was ökonomisch rational im Sinn des Denkens und Handelns im Arbeitsvermögen ist, muß nicht unbedingt rational im Sinne des homo oeconomicus sein. Wir vermuten das Gegenteil, überspitzt formuliert: je breiter gerichtet die Aufmerksamkeit, je schwächer die unmittelbare Zweckbindung und Zielfixierung, je weniger funktionalisiert soziale Beziehungen sind, desto ökonomisch relevanter sind diese Stile des Umgangs mit informellen Ressourcen, desto größer ist ihr Potential innerhalb des Systems der informellen Ökonomie.

Aus der Perspektive des heuristischen Modells des homo oeconomicus, das zugleich ja auch einen normativen Begriff von Handlungsrationalität impliziert, erscheinen die Charakteristika der informellen Arbeit als defizitär. Im Rahmen informeller Ökonomie aber – und das ist der hier entscheidende Punkt – sind eben diese Charakteristika ökonomisch funktional. Informelle Hilfe wird nicht gewährt bei bloßer Faulheit. Erst derjenige, der sich selber der Norm der Selbstzuständigkeit unterworfen hat und dabei an die Grenzen des eigenen Könnens gestoßen ist, kann die Hilfe der sozialen Netze legitimerweise in Anspruch nehmen. Das Sozialkapital der informellen Netze steht nur dem voll zur Verfügung, der sich selber als mit der Norm der Selbstzuständigkeit identifiziert erwiesen hat: Hilf' Dir selbst, dann hilft Dir auch das soziale Netz. Die ökonomische Funktionalität der informellen sozialen Netze ist gerade an eine außerökonomisch begründete Existenz dieser Netze gebunden. Das soziale Netz der Verwandtschaft ist ökonomisch so funktional, weil es die Subjekte so fraglos jenseits aller ökonomischen Zwecke zu verknüpfen scheint. Die Multifunktionalität der Aktivitäten in der informellen Ökonomie ist im Rahmen der informellen Ökonomie rational. Gerade an ihr hängt ihre ökonomische Verwendbarkeit. Freundschaften muß man als Freundschaften pflegen. Jeder Versuch, soziale Netze als Sozialkapital instrumentell zu erzeugen, höhlt diese gerade aus. Daß daraus eine sehr pessimistische Sicht auf alle Versuche der politischen Förderung und Funktionalisierung des Potentials informeller Ökonomie folgt, liegt auf der Hand.

Die ländliche Lebensweise bietet eine besondere Konstellation verschiedener sozialer, moralischer, räumlicher und materieller Bedingungen. In dieser Konstellation gewinnt informelle Arbeit eine besondere Produktivität, die sich in einem erheblichen Besitzgefälle zwischen städtischen und ländlichen Arbeiterhaushalten zeigt. Daß sie diese Wirkungen hat, ist aber selber an besondere historische Bedingungen geknüpft, insbesondere erstens an ein hohes Reallohnniveau, das investive Ausgaben im Rahmen informeller Arbeit überhaupt erst zuläßt, und zweitens an die Sicherheit einer längerfristigen Lebensperspektive, d.h. einmal an die längerfristige Sicherheit des Arbeitsplatzes, zum anderen an die Haltbarkeit des Netzes sozialstaatlicher Sicherungen. Hohes Reallohnniveau, Sicherheit des Arbeitsplatzes und Sicherheit des sozialstaatlichen Netzes sind die drei entscheidenden Vorbedingungen dafür, daß Arbeiterhaushalte sich überhaupt auf das Wagnis größerer, die Ressourcen des Haushalts längerfristig bindende Projekte der informellen Arbeit einlassen.

Daher sehen auch fast alle der von uns befragten Arbeiter in ihrer informellen Arbeit keine Lockerung ihrer existentiellen Angewiesenheit auf die Lohnarbeit. Trotz der erheblichen subjektiven wie materiellen Relevanz, die sie ihrer informellen Arbeit zubilligen, erscheint diese ihnen nicht als Alternative zur Lohnarbeit; mit Ausnahme einer kleinen Gruppe älterer Arbeiter auf dem Land. Diese sehen in ihrer informellen Arbeit sowohl ökonomisch als auch hinsichtlich ihrer Vorstellungen über ein sinnvolles Leben eine Alternative. Doch tun sie das auch nur unter der Annahme eines festen, wenn auch niedrigeren Einkommenssockels aus Transferzahlungen. Und daß eine solche Perspektive ihnen realistisch und zugleich subjektiv erstrebenswert erscheinen kann, ist einer womöglich einmaligen historischen Situation zu verdanken. Diese älteren Arbeiter haben über mehrere Jahrzehnte hinweg über ein stetiges und sich real erhöhendes Lohneinkommen verfügen können. Aufgrund verbesserter Verkehrsmöglichkeiten hatten sie die Chance, trotz der Arbeit in der Großindustrie ihren ländlichen Wohnstandort zu behalten und damit auch die dort gebundenen sozialen und materiellen Möglichkeiten informeller Arbeit weiterhin zu nutzen. Erst das ermöglichte ihnen, die Ressourcen der ländlichen Lebensweise mit denen aus der Industriearbeit so zu kombinieren, daß sie nach einer langen Zeit teilweise außerordentlich mühseliger Arbeit in einem schuldenfreien Besitz und mit gesicherten Ansprüchen auf Transferzahlungen leben können. Das heißt: Erst vor dem Hintergrund der außergewöhnlichen Konjunktur der letzten 35 Jahre macht es Sinn, und nicht nur ideologischen, den privaten Haushalt als eine Produktionseinheit zu begreifen, der seine Lebensumstände aktiv umarbeitet, dem informelle Arbeit also mehr erlaubt als eine durch Not erzwungene Subsistenzproduktion weit unter den Standards der Marktproduktion. Ähnliches gilt auch auf der Bewußtseinsebene. Erst die Absicherung durch die Lohnarbeit ermöglicht es, in der Arbeit außerhalb des Betriebs Erfahrungen zu machen, die es dem einzelnen erlauben, an arbeitsinhaltlichen Ansprüchen festzuhalten, gegen deren tagtägliche Widerlegung unter den Bedingungen der betrieblich organisierten Lohnarbeit. Es wäre also zu vermuten, daß mit der Krise auf dem Arbeitsmarkt für Industriearbeiter sowohl die Voraussetzungen für eine ökonomisch effektive als auch für eine subjektiv befriedigend erlebte informelle Arbeit schwinden.

Literatur

Gershuny, J.I., 1983: Goods, Services and the Future of Work, in: *J. Matthes* (Hrsg.): Krise der Arbeitsgesellschaft? Frankfurt a.M./New York.

Joerges, B., 1985: Eigenarbeit unter industriellen Bedingungen, in: *R. Brun* (Hrsg.): Erwerb und Eigenarbeit. Frankfurt a.M.

Lutz, B., 1984: Der kurze Traum immerwährender Prosperität. Frankfurt a.M./New York.

Ostner, J., und *A. Willms*, 1983: Strukturelle Veränderungen der Frauenarbeit in Haushalt und Beruf, in: *J. Matthes* (Hrsg.): Krise der Arbeitsgesellschaft? Frankfurt a.M./New York.

Schumann, M., und *Chr. Siebel-Rebell* et al., 1982: Rationalisierung, Krise, Arbeiter. Frankfurt a.M.

Hartmut Häußermann / Karin Lüsebrink / Werner Petrowsky

Die Bedeutung von informeller Ökonomie und Eigenarbeit bei Dauerarbeitslosigkeit

In der sozialwissenschaftlichen Diskussion über Eigenarbeit und informelle Ökonomie setzt sich immer deutlicher die Überzeugung durch, daß Eigenarbeit bei Beziehern höherer Einkommen mit besserer beruflicher Qualifikation eine größere Rolle spielt als bei jenen Haushalten, die über geringere Einkommen aus beruflicher Arbeit verfügen (Pahl/Wallace 1985; Glatzer/Berger-Schmitt 1986). In der empirischen Studie über die Versorgungsstrategien von Arbeiterhaushalten (Jessen/Siebel u.a. 1985) wird sehr prononciert die These vertreten, informelle Ökonomie sei ein Pendant beruflicher Arbeit und kein eigenständiger Arbeits- oder Produktionsbereich, der marktförmige Arbeit und Erwerbseinkommen aus formeller Beschäftigung substituieren könne. Im Gegenteil: falle das Einkommen aus formeller Beschäftigung weg, schrumpfe auch das Potential informeller Ökonomie (Parallelitätsthese).

Diesen empirischen Argumenten stehen eher normative Ansätze gegenüber, die in einer Strategie der Förderung von informeller Ökonomie und Eigenarbeit eine Möglichkeit sehen, nicht-kapitalistische Lebens- und Arbeitsformen in einem „autonomen Sektor" zu realisieren. Diese Argumentationslinie baut zum einen auf die schlichte Notwendigkeit, neue Arbeitsformen in einer Gesellschaft zu schaffen für diejenigen, die durch die Mechanismen des Arbeitsmarktes strukturell von Erwerbsmöglichkeiten ausgeschlossen und damit auf eine depravierte und marginalisierte Lebensperspektive verwiesen sind; zum anderen baut sie auf die verbreitete Kritik an den industriekapitalistisch geprägten Arbeits- und Lebensformen, die zu entfremdeten Arbeitsformen und normierten, als ohnmächtig erlebten Wohnweisen geführt haben. Die Stärkung von Haushaltsproduktion und informellen Austauschbeziehungen soll daher zu einer Requalifizierung von Zeit bei gesellschaftlich erzwungener Wertlosigkeit der freien Zeit (z.B. in der Arbeitslosigkeit) und zu einer Wiederaneignung der räumlichen und sozialen Umwelt unterhalb der Ebene von staatlich und marktwirtschaftlich gelenkten Vergesellschaftungsprozessen führen (Offe/Heinze 1986). Offe/Heinze sprechen zusätzlich von einer „zumindest 'objektiv' wachsenden Attraktivität und ökonomischen Rationalität des Bedarfsausgleichs durch haushaltliche Selbstversorgung" (1986, S. 472), weil Dienstleistungen durch ein relativ steigendes Preisniveau auf dem Markt immer teurer werden, und weil die Qualität von Dienstleistungen, die marktwirtschaftlich oder staatlich angeboten werden, auf ein Niveau hin tendiert, die der haushaltlichen Versorgung unterlegen sei (These der Eigenständigkeit).

Aufgrund dieser Argumentationslinien verdient die Situation von Arbeitslosen besondere Beachtung: zum einen ist die Einkommensseite ihres Haushaltsbudgets deutlich reduziert, zum anderen verfügen sie über viel Zeit, die für die haushaltliche Produktion von Gütern und Dienstleistungen verwendet werden könnte. Aus der Beschreibung ihrer Möglichkeiten und tatsächlichen Aktivitätsniveaus im Bereich der informellen Ökonomie müßten sich Anhaltspunkte dafür finden lassen, ob der Destruktionseffekt, der sich bei sinkendem Haushaltseinkommen aus der Parallelitätsthese ergeben müßte, tatsächlich eintritt, oder ob und unter welchen Bedingungen die Haushaltsproduktion und informelle Austauschbeziehungen eine Möglichkeit bieten, die Ausfälle von Einkommen aus formeller Arbeit (zumindest teilweise) zu kompensieren und zur Sicherung eines angemessenen Wohlfahrtniveaus beizutragen.

Die Bedingungen für Eigenarbeit, die in Haushalt und Wohnung ihre zentrale Stütze hat, scheinen nicht besonders günstig zu sein. Denn im Verlauf eines strukturellen und kulturellen Modernisierungsprozesses (vgl. die Beschreibung von Offe/Heinze 1986) sind Fähigkeiten und Motivationen zur Haushaltsproduktion verlorengegangen; die personell reduzierten Haushalte sind zu klein, um eine haushaltliche „economy of scales" zu ermöglichen; die räumlichen und sozialen Strukturen einer solidarischen Ökonomie, wie sie für die Arbeiterviertel des ausgehenden 19. und beginnenden 20. Jahrhunderts beschrieben wurden, sind im Zuge der Stadtsanierung und des Aufbaus sozialstaatlicher Sicherungssysteme zum Teil zerstört worden bzw. haben ihre Funktion verändert.

Der Wohnungs- und Städtebau der Bundesrepublik orientierte sich, soweit er staatlicher Planung unterlag (also insbesondere manifestiert in den Großsiedlungen des sozialen Wohnungsbaus), an den Gesellschaftsbildern der funktionalistischen Architektur der 20er Jahre, deren Fluchtpunkt eine strikte räumliche Arbeitsteilung war: Organisation der Arbeit in betrieblichen Großsystemen, die größtmögliche Produktivität sichern sollte, Reduktion des Wohnens auf reine Freizeit, die vor allem durch die *Abwesenheit* von Arbeit und Verpflichtung charakterisiert sein sollte. Auch die Wohnung wurde dadurch zur Maschine, die dem Konsumenten (Mieter) eine vollkommen arbeitsfreie Zeit produzieren sollte (vgl. dazu ausführlicher Häußermann/Siebel 1987).

Dramatische Veränderungen im Lebensstil und in den Konsumgewohnheiten im Verlauf der Nachkriegszeit hat Lutz (1984) anschaulich beschrieben, die sich in einem veränderten Ausgabeverhalten der privaten Haushalte ausdrücken und in eine Umwälzung der Versorgungsstruktur mit alltäglichen Gütern eingebunden sind.

„Ein zentrales Charakteristikum dieser neuen Lebensweise ist, daß zur Befriedigung der wesentlichen materiellen und eines Gutteils der immateriellen Bedürfnisse Güter und Leistungen angeboten und genutzt werden, die nur dank industrieller Technik und industrieller Organisation existieren bzw. funktionieren können, deren Produktion ausschließlich von marktwirtschaftlichen Rentabilitätskalkülen gesteuert wird, und deren Distribution ausschließlich über weitgehend anonyme, großräumige Märkte erfolgt". (S. 216)

Der „traditionelle Sektor", der bis dahin weitgehend die alltägliche Versorgung der Bevölkerung getragen hatte, wurde ausgedünnt und fast vollständig vom marktwirtschaftlich-industriellen Sektor aufgesogen. Sowohl in der Landwirtschaft als auch im Produktions- und Dienstleistungssektor verschwanden dadurch jene Betriebe, die als kleine, familienzentrierte Einheiten nicht ausschließlich an einer Logik der Profitmaximierung orientiert waren und formelle wie informelle Elemente unlöslich in sich vereinigten. Mit der Industrialisierung der Lebensmittelversorgung, der Konzentration von Produktionsbetrieben und der Rationalisierung von Dienstleistungsangeboten wurde der traditionelle Sektor ausgetrocknet, der zentraler Bestandteil jener Infrastruktur war, auf der sich ein enges Netz von lokal verflochtenen informellen Beziehungen entfalten konnte. Im Zuge einer inneren Kolonisation wurden jene Bereiche, die noch bis zur Mitte des 20. Jahrhunderts in haushaltlicher und nachbarschaftlicher Verfügung standen, marktwirtschaftlichen Unternehmerstrategien unterworfen – die Haushalte wurden immer ausschließlicher zu Konsumgemeinschaften, eingebunden in entlokalisierte Marktsysteme. Steigende Reallöhne sicherten die Marktfähigkeit, die rasche Expansion des industriellen Sektors absorbierte immer mehr Menschen aus dem traditionellen Sektor und aus der Haushaltsproduktion, um ihr Leben säuberlich in die Rollen von (großbetrieblich organisierten, lohnabhängigen) Arbeitskräften und (kaufkräftigen) Konsumenten mit mehr freier Zeit aufzuteilen.

Der Wohnungsbau und die Propagierung eines ihm entsprechenden Lebensstils unterstützten diese Entwicklung. Als fortschrittlich galt, die Linien „modernen Städtebaus" aus den 20er Jahren fortführend, auch nach dem 2. Weltkrieg eine Siedlung, die auf reine Erholungsfunktionen zugeschnitten war. Die Küchen wurden so klein bemessen, daß sie faktisch nur noch zum Dosenöffnen taugten, das „Wohn"zimmer hingegen als Raum für passive Erholung konzipiert, dessen Zentrum symbolhaft der Fernseher einnehmen sollte. Eine Nutzung von Freiflächen, die etwas anderes als Dekoration gewesen wäre, galt als Zeichen von Rückständigkeit und Armut. Die Gartenzwergkultur in den dennoch zahlreich entstehenden Kleinhaus-Siedlungen schien der offen sichtbare Beleg für diese Einschätzung zu sein. Parallel mit dem Kampf der Gewerkschaften um Arbeitszeitverkürzung („Am Samstag gehört Pappi mir!") bildete sich so die Dominanz einer Lebensweise heraus, die vollkommen abhängig von stabilen und nicht zu niedrigen Lohneinkommen war. Wohnungs- und Siedlungsbau orientierten sich ganz am Traum immerwährender Prosperität, die hohe Einkommen und

Vollbeschäftigung garantiert. Der Begriff des „Fordismus" (Hirsch/Roth 1986) ist für diese Entwicklung insofern angemessen, als sämtliche Produktions- und Lebensbereiche von immer stärkerer Rationalisierung und Funktionsteilung geprägt wurden.

Im Zuge dieser Modernisierung, die begleitet war von einem Ausbau sozialstaatlicher Sicherung, verloren die traditionellen Auffangnetze der Haushalte weitgehend ihre ökonomische Funktion. Zweifellos war dies Fortschritt, weil es Ergebnis von wachsendem Reichtum war, und weil es die Emanzipation von traditionalen Abhängigkeiten und Verbindlichkeiten bedeutete. Wenn jedoch diese von außergewöhnlichem Wachstum und Vollbeschäftigung geprägte Entwicklung in eine strukturelle Krise gerät, treten nicht nur Anpassungsprobleme auf: unter den Bedingungen der Reduzierung sozialstaatlicher Leistungen und struktureller Arbeitslosigkeit finden sich heute Haushalte in einer „Modernisierungsfalle", weil sie von den Voraussetzungen für eine vollkommen marktvermittelte Lebensweise ausgeschlossen und *zugleich* von allen Möglichkeiten autonomer Haushaltsversorgung und Eigenarbeit abgeschnitten sind.

Daß bei den Überlebensstrategien von durch Arbeitslosigkeit betroffenen Haushalten die informelle Ökonomie eine bedeutsame Rolle spielen muß, läßt sich den Tendenzen bei der finanziellen Absicherung von Arbeitslosen entnehmen: In den letzten 5 Jahren haben die Anteile der Bezieher von Arbeitslosengeld und -hilfe an den Arbeitslosen insgesamt ständig abgenommen. Innerhalb der Gruppe derer, die überhaupt Versorgungsbezüge haben, hat der Anteil der Arbeitslosengeldbezieher ab-, derjenige der Arbeitslosenhilfebezieher ständig zugenommen. Dies ist Ausdruck der Tatsache, daß sich der Anteil der Dauerarbeitslosen ständig erhöht hat. Einer wachsenden Zahl von Arbeitslosen stand also eine ständig wachsende Zahl von Arbeitslosen mit immer geringer werdender Unterstützung gegenüber. Logische Konsequenz ist, daß die Zahl der Sozialhilfeempfänger unter den Arbeitslosen ebenfalls ständig wächst.

Haushalte können in der Regel ihre Existenz nicht mit den Einnahmen aus der Arbeitslosenhilfe sichern. Wohngeld ist schon selbstverständliche Zusatzunterstützung, Sozialhilfe wird immer häufiger notwendige Ergänzungsleistung. Ein Haushalt, der nicht auf irgendwelche zusätzlichen Einkommen oder Hilfeleistungen zurückgreifen kann, lebt unter diesen Bedingungen in absoluter Armut. Die einzige Möglichkeit, mit dem vorhandenen Einkommen in vollkommen marktabhängiger Situation auszukommen, ist eine drastische Einschränkung der Ausgaben, also der Verzicht gerade auf jene Leistungen, die ein „modernes" Leben auszeichnen sollen. Das wäre die „Modernisierungsfalle".

Nun kennzeichnet die Beschreibung des „modernen Lebensstils" *nicht* die Lebenssituation und die Lebensstile *aller* Industriebeschäftigten. Schon auf dem Gipfelpunkt der Verstädterung, in den 20er Jahren, wohnte kaum ein Drittel der Industriearbeiter in den Großstädten (Häußermann 1984), wo sich dieser Lebensstil zuerst und am stärksten durchsetzte, weil eben dort die Wohnbedingungen nach „modernen Gesichtspunkten" gestaltet wurden und den Bewohnern selten Alternativen offenstanden. Ihnen wurde dieses Modernisierungskonzept aufgezwungen. Der überwiegende Teil der Industriearbeiterschaft lebte und lebt außerhalb der Großstädte in kleineren Gemeinden und in Dörfern. Aber die Austrocknung des „traditionellen Sektors" blieb ja nicht auf die Großstädte beschränkt, sondern hat längst auch die ländlichen Regionen und insbesondere die Landwirtschaft erfaßt. Das Stichwort von der „Urbanisierung der Dörfer" kennzeichnet diesen Nivellierungsprozeß zwischen städtischen und ländlichen Lebensverhältnissen. Dennoch stellt sich die Frage, ob der Verlust von Lohneinkommen für Haushalte auf dem Lande genau das gleiche bedeutet wie für diejenigen in der Stadt, oder ob nicht das zähe Festhalten am ländlichen Wohnsitz trotz Lohnarbeit in einem städtischen Großbetrieb, das sich in steigenden Pendlerzahlen und immer länger gewordenen Pendelwegen äußert, auf Qualitäten eines Lebenszusammenhangs verweist, die bei einem Umzug in die Stadt, und damit sozusagen in die „Modernität", verloren gegangen wären. Unterschiedliche Möglichkeiten der nichtmarktförmigen Wohlfahrtsproduktion, die mit der Art, wie und wo ein Haushalt lebt, zusammenhängen, könnten dabei eine Rolle spielen.

Wir berichten im folgenden über Ergebnisse unserer empirischen Untersuchungen zur Bedeutung von unterschiedlichen Wohnverhältnissen für die Bewältigung von Arbeitslosigkeit.[1] Die hohe Bedeutung, die dem Hauseigentum für die informelle Ökonomie zugeschrieben wird (vgl. Jessen/Siebel u.a. 1985; Pahl/Wallace 1985) ist für uns der Anlaß, Mieter- und Eigentümerhaushalte zu vergleichen. Stark vereinfachend gesehen stehen dabei die Mieter-Haushalte für jenen Lebensstil, der in allen Dimensionen von marktvermittelten Voraussetzungen abhängig ist, während bei den Eigentümerhaushalten eine stärkere Verflechtung in informelle ökonomische Netze angenommen wird. Ob dies stimmt und ob sich in der Situation der Dauerarbeitslosigkeit daraus sicht- und zählbare Unterschiede ergeben, ist die Frage, die wir im folgenden diskutieren wollen. Empirische Grundlage unserer Argumentation sind 184 dauerarbeitslose ehemalige deutsche Beschäftigte eines Großbetriebs im Bremer Raum, die schriftlich und zum Teil zusätzlich mündlich befragt wurden.

Wir untersuchen also Wohnverhältnisse als Voraussetzung für informelle Ökonomie. Dabei gehen wir von der Annahme aus, daß die Wohnung relevant für Eigenarbeit ist als *„Produktionsmittel"*, weil entsprechende Räumlichkeiten Voraussetzung für bestimmte produktive Arbeiten sind. Die Wohnung bzw. das Haus kann selbst *Gegenstand* von Eigenarbeit sein, und – sofern die rechtlichen Möglichkeiten dafür vorhanden sind – auch

---

1 Das Projekt wurde von der Stiftung Volkswagenwerk gefördert und in der „Wissenschaftlichen Einheit Stadt- und Sozialforschung" der Universität Bremen von den Verfassern durchgeführt.

ein *Mittel* zur Realisierung von Strategien, die Ausgaben eines Haushalts zu senken, also die Wohnkosten zu reduzieren. Wir fragen daher zunächst nach den *räumlichen Voraussetzungen* für informelle ökonomische Strategien. Davon zu unterscheiden sind die *sozialen* Voraussetzungen wie Größe des Haushalts und Eingebundenheit in soziale Netze. In einem zweiten Schritt untersuchen wir dann, ob unterschiedliche Voraussetzungen auch tatsächlich zu unterschiedlicher Beteiligung in der informellen Ökonomie führen.

Unter den befragten Haushalten von Dauerarbeitslosen waren 52 % Eigentümer von Häusern, 3 % Wohnungseigentümer und 45 % Mieter. Die Hauseigentümer wohnen überwiegend im Umland von Bremen, aber auch im Stadtgebiet sind Hauseigentümer zu finden.

Hauseigentümer verfügen, wie aus verschiedenen Beschreibungen der Wohnverhältnisse in der Bundesrepublik bekannt ist, generell über *größere Wohnflächen* (Herlyn/Herlyn 1983). Das ist auch in unserer Untersuchung nicht anders. Außerdem verfügen Eigentümer über *mehr Wohn- und Nebenräume:* Während Mieter in der Regel nur einen Abstellraum oder vereinzelt auch eine Garage haben, ist für Hauseigentümer die Kombination von zwei Abstellräumen und zusätzlich einer Garage typisch. Faktisch alle Hauseigentümer haben Gärten, aber auch Mieter haben mehrheitlich Zugang zu einer solchen Freifläche, wenigstens in der Form einer Parzelle. Wenn räumliche Möglichkeiten (Flächengröße, Zahl der Räume, Freiflächen) als materielle Voraussetzungen für produktive Eigenarbeit gelten können, stellt sich also die Situation der Hauseigentümer als erheblich günstiger im Vergleich zu derjenigen der Mieter dar.

Die *Größe der Haushalte* variiert dagegen kaum. Dominant ist der Typ des 2-Personen-Haushalts, aus dem die erwachsenen Kinder schon ausgezogen sind. Dies hängt mit dem hohen Durchschnittsalter der Haushaltsvorstände in unserem Sample zusammen, die überwiegend schon über 50 Jahre alt sind. Die zweite wichtige Haushaltsform ist die Familie mit schulpflichtigen Kindern. Die Art von Haushalten, in denen zahlreiche Familienangehörige lange zusammenleben und eine Haushaltsökonomie praktizieren, die sich aus verschiedensten Einkommensquellen speist, haben wir selten gefunden – nur in 20 Haushalten insgesamt wohnen berufstätige Kinder mit ihren Eltern zusammen.

Neben den Räumlichkeiten und der Zusammensetzung der Haushalte ist das *Einkommen* des Haushalts eine weitere wichtige Vorbedingung für die Entfaltung einer informellen Ökonomie, da Werkzeuge und Materialien usw. erst beschafft werden müssen, bevor man mit ihnen arbeiten kann. Das durchschnittliche Haushaltseinkommen der Mieter lag um mehr als DM 100,- unter dem der Eigentümer. Sowohl die höheren Anteile von Angestellten, die später entlassen worden waren und deshalb länger Arbeitslosengeld bezogen, als auch das höhere Durchschnittsalter der Eigentümer, die häufiger den Vorteil der verlängerten Bezugsdauer von Arbeitslosengeld in Anspruch nehmen konnten, sind die Gründe dafür. Der etwas höhere

Anteil von berufstätigen Kindern in den Haushalten von Eigentümern sowie die Einnahmen aus Zinsen und Vermietung, die bei keinem Mieterhaushalt auftauchten, tragen ebenfalls dazu bei.

Die Höhe des Haushaltseinkommens sagt jedoch über die finanzielle Situation von Haushalten noch wenig aus, wenn nicht auch die Ausgabenseite betrachtet wird. In unserem Zusammenhang sind dabei die *Kosten* besonders wichtig, die für das *Wohnen* aufgebracht werden müssen, denn aus der Bilanz zwischen Einkommen und Wohnkosten ergibt sich die „freie Spitze", mit der der Haushalt tatsächlich wirtschaften kann.

Belastung der Haushalte durch Kosten für die Wohnung (ohne Nebenkosten) in DM

DM	*Mieter*	*Eigentümer*
unter 300	15 %	45 %
300 bis 600	80 %	35 %
über 600	6 %	20 %

Während die übergroße Mehrheit der Mieter im mittleren Belastungsbereich liegt, zeigt sich bei den Eigentümern eine Polarisierung zwischen einer starken Gruppe mit sehr niedrigen und einer 20 % aller Eigentümer umfassenden Gruppe mit hohen Belastungen.

Diese Polarisierung bei den Eigentümern ist zu erklären aus Unterschieden *bei den Erwerbsstrategien.* Es gibt die eine Gruppe von Hausbesitzern, die ein Haus wie ein Fertigprodukt kaufen oder herstellen lassen kann, weil sie über ein entsprechend hohes Einkommen verfügt. Dabei handelt es sich also um eine Kaufentscheidung auf einem Markt, die durch rationale ökonomische Kalkulation (Steuerersparnis, langfristige Wertbildung) und durch eine bestimmte Gebrauchswertorientierung (Wohnfläche, Grundriß, Lage) bestimmt ist. Auf diese Gruppe von Hauseigentümern gehen wir im folgenden nicht weiter ein, da sie sich vorwiegend aus gut verdienenden Angestellten mit geringem Arbeitsmarktrisiko zusammensetzt.

Bei der anderen Gruppe, ausschließlich Arbeiter, ist der Prozeß, Hauseigentümer zu werden, eingebettet in eine Lebensweise, in der formelle und informelle ökonomische Strategien eng verflochten sind. Bei dieser Gruppe wird die Finanzierung mit Bedacht so gestaltet, daß die laufenden Belastungen nie eine „tragbare" Höhe übersteigen – und dies reicht in keinem Fall für den Kauf eines fertigen Neubaus. Auf diese Strategien gehen wir weiter unter näher ein.

Für die weit überwiegende Mehrheit der arbeitslosen Eigentümer, die zuvor als Arbeiter beschäftigt waren, gilt, daß sie Abtragsbelastungen haben, die unter dem Mietniveau (kalt) der arbeitslosen Mieter liegen. Die Hauseigentümer haben also in ihrer Gesamtheit nicht nur bessere Wohnverhältnisse als die Mieter, sondern ihnen bleibt wegen geringerer Wohnkosten auch ein höherer Anteil ihres Haushaltseinkommens zum sonstigen Verbrauch als den Mietern. Das eigene Haus bietet tatsächlich das größere Maß an Sicherheit im Sinne der Stabilisierung des Reproduktionsniveaus, das mit dem Hauserwerb intendiert wird.

Eine wesentliche Ressource für Eigenarbeit und informelle Ökonomie sind *Informationsnetze*, die, wenn die betriebliche Basis wegfällt, auf örtliche Verwurzelung angewiesen sind. Pahl u.a. haben daher auf die zukünftig größer werdende Bedeutung lokaler Netze hingewiesen und plastisch formuliert, für die informelle Ökonomie sei es wichtiger, „whom you know rather than what you know" (1983, S. 119). Wenn daher lange Wohndauer als günstige Voraussetzung für informelle Beziehungen angesehen werden kann, stehen die Hauseigentümer wieder besser da, weil sie im Vergleich zu den Mietern eine längere, und mehrheitlich eine *extrem lange Wohndauer* am selben Ort aufzuweisen haben.

Insgesamt können wir also feststellen, daß die Voraussetzungen für Aktivitäten im Bereich der informellen Ökonomie bei Hauseigentümern besser sind als bei Mietern, und zwar sowohl hinsichtlich der räumlichen als auch der sozialen und finanziellen Dimensionen.

Hauseigentum zu erwerben setzt die Mobilisierung von höheren finanziellen Ressourcen voraus als das Mieten einer Wohnung. Erst nach dem Abtrag der anfänglich höheren Belastungen kommt ein Hauseigentümer in den Vorteil niedriger Wohnkosten, weil bei ihm – im Gegensatz zum Mieter – danach die Kosten nicht mehr kontinuierlich steigen, sondern niedrig bleiben oder gar weiter sinken. Ob dies der Fall ist, und wie schnell dieser Prozeß verläuft, hängt von der Art der Finanzierung des Hauserwerbs ab. In der Anfangsphase ist der Eigentümerhaushalt besonders gefährdet durch Einkommenseinbußen, da bei Unfähigkeit, die Zins- und Tilgungslasten zu tragen, letztlich die Zwangsversteigerung droht. Arbeitslosigkeit würde in einem solchen Fall nicht nur die bekannten negativen Folgen haben, sondern zusätzlich den Verlust von Vermögen, das in Form des Hauses akkumuliert worden ist, und eventuell lebenslange Verschuldung nach sich ziehen. Die günstige Situation der Eigentümer in unserem Sample bei den Haushaltsfinanzen konnte sich nur dadurch ergeben, daß das „Erwerbsrisiko" und das Arbeitsmarktrisiko entkoppelt waren, d.h. daß die Einkommensverluste aus der Arbeitslosigkeit die Haushalte *nicht* in einer Situation mit hohen Abzahlungsraten trafen, in der sie den Hausbesitz noch hätten gefährden können. Das durchschnittliche Alter unserer Befragten liegt über 50 Jahren; bis zu diesem Zeitpunkt, ab dem das Arbeitsmarktrisiko sehr groß wird, war die Risikophase des Hauserwerbs überwunden. Dem Erwerbsvorgang müssen wir genauer nachgehen, um die Frage zu klären, ob diese Situation ausschließlich ein Ergebnis hoher Einkommen aus formeller Arbeit vor Eintritt der Arbeitslosigkeit ist, also eine Abkoppelung vom Wohnungsmarkt, die der Arbeitsmarkt ermöglicht hat.

Für die überwiegende Zahl der Hausbesitzer in unserem Sample, insbesondere Arbeiter, gilt durchgängig, daß sie nur durch die Kombination von Lohneinkommen und informeller Ökonomie bzw. Eigenarbeit Eigentümer werden konnten. Dies gilt nicht nur für den unmittelbaren Erwerb (Kauf/ Bau), sondern auch für den weiteren Ausbau.

Die erwerbsbiographische Betrachtung zeigt, daß die spezifische Kombination von Geldvermögen und Eigenleistungen bzw. Arbeitsleistungen des informellen Netzes nur dann zum Tragen kommt, wenn über einen Teil des angestrebten Objekts bereits verfügt werden kann. Dies ist erst nach dem Erwerb des Bauplatzes für einen Neubau bzw. nach dem Kauf eines Altbaus möglich, denn dann sind viele Ansatzpunkte für verschiedenste Formen selbstorganisierter produktiver Arbeit vorhanden. Um dies zu erreichen, braucht man Geld. Dieses Startkapital ist Vorbedingung für ergänzende Kredite.

Wenn man einmal von Erbübertragungen absieht, ist die hauptsächliche Quelle für das Startkapital die Akkumulation „überschüssigen" Haushaltseinkommens, das weit überwiegend durch formelle Arbeit erworben wird. *Regelmäßige Überstunden* waren die wichtigste Quelle, ein hohes Haushaltseinkommen zu erzielen. Die Werftbranche ist aufgrund ihrer Produkte (Einzelfertigungen auf Bestellung) durch diskontinuierliche Produktionsabläufe gekennzeichnet, die durch Mehrarbeit aufgefangen werden. In bestimmten Abständen konnten die Beschäftigten durch Überstunden erhebliche zusätzliche Einkünfte erzielen. Hinzu kommen die Einkünfte der Ehefrau. Bei etwa der Hälfte der Hauserwerberhaushalte, besonders in der Stadt, arbeiteten die Frauen formell, darüber hinaus viele informell (z.B. Putzen). Die Kapitalbildung wird in manchen Fällen auch dadurch erleichtert, daß die Bausparer länger als andere ihrer Altersgruppe „zu Hause" wohnen bleiben und durch die Einbindung in den elterlichen Haushalt auch niedrigere Ausgaben haben (vgl. dazu auch Jessen/Siebel u.a. in diesem Band).

Die durch Lohneinzugsverfahren geregelte Sparform des 624-Gesetzes (meist in der Form des Bausparens) wurde oftmals als Basis für Ansparungen genutzt. Dies gilt sowohl für den Erwerb als auch für spätere Ausbauten. Diese durch staatliche Förderung angeregte Sparform ohne unmittelbares konsumtives Ziel hat in vielen Fällen offenbar ein wichtiges Polster für den Erwerb geschaffen, während es von den Haushalten, die Mieter sind, für kurzfristigere Konsumzwecke ausgegeben wurde. Dasselbe gilt für andere Sonderzahlungen wie z.B. die Weihnachtsgratifikation. Mit einem so angesparten Startkapital wurde üblicherweise ein kleiner, renovierungsbedürftiger Altbau erworben. Bei den Fällen, wo ein größeres Haus oder ein Neubau erworben wurde, handelte es sich oftmals um einen Zweiterwerb, das Eigenkapital wurde dann durch den Verkauf des ersten Hauses realisiert.

Kapitalbildung und Kauf der „Baustellen" sind weitgehend in der formellen Sphäre von Arbeits- und Immobilienmarkt angesiedelt. Die Häuser kosteten zum Erwerbszeitpunkt zwischen DM 50.000,- bis DM 90.000,-. Es handelt sich dabei um kleine Reihenhäuser in Bremen oder ältere Siedlungshäuser bzw. Arbeiterkaten am Rande der Stadt bzw. Bauernhäuser im Umland. Die Kaufsumme übersteigt in der Regel das 4-fache des jährlichen Haushaltseinkommens nicht und liegt damit weit unter der üblicherweise kalkulierten Relation bei Neubauten (10-faches Jahreseinkommen). Die Kreditbelastung ist vergleichsweise gering, übersteigt nicht wesentlich die Mietpreise, und ihre Laufzeit ist überschaubar.

Im Gegensatz zum Erwerb eines Neubaus ist aber der Ausbau der Altbauten ein notwendiger zweiter Schritt des Eigentumerwerbs. Mit dem Kaufakt wird also kein „fertiges Haus" erworben. Dies bietet den Vorteil, den Erwerb des „fertigen Hauses" zeitlich zu dehnen und den Bedingungen der individuellen Einkommenssituation oder günstigen Gelegenheiten anzupassen. Der Erwerber reagiert auf das Marktgeschehen – sei es im formellen oder im informellen Sektor – viel flexibler und kann sich damit ökonomischer (marktgerechter) verhalten, als der Erwerber eines fertigen Neubaus.

Im Gegensatz zum Käufer eines Neubaus wohnt er schon im Haus, bevor das Haus fertig ist. Er spart die Miete – und das ist unmittelbar notwendig, da er die doppelte Belastung von Miete und Schuldendienst nicht tragen könnte. Das Wohnen im unvollständigen oder renovierungsbedürftigen Haus hat also zugleich einen „Mietkauf"-Effekt: statt Miete an Dritte zu zahlen, wird sukzessiv Eigentum gebildet, und zwar schon in vergegenständlichter, nutzbarer Form. Die Nachteile von inflationsbedingter Geldentwertung und unproduktiver Kapitalanlage sind damit vermieden.

Der Altbauerwerber hat bis zur Fertigstellung des projektierten Ausstattungsniveaus größere Umbauten und Renovierungen vor sich, die seine Kenntnisse und seine individuelle Arbeitskraft übersteigen. Ein Kauf dieser Leistungen auf dem formellen Markt kommt für ihn überwiegend nicht in Frage, da ihn seine finanzielle Situation ja gerade dazu bewegt hat, ein billiges, unfertiges Haus zu kaufen. Durchgängig zeigt sich in unserem Sample, daß verwandtschaftliche Hilfe die wichtigste Rolle bei den weiteren Aus- und Umbauarbeiten spielt. Kollegen- und Nachbarschaftshilfe haben dagegen nur geringe Bedeutung.

Die dominierende Rolle verwandtschaftlicher Beziehungen wird noch deutlicher, wenn wir die Erbübertragungen bei der Bildung von Hauseigentum betrachten. Nach unseren Untersuchungen spielt die Eigentumsübertragung in Form von Erbe, vorzeitigen Schenkungen/Übertragungen von Grundstücken und Häusern, Auszahlungen sowie Mitfinanzierung von Häusern durch verschiedene Generationen sowie Verwandtenhilfe die entscheidende Rolle bei der Realisierung von Hauseigentum bei Arbeitern. Hohe Anteile an Eigenarbeit, die bereits der elterliche Besitz in aller Regel inkorporiert, werden mit dem Erbe übertragen auf die Kindergeneration und ergänzen oder ermöglichen überhaupt erst den aktuellen Prozeß der Wertbildung durch die Kombination von formeller und informeller Arbeit.

In den Fällen, in denen das ganze Haus (nicht nur Geldanteile oder ein

Grundstück) geerbt wurde, war dies fast durchgängig damit verbunden, daß der spätere Erbe im Haus verblieb und die Versorgung und Pflege der eigenen Eltern im Alter übernahm. Die erwachsenen Kinder können sich dieser Aufgabe nur um den Preis des (teilweisen) Verlustes des Erbes entziehen, denn die Kosten für ein Alters- oder Pflegeheim würden den Wert des Hauses aufzehren. Diesen Zusammenhang aufrechtzuerhalten ist eine der wenigen bewußten und explizit geäußerten Zielsetzungen des Hauserwerbs, die auch von heute noch jungen Eigentümern als Perspektive für das eigene Alter angegeben werden. Zum Ausgleich des Betreuungsaufwandes des im Hause verbliebenen Kindes erhält das andere nicht pflegende Kind nur einen sehr viel geringeren Erbanteil ausgezahlt. Ein Viertel aller Hauseigentümer hatte in unserer Untersuchung das Haus geerbt, gleichermaßen in der Stadt wie im Bremer Umland.

Das Erbe nach einer Betreuungsphase für die vorherige Eigentümergeneration stellt einen besonderen Fall informeller Ökonomie dar, da hier eine Dienstleistung und nicht eine wertschaffende Tätigkeit entscheidender Faktor für die Eigentumsbildung ist. Da die Töchter zumeist früher das Haus verlassen als die Söhne, wird diese Pflegearbeit zudem in aller Regel durch die eingeheiratete Schwiegertochter geleistet. Die Arbeit der Schwiegertochter stellt das eigentliche Äquivalent für das Hauserbe dar. Die Frau sichert also mit ihrer Arbeitsleistung die Erbfolge innerhalb der Familie ihres Mannes. Das Erben eines Hauses ist nur der formelle Abschluß einer informell längst laufenden Eigentumsübertragung. Sozial ist es ein Verhältnis familiarer Versorgung und Sicherung.

Die Wichtigkeit der Bewahrung einmal erreichten Wohneigentums in der Familie als dem Ort, in dem sich informelle Arbeit durch Werterhalt oder -verbesserung immer aufs neue materialisieren kann, wird besonders deutlich im Vergleich mit der Pflegearbeit, die von Mietern geleistet wird. Ebensoviele Mieter wie Eigentümer pflegen ihre alten Angehörigen – allerdings die Mieter fast ausschließlich in einem anderen Haushalt. Während die (prospektiven) Eigentümer für die Versorgung der Eltern mit einem Haus „belohnt" werden, existiert bei den Mieterfamilien kein vergleichbares Äquivalent, der status quo der Besitzenden bzw. Nicht-Besitzenden pflanzt sich in die nächste Generation fort.

Neben der Pflegearbeit beobachten wir weitere Formen der Eigentumssicherung wie z.B. Reparaturen oder Wertverbesserungen, Renovierungsleistungen und Ausbauten, die von den potentiellen Erben finanziell bzw. durch Arbeitsleistungen mitgetragen werden. So finden also eine ganze Reihe von Wertübertragungen von den potentiellen Erben in das Eigentum der künftigen Erblasser statt. Dies sind Investitionen in die eigene Zukunft. Ein gewisser Wertausgleich findet meistens auch in umgekehrter Richtung statt, indem üblicherweise billiges oder unentgeltliches Wohnen gewährt wird oder die Oma auf die Kinder aufpaßt, um der Schwiegertochter eine formelle Beschäftigung zu ermöglichen. Diese wertmäßigen Betrachtungen zeigen ökonomische Strukturen eines sozialen Verhältnisses zwischen den Generationen, deren zentrale Achse der Erhalt des Hauses bildet.

Das im Vergleich zu den Mietern günstigere Reproduktionsniveau der heute arbeitslosen Hauseigentümer, die das Haus (teilweise) geerbt haben, erweist sich als Resultat vergangener, im Haus vergegenständlichter Erträge formeller wie informeller Arbeit verschiedener Generationen.

Welche Rolle spielt nun die *heutige Arbeit im informellen Bereich* für die Arbeitslosen, und können die Hauseigentümer die vorhandenen vielfältigeren Möglichkeiten zu einer Verbesserung ihrer Situation nutzen? Für die Diskussion über die aktuelle Beteiligung dauerarbeitsloser Eigentümer ist zuerst daran zu erinnern, daß es sich – nicht nur in unserem Sample – bei diesem Personenkreis ganz überwiegend um Ältere handelt. Dies bewirkt auf verschiedenen Ebenen eine Einschränkung ihrer Aktivitäten: Ihre Häuser sind zumeist schon abgezahlt oder soweit entschuldet, daß das Eigentum eher als Entlastung denn als Zwang zur Einbindung in eine monetär entgoltene informelle Ökonomie wirkt. Zudem haben gerade die Älteren von den Änderungen des AFG in den letzten Jahren profitiert, so daß sie heute deutlich besser über sozialstaatliche Leistungen abgesichert sind als noch vor wenigen Jahren. Bei einigen wirken auch schon gesundheitliche Einschränkungen bzw. eine Orientierung auf die angezielte (Früh-)Verrentung einer weiteren Einbindung in wertbildende Prozesse entgegen.

Verschiedene Strategien informeller Ökonomie sind bei den Haushalten zu beobachten, bei denen zwischen Methoden der Ausgabenverminderung und der Einkommenserhöhung unterschieden werden kann. Die spezifische Kombination von Wohnverhältnissen, Wohnumgebung, verfügbarem Geld, Qualifikation und sozialen Netzen bestimmt dabei wesentlich

- ob durch die Betroffenen nur eine Sparökonomie ohne Veränderung der Rahmenbedingungen betrieben werden kann (z.B. geringere Kosten für Lebensmittel durch vermehrte Gartenarbeit, Senkung der Raumtemperatur)
- ob diese mit investiven Vorleistungen verbunden ist (z.B. Senkung der Heizkosten durch Wärmedämmung oder Umstellung auf andere Energieträger)
- ob zusätzliches Einkommen erzielt wird durch Arbeit bei anderen oder
- ob dieses Zusatzeinkommen an räumliche Bedingungen (z.B. durch Herstellung einer vermietbaren Wohnung, eine Werkstatt) gebunden ist.

Sowohl der monetäre Ertrag als auch die Stabilisierung der sozialen Netze und die Befriedigung über die produktive eigene Leistung steigen in dieser Stufenfolge, die spätere schließt jeweils die Möglichkeiten der vorherigen ein.

a) Vermeidung von Ausgaben

Eine reine Sparökonomie ist für Mieter wie Eigentümer möglich. Allerdings ist schon auf dieser „untersten" Stufe des reinen Sparens bzw. Ersetzens von Ausgaben durch hauswirtschaftliche Produktion sichtbar, daß sie mehr Eigentümern als Mietern offensteht und bei den Eigentümern auch höhere Effekte bewirkt. Rund die Hälfte der Eigentümer gibt explizit an, den Garten jetzt mehr zu nutzen als vor der Arbeitslosigkeit. Dabei wird der vorhandene Nutzgartenanteil intensiver bewirtschaftet, von einigen auch erstmals ein Teil des Gartens als Nutzgarten genutzt. Diese Verstärkung der produktiven Nutzung ist *die* grundlegende Form der Teilablösung hauswirtschaftlicher Produktion vom Markt. Im Gegensatz zu den Eigentümern, bei denen fast alle einen Garten haben und damit die Chance zu einer derartigen Sparökonomie, haben nur ca. die Hälfte aller Mieter überhaupt einen Garten oder eine Parzelle. Sehr schwierig ist es, den ökonomischen Nutzen einer intensiveren Gartenbewirtschaftung – mit den notwendigen Folgekosten einer Vorratswirtschaft – gegenüber dem marktmäßigen Bezug dieser Nahrungsmittel zu bewerten. Sicher ist jedoch, daß sie jenseits des ökonomischen Nutzens einen psychischen Stabilisierungseffekt auf die Arbeitslosen hat.

Ebenso verhält es sich mit dem fortdauernden Werkeln am Haus, von dem viele angaben, es jetzt mehr zu tun, da „mehr Zeit da ist". Unter Wertgesichtspunkten spricht man am besten von einer „Pflege" des Hauses. Mängel werden sofort behoben, größere Schadensfälle und teure Reparaturen damit zu verhindern gesucht. Auch hier ist der ökonomische Nutzen unklar, aber die identitätsstabilisierenden Wirkungen sind unübersehbar.

Bei den Eigentümern bewirkt die durchweg praktizierte Verringerung der Raumtemperatur eine stärkere Kostenreduktion als bei den Mietern, da deren Heizkostenabrechnungen sich aus haushaltlichen Verbrauchsdaten und einer fixen Beteiligung an den betriebswirtschaftlich kalkulierten Gesamtkosten des Hauses zusammensetzen. Hauseigentümer in ländlicher Umgebung sammeln darüber hinaus in Einzelfällen auch Holz im Gemeindewald oder nutzen wieder alte Torfabbaurechte.

Die Abschaffung des Autos als Sparstrategie in der Arbeitslosigkeit ist ein rein *städtisches* Phänomen und ist bei *keinem* Hauseigentümer zu beobachten. Ca. 1/3 der arbeitslosen Mieter in der Stadt haben dies aus Ersparnisgründen getan. Das städtische Verkehrsnetz bietet ihnen einen möglichen Ersatz. Für die Bewohner des Umlandes hat diese Einsparungsform dagegen so hohe Nachteile, daß sie vermieden wird. Da es kein ähnlich leistungsfähiges Verkehrssystem auf dem Lande (mehr) gibt, sind gerade Arbeitslose auf das Auto angewiesen, wenn sie noch einen Arbeitsplatz finden wollen.

b) Sparökonomie auf der Basis von Vorleistungen

Einsparungen, die auf Investitionen basieren, können nur von Hauseigentümern realisiert werden. Hierbei handelt es sich vor allem um werterhaltende oder wertverbessernde Investitionen am Haus (z.B. Fenster erneuern, Rolläden einbauen, Umrüstung der Ölfeuerungsanlage zum Allesbrenner), durch die in der Zukunft eine Kostensenkung möglich werden soll. Einen vergleichbaren Effekt hat die (gänzliche oder teilweise) Tilgung von Schulden, die auf dem Haus liegen. Als Indikator für eine solche Strategie dient uns die Verwendung der Sozialplangelder, die – in unterschiedlicher Höhe – alle Entlassenen erhielten. Bei den Mietern gaben 75 % die Sozialplangelder ganz oder z.T. für konsumtive Zwecke aus, ca. 40 % haben einen Teil davon auf ein Sparkonto eingezahlt. Die Hälfte der Eigentümer verwandten dieses Geld ganz oder teilweise zum Hausausbau bzw. zur Schuldentilgung. Damit werden die laufenden Kosten reduziert und das Geld in einer Weise angelegt, daß der Bezug von Arbeitslosenhilfe oder Sozialhilfe nicht durch das vorhandene Barvermögen verhindert wird. Angespartes Kapital in Form eines „kleinen Hauseigentums" ist im Sozialrecht besonders geschützt. Bei Sozialhilfebedürftigkeit darf der Eigentümer nicht zum Verkauf seines Hauses gezwungen werden. Er genießt lebenslanges Wohnrecht – im Gegensatz zum Mieter, der bei Bezug von Sozialhilfe seine („zu teure") Wohnung verlieren kann.

c) Erhöhung des Einkommens

Die Hälfte der dauerarbeitslosen Eigentümer ist eingebunden in ein Netz informeller Austauschbeziehungen, das zu einer Erhöhung ihrer Geldeinkommen beiträgt. Ein hohes Aktivitätsniveau im informellen Bereich hängt eng mit einer aktiven Mitgliedschaft in einem Verein zusammen. Wer in einer Partei, der Gewerkschaft oder einem Sportverein aktiv ist, übt öfter Gelegenheitsarbeiten aus und „hat immer etwas zu tun". Gesellschaftliche Vereinigungen sind offensichtlich Orte, wo sich Angebot und Nachfrage gerade im informellen Bereich begegnen. Dies ist als „Interaktionseffekt" auch aus anderen Untersuchungen bekannt (Diewald 1986, S. 76).

Fast immer ist dies dann der Fall, wenn die Eigentümer auf *dem Land* leben. Das Leben auf dem Dorf ist in unserem Sample bis auf einen Fall identisch mit der Herkunft aus dem Dorf bzw. seiner näheren Umgebung. Enge verwandtschaftliche und nachbarschaftliche Netze bestehen folglich durchgängig und führen auch zu einer Vielfalt von Austauschbeziehungen und gegenseitigen Hilfen. Diese informellen Aktivitäten, die Geld einbringen, sind im allgemeinen jedoch nicht planbar.

Hinsichtlich der Art der Arbeit ist es vor allem die multifunktionale Nutzung einer 'brachliegenden' Arbeitskraft in einem größeren Verwandten- und Bekanntenkreis, die sich inhaltlich auf all das bezieht, was ein 'geschickter Handwerker' alles machen kann: Häuser und Wohnungen reparieren/renovieren, Haushaltsgeräte reparieren usw. Diese Gelegenheiten werden allerdings irgendwann seltener, auch weil sie von den Auftraggebern z.T. aus Solidarität vergeben werden, wenn ein Bekannter arbeitslos geworden ist. Gerade darin zeigt sich, daß solche Tätigkeiten falsch eingeschätzt werden, wenn sie als „Schwarzarbeit" bezeichnet werden: als Nachfrage auf dem formellen Markt würden sie nur in den seltensten Fällen auftauchen. Über diese zumindest teilentgoltenen Arbeiten hinaus finden wir auf dem Land viele informelle Aktivitäten, die aus einem reziproken Tausch von Arbeitskraft und Gütern bestehen und zur Sicherung des Reproduktionsniveaus beitragen.

Neben den engen Vernetzungen, die den Eigentümern auf dem Land fallweise Hilfestellung und Möglichkeiten der Einkommenssteigerung bieten, finden wir auch eine ausgeprägte Marktorientierung. Sie beruht nicht auf do-ut-des-Beziehungen. Voraussetzung ist, daß zumindest die Ehefrauen – i.d.R. aber beide Partner – neben der Werftarbeit in geringerem oder größerem Umfang landwirtschaftlich tätig geblieben waren. Das sind keineswegs Einzelfälle, vielmehr ist diese 'Doppelexistenz' im Umland sehr verbreitet, und sie hängt auch nicht von der landwirtschaftlichen Vollerwerbstätigkeit der vorhergehenden Generation ab, sondern ist als Nebenerwerb schon in der 2. und 3. Generation von Arbeiterfamilien zu finden – was einen besonders deutlichen Hinweis auf die Bedeutung solcher Absicherungsstrategien gibt. Diese „überkommenen" und vor allem kontinuierlichen Nebentätigkeiten sichern unabhängig von der Lohnarbeit bzw. der Arbeitslosenunterstützung ein Einkommen in kalkulierbarer Größe. Dieser Einkommensteil wird von einem Teil der Befragten in der Arbeitslosigkeit ausgeweitet bis hin zu dem expliziten Versuch eines Befragten, sich als Vollerwerbslandwirt selbständig zu machen.

Anders stellt sich die Situation für die *städtischen* Hauseigentümer dar. Auch sie sind größtenteils langfristig in ihrem Haus und damit der Wohnumgebung verwurzelt. Eine der ländlichen (Nebenerwerbs-)Selbständigkeit vergleichbare Nutzung extrafunktionaler oder beruflicher Fähigkeiten ist diesen städtischen Eigentümern jedoch verwehrt. Werftarbeiter haben vielfältige berufliche Kenntnisse und Fähigkeiten. Diese sind in der Arbeitslosigkeit kaum zu nutzen. Während arbeitslos gewordene Ingenieure ohne weiteres eigene Büros eröffnen und Arbeiter, die auf dem Lande wohnen, Nebenerwerb in der Landwirtschaft (re)aktivieren konnten, ist dies bei handwerklichen Qualifikationen nicht möglich, wenn kein Meisterbrief vorhanden ist. Selbstorganisierter Arbeit sind damit für diese Gruppe der städtischen Werftarbeiter schärfere Grenzen gezogen. Selbst ein geräumiges Haus, das einen kleinen Handwerksbetrieb beherbergen könnte – und damit auch die auf dem Lande gegebene Einheit von Wohn- und Arbeitsort mit seinen sozialen Vorteilen ergäbe – birgt für einen städtischen handwerklich qualifizierten Industriearbeiter somit nicht dieselbe Voraussetzung für mehr Unabhängigkeit.

Bei den städtischen Eigentümern findet sich daher fast nur eine Sparökonomie rund um Haus und Garten und nur in Einzelfällen Zusatzeinkommen durch informelle Arbeit.

Informelle Arbeit, die an berufliche Kenntnisse anknüpft, kann über räumliche Kontakte nur in begrenztem Umfang realisiert werden. Die den Wohnort übergreifende Vermittlung durch Kollegen jedoch fällt für die Langfristarbeitslosen mit zeitlicher Distanz zur Beschäftigung und den damaligen Kollegen zunehmend fort. Da das Quartier bei Stadtbewohnern nicht in vergleichbarem Ausmaß wie bei den Dorfbewohnern identisch mit dem sozialen Verkehrskreis ist, sind die Möglichkeiten einer Ausdehnung informeller Austauschbeziehungen geringer und zugleich die Angst vor Kontrollen und Denunziation größer.

Die Chancen, die Verfügungsgewalt über das Wohneigentum zur Erhöhung des Einkommens zu nutzen, sind offensichtlich gering. Einnahmen aus Vermietung/Verpachtung spielen keine große Rolle. Eine Chance zur Vermietung besteht nur für abgeschlossene Wohnungen. Die Häuser sind aber überwiegend für die Nutzung durch *einen* Haushalt eingerichtet – z.T. sind kleine Häuser in vergangenen Jahren, im Zuge steigender Einkommen aus Lohnarbeit, vom Zweifamilien- in ein Einfamilienhaus umgebaut worden. Die (Wieder-)Einrichtung einer separaten Wohnung, die in der Folgezeit vermietet werden soll, ist aber mit hohen Kosten (Gas-, Wasserinstallation, Trennwände usw.) verbunden. Reine Untervermietung, in der nur einzelne Zimmer abgegeben werden – also auch kein Bedarf nach Verdoppelung der Naßräume entsteht –, hat kaum noch Relevanz. Dies gilt erst recht, bedenkt man, daß diejenigen Häuser, die große Wohnflächen bieten, i.a. am Stadtrand liegen, wo die Nachfrage nach derartigen Wohnformen noch geringer ist als in der Stadt.

Zusammenfassung

Wir haben festgestellt, daß die materielle Besserstellung der Eigentümerhaushalte sowie ihre Verflechtung in soziale Netze, die ihnen bessere Voraussetzungen für die Bewältigung der Arbeitslosigkeit bieten, auf einer spezifischen Kombination von formeller und informeller Ökonomie beruht. Insofern stimmen unsere Beobachtungen mit denen von Jessen/Siebel u.a. überein. Aus unseren Untersuchungen wird aber darüber hinaus die besondere Bedeutung eines *informellen Akkumulationsprozesses* deutlich, in dem sich das ökonomische Potential des Verwandtschaftssystems in vertikaler Linie materialisiert. Wenn wir hier die positiven Ergebnisse dieses Prozesses hervorheben, so dürfen doch die sozialen Kosten nicht übersehen werden, die mit der Teilhabe an diesem generationenübergreifenden Kreislauf verbunden sind: die räumliche Immobilität, die Einbindung in familiäre Verpflichtungen und Normen, der Zwang zu einer stabilen Ehe und häuslichen Gemeinschaft, der weitgehende Verzicht auf Urlaub, die physische und psychische Anstrengung während der Phase des Hauserwerbs bzw. -baus. Die Produktivität dieser Lebensweise wird erkauft durch einen Verlust von Lebensmöglichkeiten, durch einen Verzicht auf Wahlfreiheit.

Informelle Ökonomie gibt es in städtischen und ländlichen Gebieten. Während sie auch in Zeiten ökonomischer Krise und wachsender Arbeitslosigkeit in ländlich/dörflichen Verhältnissen weitergeht, wird sie aber in der Stadt, wo sie weniger auf direktem Gütertausch und Lebensmittelversorgung beruht, unterdrückt – zum einen, weil sie näher an den marktförmigen Arbeiten liegt, und daher auch leichter unterdrückt werden kann, zum anderen, weil die Kontrollsysteme in der Stadt dichter sind (oder zumindest als gefährlicher wahrgenommen werden).

Eine Ausdehnung informeller Ökonomie als Strategie zur Kompensation von Einkommenseinbußen, die durch die Arbeitslosigkeit verursacht wurden, haben wir nur in wenigen Fällen beobachtet. Entscheidend für die Situation in der Arbeitslosigkeit ist die Lebensweise eines Haushalts *vor* Eintritt der Arbeitslosigkeit. Wo ein hohes Niveau vorhanden war, hat sich dies in der Regel auch in Hauseigentum materialisiert und bildet damit ein „Polster", das die Notsituation erträglicher macht – und selbst bei den mit dem Verlust des Arbeitsplatzes unumgänglichen Einschränkungen bei informellen Aktivitäten bleibt eine Verflechtung, die im Vergleich mit den Mieterhaushalten bessere Möglichkeiten zum Umgang mit der neuen Situation bietet.

Viele Mieterhaushalte sind also tatsächlich in jene „Modernisierungsfalle" geraten, von der wir eingangs gesprochen haben. Will man daraus Konsequenzen für die zukünftige Entwicklung ziehen, so ist die demographische Tendenz zu bedenken, die es wahrscheinlich macht, daß sich zukünftig kaum mehr große Verschiebungen bei der Zugehörigkeit zu einem „modernen" oder „traditionellen" Lebensstil ergeben werden. Mieter wurden in der Vergangenheit nur diejenigen Haushalte, die sich aus ihrem elterlichen Umkreis entfernten, weil sie sozial mobil oder dazu gezwungen waren, da sie ihre Lebensweise nicht auf ein zu erwartendes Erbe orientieren konnten. Mieter wurden also diejenigen, die die häusliche Ökonomie nicht mehr „tragen" konnten. Bei dem zu erwartenden Bevölkerungsrückgang „entstehen" aber keine neuen Mieter, tendenziell werden alle Kinder aus Eigentümerhaushalten selbst Eigentümer sein, weil es keine anderen Erben gibt. Und in dem Maße, wie die Nachfrage auf dem Mietwohnungsmarkt durch den Bevölkerungsrückgang nachläßt, wird sich die Tendenz zum Ausverkauf des Mietwohnungsbestandes verstärken. Die Vorstellung einer Gesellschaft, in der alle Haushalte Eigentümer der von ihnen bewohnten Wohnung sind, wird also immer realistischer. Mieter sind, so könnte man formulieren, zum größten Teil eine historische Übergangserscheinung in einer Gesellschaft, die von Industrialisierung und Bevölkerungswachstum geprägt war. Die neue Industrialisierungsphase, in der die Arbeitsbeziehungen stärker „enträumlicht" werden können, läßt eine dezentrale Entwicklung zu, die möglicherweise durch die mit dem höher werdenden Eigentümeranteil verbundene wachsende Immobilität der Bevölkerung verstärkt bzw. erzwungen wird. Damit könnte auch eine Stärkung informeller Ökonomie verbunden sein, wenn sich nicht neuartige Kolonisierungsstrategien dieser Lebensbereiche durch das Kapital erfinden lassen, sondern vielmehr die damit verbundenen Möglichkeiten eines selbstbestimmten Lebens größere Attraktivität gewinnen. Wie das Problem gelöst werden könnte, das u.a. Offe/Heinze (1986) geschildert haben, nämlich die unterschiedlichen Vorteile der verschiedenen Organisationsformen der Wohlfahrtsproduktion zu verbinden, ist damit allerdings noch nicht geklärt. Wir konnten zeigen, daß Hauseigentum ceteris paribus große Bedeutung als organisatorisches Zentrum und Mittel von Akkumulation und Materialisierung informeller ökonomischer Leistungen ist – und mit der Ausbreitung von Hauseigentum werden die Chancen für mehr Haushalte wachsen, die Haushaltsökonomie von Marktprozessen wenigstens teilweise abzukoppeln.

Literatur

Diewald, Martin, 1986: Sozialkontakte und Hilfeleistungen in informellen Netzwerken, in: *Wolfgang Glatzer* und *Regina Berger-Schmitt* (Hrsg.), Haushaltsproduktion und Netzwerkhilfe. Frankfurt a.M./New York.

Glatzer, Wolfgang, und *Regina Berger-Schmitt* (Hrsg.), 1986: Haushaltsproduktion und Netzwerkhilfe. Frankfurt a.M./New York.

Häußermann, Hartmut, 1984: Wandel der Wohnverhältnisse von Arbeitern, in: *Rolf Ebbighausen* und *Friedrich Tiemann* (Hrsg.), Das Ende der Arbeiterbewegung in Deutschland? Opladen.

–, und *Walter Siebel,* 1987: Neue Urbanität. Frankfurt a.M.

Herlyn, Ingrid, und *Ulfert Herlyn,* 1983: Wohnverhältnisse in der Bundesrepublik, (2. Aufl.). Frankfurt a.M./New York.

Jessen, Johann, Walter Siebel, Christa Siebel-Rebell, Uwe-Jens Walther und *Irmgard Weyrather,* 1985: Mythos informelle Ökonomie, in: Leviathan, 13. Jg.

Lutz, Burkart, 1984: Der kurze Traum immerwährender Prosperität. Frankfurt a.M./New York.

Offe, Claus, und *Rolf G. Heinze,* 1986: Am Arbeitsmarkt vorbei. Überlegungen zur Neubestimmung „haushaltlicher" Wohlfahrtsproduktion in ihrem Verhältnis zu Markt und Staat, in: Leviathan, 14. Jg.

Pahl, Raymond E., R. Flynn und *H.H. Buck,* 1983: Structures and Processes Of Urban Life. London and New York.

–, und *Claire Wallace,* 1985: Arbeitsstrategien von Haushalten in Zeiten wirtschaftlicher Rezession, in: Jürgen Krämer und Rainer Neef (Hrsg.), Krise und Konflikte in der Großstadt im entwickelten Kapitalismus. Basel/Boston/Stuttgart.

II. Internationale Erfahrungen und Beispiele

Christoph Badelt

„Unbezahlte Arbeit" in den Sozialen Diensten

In der aktuellen wirtschafts- und sozialpolitischen Diskussion werden verschiedene Formen der „unbezahlten Arbeit" immer wieder genannt. Die „freiwillige Arbeit" in Wohlfahrtsverbänden, die Produktions- bzw. Arbeitsleistungen im Haushalt und in der Familie, die Tätigkeit von Selbsthilfegruppen und Bürgerinitiativen sind Beispiele dafür, wo „unbezahlte Arbeit" eine nach außen sichtbare Rolle spielt: Gemeinsam ist all diesen Beispielen, daß Arbeitsleistungen ohne direktes monetäres Entgelt erbracht werden. Obwohl dies schon immer ein Phänomen unseres wirtschaftlichen und sozialen Alltagslebens war, besinnen sich Politiker und Wissenschaftler neuerdings verstärkt darauf.

Obgleich die „unbezahlte Arbeit" in vielen wirtschaftlichen Bereichen vorzufinden ist, sind die Sozialen Dienstleistungen (Beratungs-, Betreuungs-, Pflege-, Erziehungsleistungen) das weitaus wichtigste Anwendungsfeld. „Unbezahlte Arbeit" wird somit heute zunehmend zum Gegenstand der *sozial*politischen Forschung und Diskussion.

Das Ziel dieser Arbeit ist es einerseits, zu einigen wichtigen Streitfragen um die sozialpolitische Relevanz und Einordnung der „unbezahlten Arbeit" Stellung zu nehmen. Andererseits soll am Beispiel Österreichs die quantitative Relevanz dieses Phänomens beschrieben werden.

Der Beitrag gliedert sich in drei Abschnitte. Zunächst (Abschnitt 1) werden die sozialpolitischen Forderungen und Erwartungen an Formen der „unbezahlten Arbeit" in den Sozialen Diensten rekapituliert. Danach (Abschnitt 2) folgt eine Deskription des empirischen Bildes der „unbezahlten Arbeit" in Österreich. Abschnitt 3 schließt mit einer politischen Einschätzung.

1. Ansprüche und Hoffnungen

Es gehört zu den paradoxen Seiten der Diskussion um die „unbezahlte Arbeit", daß diese aus ganz verschiedenen politischen Richtungen und aus unterschiedlichen sachlichen Gründen bejaht werden kann. Dies bedeutet zwar keineswegs, daß es nicht grundverschiedene Konzepte zu Aufgabe und Stellenwert der „unbezahlten Arbeit" im Wohlfahrtsstaat gibt. Dennoch existieren in der Praxis weitreichendere Gemeinsamkeiten, als es die ideologische Position oder die fachspezifische Einschätzung erlauben würden. Dazu einige Beispiele.

1.1 Die emanzipatorische Komponente

Engagement in „unbezahlter Arbeit" ist vielfach mit einem „Eigenwert" verbunden. Die Tätigkeit in einem Wohlfahrtsverband kann als „Sinnerfüllung" im Gegensatz zur sinnlosen oder monotonen Welt der bezalten Arbeit (oder gar der Arbeitslosigkeit) angesehen werden. Haushaltsproduktion (vom Do-it-yourself-Möbelbau bis zum Babysitten des Nachbarkindes) kann nicht nur einfach Freude machen, sondern muß auch als Ausdruck einer weitgehenden Loslösung von öffentlichen Behörden, gewinngerichteten Firmen oder schlichtweg dem „professionalisierten" und „monetarisierten" Marktsystem verstanden werden. Die Erstellung von Leistungen in einer Selbsthilfegruppe (z.B. einer selbstverwalteten Schule oder in einem Kindergarten) macht nicht nur den Bezug der Leistung in der Regel billiger, sie vermittelt auch Macht und Einfluß, d.h. Partizipation an Entscheidungen, und kann auch als „politische Arbeit" aufgefaßt werden.

Die Beispiele illustrieren, welch vielfältige Werte durch „unbezahlte Arbeit" scheinbar oder tatsächlich gefördert werden. Der radikale „Aussteiger", der einen „alternativen" Lebensstil pflegen und der traditionellen Erwerbsarbeit den Rücken kehren möchte, sieht seinen Ausweg ebenso in „unbezahlter Arbeit" wie der bürgerliche Intellektuelle, der seinen liberalen Wertvorstellungen von Unabhängigkeit und Selbstbestimmung zum Durchbruch verhelfen will. In der feministisch orientierten Frauenselbsthilfegruppe wird ebenso „unbezahlte Arbeit" geleistet wie in einem kirchlichen Frauenverein, dessen Mitglieder freiwillige Sozialarbeit als Ergänzung des Rollenbildes einer nicht-berufstätigen Hausfrau und Mutter willkommen heißen.

Die Auswirkungen der an „unbezahlte Arbeit" geknüpften Hoffnungen auf die Sozialpolitik sollten nicht unterschätzt werden. Durch eine geschickte „Diversifikation" der öffentlichen Politik in die vielen angedeuteten „Marktsegmente" – welche durch die Bevölkerungsgruppen mit verschiedenen Werthaltungen repräsentiert werden – läßt sich eine Sozialpolitik, die z.B. Freiwilligenarbeit oder Selbsthilfegruppen fördert, politisch gut „verkaufen". Es gilt nur, die entsprechenden (durchaus unterschiedlichen) Werte zu propagieren.

Umgekehrt fördert die nicht zu leugnende Ausdehnung staatlicher und verbandlicher Machtbereiche ein Klima, das die „unbezahlte Arbeit" als wünschenswerte Alternative zur Verbürokratisierung und Abhängigkeit von staatlichen Institutionen erscheinen läßt; ein Argument, das keineswegs nur auf konservative oder liberale politische Gruppierungen beschränkt ist (vgl. z.B. Strasser 1979; Matzner 1982). In dieser Atmosphäre wird zwar die

Bereitschaft des einzelnen, „unbezahlte Arbeit“ zu leisten, nicht notwendigerweise erhöht. Es steigt jedoch der Grad der politischen Zustimmung für eine Maßnahme, die ein solches Engagement erleichtert oder fördert.

1.2 Die Komponente Leistungsqualität und Bedürfnisse

Die traditionelle Sozialpolitik, welche durch den Staat und parafiskalische Institutionen (z.B. Sozialversicherungen) getragen wird, sieht sich einer Vielzahl von Problemen gegenüber. Dabei geht es nicht nur um die oft zitierte Finanzierungskrise, sondern auch um die Frage, ob die existierenden Institutionen der Sozialpolitik überhaupt in der Lage sind, die gegenwärtigen Probleme des Wohlfahrtsstaates zu bewältigen.

Sozialpolitik wurde lange Zeit hindurch als bloße Politik zur Einkommenssicherung aufgefaßt, die das Ziel verfolgt, jene finanziellen Verluste, welche als Folge von Unfall, Krankheit, Alter oder Arbeitslosigkeit auftreten, zu kompensieren. Diese „Einkommensstrategie“ (Badura/Gross 1976) ist eng mit der Institution des zentralisierten Sozialsstaats verbunden, während die geschichtlich frühen Formen der sozialen Unterstützung im vorstaatlichen Bereich angesiedelt waren und auf dezentralen, aber kollektiven Lösungen sozialer Probleme (z.B. durch Familie oder Nachbarschaft) aufbauten. Im zentralisierten Sozialstaat wurde hingegen die Sozialpolitik „ökonomisiert“ (Prätorius 1980, S. 201). Sie baut auf der Fiktion auf, daß Individuen durch die Sozialpolitik in die Lage versetzt werden, sich unter den Modellbedingungen des Marktes ausreichend mit Gütern und Leistungen zu versorgen.

Die Logik dieser Art der Sozialpolitik hat sich durch lange Zeit hindurch bewährt, als es darum ging, mit Hilfe von sozialpolitischen Maßnahmen lediglich krasse ökonomische Mißstände abzufangen. Heute stellt sich jedoch die Frage, ob die Einkommensstrategie der Sozialpolitik auch in der Lage ist, die spezifischen Formen sozialer Not, die neuerdings immer stärker werden, ausreichend zu bekämpfen. Neben den nach wie vor existierenden materiellen Problemen – insbesondere im Gefolge der hohen und lang andauernden Arbeitslosigkeit – treten im Wohlfahrtsstaat der Gegenwart immer mehr Bedürfnisse auf, die nicht durch finanzielle Transfers, sondern durch Soziale Dienstleistungen befriedigt werden müssen. Dazu zählen vor allem Beratungs-, Betreuungs-, Pflege- und Bildungsbedürfnisse, generell all jene Leistungen, die (im weitesten Sinne) neben der gesundheitlichen „Betreuung“ des Menschen auch auf eine volle Integration in das politische, kulturelle und soziale Leben abzielen.

Es bedarf keines ausführlichen Beweises, daß zentrale, bürokratische staatliche Organisationen – welche die Administration der Sozialversicherung perfekt beherrschen – für die Bereitstellung solcher Dienste nicht geeignet sind. Leistungsträger, die sich *unter anderem* der „unbezahlten Arbeit“

bedienen, gelten hingegen als institutionelle Innovation, mit der große Hoffnungen verknüpft werden.

Wenn auch solcherart forcierten Institutionen des „autonomen Sektors" (Skolka 1980) kaum ein ausschließlicher Anspruch auf die Bereitstellung Sozialer Dienste zugeschrieben wird, so gilt die „unbezahlte Arbeit" – und die damit in der Praxis verbundenen institutionellen Formen – als ein Element einer sozialpolitischen Strategie, Bedürfnisse der Bürger nach Sozialen Diensten zu identifizieren, daraus innovative Impulse für das Angebot zu erwecken, Soziale Dienste „menschlicher" und unkomplizierter zu erstellen und dergleichen mehr. Mit anderen Worten: „unbezahlte Arbeit" wird mit der Erwartung verknüpft, jene Leistungen in einer „Wohlfahrtsgesellschaft" zu erbringen, welche von den traditionellen Institutionen gar nicht oder mit enttäuschender Qualität bereitgestellt werden.

1.3 Die Einsparungskomponente

Auch bei ernst gemeinter Auseinandersetzung mit den qualitativen Leistungsdefiziten der Träger der Sozialen Sicherheit kann die Existenz einer Finanzierungskrise der Sozialversicherung und des Gesundheitssystems nicht geleugnet werden. In nahezu allen Industriestaaten ist in den letzten 20 Jahren eine beträchtliche Ausgaben- und Leistungsexplosion festzustellen. Diese kann aber in Zukunft aufgrund budgetärer Schwierigkeiten nicht fortgesetzt werden, obwohl viele Hinweise dafür sprechen, daß die Nachfrage nach den Leistungen des Wohlfahrtsstaates zunehmen wird (vgl. als Überblick OECD 1985).

In dieser Situation ist es das Bestreben von Politikern aller Couleurs, Methoden zur Einsparung zu finden, die vor allem dann attraktiv sind, wenn sie erhoffen lassen, daß damit keine oder nur geringe Leistungs- bzw. Qualitätskürzungen verbunden sind. Vor diesem Hintergrund ist nicht nur die Diskussion um die Spitalfinanzierung, sondern auch die Propagierung der „unbezahlten" Arbeit zu sehen.

Offensichtliche Ansatzpunkte, durch „unbezahlte Arbeit" Kosten einzusparen, sind im Gesundheitswesen – und hier vor allem in den Bereichen Pflege und Nachsorge – zu finden. Wenn durch dezentrale Leistungsnetze, die sich der „soziokulturellen Infrastruktur" der Familien und Nachbarschaften (Badura/Gross 1976, S. 272ff.) bedienen, Spital- bzw. Pflegebetten eingespart, die Zahl der Altersheime reduziert und andere Leistungen, wie z.B. Nachsorge oder soziale Integration, weitgehend in die Hand privater Gruppierungen gelegt werden können, dann ist der Einsparungseffekt unmittelbar feststellbar. Erfüllen sich darüber hinaus die oben aufgezeigten Hoffnungen betreffend Leistungsqualität, dann kann gleichzeitig auch ein Fortschritt in der Qualität des Angebots Sozialer Dienste erzielt werden (vgl. Fink 1983).

Damit ist ein dritter Hoffnungsbereich angedeutet, der die „unbezahlte Arbeit" attraktiv erscheinen läßt. Je nach politischer Bewertung und fachlicher Herkunft werden die drei genannten Bereiche unterschiedlich gewichtet. Sie scheinen jedoch alle *für* die öffentliche Propagierung der „unbezahlten Arbeit" zu sprechen. In der Euphorie vieler Politiker wird somit die „unbezahlte Arbeit" ein fester Bestandteil ihrer Programmatik. Man fragt sich deshalb auch, wie durch die öffentliche Hand der einzelne Bürger zu mehr „unbezahlter Arbeit" motiviert werden könnte.

Doch noch vorher gilt es, die Probleme der „unbezahlten Arbeit" zu identifizieren und zu evaluieren. Dabei ist zunächst festzustellen, ob die vielerorts beobachtbaren Aktivitäten von einzelnen oder Gruppen, bei denen Soziale Dienste in „unbezahlter Arbeit" angeboten werden, auch gesamtwirtschaftlich von quantitativer Relevanz sind. Danach sind die Implikationen für den sozialpolitischen Zielkatalog zu hinterfragen. Dies soll in den nächsten Abschnitten in überblicksartiger Form versucht werden.

2. Das empirische Bild

Die Frage nach dem Umfang der „unbezahlten Arbeit" ist politisch und wissenschaftlich von hochrangiger Bedeutung. Von ihrer Beantwortung hängt es ab, ob die politischen Hoffnungen sich auf Fakten oder vage Projektionen bzw. Wunschdenken stützen. Insofern geht es bei Quantifizierungen um eine Vorfrage für die sozialpolitische Diskussion.

2.1 Methodische Vorbemerkung

Die Messung des Umfangs von Arbeitsleistungen setzt – wegen fehlender amtlicher Statistiken – eine klare und operationalisierbare Definition und ein geeignetes Beobachtungsinstrumentarium voraus. Technisch bietet sich eine Haushaltsbefragung an, die bei einer für die Bevölkerung repräsentativen Stichprobe durchgeführt wird. Auf diese Weise erscheint es möglich, direkte Angaben jener Personen zu erhalten, die „unbezahlte Arbeit" leisten. Vor allem ist dadurch gewährleistet, daß auch jene Arbeit, die außerhalb der bekannten (Wohlfahrts-)Organisationen erbracht wird, erhoben werden kann.

Das theoretische Konzept der „unbezahlten Arbeit" führt zu einer klaren Begriffsabgrenzung. „Unbezahlte Arbeit" wird als Arbeitsleistung definiert, die ohne direktes monetäres Entgelt erbracht und für produktive Zwecke eingesetzt wird, mithin im weitesten Wortsinn der Produktion von Gütern und Dienstleistungen dient. Die Arbeitsleistungen können für Zwecke des eigenen Haushalts oder für Leistungsempfänger außerhalb des eigenen

Haushalts erbracht werden. Im ersten Fall soll von *Haushaltsproduktion*, im zweiten Fall von *Freiwilligenarbeit* gesprochen werden.

Diese Definition macht es nötig, den Begriff der „Produktion" näher zu erläutern. Während nämlich die offiziellen volkswirtschaftlichen Statistiken (volkswirtschaftliche Gesamtrechung) einen relativ eingeengten Produktionsbegriff verwenden, ist in einer breiteren ökonomischen Sicht mit Erfolg das „Kriterium der Dritten Person" angewendet worden (Hawrylyshyn 1977). Danach wird eine Leistung als „produktiv" definiert, die im Prinzip auch durch einen Dritten erbracht werden könnte. Beispielsweise wären Hausarbeit oder Kinderpflege „produktive" Leistungen, persönliches Studium oder Fitnesstraining fielen hingegen nicht unter den Produktionsbegriff.

Dieser theoretische Begriff muß für die Befragung operationalisiert, d.h. in eine für den Laien verständliche Form gebracht werden. Dazu wurden die Formulierungen „freiwillig und unbezahlt für andere arbeiten" (Freiwilligenarbeit) sowie „Arbeiten für sich selbst und den eigenen Haushalt verrichten ..., die man gegen Bezahlung auch von anderen machen lassen könnte" (Haushaltsproduktion) gewählt[1]. Dazu wurde den Befragten ein umfangreicher (und nach Leistungsbereichen gegliederter) Beispielkatalog vorgelegt. Dieser hatte den Zweck, die abstrakte Definition zu konkretisieren und vor allem den Befragten in seiner Erinnerung behilflich zu sein, welche „unbezahlten Arbeiten" er tatsächlich leistet.

Die Haushaltsbefragung impliziert, daß der Umfang der „unbezahlten Arbeit" durch Selbsteinschätzung ermittelt wird. Mit diesem Verfahren sind nicht nur Vorteile, sondern auch Probleme verbunden. Mangelndes Erinnerungsvermögen und die Gefahr, bei sozial positiv bewerteten Tätigkeiten nach oben verzerrte Antworten zu erhalten, stehen dabei im Vordergrund.

Aus diesen Gründen wurde eine zweistufige Befragungsart gewählt. Anhand des Beispielkatalogs wurde einerseits erhoben, ob Personen überhaupt Freiwilligenarbeit oder Haushaltsproduktion (während eines Zeitraums von einem Jahr) leisten; solche Personen, die diese Frage nicht nur grundsätzlich bejahten, sondern darüber hinaus auch angaben, während der der Befragung vorangegangenen Woche tatsächlich in „unbezahlter Arbeit" engagiert gewesen zu sein, wurden auch um eine Schätzung ihres Zeitaufwandes gebeten. Auf den Angaben dieses eingeengten Kreises beruhten die Hochrechnungen zum Arbeitsvolumen.

Im Unterschied zu anderen publizierten Daten, die auch in der politischen Diskussion immer wieder verwendet werden (z.B. Fink 1983a), bezog sich die empirische Erhebung ausschließlich auf tatsächlich geleistete Arbeit. Die bloße *Bereitschaft* zum Engagement wurde nicht ermittelt, weil solche Daten als extrem unzuverlässig gelten müssen.

1 Die genaue Fragestellung und der Beispielkatalog ist Badelt (1985, S. 248ff.) zu entnehmen.

Die Auswahl der Stichprobe erfolgte auf der Basis des Multistage-Random-Systems repräsentativ für ganz Österreich, wobei sich die Auswahl auf 16- bis 70-jährige Personen beschränkte. Infolge des Stichprobenumfangs von 4.000 Personen konnten auch in zahlreichen Teilaggregaten Besetzungszahlen erreicht werden, die eine Hochrechnung der Ergebnisse vertretbar erscheinen lassen. In der verbalen Interpretation der Ergebnisse wird von „signifikanten" Ergebnissen bzw. Unterschieden dann gesprochen, wenn diese mit mindestens 95 % Wahrscheinlichkeit auch für die Grundgesamtheit gelten. Die erhobenen Daten beziehen sich auf das Jahr 1982.

Konzentriert man sich bei der Analyse der „unbezahlten Arbeit" auf jene, die der Bereitstellung Sozialer Dienstleistungen dient, dann ist es bei den gewählten Definitionen vor allem die Freiwilligenarbeit, welche durch die Haushaltsbefragung zu erheben war. Wesentlich schwieriger, da zeitlich kaum abgrenzbar, wäre es, den Zeitaufwand für die Haushaltsproduktion von Sozialen Diensten (z.B. für Krankenpflege einer im Haushalt befindlichen Person) zu ermitteln. Dazu existieren lediglich im öffentlichen Mikrozensus einige indirekte Hinweise, die in der Folge ebenfalls referiert werden.

2.2 Empirie der Freiwilligenarbeit

Die vom Autor durchgeführte Haushaltsbefragung (Badelt 1985; 1985a) ergab, daß rund 53 % der in der Stichprobe erfaßten Österreicher irgendeine Art von Freiwilligenarbeit leisten. 25 % der Befragten war bei der Bereitstellung von Sozialen Diensten tätig, fast 8 % gaben an, Soziale Dienste „regelmäßig und viel" zu leisten. Diese Kategorisierung stand an der Spitze einer fünfteiligen Intensitätsskala, welche Häufigkeit und Regelmäßigkeit der Arbeit darstellen sollte[2].

Um bei der Hochrechnung der Gefahr der übertriebenen Antworten zu entgehen, wurde eine sogenannte „Minimalvariante" errechnet. Diese beruht lediglich auf dem Zeiteinsatz jener Freiwilligen, die „regelmäßig und viel" Arbeit leisteten, und ignoriert den Zeitaufwand aller anderen Intensitätskategorien.

Die Ergebnisse der Hochrechnung für die gesamte Freiwilligenarbeit sind in Tabelle 1 zusammengefaßt. Wie aus der Tabelle ersichtlich, sind in den verschiedenen Leistungsbereichen der Freiwilligenarbeit hochgerechnet bis zu 426.000 Personen tätig, wobei das weitaus stärkste Engagement in den Sozialen Dienstleistungen und in der Nachbarschaftshilfe zu finden ist. Dies betrifft nicht nur die Zahl der an sich tätigen Personen, sondern auch den geleisteten Zeitaufwand. Dieser erreicht vorstellbare Dimensio-

2 Die vorgegebenen Kategorien waren (bezogen auf den Zeitraum eines Jahres vor dem Befragungszeitpunkt): „regelmäßig und viel", „nicht regelmäßig, aber an mehr als 30 Tagen", „an 10–30 Tagen", „nur an einigen Tagen", „nur ein- oder zweimal", „gar nicht".

Tabelle 1: *Volumen der Freiwilligenarbeit in Österreich*

	Zahl der Freiwilligen	wöchentl. Arbeitsvolumen in Stunden	Fiktive Ganztagstätige insgesamt	formelle FA	informelle FA
A	426.887	4,537.812	113.445	9.533	103.912
B	195.442	1,119.885	27.997	16.798	11.199
C	118.294	842.254	21.056	9.571	11.485
D	66.862	244.714	6.118	5.591	527
E	108.008	351.025	8.776	7.236	1.540
F	128.580	691.760	17.294	16.354	940
G	221.159	1,731.671	43.292	1.671	41.621
	Summe aller Bereiche (A-G)		237.978	66.754	171.224
	Hyp. % der Erwerbstätigen		7,4 %	2,1 %	5,3 %
	Hyp. % der unselbständig Erwerbstätigen		8,5 %	2,4 %	6,1 %

Legende: A = Soziale Dienste; B = Kultur und Unterhaltung; C = Umwelt und Erholung; D = Katastrophenhilfsdienste; E = Religiöse Dienste; F = Politische Arbeit; G = Nachbarschaftshilfe

Quelle: Badelt 1985, S. 176.

nen, wenn man ihn nicht in globalen Stundenzahlen, sondern in fiktiven ganztagstätigen Personen (40 Wochenstunden) ausdrückt. Dadurch ergibt sich zumindest in groben Dimensionen eine Vergleichsmöglichkeit zur erwerbstätigen Arbeit.

Ausgedrückt in diesen Rechnungseinheiten entspricht die gesamte Freiwilligenarbeit in Österreich dem Umfang der Arbeit von rund 238.000 ganztägig Erwerbstätigen, was etwas mehr als 7 % der Erwerbstätigen bzw. 8,5 % der unselbständig Beschäftigten gleichkommt.

Eine für die sozialpolitische Entwicklung besonders wichtige Frage ist es zu klären, inwieweit die Freiwilligenarbeit innerhalb oder außerhalb der etablierten Verbände bzw. Vereine geleistet wird. In der Befragung wurde diesem Problem Rechnung getragen, die Ergebnisse sind ebenfalls in Tabelle 1 ausgewiesen. „Formelle" Freiwilligenarbeit wird innerhalb von Organisationen (wie z.B. Wohlfahrtsverbänden, Kirchen, politischen Parteien etc.) geleistet, „informelle" Freiwilligenarbeit außerhalb etablierter Organisationen. Empirisch zeigt sich, daß die relative Bedeutung dieser Komponenten zwischen Leistungsbereichen stark schwankt. In den quantitativ bedeutsameren Arbeitsfeldern „Soziale Dienste" und „Nachbarschaftshilfe" ist der überwiegend „informelle" Charakter der Arbeit so dominant, daß insgesamt das Volumen der „informellen" Freiwilligenarbeit etwa zweieinhalb mal so groß ist wie jenes der „formellen" Freiwilligenarbeit. Bei den Sozialen Diensten ist der Unterschied noch viel extremer (1 : 10)[3].

3 Allerdings ist zu bedenken, daß auch ein Teil der in der Befragung unter „Katastrophenhilfsdienste" rubrizierten Leistungen im weitesten Sinne den Sozialen Dienstleistungen zuzuordnen ist (z.B. Tätigkeit als Rot-Kreuz-Helfer). In dieser Kategorie dominiert, wie erwartet, die „formelle" Freiwilligenarbeit.

Tabelle 2: *Freiwilligenarbeit: Konfidenzintervalle für Arbeitsvolumen und fiktive ganztagstätige Personen*

	Arbeitsvolumen		Fiktive ganztägig Tätige		
	Untere Grenze	Obere Grenze	Untere Grenze	Obere Grenze	Gesamtschwankungsbreite in % der Schätzung
A	3,754.551	5,297.518	93.864	132.438	34,0 %
B	822.915	1,440.102	20.573	36.003	55,1 %
C	514.322	1,131.509	12.858	28.288	73,3 %
D	102.864	411.458	2.572	10.286	125,0 %
E	205.729	514.322	5.143	12.858	87,9 %
F	411.458	925.780	10.286	23.144	74,4 %
G	1,285.805	2,211.585	32.145	55.290	53,0 %
Summe aller Bereiche (A-G)			177.441	298.307	50,8 %
Hyp. % der Erwerbstätigen			5,5 %	9,3 %	
Hyp. % der unselbständig Erwerbstätigen			6,3 %	10,7 %	

Legende: siehe Tabelle 1.

Quelle: Badelt 1985, S. 179.

Die in Tabelle 1 hochgerechneten Daten müssen noch einer statistischen Signifikanzprüfung unterzogen werden. Daraus ergeben sich (für die angenommene 95 % Sicherheitswahrscheinlichkeit) Bandbreiten der Hochrechnung. Diese werden in Tabelle 2 direkt für die hochgerechneten Arbeitsvolumina dargestellt.

Als Hauptergebnis dieser Berechnungen kann festgehalten werden, daß die Arbeit der Freiwilligen einem hypothetischen Arbeitsvolumen zwischen 177.000 und 298.000 Erwerbstätigen entspricht. Dies kommt einer Bandbreite in der Relation zur Zahl der Erwerbstätigen zwischen 5,5 % und 9,3 % gleich.

Die Hochrechnungen für die Sozialen Dienste sind besonders verläßlich. Dies geht aus der relativ niedrigen Gesamtschwankungsbreite hervor. Die für Soziale Dienste aufgewandte Zeit entspricht einem Arbeitsvolumen von mindestens 93.000 ganztags tätigen Erwerbstätigen.

2.3 Zur Empirie der Haushaltsproduktion in den Sozialen Diensten

Wie erwähnt, ist die angeführte Haushaltsbefragung für eine Ermittlung von Sozialen Diensten *innerhalb* des Haushalts nicht geeignet. Die Studie belegt zwar, daß das Arbeitsvolumen der Haushaltsproduktion etwa dreimal so groß ist wie jenes der Freiwilligenarbeit (vgl. Badelt 1985a, S. 68ff.). Für den Spezialbereich der Sozialen Dienste sind jedoch keine Aussagen möglich.

Erhebungen des österreichischen Mikrozensus aus dem Jahre 1979 geben wenigstens einige Hinweise auf Teilbereiche der Problematik, nämlich auf die für ältere Menschen (Personen über 60 Jahre) in Österreich geleisteten Sozialen Dienste (vgl. Badelt 1985b, S. 242ff.). Gemäß den Mikrozensusergebnissen haben von den in Österreich lebenden 1,331.200 Personen über 60 Jahre etwas mehr als 45 % irgendwelche Hilfeleistungen empfangen: Da in der Fragestellung Einkaufen, Kochen, Aufräumen, Waschen und Bügeln sowie Erledigungen als Beispiele von Hilfeleistungen genannt wurden, ist in dieser Zahl eine relativ breite Leistungspalette angesprochen. Sieht man von Pflegeleistungen ab, entsprechen diese Dienstleistungen auch ungefähr jenem Angebot, das im Rahmen der „Sozialen Dienste" der öffentlichen Hand gemäß den Sozialhilfegesetzen erstellt wird.

Diese Richtgröße von 45 % enthält sowohl Hilfe durch Freiwilligenarbeit als auch durch Personen des gleichen Haushalts (Haushaltsproduktion). Eine Trennung in beide Komponenten läßt sich durch eine Plausibilitätsüberlegung versuchen. Unter den Hilfe *spendenden* Haushalten betrug der Anteil jener, die Hilfe für ältere Menschen *außerhalb* des eigenen Haushalts leisten, 63 %. Nimmt man diese Relation auch als Schätzwert für *empfangene* Hilfe, dann müßte der genannte Wert um etwa ein Drittel reduziert werden, um einen Outputindikator für informelle Freiwilligenarbeit zu erhalten.

Etwa 30 % der alten Menschen würde demnach in den Genuß der Freiwilligenarbeit kommen. Der Anteil der Personen, welche die angegebene Hilfe von Personen im Haushalt erhält, müßte bei mindestens 15 % liegen. Ein endgültiger Schätzwert für die Haushaltsproduktion beruht auf der Annahme einer Quote, wieviel Freiwillige *gleichzeitig* auch Soziale Dienste im Haushalt leisten. Der plausibelste Schätzwert dürfte zwischen 30 % und 40 % liegen. Dies ist auch konsistent mit einer Spezialerhebung für Wien, aus der zu schließen ist, daß etwa 37 % der Personen über 64 Jahre in den Genuß von „privater Hilfe" bei der Haushaltsführung kommt (vgl. Leitner o.J.).

Von diesen allgemeinen Hilfeleistungen abgesehen, beschäftigte sich die Mikrozensuserhebung aber auch in einer outputorientierten Betrachtung mit der Pflege älterer Personen im Krankheitsfall. Um die Schätzung nicht zu hoch anzusetzen, soll in der Folge nur auf jene Personen eingegangen werden, die angaben, bei Krankheiten *bis zu einer Woche* Hilfe empfangen zu haben. Gemäß den MZ-Ergebnissen empfingen Hilfe:

378.060	(28,4 %)	durch Kinder
149.094	(11,2 %)	durch Verwandte
62.566	(4,7 %)	durch Nachbarn
= 589.720		

Dieses Ergebnis kann nun mit der Anzahl jener (hochgerechnet) 228.394 Personen über 60 Jahren in Relation gesetzt werden, die angeben, mit Sohn,

Tochter oder Schwiegerkind in einem Haushalt zu leben. Nimmt man an, daß im Haushalt lebende Kinder oder Schwiegerkinder an erster Stelle diese Krankenpflege leisten, dann würden all die genannten 229.394 älteren Menschen (17,3 % der älteren Bevölkerung) in den Genuß der Krankenpflege in Haushaltsproduktion (abgesehen vom Ehepartner) und 316.326 (27 % der älteren Bevölkerung) in den Genuß von Freiwilligenarbeit bei Krankenpflege kommen.

Zweifellos haben diese Überlegungen einen spekulativen Zug. Sie sind aber im Stande, für Einzelbereiche der Sozialpolitik Hinweise auf Größenordnungen zu geben. Besonders interessant ist eine Tendenz im Verhältnis Freiwilligenarbeit und Haushaltsproduktion. Während im Gesamtaggregat (alle Leistungsbereiche der „unbezahlten Arbeit") die Haushaltsproduktion etwa das dreifache Arbeitsvolumen der Freiwilligenarbeit umfaßt, scheint im Spezialbereich der Altersversorgung die Freiwilligenarbeit quantitativ wichtiger zu sein als die Haushaltsproduktion, wenn man von der Pflegeleistung des eigenen Ehepartners absieht[4]. Dies ist nur zum Teil eine Folge der gewählten Definitionen[5]. Teilweise spiegelt sich darin auch die Problematik der Isolierung älterer Menschen bzw. der älteren Generation wider.

2.4 *„Unbezahlte Arbeit" und traditionelle Anbieter Sozialer Dienste*

Eine Evaluation der referierten Daten kann zunächst im Hinblick auf die traditionellen Träger der Sozialen Dienstleistungen erfolgen. Die extrem stärkere Bedeutung der Freiwilligenarbeit für Soziale Dienste, welche außerhalb von Organisationen geleistet wird, im Vergleich zu der in Organisationen aufgebrachten Arbeit, mag auf den ersten Blick überraschen. Das Ergebnis stellt jedenfalls eine Herausforderung für die etablierten Wohlfahrtsverbände dar, die in der Öffentlichkeit häufig als Zentren und Katalysatoren für ehrenamtliche Arbeit angesehen werden.

Die Grundtendenz, die sich aus der Haushaltsbefragung ableitet, findet sich allerdings auch bei einer Analyse konkreter Wohlfahrtsorganisationen

4 Etwa 44 % der Personen über 60 Jahre erhalten im Krankheitsfall Pflege durch ihren Ehepartner (Pichler/Vocelka-Zeidler 1981, S. 133). Nach den gewählten Definitionen handelt es sich dabei um „Haushaltsproduktion". Der im Text erwähnte Vergleich dient vor allem der sozialpolitischen Problematisierung. *Zwischen* den Generationen sind Pflegeleistungen außerhalb des Haushalts quantitativ bedeutsamer als innerhalb des Haushalts. Bezieht man auch die Hilfe innerhalb der Generation in den Vergleich ein, dann kommen insgesamt etwa 61 % der älteren Menschen in den Genuß von „Haushaltsproduktion" und 27 % in den Genuß der Freiwilligenarbeit.

5 Die große Bedeutung der Haushaltsproduktion im Gesamtaggregat kommt u.a. dadurch zustande, daß für Güter, die der persönlichen Nutzung des Herstellers dienen (z.B. Kleingärtnerei, Reparaturen) sehr viel Zeit aufgewandt wird. Bei Sozialen Diensten als Ausdruck von „Haushaltsproduktion" geht es – insbesondere im Hinblick auf die Altenproblematik – jedoch notwendigerweise um Leistungen, die ein Haushaltsmitglied für ein anderes Haushaltsmitglied erbringt.

wieder. Zwei Beispiele österreichischer Organisationen sollen dies belegen (vgl. zum folgenden Badelt 1987, S. 39ff.).

Beim Österreichischen Roten Kreuz (ÖRK) sind insgesamt etwas mehr als 30.000 Freiwillige aktiv, die Zahl der entgeltlich beschäftigten Mitarbeiter wird gegenwärtig mit rund 1.000 angegeben. Das persönliche Arbeitsvolumen der einzelnen Freiwilligen ist jedoch – verglichen mit einem vollbeschäftigten Mitarbeiter – relativ gering. So gibt die Leistungsstatistik des ÖRK für das Jahr 1984 die Zahl freiwillig geleisteter Arbeitsstunden allein im Rettungs- und Krankentransportdienst mit insgesamt 13,189.337 an. Dieses Arbeitsvolumen entspricht umgerechnet auf vollbeschäftigte Mitarbeiter mit 40 Stunden-Woche einer Zahl von rund 6.340 ganztags tätigen Personen. Durch diese hypothetische Berechnung kommt zum Ausdruck, daß das Arbeitsvolumen der Freiwilligen im Roten Kreuz zwar bedeutend, nicht aber so groß ist, wie es durch den Vergleich der Mitarbeiterzahlen den Anschein erweckt.

Im Bereich der personenbezogenen Dienstleistungen, wie sie durch die „Gesundheits- und Sozialdienste" des ÖRK erbracht werden, ist die relative Bedeutung der Freiwilligenarbeit wesentlich geringer als im gesamten Leistungsdurchschnitt. Im Jahr 1984 standen hier 2.103 freiwillige Mitarbeiter mit insgesamt 264.388 Arbeitsstunden 450 Angestellten gegenüber[6]. Das Volumen der Freiwilligenarbeit ist daher etwa 127 vollbeschäftigten Angestellten vergleichbar und somit geringer als jenes der entgeltlich geleisteten Arbeit.

Der größte kirchliche Wohlfahrtsverband Österreichs, die Caritas, ist ein Unternehmen mit rund 3.500 Beschäftigten (vgl. Haller 1984, S. 54ff.). Darüber hinaus ist die Caritas auch ein wichtiger Träger von freiwillig geleisteter Arbeit. Es gibt jedoch kaum Informationen darüber, welchen Umfang die Freiwilligenarbeit annimmt, weil diese zum überwiegenden Teil auf der Ebene lokaler Pfarrcaritasorganisationen stattfindet. Diese Gruppen agieren weitgehend autonom und sind oft formal kaum strukturiert. Eine Modellrechnung für die Wiener Caritas (Badelt 1985b, S. 239) ergab den groben Schätzungsbereich eines Arbeitsvolumens, das etwa 250 fiktiven ganztags Erwerbstätigen entspricht. Bei der Wiener Caritas waren zur gleichen Zeit (1982) 760 Mitarbeiter beschäftigt. Dadurch wird zumindest klar, daß das freiwillige Arbeitsvolumen innerhalb der Caritas signifikant kleiner sein dürfte als jenes der entgeltlichen Arbeit.

Doch auch aus gesamtwirtschaftlicher Perspektive sind die einzelnen Ergebnisse zur Freiwilligenarbeit von Interesse. Dies kommt durch einen Vergleich des freiwilligen Arbeitsvolumens für Soziale Dienste mit der Zahl der entgeltlich in vergleichbaren Leistungsfeldern beschäftigten Berufstätigen zum Ausdruck.

6 *Quelle* der Leistungsdaten zum Roten Kreuz: Leistungsbilanz des ÖRK und seiner Gesundheits- und Sozialdienste; publiziert in „Das Rote Kreuz", Heft 3/1985.

Selbst in der referierten Minimalvariante der Hochrechnung repräsentiert Freiwilligenarbeit für Soziale Dienste ein Arbeitsvolumen, das der Tätigkeit von 113.000 ganztägig erwerbstätigen Personen gleichkommt. Zieht man in Betracht, daß gemäß Volkszählung 1971 rund 55.000 Personen in Berufen tätig waren, die der Verwendung des Begriffs „Sozialer Dienst" in der Haushaltsbefragung etwa entsprechen[7], wird die volkswirtschaftliche Bedeutung der Freiwilligenarbeit bei der Versorgung mit Sozialen Diensten eindringlich demonstriert. Freiwilligenarbeit umfaßt damit in den Sozialen Diensten etwa das doppelte Volumen der vergleichbaren professionellen Erwerbstätigen.

Zusammenfassend erlauben daher die empirischen Ergebnisse – vor allem für die Freiwilligenarbeit – einige wichtige Schlußfolgerungen: In unserer Gesellschaft existiert ein beachtliches Volumen an „unbezahlter Arbeit", mit der Soziale Dienstleistungen produziert werden. Dieses Volumen ist fast doppelt so groß wie jenes der professionellen Berufstätigen; die Arbeit findet zum weitaus überwiegenden Teil außerhalb von Organisationen, also auch außerhalb der traditionellen Wohlfahrtsverbände, statt. Das gegenwärtige System Sozialer Dienste ist somit weitgehend durch das informelle Leistungssystem von Familie, Nachbarschaft, Freundeskreis und individuellem Engagement bestimmt.

Diese empirisch fundierte Diagnose kommt den politischen Forderungen nach Stärkung von Institutionen der „unbezahlten Arbeit" bzw. nach einer Aufwertung der informellen Leistungssysteme entgegen. Die im 1. Abschnitt skizzierten Hoffnungen beruhen nicht auf romantischen Utopien, sondern besinnen sich lediglich auf Strukturen, die ohnehin bereits in großem Ausmaß existieren. Politische Konzepte zur stärkeren Einbindung der „unbezahlten Arbeit" in die Sozialpolitik können nicht mehr mit einem Handgriff vom Tisch gewischt werden. Was bleibt, sind vor allem zwei Fragen: (1) Ist eine weitere Ausweitung der „unbezahlten Arbeit" möglich und durch öffentliche Politik herbeizuführen? (2) Welche sozial- und wirtschaftspolitischen Folgen hätte eine Ausweitung der „unbezahlten Arbeit" in den Sozialen Diensten? Auf diese Fragen soll im nächsten Abschnitt eingegangen werden.

7 Dieser Angabe liegen die in der Volkszählung 1971 für die folgenden Berufsgruppen ausgewiesenen Berufstätigen zugrunde: Gruppen 8061, 8071 (Dipl. Krankenpfleger und -schwestern): 15.478; Gruppe 808 (Nicht diplomierte Krankenpfleger und verwandte Berufe): 26.892; Gruppe 8101 (Fürsorger, Sozialarbeiter): 3.420; Gruppe 820 (Geistliche): 5.036; Gruppe 8261 (Mönche, Nonnen): 3.905; Gruppe 8288 (Sonstige Seelsorge- und Kulturhelfer): 987. Bei Einbeziehung der Gruppe 8371 (Erzieher) würde sich die genannte Zahl an Berufstätigen um weitere 12.511 erhöhen.

3. Zur politischen Einschätzung

Während mit Freiwilligenarbeit und Haushaltsproduktion die erwähnten politischen Hoffnungen verknüpft werden, sind die sozialen und ökonomischen Auswirkungen dieser Art der Leistungserstellung noch nicht hinreichend untersucht. Dabei geht es um Fragen wie den Umfang und die Verteilung der Wohlfahrtsproduktion, aber auch um die Effizienz.

3.1 Effizienz, Effektivität und Verteilung

In der Ökonomie wird unter Effizienz ein optimales Verhältnis zwischen Inputs und Outputs („ökonomische Effizienz") oder eine optimale Faktorallokation einer gesamten Wirtschaft gemäß dem Paretokriterium („allokative Effizienz") verstanden. Als Effektivität wird hingegen ein maximaler Grad der Erreichung vorgegebener politischer Ziele durch eingesetzte Inputs bezeichnet.

Alle genannten Ziele – Effizienz und Effektivität – können nicht als automatisch durch „unbezahlte Arbeit" erreichbar angesehen werden. Dafür gibt es mehrere Gründe (vgl. Badelt 1985, S. 194ff.). Die Frage, ob etwa Freiwillige ihre Arbeit mit höherer oder niedrigerer Produktivität verrichten als vergleichbare Erwerbstätige – was Auswirkungen auf die ökonomische Effizienz nach sich zieht –, ist nicht als endgültig geklärt anzusehen. Dies würde voraussetzen, daß die individuellen Ziele von Freiwilligen genau eingeschätzt werden können. Produktivitätsvergleiche sind nämlich nur dann sinnvoll, wenn der Output einer Arbeitsleistung klar umrissen werden kann, was bei „unbezahlter Arbeit" jedoch oft nicht möglich ist. (Beispiel: Geht es der Freiwilligen, die eine Nachbarin mit Essen versorgt, nur um die Bereitstellung des Essens, oder verfolgt sie auch andere Ziele? Wie verläßlich wäre daher eine Maßzahl, die sich als „Erstellte Mahlzeiten/Zeiteinsatz" errechnet?)

Auch Analysen der allokativen Effizienz stoßen auf große Schwierigkeiten. Wenn „unbezahlte Arbeit" mit dem Postulat der allokativen Effizienz vereinbar wäre, dürfte es volkswirtschaftlich keinen Vorteil bringen, Arbeitszeit, die für „unbezahlte Arbeit" aufgewendet wird, stattdessen für entgeltliche Arbeit zu verwenden. Aber auch die Vorteilhaftigkeit einer solchen Reallokation kann nur im Hinblick auf die individuellen Ziele der Freiwilligen oder Haushaltsproduzenten beurteilt werden. (Beispiel: Ob ein freiberuflicher Rechtsanwalt mehr oder weniger Zeit für „unbezahlte Arbeit" aufwenden und mehr in seinem eigenen Beruf entgeltlich arbeiten „soll", hängt u.a. von seiner Wertschätzung beider Arbeitskategorien ab.)

So lange keine sicheren Aussagen zur Effizienz „unbezahlter Arbeit" möglich sind, bleiben wichtige volkswirtschaftliche Implikationen im Dunkeln. Verfolgt man eine Strategie der Aufwertung dieser Form der Leistungserbringung, werden die damit verbundenen Unsicherheiten noch vergrößert.

Direkter empirisch beobachtbar sind hingegen die Wirkungen der „unbezahlten Arbeit" auf die Effektivität, vor allem jene sozialpolitischer Maßnahmen. Diese ist von besonderer Bedeutung, wenn sozialpolitische Entscheidungsträger überlegen, Soziale Dienste öffentlicher Institutionen durch solche, die sich „unbezahlter Arbeit" bedienen, zu ersetzen. Dies gilt insbesondere für die Ersetzung öffentlicher Leistungen durch Selbsthilfegruppen, Freiwilligenverbände oder Wohlfahrtsorganisationen.

Durch die unentgeltlich geleistete Arbeit wird die Herstellung der Dienstleistungen zunächst verbilligt. Qualitätsverbesserungen können ebenfalls eintreten, wenn Leistungen stärker individualisiert werden und z.B. der Laien-Nachbarschaftshelfer bessere und verläßlichere Informationen über die Bedürfnisse der Klienten erhält als dies eine staatlich-bürokratische Organisation vermag. Doch auch das Gegenteil ist möglich, stellt doch die Verläßlichkeit Freiwilliger ein großes Problem dar, wenn sich öffentliche Sozialpolitik ihrer bedienen will. Privatisierungsstrategien dieser Art werden deshalb zumindest Kontroll- und Regulierungsmechanismen schaffen müssen; es sei denn, die öffentliche Hand will sich aus der politischen Verantwortung für die Grundversorgung mit Sozialen Diensten zurückziehen[8].

Das Effektivitätsziel hängt in der sozialpolitischen Praxis eng mit der Verteilungsproblematik zusammen. Da „unbezahlte Arbeit" in starkem Ausmaß von Personen mit höherer Bildung und höherem Einkommen aufgewandt wird[9], besteht die Gefahr, daß Versorgungssysteme, welche sich auf Freiwilligenarbeit stützen, nicht alle sozialen Schichten gleichmäßig erreichen. Ganz allgemein liegen die Kriterien, nach denen freiwillig erstellte Soziale Dienste verteilt werden, oft im Dunkeln. Wenn es das Ziel der Sozialpolitik ist, vor allem benachteiligten Bevölkerungsschichten eine Mindestversorgung zu sichern, dann muß auch der Verteilungsaspekt bei der praktischen Organisation des Netzes Sozialer Dienste Berücksichtigung finden.

Zusammenfassend läßt sich daher feststellen, daß Freiwilligenarbeit und Haushaltsproduktion zwar offensichtlich im Stande sind, ein großes Potential an Arbeitsleistungen zu aktivieren und in den Dienst eines sozialen Sicherheitsnetzes bzw. einer Versorgung mit Sozialen Diensten zu stellen. Eine völlig unregulierte Abtretung des Angebots öffentlicher Sozialer Dienste kann jedoch einer Reihe von sozialpolitischen Zielvorstellungen zuwiderlaufen.

---

8 Dies ist eine politische Option, die von liberalen und konservativen Sozialpolitikern unterstützt wird.

9 Dies gilt vor allem für Freiwilligenarbeit (vgl. Badelt 1985, S. 166ff.), weniger jedoch für Haushaltsproduktion, wo die Verteilung über Einkommens- und Bildungskategorien gleichmäßiger ist.

3.2 Förderbarkeit „unbezahlter Arbeit" und Kryptonormativität

Die angedeuteten Probleme, aber auch die skizzierten Hoffnungen rund um Freiwilligenarbeit und Haushaltsproduktion werfen die Frage auf, inwieweit ein stärkeres Engagement in „unbezahlter Arbeit" überhaupt sozialpolitisch wünschbar ist und durch die öffentliche Hand gefördert werden soll. Soweit es um die Erweiterung und Entwicklung von Alternativen zu öffentlichen Leistungsträgern geht, würde ein Ausbau der Freiwilligenarbeit und Haushaltsproduktion wohl allgemein begrüßt werden. Ist hingegen ein Ersatz öffentlicher Institutionen das Ziel, dann sind dazu heftige politische Kontroversen zu erwarten, die auch die traditionellen Fronten politischer Parteien zu durchbrechen scheinen.

Auch im Falle einer Grundsatzentscheidung, die Ausweitung der informellen Sozialen Dienste als wünschenswert zu betrachten, ergibt sich aus den daraus folgenden Implementationsproblemen Zündstoff für politische Kontroversen. Ist es sinnvoll, freie und autonom agierende Leistungsträger öffentlich zu unterstützen und dadurch in ein Abhängigkeits- oder zumindest Näheverhältnis zur öffentlichen Hand zu bringen? Schon jetzt üben in zahlreichen Fällen Gebietskörperschaften durch ihre Nachfrage- (bzw. Finanzierungs-)Monopolstellung bei Sozialen Diensten vehementen Einfluß auf die Wohlfahrtsverbände aus. Dieser würde dann auch auf die informellen Sozialen Dienste, z.B. Selbsthilfegruppen und Nachbarschaftshilfeorganisationen ausgedehnt werden. Die damit verbundene Problematik wird am „Berliner Modell" deutlich.

Davon abgesehen ist zu klären, inwieweit die Formen der „unbezahlten Arbeit" überhaupt öffentlich gefördert werden können, bzw. welche Möglichkeiten dafür zur Verfügung stehen. Theoretisch ergeben sich als Ansatzpunkte Maßnahmen, welche die Opportunitätskosten der „unbezahlten Arbeit" beeinflussen, aber auch direkte finanzielle Zuwendungen (vgl. Badelt 1985, S. 206ff.). Dadurch entsteht ein Spektrum von wirtschafts- und sozialpolitischen Maßnahmen, welche von Arbeitszeitverkürzung über die steuerliche Absetzbarkeit von (Zeit- oder Geld-)Spenden bis zur direkten Subvention reichen. Dabei gilt es, einen engen Grat zwischen Multiplikatoreffekt öffentlicher Subventionen und Crowding Out-Effekt zu durchwandern: Die Auszahlung öffentlicher Mittel für private Soziale Dienste erleichtert nämlich die Arbeit von Freiwilligen bzw. macht sie manchmal überhaupt erst möglich. Andererseits geht bei starkem öffentlichen Engagement für Soziale Dienste die private Leistungsbereitschaft zurück (vgl. Abrams/ Schmitz 1978).

Wie auch immer die angedeuteten Trade-Offs politisch entschieden werden, scheint es ein spezielles Charakteristikum der sozialpolitischen Debatte um „unbezahlte Arbeit" zu sein, daß sie oft mit versteckten Werturteilen geführt wird. Dieser Vorwurf gilt für Gegner *und* Befürworter der Freiwilligenarbeit oder Haushaltsproduktion. So mancher Gegner der „unbezahlten Arbeit" versucht, sich als Anwalt von Randgruppen, Armen oder generell als Bewahrer der Sozialen Sicherheit zu präsentieren. Auf den zweiten Blick zeigt sich jedoch, daß es primär darum geht, erkämpfte Macht- oder Einflußbereiche von Parteien oder Verbänden zu sichern, wobei das Wohl potentieller Klienten als willkommener Vorwand dient. Umgekehrt werden Feldzüge für „Eigeninitiative" oder „Selbständigkeit" unternommen, die „Menschlichkeit" und „Qualität" freiwillig erbrachter Leistungen zitieren, wo es lediglich gilt, den Abbau öffentlich garantierter Sozialer Sicherheit zu verschleiern bzw. populärer zu machen.

Gegner und Befürworter staatlicher Engagements in der Bereitstellung Sozialer Dienste würden dem Anliegen der Freiwilligenarbeit und Haushaltsproduktion nützen, wenn sie die Diskussion der Werte transparenter führten. „Unbezahlte Arbeit" ist ein relativ junges Thema im Forschungskatalog der Ökonomie. Fast alle der angeführten Problemkreise könnten noch durch empirisch fundierte Forschung besser erhellt werden. Wenn dies geschehen ist, dann wäre die analytische Grundlage für eine rationale sozial*politische* Entscheidung bereitet, wie und in welchem Ausmaß Freiwilligenarbeit und Haushaltsproduktion in den Dienst der Wohlfahrtsproduktion gestellt werden.

Literatur

Abrams, B.A., und *M.D. Schmitz*, 1978: The „Crowding Out" Effect of Governmental Transfers on Private Charitable Contributions, in: Public Choice, 33, 1, S. 29-39.

Badelt, Chr., 1985: Politische Ökonomie der Freiwilligenarbeit. Theoretische Grundlegung und Auswirkungen in der Sozialpolitik. Frankfurt a.M./New York.

–, 1985a: Empirische Befunde zur Parallelen Wirtschaft in Österreich, in: *J. Skolka* (Hrsg.), a.a.O., S. 59-79.

–, 1985b: Selbstorganisation, Freiwilligenarbeit und Parallele Wirtschaft, in: *J. Skolka* (Hrsg.), a.a.O., S. 231-246.

–, 1987: Verbandliche Wohlfahrtspflege in Österreich, in: *R. Bauer* und *A. Thränhardt*, a.a.O., S. 33-52.

Badura, B., und *P. Gross*, 1976: Sozialpolitische Perspektiven. Eine Einführung in Grundlagen und Probleme sozialer Dienstleistungen. München.

Bauer, R., und *A. Thränhardt* (Hrsg.), 1987: Verbandliche Wohlfahrtspflege im internationalen Vergleich. Opladen.

Fink, U., 1983: Keine Angst vor Alternativen. Freiburg.

–, 1983a: Unentgeltliche Soziale Dienstleistungen aus der Sicht eines Bundeslandes, in: Sozialer Fortschritt, 32, 3, Sonderbeilage.

Greven, M., *R. Prätorius* und *T. Schiller*, 1980: Sozialstaat und Sozialpolitik. Krise und Perspektiven. Neuwied/Darmstadt.

Haller, H., 1984: Die volkswirtschaftliche Bedeutung der Österreichischen Caritas. Diplomarbeit, Wirtschaftsuniversität Wien.

Hawrylyshyn, O., 1977: Towards a Definition of Non-Market Activities, in: Review of Income and Wealth, 23, S. 76-96.

Heinze, R.G. (Hrsg.), 1986: Neue Subsidiarität: Leitidee für eine zukünftige Sozialpolitik? Opladen.

Leitner, F., o.J.: Persönliche Hilfe durch Privatpersonen in Wien. Sozialamt der Stadt Wien. Wien.

Matzner, E., 1982: Der Wohlfahrtsstaat von morgen. Wien.
OECD, 1985: Social Expenditure 1960–1990. Problems of Growth and Control. Paris.
Pichler, B., und *S. Vocelka-Zeidler*, 1981: Hilfe für ältere Menschen, in: Statistische Nachrichten, 3, S. 128-135.
Prätorius, R., 1980: Demokratie oder Demontage. Zur Begründung von Dezentralisation in der Sozialpolitik, in: *M. Greven, R. Prätorius* und *T. Schiller*, a.a.O., S. 197-250.
Seidel, H., und *H. Kramer* (Hrsg.), 1980: Die österreichische Wirtschaft in den 80er Jahren. Stuttgart.
Skolka, J., 1980: Der „autonome" Sektor der Wirtschaft, in: *H. Seidel* und *H. Kramer*, a.a.O., S. 87-94.
– (Hrsg.), 1985: Die andere Wirtschaft. Wien.
Strasser, J., 1979: Grenzen des Sozialstaats? Köln/Frankfurt a.M.

Edgar S. Cahn

Service Credits: Eine neue Währung für den Wohlfahrtsstaat*

Einleitung

Wenn eine Gesellschaft eine Menge unbefriedigte Bedürfnisse hat und es gleichzeitig eine große Zahl gesunder, tatkräftiger Menschen gibt, für die die Gesellschaft selbst dann keine Verwendung findet, wenn sie sich gerne nützlich machen würden, dann stimmt irgendetwas nicht. Es gab eine Zeit, in der wir die Probleme der unbefriedigten Bedürfnisse und der Nutzung des Arbeitspotentials auf dem Wege der Steigerung der öffentlichen Ausgaben zu lösen trachteten. Zur Zeit deutet alles darauf hin, daß die unbefriedigten Bedürfnisse zunehmen und die menschlichen Ressourcen unerschlossen bleiben, jedoch kein Wachstum der öffentlichen Mittel abzusehen ist, das diesen Bedürfnissen entspricht. Theoretisch sollen private Märkte das anbieten, was die Leute brauchen. Geld dient als Tauschmedium, welches es dem Markt (oder dem öffentlichen Sektor) ermöglicht, Angebot und Nachfrage in Einklang zu bringen und produktive Kapazitäten zu erschließen, um die Konsumbedürfnisse zu decken. Insofern es Menschen gibt, die in dieser Gesellschaft als „überflüssig" behandelt werden, erfüllt das Tauschmedium, nämlich Geld, seine Aufgabe nicht.

Die Problemlösung, die in diesem Papier entwickelt wird, ist einfach: Benötigt wird eine neue Währung. Ich nenne diese Währung „Service Credits" (im folgenden „Leistungsguthaben"). Dieser Ansatz wurde in drei Gebietskörperschaften in den USA gesetzlich eingeführt, in fünf weiteren Bezirken (bis jetzt erfolgreich) getestet und in sieben weiteren Bundesstaaten in Erwägung gezogen.

Wie funktioniert diese Währung? Das Grundkonzept ist einfach: Durch Dienstleistungen erwirtschaftete Kaufkraft wird anschließend genutzt, um von anderen erbrachte Dienstleistungen zu konsumieren, wobei sich die anderen auf diese Weise wiederum Leistungsguthaben verdienen.

Der erste Versuch wurde in Missouri gestartet: Personen im Alter von

* Discussion Paper Nr. 8, The Welfare State Programme, Suntory-Toyota International Centre for Economics and Related Disciplines/London School of Economics, Juli 1986; Übersetzung des leicht gekürzten englischen Textes von U. Götting, abgedruckt mit freundlicher Genehmigung des Verfassers.

über 60 Jahren verdienen sich Leistungsguthaben, indem sie Pflegedienste für ältere Leute leisteten. Sie können dann diese Leistungsguthaben dafür ausgeben, Pflege- oder Hauswirtschaftsdienste für sich oder für jemanden in ihrer Familie zu kaufen. Man mag dies das „Blutbankmodell" nennen („gib jetzt, nimm später in Anspruch, wenn du es brauchst") – mit dem Unterschied, daß „Zeit", nicht Blut, aufbewahrt/gespart wird. Es gibt andere, weiterreichende Modelle in verschiedenen Planungs- und Umsetzungsstadien:

- Ältere Leute verdienen sich Leistungsguthaben als Lehrkörper eines Vorschul-Programms. Die Eltern bezahlen mit Leistungsguthaben, die sie sich durch eine Fahrgemeinschaft für ältere Leute nachts und an den Wochenenden verdienen.
- Eine Kirchengemeinde, eine Gewerkschaft oder eine andere Mitgliederorganisation verpflichtet sich, eine Gesamtsumme von mehreren hundert Stunden im Monat in Leistungsguthaben zu verdienen, die der Organisation zufließen und zum Gebrauch ihrer Mitglieder bereitgehalten werden, falls diese Hauswirtschaftsdienste, Kinderbetreuung oder andere vereinbarte Leistungen benötigen.

Das erste Modell, Kinderbetreuung, ähnelt einem Tauschprogramm zwischen den Generationen. Das zweite ähnelt einem rudimentären Versicherungsplan. Auch wenn die Experimente sich anfangs auf ältere Personen konzentriert haben, lassen sich all diese Parameter erweitern:

- *Art der Dienste:* Diese könnten Unterricht für Schüler mit speziellen Problemen oder speziellen Talenten umfassen, Dienstleistungen für Behinderte, Hausreparaturen, Essensvorbereitung, gemeinschaftliche Nahrungsmitteleinkäufe, „Tagesbetreuung für Erwachsene", Beseitigung baulicher Erschwernisse für Körperbehinderte, Nachsorge für aus dem Krankenhaus entlassene Personen, Einkäufe, Begleitung von Personen.
- *Wer verdient?* Gegenwärtige Versuche konzentrieren sich auf ältere Menschen; jedoch könnten auch Kinder im Sekundarschulalter Einkäufe und Hausarbeit verrichten; alleinstehende Haushaltsvorstände könnten ausgebildet werden, eine Tagesstätte mit intensiver Kinderbetreuung und -erziehung zu führen; junge Männer und Frauen könnten grundlegende Hausreparatur- und -renovierungsfertigkeiten erlernen.
- *Wer kann „ausgeben"?* Unterschiedliche Grade der Übertragbarkeit könnten vorgesehen sein: Enkel am anderen Ende der Stadt können Leistungsguthaben verdienen und diese dann als Geschenk für ihre Großeltern verwenden, damit diese Hilfe bekommen können, wenn sie sie brauchen; Gruppen können sich zusammenschließen, um verdiente Leistungsguthaben für Mitglieder und ihre Familien zusammenzulegen.
- *Gemischtes Preissystem:* Für die Dienste kann ein Preis mit zwei Komponenten verlangt werden. Wo Geld aufgewandt werden muß, um Materialien, Kapitalkosten oder erforderliche Fachkräfte zu bezahlen, kann

der Preis einen durchlaufenden Posten enthalten, aus dem die monetären Ausgaben gedeckt werden; der Dienstleistungsanteil würde dann in der Form von Leistungsguthaben verbucht.

Der zugrundeliegende Ansatz ist der folgende: Wir können anfangen, unsere sozialen Probleme zu lösen, indem wir ein neues Tauschmedium schaffen, das es erlaubt, bislang ungenutzte persönliche Zeit in marktgängige Guthaben umzusetzen, die reale Kaufkraft erzeugen. Die folgenden Merkmale sind es wert, hervorgehoben zu werden:

- Eine lokale Währung – deren Geltung und Kaufkraft von einer Stadtverwaltung garantiert werden kann – erlaubt es, Initiativen zu entwickeln, ohne daß man auf eine Bundesgesetzgebung oder einen nationalen Konsens warten müßte.
- Es gibt keinen „Statusverlust", wenn man Zertifikate für ein Leistungsguthaben verdient, während Stigmatisierungseffekte durchaus eintreten könnten, wenn man zu einem gesetzlich bestimmten Mindestlohn arbeitet.
- Dies ist eine Währung, die für spezifische soziale Probleme und spezifische Bevölkerungsgruppen „maßgeschneidert" werden kann, und zwar allein durch Festlegungen darüber, welche Dienste geleistet werden sollen und für wen; es ist eine Währung, die ausdrücklich eingerichtet werden kann, um gegenseitige Selbsthilfe, die Familie, ausgedehnte Familienunterstützungssysteme und vielfältige Formen nachbarlichen Verhaltens zu belohnen. Es ist eine Währung, die gebraucht werden könnte, um Nachbarschaft und Gemeinschaft zu stärken.
- Insofern Gesellschaften immer schon „moralische" Kriterien benutzen, um die Verteilung des von der Gesellschaft produzierten Reichtums zu bestimmen, erlaubt es diese Währung den Bürgern, sich als Urheber aktiver Beiträge und als Produzent zu verstehen – und nicht nur als Menschen, die eines Almosens gewürdigt werden.

Die Einsicht, welche dem Vorschlag zugrundeliegt, ist die, daß der wirkliche Reichtum einer Gesellschaft in ihren Mitgliedern liegt – und in der Zeit, die sie aufzuwenden bereit sind, ihre eigenen Bedürfnisse mit den Bedürfnissen der anderen in Einklang zu bringen. Wenn die Zeit die grundlegende Ressource ist, dann stellt sich die Frage, wie sich diese mobilisieren läßt. Kann eine solche neue Währung „überflüssige" Leute aktivieren und ihre Tätigkeit gleichzeitig auf die großen sozialen Bedürfnisse ausrichten? Diese Frage zu stellen, bedeutet vielleicht, daß wir wenigstens angefangen haben, unsere Vorstellungen über den Bereich des Möglichen zu überdenken.

1. Die Funktionsweise des Programms

*1.1 Der gesetzliche Rahmen**

Das grundlegende gesetzliche Schema für ein Leistungsguthaben-Programm ist relativ einfach. Das Gesetz beginnt normalerweise mit dem Antrag an die Verwaltung (oder eine geeignete Abteilung), ein computergesteuertes Leistungsguthaben-System einzurichten, wobei Personen durch Dienstleistungen für andere Leistungsguthaben verdienen können und ihrerseits auf ihre Zertifikate zurückgreifen können, um im Bedarfsfall sich diese Dienste für sich oder ihre Familie zu beschaffen. Das Gesetz legt fest, wer Zertifikate verdienen kann, welche Dienstleistungen vorgesehen sind, wer sie empfangen darf und wer schließlich auf die verdienten Zertifikate zurückgreifen darf. Obwohl keines der Gesetze irgendeine Einkommensüberprüfung für die Teilnahme auferlegt, kann die Gesetzgebung eine Feststellung des tatsächlichen Bedarfs verlangen, bevor eine Person, die ein Leistungsguthaben erworben hat, davon Gebrauch machen darf, um selbst Leistungen zu erhalten.

Der umstrittenste Teil der Gesetzgebung ist die Bestimmung, die vom Staat verlangt, die „Kaufkraft" der verdienten Zertifikate zu garantieren. So oder so verpflichtet dies den Staat, eine Art Rücklagensystem einzurichten für den Fall, daß niemand verfügbar ist, die Dienstleistung zu erbringen, wenn eine Person, die ein Leistungsguthaben verdient hat, diese Dienstleistung in Anspruch nehmen möchte, jedoch die Situation vorfindet, daß kein entsprechendes Angebot verfügbar ist. Die Rechtfertigung für eine solche Bürgschaft ist, daß der Staat selbst direkt von den freiwilligen Dienstleistungen profitiert hat, die an Personen geleistet wurden, die andernfalls in ein öffentliches Pflegeheim aufgenommen werden (und so zu einer eventuell noch größeren Last für den Steuerzahler würden, wenn die Dienste nicht geleistet würden). Die Garantie ist eine zentrale Voraussetzung – aber sie war auch der wichtigste Anlaß für Bedenken der Verwaltung, die fürchtete, gegebenenfalls mit gewaltigen Verbindlichkeiten konfrontiert zu werden. Weiter befürchtete man, daß Personen, die zu einem gegebenen Zeitpunkt auf der Warteliste für staatliche Dienstleistungen stehen, übergangen werden, um denjenigen den Vorzug zu geben, die über ein eigenes Leistungsguthaben verfügen. Es gibt jedoch zahlreiche Wege, eine Garantie einzuführen, welche dieses Problem vermeidet (vgl. unten, Abschnitt 2.4.2).

Es gibt drei weitere wichtige gesetzliche Bestimmungen:

1. Die Gesetzgebung ist zunächst für ein anfängliches Probejahr vorgesehen; die Einrichtung von Pilotprogrammen wird verfügt und ein Bericht an die Legislative in Auftrag gegeben, nach Ablauf eines Jahres die Ef-

* Die folgenden Ausführungen beziehen sich auf einschlägige Gesetze und Gesetzgebungsvorhaben in z.Zt. sieben amerikanischen Bundesstaaten (A. d. Übers.).

fektivität des Programms und die Ausdehnungsmöglichkeit zu beurteilen.

2. Die Gesetzgebung kann der Verwaltung die Vollmacht einräumen, das Leistungsguthaben-Programm auf breiterer Basis zu erproben, ohne damit zwangsläufig auch die staatliche Garantie auf solche Experimente auszuweiten. Auf diese Weise bewilligt ein Bundesstaat ausdrücklich inter-generationale Programme, wo ältere Personen gegen Leistungsguthaben-Zertifikate Privatunterricht oder Tagesbetreuung für jüngere Leute anbieten können und die Eltern oder Verwandten die Verantwortung für irgendeine Art von Rückzahlung tragen. Keine Garantie verbindet sich mit Leistungsguthaben, die in einem solchen Versuchsprogramm erworben werden.
3. Gelder werden bereitgestellt, um Verwaltungskosten zu decken. Anfangsbewilligungen lagen bei $ 50.000 für das erste Jahr; normalerweise werden solche Gelder das Gehalt eines Koordinators, ein Computersystem für die Buchführung über Leistungsguthaben und die Kosten der Evaluation decken. Keine Gesetzgebung sah ausreichende Gelder für die lokalen Gruppen vor, die tatsächlich das Programm auf der Gemeinde- oder Nachbarschaftsebene ausführen.

1.2 *Der Gesetzgebungsprozeß – Befürworter und Gegner*

Die Unterstützung für das Programm kam aus dem gesamten politisch-ideologischen Spektrum. Zu den Unterstützern gehörten
- diejenigen, die dies als einen Weg betrachteten, wichtige soziale Notlagen auch angesichts staatlicher Sparmaßnahmen zu bessern;
- diejenigen, die dies als ein Programm ansehen, die Abhängigkeit vom Staat zu reduzieren, freiwillige Leistungen zu fördern, die Familie zu stärken und das lokale Gemeinwesen wiedererstehen zu lassen;
- diejenigen, die die Währung als eine Strategie zur Vergrößerung individueller Wahlfreiheit begreifen, weil sie persönliche Zeit in eine verkäufliche Ware umwandelt, die zusätzliche Kaufkraft erzeugt.

Die Politiker in den Legislativen schätzen das Programm, weil es sie in die Lage versetzt, ohne große neue Ausgaben etwas für ihre Wähler/innen zu tun. Religiöse Gruppen haben sich immer wieder spontan engagiert und haben den Standpunkt vertreten, solche Gesetze werden es ihnen möglich machen, auch in einer Zeit, in der der Eintritt von Frauen in den Arbeitsmarkt einen Großteil des traditionellen „Freiwilligen-Pools" ausgetrocknet hat, freiwillige Tätigkeit attraktiv und effektiv zu gestalten. Bewegenden Anklang fand das Programm bei älteren Leuten, die zum ersten Mal das Gefühl hatten, der Staat erkenne an, daß sie etwas Nützliches beizutragen haben und nicht nur eine Last sind für die Öffentlichkeit und die Steuerzahler.

Opposition – direkt oder indirekt – kam durchweg von der Verwaltung, besonders von den Behörden, die für die Verwaltung von Geldern für ältere Leute zuständig sind. Denn das Programm stellt ihnen keine größeren Mittel zur Verfügung, mit denen sie den Notlagen, mit denen sie konfrontiert sind, abhelfen könnten; es sieht für sie keinen nennenswerten Personalzuwachs vor, abgesehen von einer Stelle; es ist eine beachtliche Arbeit damit verbunden, das Programm ins Laufen zu bringen; sie sind besorgt über das, was die Garantie für nachfolgende Verbindlichkeiten mit sich bringen kann. Da es für sie unpassend wäre, mit solchen Einwänden hervorzutreten und sich damit in Gegensatz zum Gedanken freiwilliger Hilfe zu stellen, fassen sie ihre Einwände in drei skeptischen Fragen zusammen:

1. *Qualitätskontrolle.* Es ist gefährlich, Freiwillige auf gebrechliche ältere Menschen „loszulassen".

2. *Die Bedürfnisse der Nicht-Teilnehmer/innen.* Viele, die Dienstleistungen benötigen, werden niemals in der Lage sein, selbst Leistungsguthaben zu verdienen. Was passiert mit ihnen? Tatsächlich berührt dies zwei getrennte Bedenken:
a) Kann das Gesetz genutzt werden als Vorwand für eine Strategie, zusätzliche Gelder, die dringend benötigt werden, abzulehnen?
b) Welche Verbindlichkeiten sind mit der Garantie verknüpft, und wie werden sich diese auf die Anspruchsberechtigung für soziale Dienstleistungen auswirken?

3. *Auswirkungen auf die Bereitschaft zu freiwilliger/ehrenamtlicher Tätigkeit.* Wird das Programm nicht vielleicht die Zahl der Freiwilligen reduzieren, die es jetzt in großer Zahl auch ohne irgendwelche Form der Kompensation gibt?

Diese Befürchtung ist eng verwandt mit einem Vorbehalt, wie er von einigen Kirchenvertretern und anderen vorgebracht wird, die das Gesetz zwar unterstützen, sich jedoch fragen, ob es nicht den echten Geist freiwilligen Gebens untergräbt, das ohne Belohnung geleistet werden sollte. Es gibt einen weiteren Einwand, der hier genannt werden soll: Könnten Leistungsguthaben die vergleichsweise unqualifizierten Jobs im Pflegesektor gefährden, die in gewissem Maße Erwerbschancen für Angehörige von Minderheiten und für Leute aus benachteiligten Verhältnissen bieten?

Auf all dies gibt es Antworten. Zu ihnen würden die folgenden gehören:

1. Qualitätskontrolle muß durch Überprüfung, Ausbildung, Stichproben, Telefonanrufe usw. geleistet werden.
2. Bestehende Dienstleistungen müssen erhalten bleiben und unabhängig von der Einführung von Leistungsguthaben ausgebaut werden; es sollte keine Verdrängung von Anspruchsberechtigten geben.
3. Die Garantie kann mit einer Vielzahl von Strategien eingeführt werden, die keine zusätzlichen Kosten für den Staat verursachen und niemanden auf den Wartelisten verdrängen (vgl. Abschnitt II, d).

4. Politisch betrachtet sind diejenigen, die Dienstleistungen benötigen, dann in einer stärkeren Position, um einen gerechteren Anteil an den öffentlichen Geldern zu verlangen, wenn sie als Personen auftreten können, die selbst durch ihre Leistungen zur Befriedigung sozialer Bedarfe beigetragen haben.
5. Leistungsguthaben sollen das Angebot an freiwilliger Arbeit vergrößern, indem sowohl neue Personen einbezogen werden als auch ein größeres und verläßlicheres Engagement über einen längeren Zeitraum sichergestellt wird; sofern keine Verdrängung oder Substitution stattfindet, würde es wohl einen absoluten Zuwachs des Leistungsangebots geben. Das wird man aber erst nach einiger Zeit und auf der Basis von Untersuchungen beurteilen können.
6. „Echter" Altruismus kann gefördert werden, wenn man die Möglichkeit vorsieht, verdiente Leistungsguthaben an Wohlfahrtsorganisationen zu *verschenken.* Ein Pfarrer hat das auf die folgende Weise ausgedrückt: „*Eine* Stunde ergibt *zwei:* eine für den Patienten, die andere für Gott."
7. Nichts spricht dagegen, Altruismus mit gewissen Elementen des Selbstinteresses zu verknüpfen. Sich um sich selbst und die Bedürfnisse seiner Familie zu sorgen, indem man anderen hilft, wird die Familie, die Nachbarschaft und die Gemeinde stärken.
8. Leistungsguthaben können gerade einen Zugang zu Jobs eröffnen und ein Weg sein, aus der folgenden Zwickmühle auszubrechen: „Wir suchen Arbeitnehmer mit Berufserfahrung. Aber der einzige Weg, die erforderliche Erfahrung zu sammeln, ist der, einen Job zu haben, für den vorherige Berufserfahrung erforderlich ist."

Ein Prinzip muß immer wieder klargemacht werden: Die gesetzliche Einführung von Leistungsguthaben kann die verfügbaren Ressourcen und Ansprüche nur *ergänzen;* sie darf nicht in eine Strategie zur Reduzierung von Ansprüchen oder zur Senkung von Haushaltsmitteln für Sozialleistungen pervertiert werden (vgl. Abschnitt III, c). Freiwillige, die Leistungsguthaben erwerben, haben zwei mächtige Waffen, um zu verhindern, daß das Programm vom Staat als ein Vorwand für Kürzungen oder als Weigerung mißbraucht wird, Haushaltsmittel bedarfsgemäß zu erhöhen. Sie können alle zur gleichen Zeit ihre freiwillige Arbeit einstellen, und sie können alle auf einmal ihre Zertifikate einzulösen versuchen und so einen „run" auf die Bank auslösen.

1.3 Die Implementation: Haken und Ösen

Eine zweistufige Verwaltungsstruktur wird zur Einführung des Programms benötigt. Die vollziehende Behörde muß zumindest ein Buchhaltungssystem für die verdienten und ausgegebenen Guthaben einrichten. Sie muß außerdem Vereinbarungen mit örtlichen Organisationen und Institutionen treffen, welche die Rekrutierung, Ausbildung und den Einsatz der Freiwilligen dann tatsächlich vornehmen. Diese Vereinbarungen sind das Kernstück des Programms; sie spezifizieren die Verantwortlichkeiten jeder Seite. Die staatliche Behörde legt normalerweise die Formen der Registrierung und der Berichterstattung fest, verbucht die Guthaben-Zertifikate der teilnahmeberechtigten Freiwilligen in ein Computer-Datensystem, weist periodisch die insgesamt verdienten Leistungsguthaben aus, sieht technische Unterstützung für andere Behörden und Gemeinden vor und verbreitet Informationsmaterial. Die lokale Basisebene hat den schwierigeren Job: Sie muß die Freiwilligen rekrutieren, überprüfen und registrieren, eine entsprechende Haftpflichtversicherung beschaffen, für Ausbildung und Überwachung sorgen, der Behörde über die geleisteten Stunden fortlaufend Bericht erstatten – und alle Aktivitäten irgendwie koordinieren.

1.4 Öffentliche Garantie für Leistungsguthaben

Was diesen Punkt betrifft, ist bislang noch kein Bundesstaat in der Lage gewesen, in sinnvoller Weise eine „Einlagensicherung" zu gewährleisten. Die Verantwortung für die Einlösbarkeit der verdienten Zertifikate verbleibt daher realistischerweise bei den Kommunen. Glücklicherweise gab es bisher keinen Anlaß, diese Garantiepflicht in Kraft treten zu lassen, und es scheint in absehbarer Zeit wohl auch keinen Anlaß dafür zu geben. Wenigstens vier Mechanismen stehen der Kommune zur Verfügung, um die Garantie einzulösen, und zwar ohne Inanspruchnahme von Haushaltsmitteln für ungewisse Haftungsfälle:

1. Vereinigungen können sich in einer ersten Runde Dienstleistungen für ihre Mitglieder (die ja bis dahin noch keine Gelegenheit hatten, Zertifikate selbst zu erwerben) sichern, wenn sie als Gegenleistung eine Verpflichtung übernehmen, ein „Reservecorps" für den Haftungsfall aufzustellen.
2. Kommerziellen Auftragsnehmern einer Gemeinde können, sofern sie bereit sind, Reserven an freiwilligen Leistungen vorzuhalten, Vorzugsbedingungen gegenüber Konkurrenzangeboten gewährt werden.
3. Vergünstigungen für öffentliche Bedienstete (Gewährung bevorzugter Urlaubstermine, Gleitzeit usw.) können eingesetzt werden, um ihnen einen Anreiz zu bieten, dem „Reservecorps" beizutreten.
4. Der bevorzugte Zugang zu freiwilligen Vergünstigungen könnte als Anreiz genutzt werden, ein „Reservecorps" zu bilden, das dann verfügbar wäre, um die Garantie ggf. einzulösen (z.B. könnten sich College-Studenten „qualifizieren" für die Vergabe niedrig verzinster Kredite oder Studentenwohnungen).

1.5 Organisationsprobleme an der Basis

Ein Freiwilliger, der mit Leistungsguthaben bezahlt wird, ist in derselben Position wie ein Arbeitnehmer; beide müssen auf der Lohnliste geführt werden; sie werden nur in einer unterschiedlichen Währung bezahlt. Für die lokale Vereinigung gleicht der Zugang zu der neuen Währung der Zuteilung einer Subvention: sie wird befähigt, eine potentiell unbegrenzte Zahl von Freiwilligen auf die „Lohnliste" zu setzen. Die Basisvereinigung muß jedoch zunächst eigene organisatorische Anstrengungen aufwenden, und da das Programm ohne Vorläufer ist, können diese zu Beginn beträchtlich sein.

In einigen Fällen sind Unterstützungsleistungen von Stiftungen gekommen, die bereit waren, einige der Anlaufkosten zu tragen und die Organisation in die Lage zu versetzen, eine zusätzliche Vollzeitkraft einzustellen, welche die Verantwortung für die Entwicklung und Lancierung des Programms übernimmt. In einem anderen Fall hat ein Krankenhaus in einen erheblichen Teil der eigenen personellen und finanziellen Ressourcen investiert, um das Programm zu entwickeln und zu lancieren. Das Hauptmotiv war dabei, das Krankenhaus in die Lage zu versetzen, mehr Behandlungsfälle aufzunehmen, was durch die Bereitstellung häuslicher Pflegedienste möglich wurde. Auf seiten der Klinik bestand ein langfristiges Interesse, das das Programm als eine vernünftige Investition erscheinen ließ. Kostendämpfungsmaßnahmen lassen den Druck wachsen, die Patienten möglichst früh zu entlassen, sobald sie nicht mehr das Pflegeniveau eines Krankenhauses benötigen. Das Programm bietet so ein Vehikel für die Krankenhäuser, das Pflegeniveau zu sichern, das bei einer frühzeitigen Entlassung erforderlich ist.

Außer den organisatorischen gab es steuerliche Anlaufprobleme. So mußte in Miami eine Vereinbarung mit der Steuerbehörde getroffen werden, die festlegt, daß Leistungsguthaben nicht als zu versteuerndes Einkommen zu behandeln ist; eine kostengünstige Haftpflichtversicherung wurde eingeführt, um Ansprüche sowohl der freiwilligen Leistungserbringer als auch ihrer Klienten zu decken; Bewerbungsformulare, Checklisten zur Leistungsbeurteilung, ein Verhaltenskodex und andere Materialien sind entwickelt und verfeinert worden.

1.6 Koordinationsprobleme

Spannungen traten auf zwischen der Regierung (die in erster Linie Bedenken trägt wegen der Garantie und ihrer fiskalischen Verantwortung für Auswirkungen auf andere Ausgaben) und den lokalen Trägern, die vor allem eine freiere Hand und viel größere Flexibilität fordern, um den Bedarf decken und Freiwillige motivieren zu können.

Die wichtigsten Koordinationsprobleme stellen sich im Zusammenhang mit dem Versuch, auf einer breiten großstädtischen Basis zu operieren. Kaum eine einzelne Basisorganisation wird Glaubwürdigkeit im gesamten großstädtischen Gebiet besitzen; keine hat die Kapazität, alle potentiellen Freiwilligen und Klienten zu erreichen; und keine ist zu einem lokalen Monopol auf die Zuteilung von Diensten und Zertifikaten, d.h. zum Ausschluß anderer Freiwilligen-Organisationen berechtigt. Dies bedeutete, daß ein Rahmen geschaffen werden mußte, in dem Organisationen zusammenarbeiten, sich unterstützen und sich dort, wo jede Organisation einen wechselseitigen Vorteil darin sah, gegenseitig helfen konnten. Es ist eindeutig von Vorteil für jede Organisation, den Erwerb von Leistungsguthaben so attraktiv wie möglich zu machen. Wenn nun Zertifikate, die in einem Programm verdient worden sind, auch dafür ausgegeben werden können, um Dienstleistungen von anderen Organisationen zu kaufen, so wird die „Währung“ nützlicher. So könnten z.B. Leistungsguthaben, die durch Tagesbetreuung für Kinder verdient wurden, dafür ausgegeben werden, um Hauswirtschaftsdienste für ältere Verwandte oder den/die Ehepartner/in zu kaufen. Oder Leistungsguthaben, die durch Pflege-Hilfsdienste in einer „offenen Klinik“ verdient wurden, könnten für Transporte oder Hausreparaturleistungen im Rahmen eines anderen Programms ausgegeben werden. Jüngere Verwandte, die in einem Teil der Stadt leben, könnten Leistungsguthaben für ein Programm erwerben, das ihre Großeltern, die in einem anderen Stadtteil wohnen, zu nutzen wünschen, und zwar mit der lokalen Organisation, die ihre Nachbarschaft versorgt. Dies erfordert die Einrichtung einer Art zentralen „Clearing-Stelle“, welche Personen, die an freiwilligen Tätigkeiten interessiert sind, an die entsprechende lokale Organisation verweist, welche eine zentrale Datenbank einrichtet mit allen verdienten Credits im ganzen System und die weiterhin die im Rahmen des einen Programms ausgegebenen Zertifikate mit den Zertifikaten verrechnen kann, die in einem anderen Programm verdient wurden.

Die Kontrolle über zentralisierte Buchungsvorgänge wird als Machtquelle betrachtet, und auch als ein Mittel, um weitere Finanzquellen zu erschließen. Die Festlegung des Ortes dieser zentralisierten Funktionen muß daher kooperativ geschehen und sollte Gegenstand eines Leitungsgremiums sein, das die beteiligten Organisationen repräsentiert. Da es immer Rivalitäten um organisatorische Domänen und ihre Anerkennung gibt, und da es häufig ein traditionelles Mißtrauen zwischen verschiedenen Nachbarschaften und ethnischen Gruppen gibt, erfordert die Einrichtung eines solchen Konsortiums einen längeren Prozeß und den Aufbau von Vertrauensbeziehungen. Es gab eine beständige Abneigung auf seiten der Basisorganisationen, die Koordinierungsfunktionen an ein lokales Leitungsgremium abzutreten.

2. Theoretische Fragen

Warum soll man eine neue Währung schaffen? Gibt es etwas, das diese Währung tun kann, was Geld nicht kann? Ist dies einfach eine andere Form des Marktverkehrs oder etwas anderes? Die Antwort erfordert eine Bestimmung der entscheidenden Merkmale der Leistungsguthaben und eine Erläuterung ihrer spezifischen Auswirkungen.

2.1 Entscheidende Charakteristika von Leistungsguthaben

Wie anfangs dargelegt, zeichnet sich das System durch die folgenden vier Gruppen von Eigenschaften aus:

1. *Die Währung ist begrenzt*

Leistungsguthaben sind kein universales Zahlungsmittel. Restriktionen bestimmen:
- wo sie verdient und ausgegeben werden können,
- wer sie verdienen und ausgeben kann,
- wie sie verdient werden können,
- wie sie ausgegeben werden können.

2. *Es gibt keinen konventionellen Preismechanismus*

Mit einer Dienstleistungsstunde verdient man einen Credit; für einen Credit kann man eine Stunde Dienstleistungen kaufen. Jedermanns Zeit wird gleich bewertet/für jedermanns Zeit wird der gleiche Wert festgesetzt.

3. *Es handelt sich um Währung, die gelenkt wird von einem Aufzeichnungssystem*

Leistungsguthaben-Programme erfordern laufende Aufzeichnungen darüber, wer Credits verdient, wer sie ausgibt, wer Dienstleistungen erhält und verschiedene andere Informationen, die notwendig sind, um die Qualität zu überwachen und die Sorgfalt zu prüfen.

4. *Leistungsguthaben sind eine öffentliche, von der Steuer ausgenommene Währung, die von der lokalen Regierung garantiert wird*

Leistungsguthaben-Programme werden von der lokalen Regierung geschaffen, um einen spezifischen öffentlichen Zweck zu fördern. Sie werden nicht als zu versteuerndes Einkommen behandelt. Es wird von der lokalen Regierung garantiert, daß sie für eine Stunde einer bestimmten Dienstleistung wieder eingelöst werden können.

Dies ist das System, wie es oben vorgestellt wurde. Keines der Merkmale ist unveränderlich. Jedes Merkmal ist Quelle einer „ersten Generation" von Konsequenzen; kumulativ befördern sie eine neue, hoffnungsvolle Dynamik.

2.2 *Auswirkungen dieser Merkmale*

Ein Tauschmedium wie das beschriebene kann eine soziale Dynamik erzeugen, die Geld allein kaum oder überhaupt nicht hervorbringt. Die folgende Analyse versucht zu erläutern, warum dies so ist.

2.2.1 Restriktionen als Katalysator des Wandels: der Vorrang der Dienstleistung

Die „Leistungsguthaben"-Währung ist eine „zweckgebundene" Währung – zweckgebunden an Dienstleistungen und nur an diese.

Ein Zuwachs der öffentlichen Haushaltsausgaben würde nicht dasselbe Resultat hervorbringen. Wie man weiß, bringt das Hineinpumpen von Geld in ein soziales Dienstleistungssystem nicht notwendig mehr und bessere Dienstleistungen hervor. Die Ausgaben werden vielleicht für die Bedienung institutioneller Eigeninteressen abgezweigt: Die Gehälter des Spitzenmanagements müssen erhöht werden, um sicherzustellen, daß sie nicht woanders besser bezahlte Stellen annehmen; die Hauptakteure müssen belohnt werden; lang aufgeschobene Anpassungen an die Lebenshaltungskosten müssen getätigt werden, um eine Demoralisierung des Personals zu verhindern; es gibt Aktenrückstände und Büroarbeit, die nur durch die Einstellung zusätzlicher Schreib- und Hilfskräfte erledigt werden kann; veraltete Ausstattung muß ersetzt werden, um die Effizienz zu verbessern; Weiterbildungsprogramme müssen eingerichtet werden, um den Bildungsstand des Personals zu verbessern. Erst nach der Erfüllung dieser Prioritäten werden wahrscheinlich Gelder verteilt, um den Bedarf der Klienten zu decken – ohne Rücksicht darauf, ob das bei der Fortführung der bisherigen Versorgungspraxis überhaupt effizient gelingt.

Leistungsguthaben können folglich als Katalysator des Wandels im Dienstleistungssystem fungieren, weil sie die traditionelle Hierarchie des Prestiges und der Allokation von Ressourcen zwischen Dienstleistungsanbietern und Verwaltung umkehren. Sie stellen kontinuierlich die Annahme auf die Probe, daß eine bestimmte Tätigkeit tatsächlich von einer qualifizierten, hauptamtlichen Vollzeitkraft ausgeübt werden muß, anstatt von einer teilzeitig tätigen, nicht-professionellen Laien-Kraft. Während der Grad, zu dem nicht-professioneller Dienst an die Stelle von professionellem oder hochqualifiziertem Dienst treten kann, eine offene Frage ist, ist die Tendenz geldgesteuerter Systeme die, professionelle Ansprüche auf ein von Experten getragenes Monopol auf immer mehr Tätigkeitsbereiche auszudehnen. Leistungsguthaben kehren die Vermutung um und liefern einen kontinuierlichen Test über das Ausmaß, in dem Laien-Arbeitskraft stellvertretend eingesetzt werden kann.

Zu Marktpreisen gekaufte Dienstleistungen an die Stelle all der Tätigkeiten treten zu lassen, die – historisch betrachtet – von der Familie verrichtet wurden, würde schwindelerregend kostspielig werden. Und es gibt Grenzen, bis zu denen man die Tätigkeiten des Erziehens, des Ernährens, der Zuteilung von Hilfe, Anerkennung, des Auswählens, des Tröstens und der emotionalen Unterstützung zergliedern und auslagern kann. Im Zusammenhang mit der Versorgung von älteren Menschen, von unselbständigen Kindern oder von Armen mit Dienstleistungen könnte eine mögliche Effizienz nicht-marktförmiger Systeme liegen – analog zu der Effizienz der Familie, die ja ebenfalls als eine multifunktionale ökonomische Einheit angesehen wird.

2.2.2 Das Fehlen eines Preismechanismus: ein nicht-marktförmiges Kosten-Nutzen-Kalkül

a) Leistungsguthaben unterscheiden sich von Geld durch den Wert, der im sozialen Austausch *zwangsläufig* der nicht-monetären oder „intrinsischen" Belohnungskomponente beigemessen wird. Bezahlung in Leistungsguthaben gibt nicht vor, eine vollständige Kompensation, wie sie der Markt definiert, zu bieten – allein schon aus dem Grund nicht, weil man mit Leistungsguthaben nicht die ganze Palette von Gütern und Dienstleistungen kaufen kann, die man mit Geld erwerben kann. Vielmehr gehen die Beteiligten davon aus, daß eine gewisse Vergütung auch in der Befriedigung liegt, die man damit verbindet, anderen zu helfen. Das Fehlen eines Preismechanismus und die beschränkte Verwendbarkeit der Leistungsguthaben muß ausgeglichen werden durch den „Lohn", der im Helfen selbst liegt. Solche intrinsischen Belohnungen müssen als eine Art von zusätzlichen Vergütungen betrachtet werden, wenn man das Leistungsguthaben-Verdienen als ein Tauschgeschäft analysiert.

Im Gegensatz dazu ist Geld im Hinblick auf intrinsische Belohnungen neutral. Es *verhindert* nicht Erwägungen intrinsischer Belohnungen verbunden mit dem Eintritt in Markttransaktionen, aber es *verlangt* auch nicht, daß solchen Motiven irgendein Wert beigemessen wird. Bezahlung in Geld bietet eine „angemessene Entschädigung", definiert als der volle Wert, den der Markt der Arbeit von jemandem beimißt.

Leistungsguthaben sind fraglos nicht neutral im Hinblick auf die Förderung der Bewertung intrinsischer Belohnungen, die damit verbunden sind, anderen zu helfen. Sie betonen implizit und nachdrücklich den Belohnungscharakter der intrinsischen „Löblichkeit" einer Aufgabe. Wenn jemand Leistungsguthaben verdient, schließt die erhaltene Entschädigung eine unbestimmt bleibende Komponente ein, die im Wert des Leistungsvollzuges selbst besteht; dieser Wert wird von Person zu Person unterschiedlich sein. Die Natur des Austauschs unterstellt eine Reziprozität, die sich nur partiell in der Menge der verdienten Währung widerspiegelt. Der von der Steuer ausgenommene Status der Leistungsguthaben erkennt diese andere Komponente an und legitimiert sie, ohne dabei als Entschädigung für altruistische „Opfer" gedeutet werden zu müssen.

Dies läßt immer noch die Frage unbeantwortet, ob Leistungsguthaben genügend attraktiv sind, um Personen einen Anreiz zu bieten, sie zu verdienen. Aber die Währung selbst definiert Entschädigung auf eine Weise, die intrinsische Belohnung einschließt. Die ökonomische Durchführbarkeit von Leistungsguthaben hängt von einem andersartigen Kalkül ab: von einem Kalkül, dem zufolge Personen, die Leistungsguthaben verdienen, nach Marktstandards „unterbezahlt" werden – wenn intrinsische Belohnungen nicht mitgerechnet werden.

b) Die ökonomische Durchführbarkeit von Leistungsguthaben beruht auf der Fähigkeit des Leistungsguthaben-Systems, ein Volumen von Dienstleistungen hervorzubringen, das weder vom Staat im Sinne eines garantierten Rechts, noch vom privaten Markt, noch von der Schattenwirtschaft und ihren Tauschgeschäften, noch von dem informellen Unterhaltssystem (Familie, Verwandte, Freunde und Nachbarn) angeboten werden kann. Sie hängt davon ab, ob die einzelnen bereit sind, auf Freizeit (oder eine anderweitige Nutzung der Zeit) zu verzichten, um Leistungsguthaben zu verdienen oder nicht. Rein ökonomisch stellt sich die Frage: *Ist der Grenznutzen des Verdienstes von Leistungsguthaben gleich den damit verbundenen Grenzkosten oder übersteigt er diese sogar?*

Solange der Grenznutzen des Erwerbs von Leistungsguthaben größer oder gleich den Grenzkosten ist, wird sogar der klassische „Optimierer" der ökonomischen Literatur sich dafür entscheiden, Leistungsguthaben zu verdienen. Diese analytische Perspektive ist durchaus hilfreich, weil sie die Aufmerksamkeit auf die Komponente der „Nutzenschätzung" lenkt und auf die grundlegende Rolle, die intrinsische Belohnungen spielen, wenn man Leistungsguthaben aus einer ökonomischen Perspektive heraus lebensfähig machen will.

Wir beginnen mit der traditionellen Unterscheidung zwischen Belohnungen, die extrinsisch sind in bezug auf das, was man tut, und solchen, die intrinsischer Natur sind, weil sie von der Befriedigung herrühren, die man erfährt, wenn man die Arbeit erledigt. Die verdiente Kaufkraft – ob in Geld oder in Leistungsguthaben – ist eine extrinsische Belohnung, d.h. man erhält sie unabhängig davon, ob die Arbeit einen persönlich befriedigt oder nicht. Wenn die Arbeitsstunde dem Leistenden die inflationsgesicherte Fähigkeit verleiht, eine Arbeitsstunde von jemand anderem zu kaufen, scheint der Austausch gleichwertig und die extrinsische Belohnung äquivalent. Im Vergleich dazu kann man mit dem Lohn einer Arbeitsstunde niemals eine identische Arbeitsstunde eines anderen kaufen, wenn Verwaltungskosten, fortlaufende fixe Kosten, Profite und Steuern eingerechnet werden. Auf den ersten Blick scheint daher die in Form von Leistungsguthaben gebotene extrinsische Bezahlung durchaus konkurrenzfähig zu sein;

aber diese positive Einschätzung ändert sich sehr schnell, wenn man bedenkt, daß der Umfang der Leistungen, die man für Leistungsguthaben kaufen kann, begrenzt ist. Die subjektive Nützlichkeit von Leistungsguthaben fällt sogar insofern noch weiter, als die spezifischen Dienstleistungen, die mit Leistungsguthaben zu kaufen sind, z.T. identisch sind mit denjenigen, die der Staat *kostenlos* zur Verfügung stellt. Wenn man jedoch Leistungsguthaben als ein Mittel ansieht, die eigene Gewißheit über die tatsächliche Verfügbarkeit von Dienstleistungen zu erhöhen, oder als einen Weg, in der Lage zu sein, sein Leben ohne von Verwandten oder von Sozialleistungsbürokratien auferlegte Zeitpläne einzurichten, werden Leistungsguthaben zu einer Form der Versicherung und verbürgen größere Unabhängigkeit in der Zeiteinteilung. Die Popularität von Videorecordern läßt vermuten, daß ein Autonomiegewinn bei der Zeiteinteilung hoch bewertet wird.

Trotz dieser Vorzüge von Tätigkeiten, die durch Leistungsguthaben entschädigt werden, scheint es eine Präferenz für Lohnarbeit zu geben. Aber das gilt nicht zwangsläufig. Vielleicht gibt es nicht genügend 40-Stunden-Arbeitsplätze, vielleicht werden die verfügbaren Jobs als allzu erniedrigend, belastend oder zu schlecht bezahlt betrachtet. Steuerliche Konsequenzen oder der Verlust öffentlicher Transferleistungen können zusätzlich eine mögliche Beschäftigung unattraktiv machen. Einige Familienmitglieder benötigen vielleicht genau jene Dienstleistungen, die man mit Leistungsguthaben kaufen kann – und der Eins-zu-Eins-Kaufpreis könnte davon eine größere Quantität verfügbar machen, als man mit zusätzlichem Einkommen nach Abzug der Steuern (die man auf diese Weise sparen kann) kaufen könnte. Staatlich organisierte Pflegedienste können erniedrigend sein – oder überhaupt nicht vorhanden. Und für viele bestehen schlichtweg keine Beschäftigungsmöglichkeiten. Deshalb ist es wichtig, sowohl die jeweiligen Vorteile (Grenznutzen) als auch die Nachteile (Grenzkosten), die mit dem Erwerb von Leistungsguthaben verbunden sind, genau gegeneinander abzuwägen.

Grenznutzen

1. *Extrinsische Belohnung* – Ihr Wert bemißt sich an der Kaufkraft der empfangenen Entschädigung, sei es in Leistungsguthaben oder in Geldeinheiten: am Marktwert oder dem Nutzen einer Leistung, die man mit einem Zertifikat kaufen kann; an der Gewißheit und Schnelligkeit, mit der man selbst, der/die Ehepartner/in oder jemand anders, dem man sich verpflichtet fühlt, die erworbenen Zertifikate einlösen kann und an der erhöhten Sicherheit und Autonomie, welche angehäufte Guthaben gewähren.
2. *Intrinsische Belohnung* – Diese bemißt sich an Werten wie Altruismus, verminderter Abhängigkeit von anderen, gesteigertem Selbstwertgefühl und Selbstachtung: am Wert des „Nützlichseins", an der Anerkennung, die man von relevanten Anderen erfährt, am Wert des sozialen Kon-

takts mit „Klienten" und anderen an dem Leistungsguthaben-Programm teilnehmenden Personen; an den Fertigkeiten und der wachsenden Kompetenz, die gefordert oder anerkannt werden, an der Struktur, die regelmäßige Verpflichtungen der persönlichen Lebensführung verleihen, an der heilsamen Ablenkung von der ausschließlichen Beschäftigung mit den eigenen Problemen, an dem Ausmaß, in dem das Gefühl von Abhängigkeit und Fremdbestimmung abnehmen, insofern zukünftig benötigte Dienstleistungen nun als ein Recht verfügbar sind.

Grenzkosten

1. *Extrinsische Kosten* – Diese fallen an in Gestalt von a) tatsächlichen direkten Kosten (z.B. für Transport, Essen, Anrufe) und indirekten Kosten (z.B. für Kleidung, Vorbereitung, Reinigung, zusätzliche Essenszubereitung usw.) sowie b) Opportunitätskosten, die sich aus dem entgangenen Nutzen aus alternativer Zeitverwendung ergeben (z.B. entgangenes Lohneinkommen, geopferte Freizeit usw.).
2. *Intrinsische Kosten* – Beispiele: Unannehmlichkeiten der Aufgabe; Angst vor dem Unbekannten; persönliche Bedenken angesichts der Art der Tätigkeit; Streß, der von der empfundenen Vernachlässigung anderer Aufgaben oder dem Opfer von Freizeit ausgelöst wird.

Da für freiwillige soziale Dienste auch heute schon beachtliche Zeit aufgewendet wird, *ohne* daß damit Leistungsguthaben erworben werden, wissen wir, daß die intrinsische Belohnung freiwilliger Tätigkeit zumindest für *einige* Menschen einen angemessenen Anreiz bietet. Die zentrale Frage ist, ob das Hinzufügen eines Systems von Leistungsguthaben die freiwillige Tätigkeit für die *anderen* in solchem Maße attraktiver macht, daß unterm Strich der zusätzliche Organisationsaufwand (über)kompensiert wird. Paradoxerweise kann die Funktion eines Systems von Leistungsguthaben zunächst durchaus darin bestehen, daß die *intrinsische* Belohnung freiwilliger Tätigkeit subjektiv steigt, während die extrinsische Belohnung (d.h. Anspruch auf zukünftige Gegenleistung) zunächst ungewiß bleibt. Denn solange es in der Aufbauphase noch kein Buchhaltungssystem gibt, das Guthaben und entsprechende Ansprüche ausweist, ist der Tauschwert der Zertifikate mit Skepsis zu betrachten; ihre Wertschätzung wird daher eher von dem Prestige der sozialen Anerkennung herrühren, die sich aus der geleisteten Hilfe für andere ergeben. Leistungsguthaben vermitteln diese Anerkennung auf verschiedene Weise. Schon die förmliche quantitative Erfassung von Leistungen scheint ihnen in unserer Gesellschaft Gewicht und Bedeutung zu vermitteln. Die gesetzliche Sanktionierung der Leistungsguthaben und ihr von der Steuer ausgenommener Status symbolisiert Billigung und Anerkennung für freiwillige Leistungen; die monatliche Berichterstattung über die erworbenen Zertifikate geben dieser Anerkennung regelmäßig erneuerten Ausdruck. Darüber hinaus wird Freiwilligenarbeit, die im Rahmen eines Programms von Leistungsguthaben organisiert ist, sich eher auch auf anspruchsvollere und befriedigendere Aufgaben ausdehnen lassen; denn die Organisatoren solcher Programme werden dieselben als ein Mittel einsetzen, um denen, die die Leistungen erbringen, eine gewissenhafte und zufriedenstellende Erledigung abzuverlangen – und solche Anforderungen fehlen normalerweise in der Freiwilligenarbeit. Schließlich macht das Arbeiten für Leistungsguthaben die freiwillige Tätigkeit faktisch ununterscheidbar von regulärer Teilzeitarbeit, und für manche kann dies den Eintritt in den Arbeitsmarkt erleichtern, sofern dafür ein „Beschäftigungsnachweis", Arbeitgeberreferenzen, Unterlagen über Leistungen und Fehlzeiten etc. vorgelegt werden müssen.

2.3 Ein hoch effizientes Informationssystem für das Wohnumfeld

Das System der Leistungsguthaben bringt für seinen speziellen Zweck ein hoch effizientes Informationssystem hervor, das über Ort und Art des Bedarfs, über die Verfügbarkeit und den Ort des Angebots, über die Qualität der Verrichtung durch die Dienstleistungsanbieter und die Lebensqualität der Personen, die Dienstleistungen erhalten, laufend Auskunft gibt. Das durch Leistungsguthaben beförderte Rückkopplungssystem kann in seiner Effizienz den Informationssystemen der Familie oder der „kleinräumigen" Gemeinde sehr nahe kommen. Obwohl im Prinzip jede Leistungsverwaltung ein solches Informationssystem aufbauen könnte, ist es in der Praxis extrem unwahrscheinlich, daß derartige Anstrengungen unternommen werden, wo nicht die *Notwendigkeit* der Einrichtung eines solchen Systems bestünde; diese ergibt sich hier jedoch daraus, daß über den Einsatz von Leistungen und die Gutschrift von Guthaben Buch geführt werden muß.

Märkte, bei denen sich zunächst alle als Fremde begegnen, sind der polare Gegensatz zur Familie oder zum Dorf, wo Leute damit rechnen können, sich laufend wiederzubegegnen. Wenn Beteiligte erwarten, in einem kontinuierlichen Kontakt miteinander zu stehen, spielen bei der Definition der eigenen Interessen außer kurzfristigen auch längerfristige Überlegungen eine Rolle. Ein Mitglied seiner eigenen Familie zu übervorteilen, hat langfristige Folgen, die unter Fremden, die sich niemals wiedersehen werden, nicht ausschlaggebend sind. Dasselbe gilt für Nachbarschaften und kleine Gemeinden, wo Leute sich kennen, sich regelmäßig sehen und mit den langfristigen wie kurzfristigen Folgewirkungen ihrer Handlungen leben müssen. Das von dem System der Leistungsguthaben vorausgesetzte computergestützte Informationssystem kann in bestimmten Kontexten verfügbaren Marktmechanismen der Bedarfsdeckung bei der Sicherung der Qualität persönlicher Dienstleistungen überlegen sein.

2.4 Reduzierte Opportunitätskosten der Bedarfsdeckung

Leistungsguthaben können Ressourcen erschließen, die das monetäre System nicht erreicht, weil sie die sozialpolitischen und individuellen Opportunitätskosten vermindern. Öffentliche Ausgaben für soziale Dienstleistungen rivalisieren mit anderen politischen und Haushalts-Prioritäten, wie z.B. militärischen Erfordernissen und staatlichen Schuldendiensten. Haushaltsmittel, die sozialen Dienstleistungen zugeteilt werden, müssen sich insofern gegen andere gewichtige Prioritäten behaupten. Dienstleistungen, für die mit Leistungsguthaben bezahlt wird, sind dagegen keiner solchen Rivalität ausgesetzt. Ein lokal begrenztes Leistungsguthaben-Programm, welches dazu bestimmt ist, lokale Bedürfnisse zu decken, liegt nicht im Wettstreit mit Bedürfnissen, die nur mit der Hauptwährung gedeckt werden können. Leistungsguthaben sind daher (abgesehen von administrativen Kosten) als ein „kostenfreies" Programm anzusehen. Sie sind in der Lage, soziale Bedürfnisse zu befriedigen, ohne sich dabei starken konkurrierenden Forderungen auf der lokalen oder der nationalen Ebene auszusetzen.

Auf der individuellen Ebene stehen die Leistungsanbieter, z.B. ältere Leute, nicht in der Situation, daß sie auf eine einträgliche Beschäftigung verzichten müßten, um Leistungsguthaben zu erwerben. Opportunitätskosten sind am niedrigsten für diejenigen Gruppen mit den geringsten alternativen Erwerbs- und Verwendungsmöglichkeiten für ihre Zeit. Insofern erscheinen die individuellen Kosten, die aufgebracht werden müssen, um Guthaben-Zertifikate zu verdienen, unter Umständen als gering – besonders dann, wenn der Ertrag nicht versteuert werden muß und inflationsgeschützt ist.

2.4.1 Weitere Funktionen: Die Dynamik der Hoffnung

Die oben beschriebenen dynamischen Prozesse entstehen als direkte, unmittelbare Folge der einzelnen Merkmale des Programms der Leistungsguthaben. Eine Dynamik der Hoffnung entsteht, wenn man die Schranken beseitigt, die unser gegenwärtiges, an Marktkategorien gebundenes Denken unseren Vorstellungen von individuellen Bedürfnissen, sozialer Gerechtigkeit und menschlichen Fähigkeiten auferlegt. Diese Dynamik rührt zum Teil von der bedeutsamen Umdefinition her, der zufolge aus Konsumenten und Bittstellern Produzenten und Leistungssubjekte werden; zum Teil auch daher, daß sich nun „Beschäftigung" für Personen bietet, die über sich selbst das Urteil internalisiert haben, sie seien „überflüssig"; und zum Teil schließlich von einer Synergie von Altruismus und Eigeninteresse und daraus entstehenden neuen sozialen Normen. Die folgende Aufzählung beschreibt identifizierbare Bestandteile dieser Dynamik – einer Dynamik der Hoffnung.

1. *Beseitigung von Statusbarrieren der Dienstleistungsanbieter* – Um Leistungsguthaben zu erwerben, werden viele Menschen Aufgaben verrichten, zu deren Erledigung sie – jedenfalls zu den gegebenen Lohnsätzen – nicht bereit wären. Denn es bedeutet für sie keine Einbuße an sozialem Status, wenn sie als „Lohn" etwas akzeptieren, das zwar einen Wert hat, aber erklärtermaßen einen geringeren Wert als die Leistung selbst. Preise (und Geldlöhne) sind Markturteile über den Wert einer Leistung; Zertifikate für Leistungsguthaben sind keine solchen Urteile, aber tragen ihren Erwerbern soziale Wertschätzung in nicht-quantifizierter und auch nicht-quantifizierbarer Höhe ein.
2. *„Was du nicht willst, daß man dir tu', ..."* – Da in Naturalleistungen zurückgezahlt wird, werden diejenigen, die Leistungsguthaben verdienen, sich selbst zwangsläufig als zukünftige Konsumenten, nicht nur als gegenwärtige Produzenten wahrnehmen. Ein Interessenausgleich zwischen Konsumenten und Produzenten wird möglich, wenn der Produzent die Konsumentenperspektive internalisiert.
3. *Keine Stigmatisierung von Leistungsempfängern* – Die Stigmatisierung von Leistungsempfängern hat innere und äußere Quellen. Sie erleben sich selbst als machtlos; Elemente von Herablassung, Gefühllosigkeit und Paternalismus bekräftigen auf der anderen Seite dieses Gefühl der Machtlosigkeit. In dem Maße, wie Dienstleistungen mit verdienten Zertifikaten *gekauft* werden, können sich ihre Empfänger eher als Konsumenten denn als *Beschenkte* ansehen. Als frühere Produzenten eben jener Dienstleistungen, die sie nun erhalten, werden sie wahrscheinlich recht urteils- und kritikfähige Konsumenten sein.
4. *Angebot schafft Nachfrage; Bedarf garantiert einen Markt* – Leistungsguthaben fungieren als Tauschmedium für Personen, die ihre Zeit (oder Teile davon) nicht als Lohnarbeit „vermarkten" können oder wollen. Das führt zu einem gesicherten Markt für private Zeit – also zu etwas, das der Arbeitsmarkt offenbar nicht in der Lage ist, denjenigen zu bieten, die deswegen als „überflüssig" abgestempelt werden.
5. *Aufrichtigkeit und gemeinsame Problemlösung* – In seiner Studie über die Organisation von Blutbanken hat Richard Titmuss gezeigt, wie das Marktprinzip, dem zufolge Blutspenden bezahlt werden, einen gefährlichen Anreiz auf seiten der Spender schafft, eine (für die Empfänger) eventuell lebensgefährliche Krankheit zu verheimlichen. Daraus ergibt sich ein grundlegendes Prinzip: Wo immer die Produzenten Informationen haben, welche die Konsumenten nicht erhalten können, wird das Marktsystem Betrug und Täuschung belohnen, und zwar in einer Weise, die für Konsumenten und die Öffentlichkeit höchst gefährlich ist.

Die „intrinsische" Komponente der erhaltenen Vergütung kann nun offenbar ein aufrichtiges und offenes Verhalten wahrscheinlicher machen und gleichzeitig den Anreiz zur Täuschung beseitigen. Leistungsguthaben erzeugen ein Informationssystem, bei dem beide, Produzenten wie Konsumenten, ein gemeinsames Interesse an der Verläßlichkeit der gesammelten Informationen haben. Vielleicht ist das Paradigma für das Informationszeitalter das „schwarze Brett" der Computerbenutzer, wo „Fremde" sich aufgrund gemeinsamen Interesses an der Kombination ihres Wissens gegenseitig helfen, um den optimalen Gebrauch dieser neuen Technologie zu gewährleisten, Neulinge einzuführen und sich an der Lösung von Einzelproblemen als an einer gemeinsamen Aufgabe zu beteiligen.

2.4.2 Zwei Strategieprobleme

Die beiden wichtigsten Strategieprobleme des Modells ergeben sich daraus, daß

a) ein Bedarfsausgleich ohne Preisbildung erfolgen muß und daß
b) verhindert werden muß, daß die freiwilligen Dienstleistungen als Vorwand für den Abbau öffentlicher sozialer Dienste benutzt werden.

1. *Leistungszuteilung ohne Preis*
In Marktwirtschaften verteilt der Preismechanismus die knappen Ressourcen entsprechend der Zahlungsbereitschaft der Käufer. Profitmaximierung steuert das Angebot auf den Punkt hin, an dem die Grenzkosten dem Grenzertrag entsprechen.

Wie funktioniert die Zuteilung in einem Leistungsguthaben-System? Die Allokation der Dienstleistungen erfolgt nach drei Kriterien:

a) Vorausgegangener Beitrag: Personen, die Leistungsguthaben verdient haben, haben automatisch mit erster Priorität einen Anspruch, wenn sie Bedarf an Dienstleistungen haben, die in einem Leistungsguthaben-Programm angeboten werden. Aber was passiert, wenn ihr Bedarf ihren früheren Beitrag übersteigt? Und was geschieht mit denjenigen, die aus Gründen, welche außerhalb ihres Einflusses liegen, niemals in der Lage sein werden, einen Beitrag zu leisten?
b) Zukünftiger Beitrag: Während Vorkehrungen getroffen werden müssen, die sicherstellen, daß Dienstleistungen auch solchen Personen zugute kommen, die aus irgendeinem Grund nicht selbst in der Lage sein werden, Leistungsguthaben zu verdienen, ist es dort, wo dies möglich ist, wichtig, die Zahlung bzw. Rückzahlung entweder durch den Empfänger oder durch einen „Bürgen" zu gewährleisten. Der „Bürge" kann ein Familienmitglied sein – oder eine Gruppe, der der einzelne angehört: eine Kirchengemeinde, eine Gewerkschaft, ein „Altenclub". Dienstleistungen nur denjenigen zugute kommen zu lassen, die durch eigene Leistungen „zahlen" können, untergräbt den Sinn der Leistungsguthaben, nämlich sonst unbefriedigte Bedürfnisse zu decken. Aber die bevorzugte Berücksichtigung derjenigen, die ihre eigenen Familien und

sozialen Netze mobilisieren, um das Angebot an Dienstleistungen für andere zu erweitern, verteilt das verfügbare Angebot auf eine Weise, die Teil einer Strategie der Knappheitsmilderung ist.

c) Bedarf: Die Zuteilung der knappen Ressourcen nach dem Kriterium des Bedarfs ist das Gegenstück zur Berücksichtigung intrinsischer Komponenten bei der Vergütung. Der intrinsische Wert der Leistung wächst in direktem Verhältnis zum Bedarf und seiner Dringlichkeit. Wenn man Dienste an jemanden leistet, der weniger bedürftig ist, so wird dies die altruistische und moralisch-eigenwertige Komponente des „Lohns" vermindern.

Für absehbare Zeit sollten leistungsfähige ältere Bürger in hinreichender Zahl zur Verfügung stehen, um aus ihnen ein „Freiwilligen-Reservoir" zu bilden, das ausreicht, Ansprüche aus früher erbrachten Leistungen zu „bedienen". Ein etwa verbleibender „Überschuß" würde aufgeteilt werden: ein Teil würde allein nach aktuellen Bedarfskriterien verteilt, der Rest zur Begründung zukünftiger Ansprüche verwendet. Detaillierte demographische Analysen werden erforderlich sein, um festzulegen, wie groß ein ausreichender „Freiwilligen-Pool" an jedem Ort und zu jedem zukünftigen Zeitpunkt sein muß.

2. *Vermeidung der Substitution öffentlicher Sozialdienste durch freiwillige Dienstleistungen*

Eine Gefahr liegt darin, daß die Initiativen, ein wachsendes Volumen freiwilliger Dienstleistungen durch die Schaffung einer Währung von Leistungsguthaben hervorzubringen, in eine Strategie zur Kürzung beantragter Ausgaben oder geplanter Ausgabensteigerungen für Sozialdienste verkehrt werden. Das Problem stellt sich nicht nur auf der politischen Ebene, sondern auch bei der sozialadministrativen Behandlung der Einzelfälle, wo die Anspruchsberechtigung auf Leistungen an die Bedingung der Ausschöpfung „verdienter" Leistungsguthaben geknüpft werden könnte.

Das individuelle Problem kann durch geeignete gesetzliche und/oder administrative Strategien vermieden werden. Die politische Strategie müßte die Leistungsguthaben nach Art einer Zusatzversicherung strukturieren und vorsehen, daß Leistungen aufgrund von Leistungsguthaben abhängig sind von der vorrangigen Ausschöpfung öffentlicher Leistungen.

Das politische Problem ist das gravierendere; vernünftige Lösungen wären einfach, wenn ein Konsens darüber bestünde, daß man der Regierung vertrauen könne, daß sie Freiwilligkeit belohnen und nicht ausbeuten werde. Besteht diese Zuversicht nicht, dann wird die Frage zu einer, bei der die Antwort von der eigenen Verhandlungsstärke bzw. -schwäche abhängt. Wie kann man die Wahrscheinlichkeit erhöhen, daß Leistungsguthaben zu einem gerechten *Anstieg* (statt zu einer fiskalischen *Senkung)* der zur Verteilung anstehenden Ressourcen führen, auf die die Älteren und Bedürftigen einen Anspruch haben?

Es werden Wachsamkeit und die Planung eines Szenarios des „schlimmsten Falles" erforderlich sein. Doch der Gewinn scheint das Risiko wert zu sein. Die Probleme sind groß, ebenso wie die ungenutzten menschlichen Ressourcen. Aber es wird einer Währung bedürfen, die unseren Drang zu geben, Beiträge zu leisten, zu lernen und zu entwickeln, nährt und belohnt. Eine Währung, die im Hinblick auf intrinsische Belohnungen bloß neutral ist, ist weniger als das, was wir brauchen – denn wir können uns kaum leisten, weniger zu verwirklichen als das, was das Beste in uns selbst ist.

Kerstin Petersson

Nebenwährung als Sozialvertrag: Kanadische Erfahrungen mit dem „Local Employment and Trading System" (LETS)

In einer Rezession leidet fast jeder, aber es sind vor allem die Arbeitslosen, die Frauen, die Jugendlichen, die Alten und die Behinderten, die die Hauptlast tragen. Lebensbedürfnisse werden nicht befriedigt, Arbeiten bleiben unerledigt, Ressourcen (materielle und menschliche) liegen brach. Der Grund hierfür ist immer der Mangel am nötigen Geld, um Arbeitskräfte, Materialien und Transport zu bezahlen oder um Talente zu vermarkten. Kredit steht den wirtschaftlich Schwachen gewöhnlich nicht zur Verfügung.

Wenn der einzelne leidet, leidet die Gemeinschaft automatisch mit. Ist weniger Geld im Umlauf, fällt das Niveau der wirtschaftlichen Aktivitäten: Leute wie der kleine Lebensmittelhändler, der Handwerker und der Babysitter merken es zuerst: eingekauft wird im billigeren Supermarkt, Reparaturen werden wieder selbst erledigt, und es wird nicht mehr so oft ausgegangen. Folglich gehen noch mehr Jobs verloren, mehr Geschäfte schließen und noch weniger Geld wird ausgegeben. Die Gemeinde verliert ihre Steuerbasis.

Diesem Teufelskreis begegnet die Gemeindeverwaltung traditionell auf eine von zwei Weisen: mehr Geld rein (Anwerbung von arbeitsplatzfördernden Investitionen oder Beschaffung öffentlicher Mittel etc.) oder weniger Geld raus (Kürzung der Ausgaben – den Letzten beißen die Hunde). Der erste Ansatz bedeutet erhöhte Abhängigkeit von Mitteln und Kräften von außen, der zweite eine Schwächung der Sozialstruktur. Weniger Handel bedeutet immer weniger soziale Kontakte.

Das LETSystem entstand 1983 als lokale Initiative in Comox Valley, einer Stadt mit ca. 50.000 Einwohnern in British Columbia an der Westküste Kanadas. Seit langem hatte sich die lokale Wirtschaft auf zwei Hauptarbeitgeber gestützt: die US-Air Force und die Holzindustrie. Als der amerikanische Stützpunkt in eine andere Provinz verlegt wurde und die Holzindustrie durch Zoll-Streitigkeiten mit den USA in eine Rezession geriet, erhöhte sich die Arbeitslosigkeit drastisch. Häuser standen leer, Geschäfte und Schulen wurden geschlossen, viele Einwohner wanderten auf der Suche nach Arbeit in andere Städte ab.

Der Grund für diese Misere liegt in zwei der grundlegenden strukturellen Problemen von konventionellem Geld: seiner universellen Beweglichkeit und seiner begrenzten externen Beschaffbarkeit. Es gibt keine Kontrolle darüber, wo es hingeht, wo es herkommt und wieviel zur Verfügung steht.

LETS fing an als bargeldlose Tauschvermittlung, um die Folgen des Geldmangels auszugleichen. Es stellte sich jedoch schon bald heraus, daß nur wenigen damit geholfen war. Zum Beispiel: Joe hackt Feuerholz. Peter ist Schweißer und braucht Feuerholz, hat aber kein Geld. Joe braucht keine Schweißarbeiten. Ende. – Joan hat eine kleine Eierfarm und braucht ein neues Dach. Frank ist Dachdecker, aber ein Dach gegen 15 Jahre Eierbelieferung zu tauschen, erscheint ihm nicht sehr verlockend. Ende. Usw. Usw.

Das LETSystem wurde zu einem lokalen Währungssystem erweitert, um auch dort Handel zu ermöglichen, wo direkter Tausch nicht praktikabel war und um die strukturellen Probleme der offiziellen Währung zu bewältigen.

Dieses Währungssystem sollte bestimmte Eigenschaften haben:

1. Es muß sich nahtlos in die bestehende Wirtschaft einfügen lassen. Allen wichtigen Sektoren der Wirtschaft muß der problemlose Einstieg in das System ermöglicht werden. Dies erleichtert die Akzeptanz im kommerziellen und privaten Bereich.
2. Es muß einfach zu verstehen und zu handhaben sein.
3. Es muß stabil, fair, billig, bequem, diebstahlsicher, risikofrei, ökologisch und elegant sein.
4. Es soll Spaß machen. (Warum eigentlich nicht?)

Heute erfüllt LETS zwei simple Funktionen: Informationsnetz und Verrechnungsstelle für die interne, lokale Währung, den *„Grünen Dollar"*. Das ganze System wird bewältigt mit einem Heimcomputer, einem 24-Stunden Anrufbeantworter und wenigen Stunden Arbeit im Monat.

Ein monatliches *Anzeigenblatt* informiert die Mitglieder über Angebote und Gesuche von Waren und Dienstleistungen, Veranstaltungen, Ausstellungen und andere Aktivitäten der Gemeinschaft. Findet aufgrund dieser Informationen eine Transaktion statt, so wird der zwischen Käufer und Verkäufer vereinbarte „grüne" Anteil der Bezahlung der LETS-Verwaltung mitgeteilt: „Hallo, hier ist Peter, Nr. 48. Gutschrift für Joe, Nr. 34, über 75 Dollar für Feuerholz."

Joes Kontostand erhöht und Peters mindert sich um 75 Doller. Joe holt sich einen Tischler für Reparaturen, kauft sich Eier, bezahlt einen Haarschnitt und bezieht Lebensmittel vom Bauern. Der Bauer braucht Schweißarbeiten, Peter hat wieder Arbeit, und sein Kontostand erhöht sich wieder. Usw. Usw. Es wird „grünes" Geld zwischen den Konten hin- und hergeschoben, sobald irgendeine Transaktion stattfindet.

Es gibt nur wenige Regeln: Ein „grüner" Dollar entspricht im Wert einem Dollar der offiziellen Landeswährung. Zinsen werden weder erhoben noch gezahlt. Ein einmaliger Mitgliedsbeitrag (gewöhnlich 25 Dollar) wird erhoben in der Landeswährung, die monatlichen Verwaltungskosten werden auf einer Kosten-pro-Leistung Basis in der internen Währung („grüne Dollars") berechnet (gewöhnlich 0.30 Dollar pro Transaktion für den Käufer, 0.30 Doller pro Zeile im Anzeigenblatt und 1 Dollar für die monatliche Zusendung des Kontoauszugs und des Anzeigenblattes). Jedes Mitgliedskonto hat ein Anfangssaldo von 0 Dollar. („Kredit" kann sofort in Anspruch genommen werden. Eine „Kredit"grenze gibt es nicht.) Beträge können nur übertragen werden auf Veranlassung des Mitglieds, von dessen Konto der Betrag abgehoben wird. Kein Mitglied ist verpflichtet, sich auf Transaktionen „in grün" einzulassen. (Da das System zu einem großen Teil auf Vertrauen basiert, bleibt die Entscheidung beim Individuum. Generell sollte ein Handel in „grün" nur stattfinden, wenn er als risikolos empfunden wird.) Jedes Mitglied kann jederzeit den Kontostand und den Umsatz jedes anderen Mitglieds erfahren. (Dies ermöglicht, die Vertrauensbasis für eine Transaktion zu sichern.) LETS wird betrieben als gemeinnütziger Verein. (Die Kontrolle liegt bei den Mitgliedern. Es gibt kein Profitmotiv für die Organisatoren.)

Oft wird der Gesamtpreis einer Leistung in „grüne" und „normale" Anteile aufgespalten. Die Entscheidung über die prozentuale Verteilung hängt von der individuellen Situation des Mitglieds ab. Die Frage ist dann: „Welche Kosten habe ich, für die ich normales Geld brauche, d.h. die nicht auf dem grünen Markt erhältlich sind?" Beispiel: Bei Malerarbeiten werden die Materialkosten für Farbe in „normaler", die Arbeitskosten in „grüner" Währung abgerechnet.

Die Verrechnungseinheit, der „grüne" Dollar, bleibt dort, wo er entsteht – im System – und ist eine kontinuierliche Liquiditätsquelle für die Mitglieder. Die letztendliche Ressource der Gemeinschaft, nämlich die produktive Zeit ihrer Mitglieder, braucht niemals wegen Geldmangels ungenutzt zu bleiben. Die Quelle des „grünen" Geldes ist lokale Bedarfsdeckung, d.h. Geld entsteht nur aufgrund einer Aktivität innerhalb der Gemeinschaft. Der „grüne" Dollar ist eine Währung, die widerspiegelt, was die Leute tun, nicht, was Regierungen, Börsenmakler oder Finanziers tun. Jeder ist seines Nachbarn Bank.

Die Größe eines Systems und die Aktivitäten, die darin stattfinden, wird somit ganz natürlich begrenzt durch gemeinsame Interessen und gemeinsames Vertrauen. Gewöhnlich umfaßt daher ein LETSystem eine begrenzte geographische Region oder kommunale Ökonomie.

Während die meisten der Regeln sofort einleuchten, sind einige dabei, die oft auf Un- und Mißverständnis stoßen. Warum die Gleichwertigkeit gegenüber der Landeswährung? Ein Dollar ist ein Dollar. Es macht alles einfacher, weil es sich ohne Schwierigkeit in das bestehende System einfügen kann. Jeder kann in Dollars rechnen: Umdenken in irgendwelche anderen Verrechnungseinheiten ist nicht erforderlich und schreckt niemanden davon ab, mitzumachen. Die Leute wollen Geld, und dies ist „gutes" Geld, es ist unser Geld. Also, warum nicht?

Wer seinen Lebensunterhalt teilweise mit „grünem" Geld bestreitet (Geschäftsleute oder andere Selbständige), muß mit dem Finanzamt in Dollars abrechnen. Einkommen- oder Mehrwertsteuer sind Prozente der Honorare, Löhne oder Verkaufspreise. Wenn das System es den Mitwirkenden erschwert, „legal" zu bleiben, wird die Mitgliederzahl sehr niedrig bleiben, was nicht der Sinn der Sache ist.

Warum keine Zinsen? „Grünes" Geld ist qualitativ anders als die Landeswährung, da es in sich selbst nur „lokalen" Wert besitzt. Es ist wirklich nur ein Tauschmittel, Informationsträger. Ohne Soll- und Habenzinsen kann Geld nicht zur Ware werden. Normales Geld bewegt sich immer dorthin, wo es mehr Geld machen kann; es führt zu Konzentration, Macht, Ausbeutung, Umweltverschmutzung, Waffenhandel etc. etc. „Grünes" Geld zu horten, lohnt sich wegen der fehlenden Zinsen nicht. Man kann es eigentlich nur wieder ausgeben – und im LETSystem heißt das: lokal ausgeben, anderen in der Gemeinschaft Arbeit geben, Waren abkaufen oder Geschenke machen. Auch ein negativer Kontostand hat keine Soll-Zinsen zur Folge. Im LETSystem sprechen wir nicht von Schulden, sondern von einem Versprechen, einer selbst auferlegten Verpflichtung gegenüber der Gemeinschaft, zu einem späteren Zeitpunkt Ausgleich zu schaffen. Dies entspricht der Bedeutung von „Kommune": gemeinsam zu Leistungen verpflichtet zu sein. Niemand kann dazu gezwungen werden, dieses Versprechen einzulösen. Jemand, der sich auf Dauer weigert, „grünes" Geld zu verdienen oder anzunehmen, wird es jedoch zunehmend schwieriger finden, es auszugeben. Wieso? Die Antwort ist die gleiche wie auf die Frage: Wieso keine Kreditgrenze?

„Schulden" bedeuten etwas sehr anderes im LETSystem. Wenn mir jemand im normalen System 200 Dollar schuldet, heißt das, daß sie mir fehlen und ich deshalb auf etwas verzichten muß. In der „grünen" Währung ist es umgekehrt: Wenn jemand mir für 200 Dollar etwas abkauft, diese 200 Dollar von seinem auf mein Konto überträgt und dadurch einen negativen Kontostand erreicht oder einen bestehenden Passiv-Saldo vergrößert, dann nur dadurch, daß er mir diesen Betrag übertragen hat. D.h. ich habe das Geld und ich kann mir dafür etwas kaufen. Warum soll es mich denn kümmern, wie hoch er in den „Miesen" ist?

Des „grüne" Geld auf meinem Konto ist nur von Wert, solange das System besteht und funktioniert. Es ist also definitiv in meinem Interesse, einige Regeln zu beachten. Dafür muß ich die zugrundeliegenden Prinzipien des Systems verstehen:

LETS funktioniert wie eine große Wippe im Gleichgewicht: Die Summe aller negativen und positiven Konten ist immer Null. Da keiner große positive Beträge ansammeln will (siehe oben), wird jeder sicherstellen wollen, daß keiner zu hoch in die „Miesen" geht. Somit ist es in meinem Interesse, mich zu vergewissern, daß mein Handelspartner kein Systemausbeuter ist. Da ich sowohl den Kontostand als auch den Umsatz des anderen erfragen kann, kann ich beurteilen, ob jemand nur seine Verpflichtungen gegenüber der Gemeinschaft vermehrt, ohne je etwas einzubringen, oder ob jemand vielleicht nur gerade knapp bei Kasse ist, aber sonst immer fleißig an den Transaktionen teilnimmt.

Daraus ergibt sich als Regel Nr. 1: Wenn ich die andere Person nicht kenne, oder etwas Negatives über ihr Verhalten im System gehört habe, ziehe ich Erkundigungen von der Buchhaltungsstelle ein. Wenn ich meine, daß diese Person mein Vertrauen nicht verdient, weigere ich mich, „grünes" Geld zu akzeptieren.

Sollten einige wenige Mitglieder diese Regel nicht beachten, so ist das nicht unbedingt tragisch: Solange es sich nur um eine Minderheit handelt, die auf ihren Schulden „sitzt", kann sie vom System absorbiert werden. Die anderen Mitglieder handeln fröhlich weiter, da das Geld ja schon „Besitzer" gewechselt hat.

Das System kann nur immobilisiert werden, wenn viele Mitglieder sehr hoch verschuldet sind. Dahin kommen sie nur dadurch, daß andere ihr Geld annehmen. Entweder wird es hier ein paar Mitglieder geben, die zum Ausgleich dieser negativen Konten einen sehr hohen Kontostand aufweisen, oder eine Vielzahl von Teilnehmern mit niedrigeren positiven Salden.

Warum niemand horrende Summen ansammeln würde, ergibt sich aus der Tatsache, daß es keine Zinsen gibt. Das einzige, wofür das „grüne" Geld gut ist, ist, es wieder unter die Leute zu bringen. Hoher Umsatz und niedriger Kontostand ist die Devise. Daraus ergibt sich auch, daß man nicht mehr Geld ansammelt, als man ausgeben kann. In den Urlaub nach Florida kann man es nämlich nicht mitnehmen.

Was aber, wenn der Schmarotzer sich seinen hohen negativen Saldo durch viele kleine Transaktionen angesammelt hat und keiner zum Ausgleich dafür einen übermäßig hohen Kontostand hat? Was ist, wenn stattdessen die meisten Mitglieder ein kleineres Guthaben haben? Der zu erwartende Effekt ist, daß das System zunehmend weniger aktiv wird, da keiner sein Guthaben mehr vergrößern will. (Dieses war der Fall in Comox Valley – das System ist während der letzten zwei Jahre zunehmend stagniert; dazu später mehr.) Um dieses zu vermeiden, gilt wieder Regel Nr. 1: nachfragen. Die Verwaltung macht es insofern einfach, als sie den Mitgliedern auch eine Graphik zukommen läßt, die Kontostände und Umsätze darstellt. (Dies war damals in Comox Valley nicht der Fall.) Mitglieder werden nicht mit Nummer oder Namen ausgewiesen, aber man kann eindeutig erkennen, ob es im System Probleme gibt oder nicht. Wenn ja, fragt man eben ein wenig öfter nach.

Für das LETSystem gilt allgemein: der einzelne hat die Kontrolle und Verantwortung und muß seine eigenen Entscheidungen treffen. Die Verwaltung zeichnet diese nur auf und teilt Informationen aus.

Dies gilt für alle Aspekte des Systems: Jedes Mitglied kann selbst entscheiden, wieviel Prozent vom Gesamtpreis es in „grünem" Geld akzeptiert. Der Anteil richtet sich nach den Auslagen, die man in normalem Geld hat (seien es unfreiwillige, wie neue Autoreifen, oder freiwillige, wie ein Auslandsurlaub), nach den Steuern (Mehrwertsteuer oder Einkommensteuer), die man abführen muß, und danach, in welchem Umfang eigene Bedürfnisse durch das „grüne" Währungssystem gedeckt werden können.

Da die Mitgliedschaft niemanden dazu zwingt, *alle* Transaktionen „in grün" zu tätigen, sondern nur eine gewisse Bereitschaft zur Annahme dieser Nebenwährung verlangt, wird jeder nur soviele „grüne" Dollar ansammeln, wie er oder sie diese auch wieder ausgeben kann. In einem System, dessen Mitgliedschaft eine Vielzahl von Dienstleistungen und Waren anbietet, wird der Anteil entsprechend höher sein.

Es gibt wenig, was nicht in „grün" gehandelt werden könnte. Jegliche Ware oder Dienstleistung, die eine lokale Komponente hat, könnte theoretisch in LETS einbezogen werden. Was man also noch nicht einmal teilweise in „grün" bezahlen kann, sind z.B. die Stromrechnung, Briefmarken, die meisten Steuern usw., also die Dinge, die entweder ganz von außerhalb der Kommune kommen (inkl. die Arbeitslöhne) oder die Kommune ganz verlassen.

Die Auswirkungen des LETSystems auf die lokale Gemeinschaft sind vielfältig. Offensichtlich sind die Vorteile umso größer, je mehr Mitglieder im System sind und je aktiver diese davon Gebrauch machen.

Finanziell steht jeder besser da. Die „sozial Schwachen" werden stärker. Das Gemeinschafts- und Sicherheitsgefühl wird ausgeprägter, und das Selbstwertgefühl der bisher wirtschaftlich Ausgegrenzten steigt. Hier ein paar Erfahrungsberichte, die dies verdeutlichen:

> „Ich bin eine alleinstehende Mutter mit drei Kindern im Vorschulalter; unseren Lebensunterhalt bestreite ich durch Sozialhilfe. Das LETSystem hat mein Leben dadurch sehr vereinfacht, daß es mir erlaubt, meine Fähigkeiten und meine Zeit in einen schon sehr vollen Zeitplan zu integrieren. Viele der traditionellen Männerarbeiten im Haushalt (Wartung des Autos, Holz hacken, Tischlern etc.) kann ich mir 'in grün' leisten; oder ich kann dies alles selbst lernen, da Unterricht auf all diesen Gebieten angeboten wird.
>
> Ohne dieses System wäre unser Weihnachtsfest sehr traurig verlaufen. Die Kinder bekamen handgefertigte Spielsachen, anderen Familienmitgliedern schenkte ich Keramik, Schmuck und Kerzen. Alle Kinderkleidung bekomme ich durch LETS und auch einen Teil unserer Lebensmittel.
>
> Ich fühle, daß ich für die Arbeit, die ich in unsere Gemeinschaft einbringe, geschätzt werde, und ich freue mich, daß meine Kinder in diesem alternativen Geldsystem aufwachsen. Sie prüfen jetzt schon selbst, ob etwas 'in grün' angeboten wird oder nicht.
>
> Ich habe viele neue Leute durch LETS kennengelernt und meine, daß unser Gemeinschaftsgefühl in Comox Valley jetzt viel stärker ist. Ich stelle auch fest, daß viele Leute Talente haben, die sie seit Jahren nicht genutzt haben, oder völlig vergessen hatten. Plötzlich wird das alte Interesse wieder wach. Leute fangen an, sich auf eine andere Art zu schätzen und werden lebendig."

„Das LETSystem ist mir eine große Hilfe. Es ermöglicht mir, Dinge zu kaufen, die ich mir vorher nicht leisten konnte. Ich habe das System für alles mögliche benutzt – von der Miete bis zu Möbeln. Während des letzten Jahres hatte ich wenig Arbeit, und LETS hat mein Einkommen ergänzt. Ich habe mit 'grünem' Geld Lebensmittel und das Feuerholz für den ganzen Winter gekauft.

Ich habe keinerlei Schwierigkeiten, 'grünes' Geld zu verdienen. Ich bin gelernter Zimmermann, und Leute, die sich mich mit normalem Geld nicht hätten leisten können, lassen mich gerne für 'grünes' Geld arbeiten.

Das System ist großartig, und ich kann anderen nur empfehlen, mitzumachen."

„Ich habe ein sehr knappes Budget und meinte immer, daß ich alles selbst machen muß, denn sonst würde nichts erledigt. Besonders im Frühjahr wurde es schwierig, denn mein Mann (ein Fischer) geht auf See während der Fischsaison – und hinterläßt mir den Garten, das Haus und zwei Kleinkinder. Im letzten Jahr sah es ganz schlimm aus: Erdarbeiten hatten den Hof in ein Schlachtfeld aus Steinen und Lehm verwandelt. Ich bin dem LETSystem beigetreten und konnte jemanden einstellen, den Garten zu bearbeiten, plus zwei Personen, um den Hof zu reinigen. Und es machte Spaß, mit anderen zusammenzuarbeiten. Mein Problem war gelöst, ich traf neue Leute und bekam ein neues Gefühl von Ganzheit und Gemeinschaft.

Die Qualität und Vielfältigkeit der Arbeiten, die LETS-Mitglieder anbieten, ist inspirierend. Ich habe Daunenhandschuhe gekauft, wilde Pilze, maßgefertigte Lampenschirme, Feuerholz; meine Fenster wurden geputzt, die Kinder beaufsichtigt, meine Haare geschnitten; ich bin auf eine Führung gegangen, wo ich lernte, eßbare Wildpflanzen zu erkennen und nehme T'ai Chi Unterricht. Und vieles mehr.

Zum Ausgleich habe ich einen LETS-Basar organisiert, trage 25 Dollar im Monat zur Büromiete bei, habe Kinder beaufsichtigt, und biete hausgemachte Tiefkühlkost an. Mein Mann verkauft einen Teil seines Lachsfangs.

Es ist eine wunderbare Erfahrung, in einer Gemeinschaft tätig zu sein, die auf eine so kreative Art miteinander umgeht. Mein Selbstwertgefühl ist gestiegen – und mein Vertrauen in und mein Respekt für andere wächst entsprechend. Das größte Geschenk jedoch war meine Erleichterung, als ich zu verstehen begann, daß meine Familie trotz der Rezession gut und mit Stil leben kann."

„Ich trat dem LETSystem im Dezember 1983 bei und war völlig inaktiv während des ersten Monats. Ich hatte Angst, 'grüne Dollar' auszugeben, bevor ich welche verdient hatte. Außerdem zweifelte ich an meiner Fähigkeit, als Mutter von zwei Kleinkindern überhaupt welche verdienen zu können. Was tun? Ich sprach während dieser Zeit mit vielen Mitgliedern und fing langsam an zu verstehen, daß ich und meine Familie alle Voraussetzungen hatten, um erfolgreich in diesem System zu operieren: wir hatten 'Frei'-Zeit, die wir mit Fernsehen vergeudeten und besaßen 'Extra'-Dinge, die keiner benutzte.

Als ich das begriff, fing das Handeln an. Wir tanzten, wir gingen zur Familientherapie, wir aßen Perogis. Und ich verkaufte die Babyausstattung.

Dazu fing ich an, für das LETSystem zu schreiben – in den ruhigen Momenten, wenn die Kinder schliefen. Dies war für mich so wichtig, denn es machte mir wieder bewußt, daß ich ein fähiger und kreativer Mensch bin, und daß ich in meiner Gemeinschaft etwas beizutragen habe.

Dies ist mehr wert als Geld."

Was sich in diesen Berichten abzeichnet, ist, daß der Umgang mit „grünem" Geld ein Umdenken mit sich bringt: Wir denken anders über uns, anders über Geld, anders über unsere Mitmenschen und anders über Arbeit.

Ich glaube, daß dieser Wandel dadurch hervorgerufen wird, daß Geld aufhört, ein Problem zu sein. Solange ich das Vertrauen der anderen verdiene, brauche ich nicht am Monatsende zu bangen, brauche ich nicht gegen andere um die wenigen Arbeitsplätze zu kämpfen, etc. etc.

Im LETSystem bekommen unsere individuellen Talente wieder Bedeutung. Wir können Geld verdienen mit dem, was uns Spaß macht. Im Anzeigenblatt findet man Angebote wie „Trete als Clown auf bei Kinderpartys". In der normalen Wirtschaft hätte man damit wenig Erfolg, da sich diese Talente schlecht vermarkten lassen. Mit „grünem" Geld kann man großzügig sein, mit normalem Geld muß man „wirtschaften", da es nur in begrenztem Maße vorhanden ist.

Es müssen nicht unbedingt „finanzielle" Gründe sein, aus denen man im LETSystem mitmacht. Man kann z.B. Arbeiten, die man selbst ungern erledigt, abgeben und stattdessen etwas tun, was mehr Freude macht. Und die Erkenntnis, daß dieses Geld der eigenen Gemeinschaft (und somit einem selbst) zugute kommt, wird beeinflussen, in welchem Laden ich einkaufe und welchen Handwerker ich bestelle.

Somit ist auch für den kommerziellen Sektor der Anreiz gegeben, dem System beizutreten. Statistiken aus Comox Valley bestätigen, daß das „grüne" Geld eine Umsatzsteigerung mit sich bringt – teilweise dadurch, daß mehr Kunden kommen, und teilweise, weil sie sich teurere oder mehr Waren leisten können. Statt Gehacktem wird auch mal ein Steak gekauft. Statt zusätzlicher Bekleidung im Winter wird besser geheizt.

Darüber hinaus werden lokale Produkte gefördert. Je geringer der „externe" Anteil einer Ware oder Dienstleistung ist, umso größer kann der „grüne" Anteil des Preises sein – und umso größer die Anzahl der Kunden.

Nun, wo ist der Haken? Im System selbst habe ich noch keinen gefunden, aber, wie immer, merken wir, daß Theorie und Praxis nicht ganz übereinstimmen.

Zur Zeit (Herbst 1988) gibt es ungefähr 40 registrierte Systeme weltweit – in Kanada, USA, Australien, Neuseeland, England und Wales. 1987 habe ich ungefähr zehn Systeme in Nordamerika besucht. Meine Überlegungen sind daher nicht repräsentativ, sondern eher indikativ. Nachrichten aus Australien lassen mich hoffen, daß man dort andere Erfahrungen macht. Keines der Systeme hat bisher die Größe oder das Niveau von Aktivitäten erreicht, welche sich die Initiatoren erhofft hatten. Generell ist das Muster wie folgt:

Jemand hört oder liest über LETS, ist begeistert vom Konzept und dessen Möglichkeiten. Durch weitere Gespräche mit Freunden und Bekannten findet sich eine kleine Gruppe von Leuten zusammen, die das System aufbauen wollen. Informationsmaterial und Programmdisketten werden angefordert und studiert, und die Werbetrommel wird gerührt: Vorträge, Workshops, Medienarbeit oder auch nur Mundpropaganda.

Die meisten Gruppen fangen dann mit einer Mitgliederzahl zwischen 15 und 50 und viel Enthusiasmus an. Während der folgenden Monate verdoppelt sich vielleicht die Teilnehmerzahl, aber dann hört in den meisten Systemen das Wachstum auf und es geht nur noch sehr schleppend voran:

die Anzahl der Transaktionen pendelt sich auf einem unerwartet niedrigen Niveau ein.

Das grundlegende Problem, so scheint mir, liegt in den falschen Erwartungen der Organisatoren bezüglich der zu investierenden Zeit und Energie, die notwendig ist, um ein florierendes System aufzubauen. Bis ein System eine bestimmte Wachstumsrate erreicht hat und durch immer neue Mitgliedsbeiträge finanziell gesichert wird, läuft es auf Freiwilligenbasis. Die in „grün" erhobenen Gebühren können bis auf weiteres nur die Verwaltungskosten decken, geben jedoch niemandem, der Entwicklungsarbeit tun will, ein Einkommen. Keiner der Organisatoren, mit denen ich gesprochen habe, hatte große Schwierigkeiten erwartet, das System schnell populär zu machen. Viele wurden frustriert, aber bezeichnenderweise hat keiner den „Glauben" ans System verloren. Allen wurde jedoch klar, daß ihre Freizeit zu knapp bemessen ist, um das System voll in Gang zu bringen.

Woher kamen diese unrealistischen Erwartungen, und was waren die Hauptschwierigkeiten? Das Informationsmaterial, das bei dem „Erfinder" von LETS erhältlich ist, ist leider sehr einseitig. Als treuer Verfechter des „positiven Denkens" ist er vor allem bemüht aufzuzeigen, was möglich ist, hat er Material zusammengestellt, welches hauptsächlich dazu dient, Begeisterung und Motivation hervorzurufen. Viel Vision und wenig Revision; faszinierend und einleuchtend, aber nicht sehr praktisch. Es scheint, daß jeder in den gleichen Fehler verfiel zu denken, daß die Welt nur auf LETS gewartet hatte. (Fairerweise muß gesagt werden, daß diese Texte zu einer Zeit geschrieben worden waren, als das System in Comox Valley noch sehr gut lief und viele Erfahrungen noch nicht gemacht worden waren. Das Material war notwendigerweise mehr theoretisch als praktisch.)

Niemand war wirklich darauf vorbereitet, wie groß die Hemmschwelle für die meisten Menschen ist, sich neuen, und vor allem so einfachen Ideen zu öffnen. Jeder ist so verhaftet im „normalen" Gelddenken, daß ein unbefangener Umgang mit Geld sehr schwer fällt.

Es scheint, keiner will so recht den ersten Kauf tätigen. Wie es in einem der obigen Berichte heißt, will niemand Schulden machen, alle wollen erst ein paar Doller verdienen. Schulden sind etwas Schlechtes und erzeugen Angstgefühle. (Was passiert, wenn ich nicht zurückzahlen kann?) Man muß immer wieder daran erinnern, was „Schulden" bedeuten, nämlich daß man jemandem Geld zur Verfügung gestellt – und nicht etwa weggenommen hat.

Jeder hat Angst, daß jemand das System ausbeutet. Auch dieses Gefühl kommt aus dem normalen Geldsystem: wenn jemand betrügt, müssen andere direkt oder indirekt dafür zahlen. Im LETSystem schadet Betrug in *geringem* Umfang niemandem, da keiner in seinen Transaktionen behindert wird. Betrug in *größerem* Umfang kann verhindert werden. Außerdem kann jeder, der Angst hat, seinen Kontostand so halten, daß er persönlich keinen

Schaden erleidet, falls das System aufhört zu funktionieren. Es ist also ohne individuelles Risiko.

Verdächtig ist auch vielen der Mangel an Regeln. Was passiert bei Streitigkeiten, wenn z.B. die Qualität der Arbeit oder die Größe der Lieferung bemängelt wird und der Käufer eine geringere Geldsumme als vereinbart überweist? Ich verstehe diesen Einwand überhaupt nicht: wenn dieses in der normalen Währung geschieht, wende ich mich mit meiner Beschwerde ja auch nicht an meinen Bankdirektor. Streitigkeiten werden wie sonst auch gehandhabt: wenn Verhandlungen nichts bringen, steht der gerichtliche Weg offen. „Grünes" Geld *ist* Geld. Bisher ist dieses Problem meines Wissens jedoch noch nicht aufgetreten.

Der kommerzielle Sektor hat erwartungsgemäß Schwierigkeiten, das System zu akzeptieren. Irgendwie meinen sie, sie verschenkten ihre Ware. Ein Argument wie: „Meine Bank nimmt auch keine grünen Dollar" zeigt nur eine Unfähigkeit, um- und nachzudenken: man nimmt nur soviel „grünes" Geld an, wie man wieder ausgeben kann. Natürlich kann man seinen Bankkredit nicht „in grün" bezahlen (jedenfalls bisher nicht), aber einen Teil der Gehälter, Reparaturen, Lieferungen etc. kann man „in grün" bestreiten. Diese Denkstrukturen zu verändern, ist schwierig, jedoch absolut notwendig, wenn das System sein Potential erfüllen soll.

Was also haben wir gelernt, was für Konsequenzen haben wir gezogen, und was sind unsere weiteren Pläne?

Es ist eher von Schaden, viele kleine LETSysteme aufzubauen, die ohne einen wirklichen Effekt auf die lokale Wirtschaft bleiben. Einen schlechten Ruf wieder loszuwerden, ist schwierig. Immer wieder kommt die Aufforderung: „Zeig mir, wo das System gut läuft."

Wenn das System außerhalb des direkten und indirekten Bekanntenkreises der Organisatoren kaum neue Mitglieder anwirbt (wie in den meisten Fällen bisher), ist die Vielfältigkeit der angebotenen Dienstleistungen und Waren sehr gering. Überhaupt ist es schwierig, allgemeingültige Aussagen über die sozio-ökonomische Struktur der Mitgliedschaften der Systeme zu machen, außer daß sie in gewisser Hinsicht ein Spiegelbild der Initiatorengruppe ist. In Ottawa z.B. waren es vorwiegend progressive Freiberufler, die das System initiierten, und im Anzeigenblatt findet man Angebote von Programmierern, Anwälten und Shiatsu-Masseuren, aber keine/n Zimmermann/frau oder Klempner/in. In anderen Systemen ist das Angebot anders, aber dennoch in sich zu homogen. Das, was die Mitglieder in allen Systemen gemeinsam haben, ist eine gewisse geistige Flexibilität, die Einsicht, daß das normale Wirtschaftssystem nicht wirklichen Wohlstand schafft, und die Bereitschaft und den Mut, etwas Neues zu schaffen. Philosophisch-politisch sind sie meistens den „Grünen" zuzuweisen, wenn auch nur wenige politisch tätig sind.

Aus diesem Grundmuster auszubrechen, erfordert viel Öffentlichkeitsarbeit. Informationsmaterial muß „ehrlicher" verfaßt werden, damit es nicht unrealistische Erwartungen weckt. Die Organisatoren müssen sich darüber im klaren sein, auf was sie sich einlassen.

Das Hilfsmaterial muß den Gruppen ihre Arbeit so einfach wie möglich machen: Erfahrungen müssen ausgetauscht werden, damit nicht jede Gruppe, wie bisher, das „Rad aufs Neue erfindet"; gut recherchierte Dokumente müssen erstellt werden, die den Organisatoren fundiertes Wissen geben: z.B. reicht es nicht, einfach zu sagen, daß LETS hier völlig legal ist; es muß von einem Fachmann dokumentiert werden. Wir brauchen Anleitungen, wie man die verschiedenen Sektoren anspricht: Geschäftsleute, Arbeitslose, Frauen, die Gemeindeverwaltung etc.

Die Organisatoren haben in der Regel nicht die nötige Erfahrung, schrekken vor dieser Art von Öffentlichkeitsarbeit zurück oder verbringen viel Zeit damit, sich das nötige Wissen erst einmal anzueignen.

Wie wichtig diese Öffentlichkeitsarbeit ist, hat das System in Comox Valley bewiesen. Der „Erfinder", Michael Linton, hatte es zu seinem „Beruf" gemacht, das System zu einem wichtigen Bestandteil der lokalen Wirtschaft zu machen. Von den obigen Erfahrungsberichten ist zu ersehen, daß er dieses tatsächlich erreicht hat. Der Jahresumsatz von 500.000 Dollar nach ungefähr zwei Jahren war zwar noch immer sehr klein, aber zeigt dennoch, daß eine gute Wachstumsrate (ca. 600 Mitglieder) bei intensiver Öffentlichkeitsarbeit sehr wohl möglich ist.

Es ist für mich offensichtlich, daß jedes System ein gewisses Startkapital braucht, daß ein Plan ausgearbeitet werden muß, wie, wo und wann dieses Geld investiert wird, damit wir am Ende ein System haben, von dem wir alle profitieren können. Ein brilliantes Konzept und gute Absichten allein haben uns bisher nicht weit gebracht.

Im Moment sind wir im Begriff, besseres Informations- und Hilfsmaterial zu erstellen. Mit der finanziellen Hilfe der Landesregierung von Nova Scotia arbeiten wir an einem Organisationshandbuch mit begleitendem Video. Es wird noch nicht den Umfang haben, den wir gerne sähen, aber es wird den Gruppen eine große Hilfe sein, LETS mit mehr Vor(aus)sicht aufzubauen.

Notwendig ist auch, daß wir unsere Erfahrungen, Fragen, Analysen und Ideen in größerem Umfang austauschen. LETS ist noch nicht alt, und was in einem großen System passiert, können wir nur ahnen. Aber wir müssen z.B. verschiedene Möglichkeiten durchdenken, damit wir vorbereitet sind, wenn LETS sich nicht so entwickelt, wie wir uns das gedacht haben. Unter welchen Umständen müssen wir mehr Regeln einführen? Was machen wir, wenn Teilnehmer mehr Geld in „grün" verlangen, als sie es in der Landeswährung täten. Dies ist bisher nicht vorgekommen, ist aber vorstellbar und würde den Wert der „grünen" Währung mindern. Allerdings glaube ich, daß in einem kleinen System dieser Teilnehmer auf die Dauer Schwierigkeiten haben wird, sein Geld wieder loszuwerden, und in einem großen System wird es alternative Anbieter geben.

Was wir aber auf alle Fälle vermeiden sollen, ist, paranoisch zu werden und „vorbeugende" Maßnahmen treffen. „Wenn es nicht kaputt ist, reparier es nicht", heißt hier ein Lied. Grundsätzlich bin ich überzeugt, daß LETS neben dem wirtschaftlichen Aufschwung vor allem unser Bewußtsein ändern wird. Wir sind so daran gewöhnt, daß es – vor allem, was Geldangelegenheiten betrifft – immer Gewinner und Verlierer geben muß, daß wir uns ein Spiel, wo alle gewinnen, schlecht vorstellen können.

So ein Spiel wollen wir aber alle spielen. Als das Kanadische Fernsehen im Frühjahr 1986 einen Bericht über das LETSystem in Comox Valley zeigte, gab es eine Rekordzahl von Anfragen. Viele Leute hatten sofort den „Sinn" des Systems begriffen. Wer erkennt schon den „Sinn" des normalen Geldsystems?

Und es ist vor allem der „spielerische" und „leichte" Charakter, auf den die Leute ansprechen. Die gleiche Erfahrung machen wir während unserer Workshops. Es ist ziemlich sinnlos, jemanden in akademischen Diskussionen von LETS überzeugen zu wollen. Wir versuchen deshalb, die Dynamik des Systems in Form eines Simulationsspiels zu vermitteln; erst sehr vereinfacht (aber lustig) während des Workshops, danach in einer mehr realitätsnahen Version per Telefon, in der die Buchhaltungsstelle die fiktiven Transaktionen aufzeichnet und die Kontoblätter erstellt. Man muß es durchgespielt haben, um sich zu überzeugen.

In solch einem Kontext können die Teilnehmer bedenkenlos die verschiedenen Situationen durchspielen, die ihnen Angst bereiten, und ganz spielerisch das notwendige Umdenken vollziehen. Dies ist wichtig, denn sie sollen vor allem lernen, ein wenig „leichtsinniger" mit Geld umzugehen. Ich sehe diese Veränderung in jedem Workshop, den ich gebe – was wohl erklärt, warum ich der Zukunft von LETS sehr optimistisch gegenüberstehe.

Wir haben das Konzept – was wir brauchen, sind Strategien für die Durchführung in der Praxis. Und natürlich ... Geld.*

---

* Kerstin Petersson arbeitet u.a. als Organisatorin von LETS und ist zu erreichen unter der Adresse: Box 553, Wakefield, P.Q. JOX 3G0 Kanada

Raymond E. Pahl

Verteilungswirkungen informeller Arbeit*

Heute wird weithin anerkannt, daß beträchtliche Teile der Arbeitsleistung nicht in der Volkswirtschaftlichen Gesamtrechnung moderner Industriegesellschaften erfaßt werden. Dieser Punkt braucht nicht länger nachgewiesen und erörtert zu werden: die Beweise sind überwältigend[1]. Umstritten bleibt jedoch der *Umfang* der geleisteten, aber statistisch nicht erfaßten Arbeit; die Diskussion hierüber wird jetzt sogar recht differenziert geführt[2]. Ökonomen und Finanzwissenschaftler widmen dem Problem ihre Aufmerksamkeit: Für die makroökonomische Analyse von Staatshaushalten ist die genaue Zahl der zum BIP hinzuzurechnenden Prozentpunkte von zentraler Bedeutung. Solche Steuerungsprobleme sind jedoch im allgemeinen von geringem soziologischen Interesse.

Ein zweiter wichtiger Diskussionsgegenstand bezieht sich auf die Formen und Inhalte informeller Arbeit. Der Terminus „informelle Ökonomie" ist offensichtlich ein allumfassender und ungenauer Begriff, der sich ebenso auf häusliche Arbeiten (im eigenen Haus und Garten) beziehen kann, welche von Angehörigen oder von Nicht-Angehörigen der Haushalte ohne direkte Vergütung verrichtet werden, wie auf kriminelle oder quasi-kriminelle Tätigkeiten am Arbeitsplatz oder an einem anderen Ort. Selbständige haben sehr häufig die besten Möglichkeiten, selber „außerhalb der Buchführung" zu arbeiten oder Dritte auf einer „Geld-auf-die-Hand"-Basis zu beschäftigen. Ein großer Teil dieser Aktivitäten wird unternommen, um Mehrwertsteuer, Sozialversicherungsbeiträge und Einkommenssteuer zu umgehen. Außerdem spart man einen beträchtlichen Aufwand an Zeit und Verwaltungsarbeit[3].

---

* Der erste Teil des Papiers wurde zuerst bei der Tagung „Wohlfahrtsproduktion zwischen Markt, Staat und Haushalt" im Zentrum für interdisziplinäre Forschung der Universität Bielefeld vom 18.-20. September 1986 vorgelegt. Er entstand im Rahmen eines vom Joseph Rowntree Memorial Trust unterstützten Forschungsvorhabens. Der zweite Teil des Papiers, der mit dem Abschnitt „Neue Spaltungen in der Arbeiterklasse?" beginnt, wurde im August 1987 verfaßt. – Übersetzung des leicht gekürzten Originals von U. Götting.

1 Vgl. beispielsweise das 3. Kapitel („Concealed Employment") des OECD-Bandes Employment Outlook 1986, Paris 1986 und die dort genannte Literatur.

2 Einen sehr guten Überblick über die englische Literatur bietet *Stephen Smith,* Britain's Shadow Economy, Clarendon Press, Oxford 1986.

3 Bei meinen eigenen Feldstudien auf der Sheppey-Insel in Kent stieß ich auf eine kleine

Das Wachstum der Selbstversorgungstätigkeit, das auf einen zunehmenden Haus- und Autobesitz und auf die Verfügbarkeit von neuen Werkzeugen und „Do-it-yourself"-Geräten zurückzuführen ist, die allerlei Fachkenntnisse demokratisieren, ist von vielen Seiten kommentiert worden[4]. Während in der Vergangenheit z.B. schon für Maler-, Dekorations- und kleinere Reparaturarbeiten ein Fachmann geholt werden mußte, ermöglichen heutzutage eine Vielzahl von neuen Produkten die selbständige Ausführung dieser Arbeiten. Einerlei, ob man dabei Geld sparte oder nicht: Es wird nicht notwendigerweise streng ökonomisch kalkuliert, da gerade die selbständige Ausführung der Arbeit zufriedenstellen kann, so daß die Arbeit, selbst wenn sie mehr Zeit kostet, im Endeffekt „besser" gemacht ist. Insofern diese Art der Selbstversorgung einen nicht-monetären Nutzen abwirft, ist es unwahrscheinlich, daß sich solche Arbeiten ohne weiteres an Dritte delegieren lassen. Es ist Teil des Vergnügens, seine eigenen handwerklichen Fähigkeiten unter Beweis stellen oder seine hausgemachten oder selbstgezüchteten Produkte genießen zu können.

Ein großer Teil der informellen Arbeit erwächst aus Aufgaben, die Zeit, Anstrengung und manchmal auch Geld kosten und die für Familienangehörige, Freunde und Nachbarn erledigt werden, ohne daß dafür unmittelbar eine Bezahlung erwartet oder verlangt würde, mit denen jedoch eine spezielle oder allgemeine Erwartung von künftigen Gegenleistungen verbunden sein kann[5]. Solche Tätigkeiten sind die Fäden, aus denen das vielfältige Gewerbe des Alltagslebens besteht; sie können von der Einladung auf ein Bier übers Babysitting bis zur Nutzung anspruchsvollerer Kenntnisse reichen, die z.B. nötig sind, um ein Kind auf eine Prüfung vorzubereiten oder einen Motor zu reparieren[6].

Dies ist nicht der geeignete Platz, eine umfassende Typologie informeller Arbeit vorzuführen, obwohl dies sicherlich sinnvoll sein könnte, um

---

Möbelfabrik, in welcher der Besitzer überhaupt niemanden offiziell beschäftigte. Er verließ sich vollkommen auf Teilzeitkräfte, die er in bar mit Geldscheinen aus seiner Hosentasche bezahlte. Daraus folgt natürlich nicht notwendigerweise, daß dieses System illegal ist. Offensichtlich hängt viel von der Ehrlichkeit der Beteiligten ab: sie können ihre Einkünfte angeben, wo es erforderlich ist. Vgl. *Committee on Employment Powers of the Inland Revenue/Lord Keith*, The Keith Report, Cmnd. 8822, März 1983, HMSO.

4 Vgl. die ausführliche Erörterung dieser Frage bei *Jonathan Gershuny*, Social Innovation and the Distribution of Labour, Oxford University Press, Oxford 1983 sowie bei *R.E. Pahl*, Divisions of Labour, Blackwell, Oxford/New York 1984.

5 Eine interessante Auseinandersetzung mit diesem Problem bietet Endre Sik, „The Reciprocal Exchange of Labour in Hungary", in: *R.E. Pahl* (Hrsg.), On Work, Blackwell, Oxford/New York 1988, Kapitel 24.

6 Es wird von einigen Seiten vorgebracht, daß dies zu einer Entformalisierung wohlfahrtsstaatlicher Leistungen führen könnte und daß auf diese Weise einige der aktuellen Probleme gelöst werden könnten, welche darin bestehen, ein angemessenes Versorgungsniveau in diesen Bereichen aufrecht zu erhalten. Vgl. *R.G. Heinze* und *Th. Olk*, „Developement of the Informal Economy", in: Futures, Juni 1982, S. 189-204, die diesen Standpunkt sehr früh vertreten haben. Jüngste Kritik von feministischer Seite hat zu einer größeren Vorsicht bei derartigen Äußerungen geführt. Vgl. *C. Ungerson*, Policy is Personal: Sex, Gender and Informal Care, Tavistock, London 1987.

allzu enthusiastische Verallgemeinerungen zu vermeiden, die anhand von begrenzten Untersuchungen in spezifischen sozialen und geographischen Zusammenhängen vorgenommen werden. Verschiedene Arbeitsformen nur um ihrer selbst willen aufzulisten, dient jedoch kaum irgendeinem Forschungszweck. Wichtiger ist es, empirische Variationen festzustellen und dann zu wichtigeren Problemen überzugehen[7].

Es ist hier meine Absicht, mich auf mögliche Verteilungswirkungen informeller, amtlich nicht erfaßter Arbeit zu konzentrieren, insofern sie erstens die Schichtung der Gesellschaft insgesamt verändern und zweitens die geschlechtsspezifische Verteilung informeller Arbeit und die Ungleichheiten zwischen den Geschlechtern berühren. Ich möchte die These vertreten, daß *die Verteilungsfolgen der Praxis informeller Arbeit in industriellen Gesellschaften die vorherrschenden Muster sozialer Ungleichheit eher verstärken als vermindern oder bloß widerspiegeln.*

Es ist freilich zu konstatieren, daß viele Autoren anders argumentieren. Erstens wird behauptet, daß Arbeitslose ihre Lebensumstände durch Einkommen aus der Schattenwirtschaft aufbessern könnten. So heißt es z.B., daß „bei hoher Arbeitslosigkeit immer mehr Leute im Netz der Untergrundökonomie aufgefangen werden"[8]. Eine andere Position hat weniger die Schattenwirtschaft als die Hauswirtschaft bzw. das, was ich an anderer Stelle als Selbstversorgungstätigkeit bezeichnet habe, im Auge[9]. Es wird geltend gemacht, daß den Leuten mehr Zeit zur Verfügung stehe, „mehr Güter und Dienstleistungen in der Hauswirtschaft zu produzieren", da die Nachfrage nach Arbeitskräften in der formellen Ökonomie rückläufig sei[10]. Schließlich wird drittens angeführt, daß es besonders für ärmere Haushalte der Arbeiterklasse in stabilen und gefestigten Nachbarschaften und Gemeinschaften eine Art „soziales Kapital" gebe, so daß bedürftige Personen

---

7 Ich beabsichtige keineswegs, den Komplexitätsgrad komparativer Studien herunterzuspielen. Vgl. meinen Beitrag „A Comparative Approach to the Study of Informal Economy", den ich für die „President of the American Sociological Association's Thematic Session on Comparative Urban Sociology, ASA Annual Convention" in Chicago vom 17.-22. August 1987 vorbereitet habe. In diesem Papier nehme ich kritisch Stellung zu dem, was ich als einen unangemessenen Versuch einer komparativen Studie ansehe, wie ihn *Alejandro Portes* und *Saskia Sassen-Koob* in ihrem Artikel „Making it Underground: Comparative Material on the Informal Sector in Western Market Economies", in: American Journal of Sociology, 93, 1987, H. 1, S. 30-61, unternommen haben.

8 *H. Parker*, „Social Security Foments the Black Economy", in: Journal of Economic Affairs, 3, 1982, S. 33. Es besteht die Gefahr, daß dies zu einem Volksmythos unter den Sozialwissenschaftlern werden könnte. Es taucht in dem oben zitierten Artikel von *Portes/Sassen-Koob* auch auf, in dem die Autoren, ohne irgendeinen Beleg anzuführen, getrost behaupten: „Bemühungen von entlassenen Arbeitern, der Dauerarbeitslosigkeit zu entkommen und die dürftige offizielle Unterstützung aufzustocken, vergrößern das für informelle Aktivitäten zur Verfügung stehende Arbeitsangebot" (a.a.O., S. 55).

9 Vgl. mein Buch Divisions of Labour (a.a.O.) und besonders *R.E. Pahl* und *Claire Wallace*, „Household Work Strategies in Economic Recession", in: *N. Redclift* und *E. Minigione* (Hrsg.), Beyond Employment, Blackwell, Oxford/New York 1985, S. 189-227.

10 *R. Rose*, Getting By in the Three Economies, CSPP Studies in Public Policy Nr. 110, Centre for Study of Public Policy, University of Strathclyde, 1983, S. 33.

durch andere unterstützt würden, die ihren Mitmenschen von ihrer Zeit, ihrem Geld, ihren Gütern und Dienstleistungen bei Bedarf abgäben. Solche Behauptungen fußen auf angeblich kollektivistischen und solidarischen Verhaltensweisen im Verhältnis zwischen Verwandten und zwischen Nachbarn, die durch lange bestehende soziale Beziehungen hervorgebracht und durch (räumliche bzw. verwandtschaftliche) Nähe befestigt würden. Mag es auch einige Debatten darüber geben, inwieweit solche gemeinschaftlichen Unterstützungsleistungen durch Urbanisierung und modernes Konsumverhalten abgetragen worden sind, so insistieren viele Autoren doch nach wie vor auf dieser Bewältigungsweise von Bedürftigkeit. So schreibt Löwenthal in bezug auf Städte in den USA: „obwohl viele Bedürfnisse nicht befriedigt werden können und dies Probleme wie schlechte Gesundheit und unzulängliche Wohnungen aufwirft, ... wird ein großer Teil des Bedarfs nicht durch Geldeinkommen gedeckt, sondern mit Hilfe von sozialen Netzwerken und Systemen wechselseitiger Hilfe, in denen die Leute partizipieren"[11].

Diese drei vermeintlichen Antworten, daß Arbeitslose oder Benachteiligte vornehmlich einträglichen Beschäftigungen in der Schattenwirtschaft nachgingen, daß sie in der Hauswirtschaft aktiver würden und daß sie stärker als andere von lokalen Unterstützungsnetzwerken Gebrauch machten, können einzeln oder zusammen angeführt werden, um noch strengere Einstellungen gegenüber den Arbeitslosen in Großbritannien und anderen Ländern zu rechtfertigen – Einstellungen, die mit der Befürwortung monetaristischer oder an „Reagonomics" orientierter Wirtschaftspolitik Hand in Hand gehen. Als z.B. die britische Regierung einen Gesetzentwurf zur Beschäftigungsfrage vorlegte, wurde dies von der *Times* in ihrem Leitartikel wie folgt kommentiert:

> „Jeder von uns weiß aus eigener Erfahrung, daß es eine enorme inoffizielle Wirtschaftstätigkeit gibt und daß ein großer Teil der Arbeitslosen zugleich auf dem Arbeitsmarkt tätig ist, wodurch die offiziellen Arbeitslosenzahlen lächerlich werden. Viele Leute, die stempeln gehen, sind teilzeitbeschäftigt, und wir alle wissen das. Dies erklärt, warum – obwohl 'die Arbeitslosigkeit jeden angeht' – wie das Regierungsdokument feststellt, niemand sich darum zu kümmern scheint. Es mag bisher ein unzureichendes öffentliches Verständnis für den Ursprung und die Art der strukturellen Arbeitslosigkeit in Großbritannien gegeben haben, aber es gehört zumindest zum allgemeinen Wissen und Verständnis, daß die Schattenwirtschaft und das hohe Niveau der Unterstützungsleistungen dies alles tolerierbar zu machen scheint"[12].

Solche Behauptungen von Leitartikelverfassern, Politikern, Ökonomen und anderen sind kaum durch empirisches Beweismaterial gestützt. Zusätzlich zu meiner eigenen Arbeit auf der Insel Sheppey zwischen 1977 und 1986

11 *M. Löwenthal*, „Non-Market Transactions in an Urban Comunity", in: *S. Henry* (Hrsg.), Can I have it in Cash?, Astragal Books, London 1981, S. 11.

12 The Times, 29. März 1985. Vgl. meine weitergehende Diskussion dieses Punktes in dem Aufsatz „The Politics of Work", in: The Political Quarterly, 50, 1985, H. 4, S. 331-345.

liefern andere Studien aus Brighton, Kidderminster, South Wales und anderen Orten einen eindeutigen Gegenbeweis[13]. Nicht nur ist es *weniger* wahrscheinlich, daß Arbeitslose ihre eigenen Wohnungen und Autos besitzen (solches Eigentum ist bei ihnen weniger anzutreffen als beim Durchschnitt der Geringqualifizierten), sondern es ist auch viel wahrscheinlicher, daß sie von ihren Nachbarn wegen Schwarzarbeit angezeigt würden. Für einen großen Teil der Selbstversorgungstätigkeit und der einfachen Bautätigkeit, die verrichtet wird, braucht man außer freier Zeit auch Werkzeuge, Transportmittel und soziale Kontakte. Informelle Arbeit erfordert natürlich informelle Kontakte, und diese sind eher am Arbeitsplatz oder bei einem gemütlichen abendlichen Kneipenbesuch zu knüpfen. Arbeitslose haben per definitionem zu ersterem keinen Zugang und können sich letzteres kaum leisten, weil sie arm sind. Die lokale Nachbarschaft der anderen Arbeiter scheint weniger eine Quelle der Unterstützung zu sein, eher dagegen eine Umgebung, in der man informell beobachtet und angezeigt wird und in der argwöhnische Nachbarn zuallererst darauf bedacht sind, niemandem einen sozialen Aufstieg über die allen gemeinsame Lage hinaus zu gönnen.

Detailliertes Belegmaterial zur Untermauerung dieser Auffassung ist jetzt ziemlich ausführlich veröffentlicht worden, und ich denke, ich darf ohne weitere Begründung die Schlußfolgerungen aus einer früheren Arbeit zitieren. Dort heißt es,

> „daß eher, als daß eine Arbeitsform eine andere ersetzt (z.B., daß informelle Arbeit die formale Beschäftigung ersetzt), ein Polarisierungsprozeß auftritt, der dazu führt, daß diejenigen, die in einem regulären Beschäftigungsverhältnis stehen, mit *größerer* Wahrscheinlichkeit auch in der Selbstversorgungswirtschaft und in der informellen 'Schattenwirtschaft' tätig sind. Diese Kumulation bestimmter Arbeitsformen hat zur Folge, daß an dem einen Ende der Skala einige äußerst produktive Haushalte konzentriert sind und an dem anderen Ende diejenigen Haushalte zu finden sind, die nur an wenig mehr als am Austausch von Hilfs- und Reinigungsdiensten beteiligt sind – tatsächlich brachten es einige Haushalte nicht einmal dazu"[14].

Mein Argument ist folglich, daß bestimmte Haushalte in wachsendem Maße begünstigt werden, während andere immer mehr Mangel leiden. Positiv ausgedrückt: Haushalten, denen Mitglieder von Stammbelegschaften und weitere Mitglieder angehören, die ebenfalls (vollzeit- oder teilzeit-)beschäftigt sind, gelingt es, hohe Haushaltseinkommen und ein beträchtliches Vermögen zu erzielen und dieses Niveau auch zu halten, ungeachtet der individuell schwachen Arbeitsmarktposition einzelner ihrer Mitglieder. Sehr

13 Vgl. die Diskussion und die Literaturhinweise in *Claire Wallace* und *Ray Pahl*, „Polarisation, Unemployment and All Forms of Work", in: *Sheila Allen* et al. (Hrsg.), The Experience of Unemployment, Macmillan, 1986, S. 116-133. Eine ähnliche Argumentation aus jüngerer Zeit findet sich in *R.E. Pahl*, Does Jobless Mean Workless?, in: Annals of the American Academy of Political and Social Science, September 1987.

14 *Wallace/Pahl* 1986, S. 120, vgl. Fußnote 13.

allgemein gesagt: Der Rückgang der Vollzeitbeschäftigung von Männern in der Produktion ist durch ein Wachstum der Teilzeitbeschäftigung von Frauen ausgeglichen worden, und zwar nicht nur im Dienstleistungsbereich, sondern auch im verarbeitenden Gewerbe. Deren niedrige Löhne sind entweder gewissermaßen von Rechts wegen niedrig, weil die Zahl ihrer Arbeitsstunden so gering ist, oder sie sind illegalerweise niedrig, weil der bzw. die einzelne bar auf die Hand ausgezahlt wird und keine sichere Grundlage besteht, auf der man mehr fordern könnte. Solche Teilzeitbeschäftigten sind mit geringerer Wahrscheinlichkeit in Haushalten mit einem Arbeitslosen als Haushaltsvorstand anzutreffen und mit größerer Wahrscheinlichkeit in Haushalten von Vollzeitbeschäftigten mit sicheren Arbeitsplätzen. Daß sich Angehörige von Stammbelegschaften und Angehörige von Randbelegschaften „im selben Bett" (wenn schon nicht in derselben Gewerkschaft) zusammenfinden, wird viel zur Entschärfung des sozialen Konflikts beitragen. Diejenigen, die bereits in einem Beschäftigungsverhältnis stehen, befinden sich in der besten Position, um anderen Familienmitgliedern bei ihrer Stellensuche zu helfen, und alle zusammen können sie sich mit ihrem „Mehrverdiener-Wohlstand" eher eigene Häuser, eigene Autos, Boote, Ferienwohnungen usw. leisten. Je mehr Güter und Eigentum sie besitzen, um so mehr zusätzliche Arbeit kann und muß getan werden. Männer in bestimmten Berufen sind besonders privilegiert. Schichtarbeiter oder Personen, denen ihre Stelle größere zeitliche Freiräume während des Tages oder zu bestimmten Jahreszeiten gewährt, sind in einer besonders guten Ausgangsposition. Feuerwehrleuten und Universitätslehrern bietet ihr Beruf gute Voraussetzungen für Zweitjobs. Ähnlich können manche Teilzeitbeschäftigte, die zu einem relativ komfortablen gemeinsamen Haushaltseinkommen beitragen, ihren Lebensstandard dadurch erhöhen, daß sie kleine Arbeiten gegen Barzahlung verrichten – sie putzen, sie haben einen Verkaufsstand auf einem Antiquitätenmarkt, sie versorgen ältere Leute oder Behinderte, wofür sie eventuell schwarz bezahlt werden, usw.

Wenn wir erkannt haben, daß normale Mittelschicht-Haushalte dadurch ihr Einkommen erhöhen und ihren Lebensstandard steigern, daß sie mit großem Erwerbseifer alle Formen der Arbeit in ihren Haushalt hineinziehen, stellt sich die Frage nach weiterreichenden sozialen Implikationen dieser Tendenzen. Wenn die real wachsenden Haushaltseinkommen in einem funktionalen Zusammenhang stehen mit der Tatsache, daß es in einem bestimmten Lebensabschnitt mehrere Verdiener im Haushalt gibt, dann kann man daraus schließen, daß (wenn auch nicht alle Haushalte von diesem temporären Wohlstand profitieren mögen), es keine langfristigen Verschiebungen im Schichtungsgefüge zu geben braucht. Wenn aber diese Wohlstandsperiode, selbst wenn sie nur von relativ kurzer Dauer ist, Haushalte in die Lage versetzt, sich ein Haus zu kaufen, das sie sich andernfalls nicht leisten könnten, oder ein größeres Haus oder eine Ferienwohnung zu kaufen oder durch geschickte Operationen auf dem Wohnungsmarkt Kapital zu akkumulieren, oder auf irgendeine andere Art und Weise beträchtliches vererbbares Vermögen anzusammeln, dann würde dies für Haushalte, die nicht in den Genuß dieser vorteilhaften Periode kommen, langfristig einen relativen Rückschlag bedeuten. Ich komme auf diesen Punkt weiter unten zurück.

Die Indikatoren deuten darauf hin, daß Haushalte, die sich auf Angehörige von Stammbelegschaften stützen können, über ihr gesamtes Erwerbsleben hinweg und durch die Kumulation von „Hinzu-Verdiensten" (d.h. von Verdiensten, die zur Versorgung eines Haushalts oder nur einer einzigen Person allein nicht ausreichen, die aber genügend Anreiz für diejenigen Angehörigen eines Haushalts darstellen, welche bereits andere Verdiener in ihrem Haushalt haben und solche Verdienste als zusätzlichen Beitrag zum Haushaltseinkommen akzeptieren können) begünstigt werden, und daß die Teilnahme an sämtlichen dieser Arbeitsformen zu einer steigenden Privilegierung und Begünstigung dieser Haushalte führt. Regulär Beschäftigte haben sehr gute Chancen, auch für andere Angehörige ihrer Haushalte einen Arbeitsplatz zu finden, und umgekehrt haben Angehörige von Haushalten ohne festen Verdiener wenig Gelegenheit, von irgendwelchen günstigen Arbeitsmöglichkeiten zu erfahren[15].

Es gibt Anzeichen dafür, daß diese „arbeitsreichen" Haushalte nicht unbedingt auf abgesonderten, privilegierten „Inseln" mit besonders günstigen Arbeitsmarktchancen anzutreffen sind. Der Gegensatz zwischen den in allen Arbeitsformen engagierten Haushalten und den sozusagen „arbeitsbenachteiligten" Haushalten tritt mit gleicher Wahrscheinlichkeit ebenso in derselben Straße wie zwischen einzelnen Regionen und Wirtschaftsgebieten auf.

Diese „arbeitsreichen" Haushalte sind überwiegend Hausbesitzer, die typischerweise ihre (ehemals zur Miete bewohnten) Häuser gekauft und deren sichtbares Äußeres, insbesondere an der Frontseite, verändert haben. Man stößt da auf einen anderen Stil der äußeren Gestaltung, eine neue Vordertür oder Veranda und vielleicht neue Fenster und Dachziegel. Es ist klar, daß dies ein Aktivposten ist, von dem beträchtliche Vermögensgewinne zu erwarten sind. Solche Häuser werden mit einem beträchtlichen Preisnachlaß gekauft – langeingesessene Mieter mögen 1986 nicht mehr als 10.000 Pfund für ein Haus bezahlt haben, das im freien Handel zwischen 20.000 und 30.000 Pfund oder mehr wert ist. Nach einer Zeitspanne von fünf Jahren wird das Haus vielleicht verkauft oder den Kindern vermacht. Dies ist ein entscheidender Vorteil, und eben diese „arbeitsreichen" Haushalte kombinieren, wie die Sheppey-Untersuchung zeigt, formelle und informelle Arbeit miteinander, um einen neuen wohlhabenden Lebensstil zu entwickeln, der sie von ihren Freunden und Nachbarn absetzt[16].

15 Dies ist gut dokumentiert in *Jean Payne*, „Does Unemployment Run in Families?", in: Sociology, 21, 1987, H. 2, S. 199-214.

16 *Pahl*, Divisions of Labour, a.a.O., Kapitel 11 und 12.

Diese neue Spaltung in relativ reiche und relativ arme Haushalte der Lohnarbeiter beruht nicht auf speziellen handwerklichen Fertigkeiten, welche die Arbeiteraristokratie im 19. Jahrhundert entstehen ließ. Ich beschreibe hier keine neue Arbeiteraristokratie im Sinne einer individuellen oder kollektiven Vorrangstellung in der Produktionssphäre selbst. Die neuen privilegierten Arbeiter sind ein Produkt von mehreren getrennten Sachverhalten, welche die folgenden (oder einen Teil davon) umfassen könnten):

I. Der Arbeiter ist Inhaber eines Stammarbeitsplatzes mit flexiblen Fertigkeiten in modernen Industriezweigen;

oder: der Arbeiter hat einen gesicherten Arbeitsplatz und verfügt gleichzeitig über beträchtliche freie Zeit, so daß er einen Zweitjob oder informelle Arbeit übernehmen kann. (Auf Sheppey paßten Schiffsbelader und Feuerwehrleute gut in diese Kategorie.)

II. Sein(e) Partner(in) geht ebenfalls einer (Vollzeit- oder Teilzeit)Beschäftigung nach.

III. Andere Haushaltsangehörige haben eine (Vollzeit- oder Teilzeit-) Stelle und steuern Nebenverdienste zum Haushaltseinkommen bei.

IV. Das Haus, in dem der Haushalt wohnt, ist Wohneigentum.

V. Die Haushaltsmitglieder haben jeder für sich oder alle zusammen beachtliche Kenntnisse und Fertigkeiten, die sie in die Lage versetzen, Selbstversorgungsaktivitäten für sich selbst und für ihre benachbarten Haushalte zu betreiben. Dies verbessert ihre Lebensqualität, spart Geld und trägt dazu bei, einen Vorrat an wechselseitigen Verpflichtungen gegenüber Freunden und Verwandten aufzubauen.

Diese Vorteile mögen in den niedergehenden und geschwächten Regionen im Norden Großbritanniens von größerem Nutzen sein. Die Lebenshaltungskosten liegen dort eher niedriger, so daß man dort – unter sonst gleichen Bedingungen – mit einem gegebenen Haushaltseinkommen weiter auskommt.

Diese große Bedeutung des *Haushalts* und nicht der einzelnen Person als der entscheidenden sozialökonomischen Einheit hat wichtige Implikationen für die gegenwärtige Sozialstruktur. Während die Berufsstruktur, die auf jeweils individuellen Beschäftigungsverhältnissen fußt, typischerweise eine Hierarchie von Einkommensstufen begründet, erlauben diese neuen Tendenzen Beziehern von niedrigeren oder bescheideneren Einkommen, als Resultat ihrer kollektiven Haushaltsstrategie in eine höhere Position in der Hierarchie zu gelangen. Insgesamt haben 34 % aller Haushalte zwei Verdiener und weitere 12 % drei oder mehr Verdiener. Nimmt man die Haushalte ohne ökonomisch aktive Mitglieder aus der Berechnung heraus, so sind tatsächlich 57 % aller Haushalte Mehrfachverdiener-Haushalte (vgl. Tabelle 1). Eine nähere Analyse der Haushalte mit Mehrfachverdienern zeigt, daß die soziale Klasse IIIM (gelernte Handarbeiter) im Jahre 1981 zu 60 % aus Mehrfachverdiener-Haushalten bestand und daß Haushalte mit

Tabelle 1:

A) *Mehrfachverdiener nach der Sozialen Klassenzugehörigkeit des Haushaltsvorstandes in England und Wales (10 % Stichprobe von 1981 unter Erwerbstätigen und Rentnern)*

		Mehrfachverdiener (in %)		
		I.	II.	I. + II.
Soziale Klassen		(nur 2 Verdiener)	(3 und mehr)	
I	Professionelle	40	8	48
II	höher qualifizierte Angestellte	38	11	49
IIIN	sonstige Angestellte mit Berufsabschluß	34	10	44
IIIM	(manuelle) Facharbeiter	37	15	53
IV	Angelernte	32	14	46
V	Ungelernte	28	14	42
Erwerbstätige und Rentner		34	12	46

B) *Gleiche Tabelle wie oben mit N = Gesamtzahl der Haushalte mit mindestens einem Verdiener*

	I. (nur 2 Verdiener)	II. (3 und mehr)	I. + II.
I	44	9	53
II	44	13	57
IIIN	41	12	53
IIIM	42	18	60
IV	39	17	56
V	35	17	52
Alle Haushalte mit mindestens einem Verdiener	42	15	57

Quelle: OPCS-Census 1981: Household and family composition England and Wales (10 % sample), Table 8.

drei oder mehr Verdienern eher der Arbeiterklasse als dem Mittelstand angehörten. Dies ist zweifellos z.T. auf die Tatsache zurückzuführen, daß unverheiratete, ökonomisch aktive Arbeiterkinder im Elternhaus bleiben, während ihre Altersgenossen aus dem Mittelstand eher einen höheren Bildungsweg einschlagen (oder wenn sie arbeiten, mit Gleichaltrigen zusammen wohnen).

Der Effekt dieser Kumulierung von Vorteilen in einigen Haushalten über einen günstigen Spiralprozeß sich wechselseitig verstärkender Elemente steht in Kontrast zu dem negativen Spiralprozeß, der in benachbarten Haushalten zum Tragen kommt. Die Kombination von Zeit, Werkzeugen und Technologie führt dazu, daß Mehrfachverdiener-Haushalte noch mehr verdienen. Paradoxerweise hat die Zunahme hochentwickelter Werkzeuge für

Do-it-yourself-Enthusiasten die Erwerbsmöglichkeiten für diejenigen geschmälert, die zwar gute technische Kenntnisse, aber ein geringes Einkommen haben. Leute mit geringen Kenntnissen, aber mit mehr Geld können sich sozusagen die Technologie kaufen und stehen sich damit im Endeffekt besser. Informelle Arbeit ist demnach primär von einer regulären Beschäftigung abhängig, die das notwendige Geldeinkommen herbeischafft. Dies trägt dazu bei, den „Matthäus-Effekt" zu unterstreichen: wer hat, dem wird gegeben; und wer wenig hat, dem wird selbst das genommen. Dieser Prozeß wird durch die Tatsache verstärkt, daß für Personen, die (als Arbeitslose oder als Rentenbezieher) von staatlichen Transferzahlungen abhängen, jede Einkommenserhöhung an den Index der Lebenshaltungskosten gebunden ist – das bedeutet Zuwächse von etwa 3 oder 4 % pro Jahr. Beschäftigte können – mit Unterstützung der Gewerkschaften – Zuwachsraten von 7 oder 8 % erzielen. Auf diese Weise entsteht eine *jährliche* Diskrepanz von 3 oder 4 %-Punkten, welche Ungleichheiten zwischen Personen mit einem sicheren Arbeitsplatz und Empfängern staatlicher Transferzahlungen hervorruft.

Geschlechtsspezifische Unterschiede bei der informellen Arbeit

Bis hierher ist die Frage nach dem Zusammenhang von informeller Arbeit und geschlechtsspezifischer Ungleichheit noch nicht berührt worden. In der gesamten Sheppey-Untersuchung von 730 Haushalten beantworteten 4 % der Befragten die Frage „Arbeiten Sie auf irgendeine Art und Weise, um selbst zusätzliches Geld zu verdienen?" positiv, und weitere 1 % gaben an, daß sie Zulagen von ihrem Hauptarbeitgeber erhielten. Als die 27 Befragten, die angaben, informelle Zusatzeinkommen zu beziehen, näher analysiert wurden, traten auffällige Unterschiede auf: Von den 11 Männern waren zehn in einem Vollzeit-Arbeitsverhältnis. Nur einer war arbeitslos. Weiterhin gehörten von den zehn männlichen Vollzeitbeschäftigten fünf Haushalte mit einem als „hoch" eingestuften Einkommen an. Im Gegensatz dazu waren von den 16 Frauen acht „Nur"-Hausfrauen und zehn gehörten Haushalten mit „niedrigem" Einkommen an. Dies ist ein deutlicher Hinweis darauf, daß der Zugang zu informellen Arten des Geldverdienens geschlechtsspezifisch differenziert ist nach Männern, die dies zusätzlich zu ihrer begünstigten Position tun, und Frauen, die gezwungen sind, dieser Arbeit als einer Art Überlebensstrategie nachzugehen. Die Sheppey-Untersuchung bietet außerdem Informationen in bezug auf das Ausmaß wechselseitiger Hilfeleistung sowohl auf der Angebots- als auch auf der Nachfrageseite. Es war möglich, den Anteil von vorgegebenen Aufgabenkategorien der Haushalte zu ermitteln, die anders als gegen Zahlung für Freunde und Nachbarn verrichtet wurden. Betrachtet man die Fälle, in denen Haushalte Arbeiten durch Dritte verrichten ließen (z.B. das Haus streichen, einkaufen, das Auto in Ordnung bringen etc.), so wird deutlich, daß nur 2 % des gesamten in Frage kommenden Tätigkeitsspektrums der Haushalte so erledigt wurde.

Es wurde eine Skala verwendet, mit der der Umfang der von den einzelnen Haushalten in Anspruch genommenen informellen Arbeitsleistungen gemessen werden konnte, so daß die sozialen und ökonomischen Merkmale derjenigen Haushalte, die am häufigsten von dieser Form der Arbeit Gebrauch machten, genauer zu bestimmen waren. Die Ergebnisse waren etwas paradox. Diejenigen, die am meisten von unbezahlter informeller Arbeit Gebrauch machten, waren entweder Leute, die es sich nicht leisten konnten, regulär oder „schwarz" zu bezahlen, aber bestimmte Aufgaben erledigt haben mußten – dies waren meistens Haushalte von Alleinerziehenden und (vor allem alleinstehenden) Rentner/innen –, oder es waren Leute, die gut dazu in der Lage waren, in Form von informellen Leistungen „zurückzuzahlen" – nämlich Frauen unter 35 mit kleinen Kindern. Wechselseitige Kinderbetreuung gehört eindeutig in diese Kategorie. Diese Ergebnisse zeigen, daß das Ausmaß der Aufgaben, die in den Haushalten zu erledigen sind, von der geschlechtsspezifischen Arbeitsteilung im Haus abhängt. Wo ein Partner fehlt, müssen die notwendigen Leistungen von außerhalb bezogen werden.

Wendet man sich der Angebotsseite dieser Form der Arbeit zu, so konnte eindeutig gezeigt werden, daß arbeitslose Männer mit der *geringsten* Wahrscheinlichkeit einer informellen Arbeit nachgehen, während arbeitslose Frauen dies mit der *größten* Wahrscheinlichkeit tun. Dies ist vor allem deshalb der Fall, weil die von Männern verrichteten Arbeiten sich von denen unterscheiden, die typischerweise von Frauen verrichtet werden. Im allgemeinen sind Männer vor allem für Verbesserungen am Haus, wie kleinere Reparaturarbeiten, Arbeiten mit Holz, Verschönerungs- und Gartenarbeiten, zuständig – alles genau fixierte Aufgaben, die einen Preis haben *könnten* und die deshalb als illegale Arbeiten angesehen und als solche registriert werden könnten. Im Gegensatz dazu verrichten Frauen vornehmlich alltägliche Hausarbeiten für Dritte, wie Einkaufen, Kleinkinder-Betreuung, Hausarbeit und andere Pflegearbeiten am Ort. Diese Arbeit wird gewöhnlich als „Frauenarbeit" angesehen und gilt allgemein als unbezahlt, obwohl sie deutlich als Arbeit sichtbar ist. Dies spiegelt die allgemein unterschiedliche soziale Bewertung verschiedener Aufgaben wider: Männerarbeit im Haus und um das Haus herum – ob für sich selbst oder für andere – wird eher als „produktiv" angesehen, während auf der anderen Seite Frauenarbeit, wie Einkaufen, nicht als „produktiv" bewertet wird, sondern als eine Fortsetzung der „natürlichen" unbezahlten Arbeit von Frauen im Haus gilt. Diese ungleiche Bewertung verschiedener Aufgaben erweist sich für die Männer als Vorteil, wenn sie beschäftigt sind, jedoch als Nachteil, wenn sie arbeitslos werden.

Die Sheppey-Untersuchung unterschätzt wahrscheinlich das Ausmaß der wechselseitigen Hilfsleistungen von Frauen am Ort. Unabhängig davon, ob Frauen arbeitslos sind oder nicht, sind sie in ausgedehnte Netzwerke wechselseitiger Hilfe eingebunden, die zur Lösung von alltäglichen Problemen in Anspruch genommen werden. Das Eingebundensein von Frauen in solchen Netzwerken ist wahrscheinlich der Hauptgrund dafür, warum arbeitslose Frauen am ehesten unbezahlter Arbeit am Ort nachgehen. Es gab zwar auch einige arbeitslose Männer, die bereit waren, mehr informelle Arbeit für Dritte zu tun, – gleichsam um einen Vorrat an Verpflichtungen Anderer anzulegen, auf den sie sich dann später stützen könnten. Jedoch wurde diese Strategie nur von einer Minderheit verfolgt. Im allgemeinen zogen sich die Männer zurück und lebten eher wie Einsiedler.

Neue Spaltungen in der Arbeiterklasse?

Ich habe die These vertreten, daß das relative Anwachsen informeller Arbeitsformen wenig dazu beigetragen hat, bestehende klassen- und geschlechtsspezifische Unterschiede zu vermindern. In der Tat besteht ein Entsprechungsverhältnis zwischen den Strategien der Arbeitgeberseite einerseits, die darauf abzielen, die Unterschiede zwischen (männlichen) Inhabern von Stammarbeitsplätzen und (weiblichen) Teilzeitbeschäftigten der Randbelegschaften zu vergrößern, und den Strategien und Praktiken von Haushalten andererseits, welche auf das Mehrfachverdienerprinzip und auf wachsende Selbstversorgungstätigkeit setzen, die mit Hauseigentum und den kumulativen Vorteilen der Beteiligung an diversen Arbeitsformen zusammenhängen. Die einen Haushalte befinden sich in einer Aufwärtsspirale mit steigenden Haushaltseinkommen und steigendem Wohlstand, während die anderen Haushalte, sobald der Hauptverdienende seine Arbeit verliert, zu gewärtigen haben, daß sie auf diese Weise auch den Zugang zu anderen Arbeitsformen verlieren und daß es weitere Entmutigungseffekte gibt, einer Teilzeitbeschäftigung weiter nachzugehen. Solche Haushalte geraten in eine Abwärtsspirale, aus der nur sehr schwer herauszukommen ist. Der Abstand zwischen den Steigerungsraten von Löhnen und denen von staatlichen Transferzahlungen verstärkt diesen sozialen Polarisierungsprozeß noch, der den Abstand zwischen den wohlhabenderen, besser plazierten Teilen der Arbeiterklasse und deren weniger erfolgreichen Mitgliedern wachsen läßt.

Dieser auf unterschiedlichen Praktiken der Arbeit basierende Polarisierungsprozeß kann durch andere Unterschiede und Spaltungslinien verstärkt werden, die in der britischen Gesellschaft bestehen. Eine Fülle von Forschungsliteratur belegt die bestehenden Ungleichheiten beim Zugang zu Mietwohnungen und Hausbesitz[17], beim Zugang zu Gesundheitsdiensten

17 C. *Hamnett*, „Housing the Two Nations: Socio-Tenurial Polarization in England and Wales 1961-1981", in: Urban Studies, 43, 1984, S. 389-405.

und -einrichtungen[18] und, besonders wichtig, beim Zugang zum Arbeitsmarkt. Nach sechs Jahren Thatcher-Regierung kam ein offizieller Regierungsbericht zu dem Resultat: „Der Grund 'Arbeitslosigkeit' ... hat nun die Kategorie 'hohes Alter' als Hauptursache für niedriges Einkommen verdrängt"[19]. In weniger zurückhaltenden Worten haben Wissenschaftler ein Ansteigen der Armut konstatiert.

Nicht nur nimmt die Zahl der Armen zu, sondern sie werden im Verhältnis zur übrigen Bevölkerung auch immer ärmer[20]. Beschäftigte Arbeitnehmer vergrößern, wie oben ausgeführt, den Abstand, der sie von ihren arbeitslosen Kollegen trennt[21]. Zwar können die Angehörigen der Stammbelegschaften ihre Position stärken, doch insgesamt nimmt ihre Zahl ab, während die Zahl der „flexiblen" Arbeiter zunimmt. Eine Schätzung, basierend auf Daten einer Arbeitnehmerumfrage des Arbeitsamtes, deutet darauf hin, daß die Zahl der „flexiblen" Angehörigen von Randbelegschaften zwischen 1981 und 1985 um 16 % auf 8,1 Mio. anstieg, während die der „Dauerarbeitnehmer" insgesamt um 6 % auf 15,6 Mio. zurückging. Allgemein gesagt sind die Beschäftigten nun deutlich in zwei Drittel „Stammarbeiter" und ein Drittel „flexible Arbeiter" unterteilt[22].

Personen im „flexiblen" Sektor bekommen kaum genug Lohn, um sich selbst zu unterhalten und mit Sicherheit nicht genug, um irgendwelche Familienangehörigen zu versorgen. Der deutliche Anstieg des Anteils der Be-

18 *M. Whitehead*, The Health Divide, Health Education Council London, 1987 und *Sally Macintyre*, „The Patterning of Health by Social Position in Contemporary Britain: Directions for Sociological Research", in: Social Science in Medicine, 23, 1986, H. 4, S. 393-415.

19 *Departement of Health and Social Security*, The Reform of Social Security, 4 Bände, Cmnd. 9517-20, HMSO, 1985, Band 1, S. 13.

20 „Im Vergleich zur allgemeinen Einkommensentwicklung sind die Sozialhilfesätze beachtlich zurückgefallen; so betrug der Standardleistungsanspruch im Jahre 1978 61 % des durchschnittlich verfügbaren Pro-Kopf-Einkommens und 53 % im Jahre 1987. Das Bild seit der Amtsübernahme durch die Konservativen ist überall gleich: Sozialhilfeempfänger fallen weit hinter den Rest der Bevölkerung zurück." (*Piachaud*, „The Growth of Poverty", in: *A. Walker* und C. *Walker* (Hrsg.), The Growing Divide: A Social Audit 1979-1987, London 1987, S. 13.)

21 Dieser Punkt wurde von einem Ökonomen mit großer journalistischer Erfahrung drastisch veranschaulicht, der eine gut recherchierte Dokumentation über „Die zwei Nationen in derselben Straße" („Two Nations on the Same Street") im März 1987 für den BBC produzierte. An der Sendung nahm auch Bill Jordan teil, Vorsitzender der Amalgamated Engineering Union. Er wurde gefragt, wie er sich die Lohnerhöhungen erkläre, da es doch im allgemeinen hieße, die Gewerkschaften hätten viel von ihrer früheren Stärke verloren. Jordans Antwort, wie sie in *The Listener* vom 2. April 1987, S. 13 veröffentlicht wurde, war die folgende: „Weil die Belegschaften Druck auf sie ausüben. Während wir von dem Rückgang der offiziellen Streiks hören, werden die Buchführungen zeigen, daß die Zahl der inoffiziellen Betriebsstörungen nach wie vor sehr hoch ist. Wenn Sie das nicht glauben wollen, führen sie sich bloß die Tatsache vor Augen, daß sich die Einkünfte jetzt um ungefähr 7,75 % erhöhen. Bei einer Inflationsrate von zur Zeit etwa der Hälfte dieser Zahl sagt Ihnen das, was für eine Art Druck ausgeübt wird."

22 Vgl. die Erörterung von *Charles Leadbeater*, in: The Financial Times, Nr. 27, Februar 1987 und von Catherine Hakim, „Homeworking in Britain", in: Employment Gazette, 95, 1987, H. 2, S. 92-104.

rufstätigen bei den verheirateten Frauen in den letzten 20 Jahren, besonders bei deren Teilzeitarbeit, hängt mit der Vollzeitbeschäftigung ihrer Ehemänner zusammen. Wenn vollzeitbeschäftigte Männer arbeitslos werden, ist in der Tat die Wahrscheinlichkeit größer, daß ihre Frauen ebenfalls arbeitslos werden. Dies hängt mit der Art und Weise zusammen, wie das britische Sozialhilfesystem („Supplementary Benefit System") funktioniert: Alle sonstigen Einkünfte oberhalb einer bestimmten Grenze werden vom Sozialhilfeanspruch des Mannes abgezogen. Wenn der männliche Hauptverdiener arbeitslos wird, so gibt es keinen Anreiz für seine Partnerin, ihre Teilzeitarbeit für ein Nettoeinkommen in der Höhe dieses Freibetrags fortzusetzen. Dies mag mit erklären, warum 1983 nur 30 % der Ehefrauen von arbeitslosen männlichen Haushaltsvorständen beschäftigt waren, im Gegensatz zu 58 % von nicht-arbeitslosen Männern[23].

Bis jetzt haben wir Prozesse betrachtet, in denen bestimmte „arbeitsreiche" Haushalte durch eine Kombination unterschiedlicher Beschäftigungsformen mit zunehmender Selbstversorgungstätigkeit und auch mit anderen Formen informeller Arbeit ein höheres Einkommen erzielen können. Aus Geld wird mehr Geld, und ein Beschäftigungsverhältnis eröffnet weitere Beschäftigungsmöglichkeiten und auch andere Arbeitsgelegenheiten.

Es gibt natürlich noch andere Formen der Ungleichheit in der gegenwärtigen britischen Gesellschaft, die auf Alter, Geschlecht, Rasse und geographischer Lage beruhen. Dies ist nicht der geeignete Ort für einen gründlichen Überblick über alle gegenwärtigen Ungleichheitsstrukturen. Eine Reihe von Autoren behaupten allerdings, daß diese Ungleichheitsstrukturen neue Spaltungen in der Gesellschaft hervorrufen, welche sich nicht einfach auf eine Formel vom Gegensatz zwischen Kapital und Arbeit zurückführen lassen, sondern eher auf Gegensätze innerhalb dessen, was man gemeinhin als die „Arbeiterklasse" bezeichnet. So fragt Halsey, „ob eine neue Version der 'zwei Nationen' im letzten Jahrzehnt aufgetaucht ist, und zwar in Form einer zunehmenden Spaltung der Bevölkerung in eine wohlhabende Mehrheit mit sicheren und zunehmend besser bezahlten Arbeitsplätzen und (im Gegensatz dazu) in eine geschwächte Minderheit von Arbeitslosen, Kranken, Alten und von erfolglosen ethnischen Minoritäten"[24]. In ähnlicher Weise entdeckt Dahrendorf das Entstehen einer Unterklasse, welche bis zu 10 % der Bevölkerung in den USA, wahrscheinlich jedoch nicht mehr als 5 % der Bevölkerung in Großbritannien und noch weniger in anderen europäischen Ländern ausmache[25].

Spaltungen, wie die von Halsey und Dahrendorf postulierten, werden wahrscheinlich zunehmen und letzten Endes vielleicht der Annahme von einem gemeinsamen Bewußtsein der Arbeiterklasse den Boden entziehen.

23 Social Trends, C.S.O., London 1984, Tabelle 4.27.

24 *A.H. Halsey*, Social Trends Since World War II., in: Social Trends 17, 1987, S. 17.

25 *Ralf Dahrendorf*, „The Erosion of Citizenship and its Consequences for Us All", in: New Statesman, Jg. 12, Juni 1987, S. 12-15.

Es ist wichtig, einerseits solche Behauptungen ernst zu nehmen, sie jedoch andererseits nicht ohne sehr sorgfältige Prüfung zu akzeptieren. Entscheidend ist, sich auf die sozialen und ökonomischen Prozesse zu konzentrieren, die dem Ganzen zugrunde liegen könnten, und auf das eigentlich Neue an der Situation. Dahrendorf behauptet, daß „das Unterklassen-Phänomen ein synthetisches Phänomen ist. Es ist ein umfassender Zustand, in dem verschiedene Faktoren miteinander kombiniert sind und ein unauflösbares Ganzes bilden“[26]. Aber einer der Hauptgründe für die Existenz dieser Unterklasse ist, wie Dahrendorf behauptet, „daß etwas in den OECD-Ländern in Gang gekommen ist. ... es gibt nicht genug Arbeit, um über die Runden zu kommen und Leuten zu ermöglichen, sich aus dem Zustand ihrer Hilfsbedürftigkeit zu befreien. Die Arbeit selbst ist Teil des Problems“[27].

In diesem Enthusiasmus für das Entdecken neuer Spaltungen in westlichen kapitalistischen Gesellschaften steckt die Gefahr, daß man mit neuen Modellen den Tatsachen weit vorausgreift. Die allgemeinen, scheinbar klaren und einfachen Aussagen verdecken die enorme Komplexität und Verworrenheit der Situation. Im Lichte dessen, was ich bereits in diesem Papier erörtert habe, könnte man mit gutem Recht anzweifeln, ob Halseys Behauptung, daß „Frauen stärker in die formelle Ökonomie einbezogen wurden und sich Männer mehr in den Haushalt und die informelle Ökonomie zurückgezogen haben“[28], wirklich eine zutreffende Beschreibung dessen ist, was tatsächlich passiert. Der Terminus „soziale Polarisierung“ kann zweifellos in verschiedenen Bedeutungen gebraucht werden, und Dahrendorfs Übertragung des amerikanischen Begriffs der „underclass“ auf Situationen in Europa könnte dabei sehr irreführend sein. Es scheint eine Reihe von Möglichkeiten zu geben (vgl. Abbildung 1).

1. Das Bild einer Sozialstruktur von Haushalten verändert sich von einer Pyramide zu einer Zwiebel (Abbildung 1 (i) zu 1 (ii)). Die Mitte wird dicker, und es gibt eine recht wohlhabende „Mittelschicht“, die sich in der Weise, wie ich hier dargelegt habe, auf Hausbesitz und auf bestimmte Arbeitsstrategien von Haushalten, das Mehrfachverdienerprinzip und die Kumulation informeller Arbeit stützt[29] (Abbildung 1 (iv)).
2. Die Mitte der Zwiebel wird dicker, aber man kann sich vorstellen, das obere und das untere Ende wären sozusagen abgeschnitten und würden sich nach oben und nach unten bzw. von der Mitte weg bewegen (Abbildung 1 (v)).

26 Ebd., S. 14.

27 Ebd.; vgl. auch den Bericht der Expertengruppe unter Vorsitz von Ralf Dahrendorf, Labour Market Flexibility und den stärker technischen Bericht Flexibility in the Labour Market, beide hrsg. v. der *OECD*, 1986.

28 Halsey 1987, S. 13.

29 Vgl. mein Buch Divisions of Labour, 1984, und besonders *R.E. Pahl* und *Claire Wallace*, „Household Work Strategies in Economic Recession“, in: *N. Redclift* und *E. Minigione* (Hrsg.), Beyond Employment, Blackwell, Oxford/New York 1985.

Abbildung 1: *Was meinen wir, wenn wir von sozialer Polarisierung sprechen?*

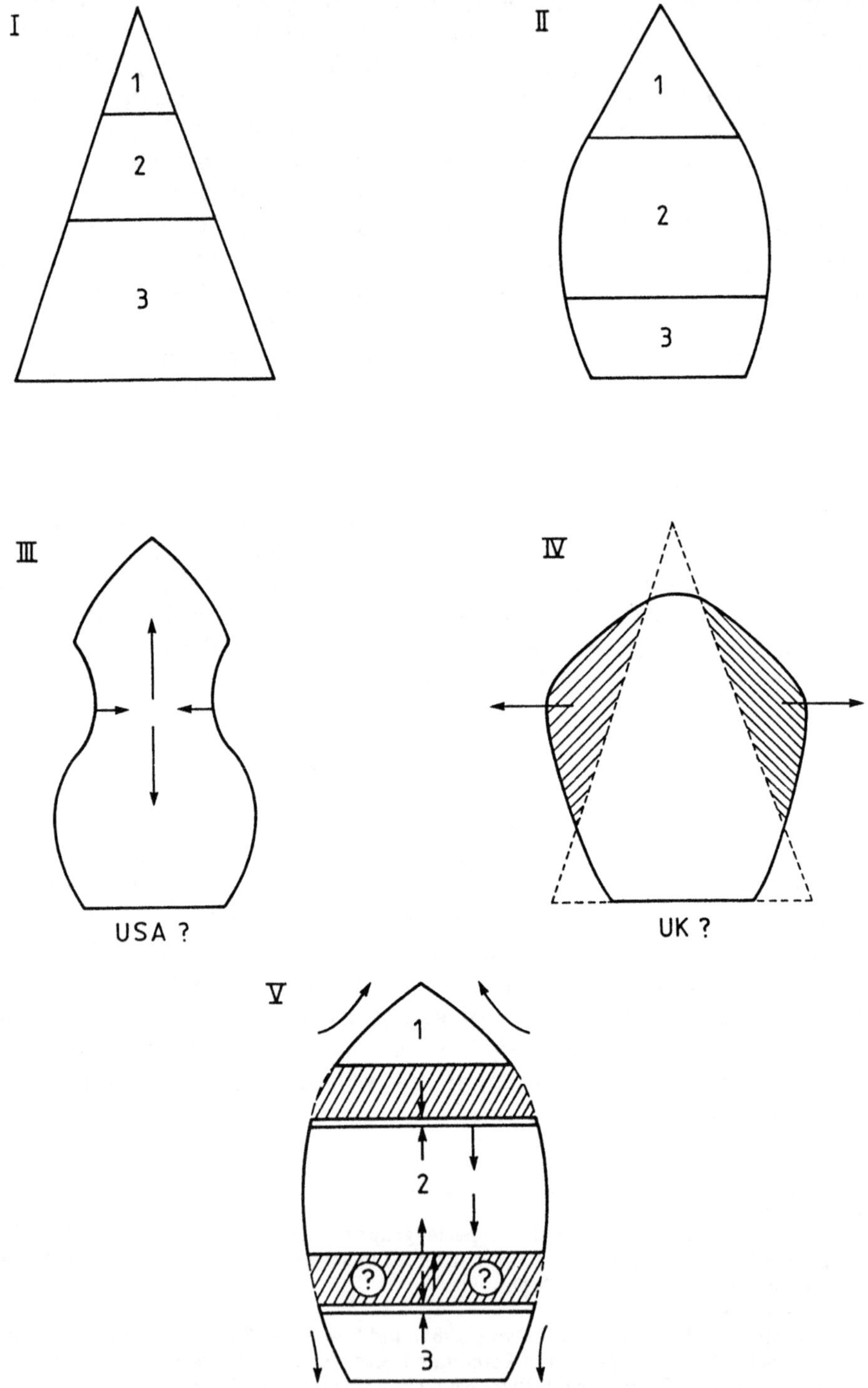

3. Das Bild einer hierarchisch strukturierten Pyramide macht einem Hantelmodell Platz, mit mehr Reichen, mehr Armen und *weniger* Leuten in der Mitte (Abbildung 1 (iii)). Dies wäre ein Spiegelbild zu dem unter 1. postulierten Modell. Eine jüngste Bewertung im *Wall Street Journal* schien dies andeuten zu wollen; dort heißt es unter Berufung auf einen Ökonomen, daß „das Land sich in eine Richtung bewegt hat, eine Nation von Habenden und Nicht-Habenden zu werden, mit weniger Leuten dazwischen". 1986 entfielen auf das obere Fünftel der amerikanischen Haushalte 43 % des gesamten Einkommens aller Familien, und auf das untere Fünftel 4,7 %, der niedrigste Stand seit 25 Jahren[30].

Offensichtlich besteht ein wichtiger Unterschied zwischen den Gesellschaftsmodellen, die sich an der Zahl von Haushalten bzw. Individuen in jeder Kategorie orientieren, und denen, die sich am Umfang der Vermögenswerte orientieren, der jeder Rangstufe zuzuordnen ist. Die These von der schrumpfenden Mittelklasse zielt weniger auf die *Anzahl* der Personen/Haushalte in dieser Kategorie als vielmehr auf die Höhe des in dieser Kategorie vorhandenen *Vermögens*. Das untere Ende – oder die Unterklasse – wächst zahlenmäßig, doch weniger vermögensmäßig. Einige dieser möglichen Modelle der Sozialstruktur sind in Abbildung 1 dargestellt, und es ist klar ersichtlich, daß die Ausweitung der „fetten Mitte" zu Halseys Begriff der sozialen Polarisierung paßt, während das „Wegdriften" der Kategorie 3 in Abbildung 1 (v) Dahrendorfs These veranschaulicht. Mir scheint das größte Problem darin zu bestehen, wie man der Vorstellung Rechnung zu tragen hat, daß wachsende Ungleichheit in den USA zu einer schrumpfenden Mitte und in Großbritannien zu einer sich verdickenden Mitte führt. Die Antwort liegt wahrscheinlich in den unterschiedlichen Haushalts- und Einkommensstrukturen in beiden Ländern. Die unterschiedlichen Wohlfahrtssysteme werden ebenfalls von entscheidender Bedeutung sein. Die Besonderheit der leistungshemmenden Faktoren im britischen System wurde bereits oben erwähnt.

Diese Debatten und Polemiken über soziale Polarisierung und das Entstehen einer Unterklasse mögen einigen unnötig alarmierend erscheinen angesichts der Tatsache, daß die Gesellschaft heute stabiler ist als 70 oder 170 Jahre zuvor[31].

Meine Vermutung ist, daß wachsende Selbstversorgungstätigkeit, Schwarzarbeit und das Zusammentreffen mehrerer Verdiener in Haushalten nicht nur dazu dient, die *materielle* Position der breiten „Mittelklasse" im Gegensatz zu Unterklassen-Haushalten zu verbessern, sondern auch dazu führt, eine bestimmte *ideologische* Einstellung zu verstärken, die für

30 Wall Street Journal, 25. September 1986, Artikel von David Wessex auf S. 1 und S. 20.

31 Als eine skeptische Stellungnahme zu der gegenwärtigen Polarisierung in den frühen 70er Jahren kann der Beitrag „How Divided is Britain?" von *W.G. Runciman*, in: New Society, 23. Mai 1974, S. 435-438 gelten.

das Verständnis politischen Verhaltens zentral ist. Wenn in der Vergangenheit politische Einstellungen und Verhaltensweisen gewissermaßen an dem Beruf des Hauptverdieners eines Haushalts ablesbar waren, so ist nun die Situation zu komplex, als daß man dies tun könnte. Dies ist das Problem, dem wir uns abschließend zuwenden wollen.

Die politischen Implikationen unterschiedlicher Arbeitsstrategien von Haushalten sind an anderer Stelle ausführlich untersucht worden[32]. Hier ist nur Platz für einige kurze Hinweise auf einen umfangreichen Fragenkomplex. Überspitzt gesagt, wurde entsprechend einem früheren, traditionellen Modell der soziologischen Theorie behauptet, daß der Zusammenhang zwischen den einzelnen Gliedern in der Kette „Struktur – Bewußtsein – Handlung" relativ unproblematisch sei. Lockwood hat jedoch diese unkritische Sichtweise in seinem klassischen Essay über „The Weakest Link in the Chain"[33] erfolgreich aus den Angeln gehoben. Es kann nicht länger behauptet werden, daß Klassenbewußtsein das entscheidende Glied in der Kette zwischen objektiven Verhältnissen, subjektivem Bewußtsein und politischen Handlungen darstellt. Die Idee, man könne die berufliche Stellung des Haushaltsvorstandes als Indikator für die Klassenzugehörigkeit sämtlicher Angehöriger des Haushalts heranziehen – und darüber hinaus für das angenommene gesellschaftliche Bewußtsein der Haushaltsmitglieder –, wird mehr und mehr fragwürdig.

Zwei neue Gesichtspunkte müssen in die Analyse einbezogen werden. Der erste ist der vermutete *Interaktionseffekt* zwischen zwei berufstätigen Haushaltsmitgliedern, wobei die Möglichkeiten symmetrischer und asymmetrischer beruflicher Stellungen zu berücksichtigen sind. So könnte man erwarten, daß Partner mit asymmetrischen beruflichen Positionen unterschiedliche Einstellungen, soziale Identitäten und Formen politischen Bewußtseins ausbilden im Gegensatz zu Partnern mit einem ähnlichen beruflichen Status. Die Behauptung ist, daß es so etwas gibt, was man als durch „Interaktion in der Küche" entstandenes Bewußtsein bezeichnen könnte, welches sich auf die Interaktion am externen Arbeitsplatz auswirkt.

Das zweite Element, das zu berücksichtigen ist, betrifft die sozialen und politischen Implikationen aller Arbeitsformen außerhalb der regulären Beschäftigung. Insbesondere die Selbstversorgungstätigkeit muß in Betracht gezogen werden – die Arbeit also, die mit Hauseigentum und Entwicklungen in der Konsumsphäre bei Angehörigen der breiten Mittelschicht ver-

32 Wichtiges, bislang unveröffentlichtes Material ist zu finden in: *R.E. Pahl* und *C.D. Wallace*, „Neither Angels in Marble Nor Rebels in Red: Privatisation and Working-Class Consciousness", in: Social Stratification and Economis Change, hrsg. v. *David Rose*, Hutchinson 1988 sowie in: Spyros Missiakoulis, *R.E. Pahl* und *Peter Taylor-Gooby*, „Households, Work and Politics: Some Implications of the Divisions of Labour in Formal and Informal Production", in: International Journal of Sociology and Social Policy, 6, 1986, H. 3, S. 28-40.

33 *D. Lockwood*, „The Weakest Link in the Chain: Some Comments on Marxist Theory of Action", in: Research in the Sociology of Work, 1, 1981, S. 435-481.

knüpft ist. Inwieweit gibt diese oft mit anderen Haushaltsangehörigen gemeinsam verrichtete Arbeit neuen und unterschiedlichen Bewußtseinsformen Auftrieb, welche vielleicht mit Familienzentriertheit und einem an „Heim und Häuslichkeit" orientierten Wertesystem verbunden sind?

Ich bin diesen beiden Fragekomplexen in anderen Untersuchungen nachgegangen[34]. Im Falle des Interaktionseffekts zwischen Männern und Frauen mit unterschiedlicher beruflicher Klassenzugehörigkeit fanden meine Kollegen und ich heraus, daß Frauen in nicht-manuellen Berufen tendenziell dazu neigten, ihre Partner in manuellen Berufen zu konservativem Wahlverhalten zu bewegen. Umgekehrt schienen in nicht-manuellen Berufen tätige Männer weniger Erfolg dabei zu haben, manuelle Arbeiterinnen von einem nicht-konservativen Wahlverhalten abzubringen.

Es ist wichtig, sich darüber im klaren zu sein, daß die Verteilungswirkungen informeller Arbeit und die durch sie erzeugten Bewußtseinsformen nicht isoliert existieren. Sie hängen von einer anfänglich privilegierten Position eines Haushalts als ganzem im Zugang zum formellen Beschäftigungssystem ab. Gelegenheiten, an weitere Privilegien durch informelle Arbeit zu kommen, sind durch Geld und die mit der formellen Beschäftigung verbundene Sicherheit eng begrenzt.

Während das Zusammentreffen aller Arbeitsformen in bestimmten Haushalten in entscheidendem Maße deren *materielle* Position in der Gesellschaft verbessert und sie von den armen und weniger privilegierten Schichten unterhalb von ihnen entfernt, kommt hier noch eine *ideologische* Dimension dieser Entwicklung hinzu. Es kann der Fall eintreten, daß diese ideologische Dimension mit dazu beiträgt, eine neue Spaltung innerhalb der Arbeitnehmerschaft herbeizuführen. Es mag eine der größten Paradoxien unserer Zeit sein, daß neue Formen eines arbeitsbezogenen Bewußtseins und einer Identität außerhalb des Beschäftigungssystems zu einem Zeitpunkt entstehen, da ein arbeitsplatzbezogenes Klassenbewußtsein geschwächt ist. Informelle Arbeit mag davon abhängen, daß man zum Arbeitsmarkt Zugang hat und so über ein Basis-Einkommen verfügt, welches es erst erlaubt, daß man sich auf informelle Tätigkeit einläßt. Die tatsächliche *Erfahrung* der Teilnahme an informeller Arbeit hat jedoch möglicherweise weiterreichende Konsequenzen für die Entwicklung des gesellschaftlichen Bewußtseins – und damit auch für neue und vielleicht grundlegende soziale Spaltungen.

34 Vgl. Anmerkung 32.

III. Normative, ordnungs- und steuerungspolitische Fragen und Entwicklungsperspektiven

Wolfgang Lecher

Für einen erweiterten gewerkschaftlichen Arbeitsbegriff – Angebotsorientierung und Eigenarbeit

1. Problemstellung

Seit über einem Jahrzehnt bestimmt die internationale Wirtschaftskrise Handlungshorizont und Handlungsperspektiven von Staat, Kapital und Arbeit. Kein hochindustrialisiertes Land ist von ihr verschont geblieben, und wenn auch die Maßnahmen differieren, so sind doch die Symptome ähnlich. Die Krise zeichnet sich aus durch rückläufige Produktionszuwächse bei stabiler oder sogar leicht erhöhter Produktivität, abnehmende Nettoinvestitionen, zumindest in der Anfangsphase hohe Inflationsraten, die auf Kosten beschäftigungswirksamer Investitionen gesenkt und auf relativ niedrigem Niveau stabilisiert wurden, zunehmende und auf relativ hohem Sockel verbleibende Staatsverschuldung, ohne daß diese in der Regel systematisch zur Beschäftigungserweiterung benutzt würde, wachsende außenwirtschaftliche Ungleichgewichte zwischen den großen kapitalistischen Wirtschaftsblöcken USA, Japan und Europa, aber auch im Nord-Süd und Ost-West Verhältnis und weltweit zunehmendem Protektionismus. Sie geht einher mit hoher und schubweise von immer höherem Sockel weiterwachsender Arbeitslosigkeit bei einem überproportionalen Anteil struktureller Langzeitarbeitsloser.

Weder Neo-Liberale noch Neo-Keynesianer waren bisher mit ihren unterschiedlichen Rezepten zur Ankurbelung der Wirtschaft bis zu einem langfristigen Wachstumsniveau über der Zunahme der Produktivität erfolgreich, wenn auch keynesianische Politik „linker" Regierungen in Westeuropa trotz ihres nur isolierten Handlungsrahmens eindeutig bessere beschäftigungs- und wachstumspolitische Ergebnisse erzielte, als rechte, neoliberale Wirtschaftspolitik[1]. In den Weltmarktmetropolen USA, Japan und den EG-Staaten wird seit Beginn der achtziger Jahre allerdings das Austeritätskonzept bevorzugt mit massiven, restriktiven Auswirkungen auf die ökonomische und soziale Lage in diesen Ländern. Offen erklärter Sinn dieses wirtschafts-

1 Vgl. dazu *Rothschild, K.W.:* „Left" and „Right" in Federal Europe, in: Kyklos, 39, 1986, S. 359ff.

und gesellschaftspolitischen Ansatzes ist das „Gesundschrumpfen" der Wirtschaft, das „Zurückschneiden" von überzogenen Ansprüchen des Staats und der Gewerkschaften und die umfassende „Deregulierung" der Arbeitsbeziehungen[2] (Einschränkung der Gewerkschaften, Flexibilisierung des Normalarbeitsverhältnisses, Sozialstaatsabbau, Privatisierung). Es wird also einer umfassend angelegten Reinigungskrise des Kapitals und der Wiederherstellung frühkapitalistischer Zustände in der Kräftekonstellation Kapital-Staat-Arbeit das Wort geredet, wenn auch häufig mit Einsprengseln einer konservativ-reaktionären Subventionspolitik vor allem im Rüstungsbereich.

Diese aktuelle und längerfristig gesichert erscheinende Vorherrschaft von ökonomischem und sozialem Neo-Liberalismus bzw. Neo-Konservatismus ist nur erklärlich aufgrund des Scheiterns keynesianischer Wirtschaftspolitik in den siebziger Jahren. Damals wurde in allen wichtigen Ländern des kapitalistischen Weltmarkts und ganz besonders in Westeuropa eine mehr (Großbritannien, Niederlande, Belgien) oder weniger ausgeprägte (Frankreich, Italien, Bundesrepublik Deutschland) nachfrageorientierte, meist korporativ induzierte Wirtschafts- und Gesellschaftspolitik betrieben. Diese Politik hat den von ihr selbst gesetzten Anspruch auf ein befriedigendes, die Vollbeschäftigung sicherndes Verhältnis von Wachstum und Produktivität und damit die hohen in sie gesetzten Erwartungen nicht erfüllt und konnte daher relativ problemlos selbst unter Zustimmung potentiell negativ Betroffener von dem erheblich schärferen „realistischeren", weil die kurzfristigen Erwartungen dämpfenden Modell neoklassischer bzw. neoliberaler Politik abgelöst werden. Nur in Schweden und Österreich (und zwischenzeitlich in Frankreich) mit einem hohen Anteil des verstaatlichten Sektors (Österreich, Frankreich) und starker korporativ-sozialdemokratischer Tradition, konnte sich keynesianische Wirtschaft- und Gesellschaftspolitik allerdings um den Preis relativ hoher Staatsverschuldung, leicht überhöhten Inflationsraten und einer zwar innovativen, aber häufig auch nur kaschierenden (perspektivlose Beschäftigungsprogramme in Schweden) Arbeitsmarktpolitik halten.

Der Grund für die Erschöpfung des Wachstumsmodells, gleich ob keynesianischer oder neoklassischer Prägung, muß sowohl auf der Produktions- wie auf der Nachfrageseite gesehen werden. In der *Produktion* ändert sich das Verhältnis von Mensch und Maschine entscheidend, die Produktion wird extrem kapitalintensiv und flexibel. Zugleich sind die Beschäftigten bei gestiegenem Bildungsniveau und gewandelten Werten bezüglich der Prioritäten von Arbeits- und Lebenszeit nicht mehr ohne weiteres bereit, die erzielten Produktivitätssteigerungen durch Arbeitsintensivierung, Rationalisierung und langfristig-dauerhafte Gefährdung ihrer Arbeitsplätze – also einer umfassenden Verschlechterung der Arbeitsbedingungen im wei-

2 Siehe dazu für die wichtigsten kapitalistischen Länder *Lecher, W.*: Deregulierung der Arbeitsbeziehungen – gesellschaftliche und gewerkschaftliche Entwicklungen in Großbritannien, USA, Japan und Frankreich. 1987.

ten Sinne zumindest für die Rationalisierungsverlierer – bis hin zur Entlassung als schicksalhaft oder Fortschrittspreis zu akzeptieren. Die Krise in der Produktion hat gesellschaftliche Dimensionen angenommen, die – wie beispielsweise Protestdemonstrationen nationalen Ausmaßes in vielen westlichen Ländern, bezeichnenderweise auch der Schüler und Studenten in Frankreich und Spanien – oft nicht mehr nur auf die traditionelle Sphäre der Erwerbsarbeit beschränkt sind, sondern sich vielmehr auf eine tiefergehende Kritik der inhumanen Dimension der modernen Risikogesellschaft beziehen.

Auf der *Nachfrageseite* tauchten rund 30 Jahre nach Kriegsende ebenfalls neue und epochale Wachstumsbarrieren auf. Zum einen wurden Sättigungsgrenzen bei langlebigen Konsumgütern sichtbar. Zum anderen verbietet die Bedrohung durch ökologische Katastrophen als limitierende, exogene Größe eine Wachstumskonzeption, die Vollbeschäftigung unter den heute (noch) geltenden Kriterien langfristig sichern könnte. Drittens schließlich muß bedacht werden, daß der technische Wandel nicht nur arbeitssparend, sondern auch kapitalsparend ist, d.h. mit gleicher Menge eingesetzten Kapitals eine größere Menge an Produkten hergestellt werden kann. Dies hat bei deutlichen Tendenzen zur Nachfragesättigung den Effekt einer zusätzlichen Wachstumsgrenze, da die Gewinne nicht mehr ausreichend in Netto- bzw. Zusatzinvestitionen getätigt werden, sondern eher in Rationalisierungsinvestitionen mit dem bekannten negativen Beschäftigungseffekt fließen.

Zusammenfassend haben wir es also etwa seit Mitte der siebziger Jahre mit einer *Strukturkrise* zu tun, die eine traditionelle, keynesianische Politik der Ausweitung von Staatsausgaben selbst gezielt in Bereiche von umweltfreundlicher oder/und alternativer Produktion nicht mehr überwinden kann. Dies gelingt natürlich einer neoklassischen, die destruktiven Marktkräfte bewußt entfesselnden Wirtschaftspolitik auch – wenn überhaupt – nur kurzfristig und mit verheerenden Folgen für die kommenden Generationen und um den Preis einer gespaltenen Gesellschaft mit all den unabsehbaren und sicherlich auch unkontrollierbaren Folgen für die Stabilität der zentralen gesellschaftlichen Institutionen und die Lebensplansicherheit der dann durchflexibilisierten und mit unübersehbaren Teilrisiken konfrontierten Individuen[3]. „Keynes Plus"[4] wird also gegenüber der Neoklassik immer das kleinere Übel bleiben, weil die in ihm angelegten Elemente des

3 Einen umfassenden material- und argumentationsreichen Ansatz (Arbeitsmarkt, Individualitätsproblematik, Wissenschaftskritik) hat dazu vorgelegt *Beck, U.*: Risikogesellschaft – auf dem Weg in eine andere Moderne. Frankfurt a.M. 1986.

4 Darunter wird in Anlehnung an eine europäische Gewerkschaftsstudie ein Ansatz verstanden, für den die Vollbeschäftigung das Hauptziel der Wirtschaftspolitik ist, Wachstum keinen Selbstzweck darstellt und in seinen quantitativen und qualitativen Dimensionen erfaßt wird, die Demokratisierung der Wirtschaft (Partizipation) von hoher Priorität ist und gerechte Verteilung von Einkommen und Wohlstand als die Grundlage der Gesellschaftsverfassung angesehen wird. Vgl. *Europäisches Gewerkschaftsinstitut (EGI)*: Über Keynes hinaus – Gestaltung der Wirtschaftspolitik durch Alternativen. Brüssel 1979.

Wohlfahrtsstaates den ökonomischen Abschwung für die Masse der Betroffenen wenigstens in Grenzen erträglich machen, das Prinzip einer intervenierend steuernden und im Ansatz um Ausgleich bemühten Politik besonders in der zentralen Problematik der Beschäftigungssicherheit verfolgt wird und damit ein gesellschaftlich notwendiges Minimum an sozialem Konsens sichern hilft.

Dies aber kann nur eine *kurzfristig-reaktive* Auffanglinie gegenüber den Angriffen der Neoklassik und des Neoliberalismus auf die Integrationskraft der Gesellschaft sein. *Langfristig-offensiv* kann für die Gewerkschaftsbewegung wohl nur ein *eigenständiges, angebotsorientiertes Wirtschafts- und Gesellschaftsmodell* eine tragfähige Alternative sein. Darunter ist eine grundsätzliche Diskussion von Qualität, Dimension und Richtung von Produktion, Arbeit und technischem Wandel zu verstehen, die in neue, umsetzungsfähige Konzepte der Arbeitszeitpolitik, der Einkommenspolitik und des Verhältnisses von Erwerbs- und Eigenarbeit münden muß. Trotz oder gerade wegen der prekären Situation, in der sich nicht nur die deutschen, sondern die Gewerkschaften aller Länder mit neoklassisch-neoliberaler Regierungspolitik bezüglich ihrer Organisationsquoten, ihrer Finanzkraft, ihrer Durchsetzungsfähigkeit gegenüber Staat und Unternehmen, sei es autonom-tarifpolitisch oder korporativ-institutionell, und der überall zunehmenden Divergenz sowohl zwischen den Einzelgewerkschaften wie zwischen den Dachverbänden und den Einzelgewerkschaften und nicht zuletzt zwischen den verschiedenen Mitgliedergruppen befinden, müssen sie sich den Problemen stellen und mit ihrer Lösung ihre Handlungsfähigkeit wiedergewinnen. Die Erarbeitung einer auch in den Augen der Mitgliedschaft (Arbeitern und Angestellten) positiv besetzten Zukunftspersepktive und damit gewerkschaftlicher Offensivkraft stößt allerdings auf folgende national und international entgegenstehende Realitäten und Trends:

- Arbeit ist kein knappes Gut mehr;
- der Verteilungsspielraum wird enger;
- der Verteilungskampf wird härter;
- durch Arbeitslosigkeit und gesetzliche Gewerkschaftsbeschränkungen stagniert die gewerkschaftliche Organisationsquote oder nimmt ab;
- innerhalb der Gewerkschaftsbewegung findet eine Polarisierung zwischen resignativer Anpassung (Konzentration auf die Krisengewinner bzw. Kernarbeitnehmerschaften und Ordnungsfunktion) und erhöhter Kampfbereitschaft (Einbeziehung aller Arbeitnehmergruppen und politische Gegenmachtfunktion) statt;
- die technisch und human nötige stärkere Ausrichtung an Arbeitsplatz- und Betriebserfordernissen (prozeßorientierte Mitbestimmung) sieht sich mit einem scheinattraktiven, risikoreichen Unternehmerkonzept umfassender Flexibilisierung konfrontiert;
- aufgrund des abnehmenden Druckpotentials der durch die Krise geschwächten Gewerkschaften und damit auch der sinkenden Loyalität

ihrer Mitglieder wird ihre Position zwischen Staat und Kapital weiter geschwächt;

- Die Gewerkschaften sind daher mehr denn je auf ihre eigene, autonome tarifpolitische Kraft bei der Durchsetzung neuer Konzepte angewiesen, was allerdings auch dem internen Klärungsprozeß und der Stoßkraft zugute kommen könnte.

Parallel und teilweise analog zu diesen objektiven Widerständen gegenüber neuen gesellschaftlichen Konzepten können allerdings auch gewichtige Gründe ausgemacht werden, die für die Notwendigkeit der Erarbeitung eines eigenständigen, angebotsorientierten Wirtschafts- und Gesellschaftsmodells als Neubestimmung des Zusammenhangs von Produktion, Arbeit und Technik sprechen:

- die Arbeitslosigkeit vermindert den Anteil der traditionell Erwerbstätigen im formellen Sektor der Volkswirtschaft (Organisationsquotenproblem);
- die überproportional hohe Jugendarbeitslosigkeit erschwert den Jugendlichen den traditionellen Zugang zu den Gewerkschaften über die Berufsschiene (Rekrutierungsproblem);
- Arbeitszeitverkürzungen aller denkbaren Spiel- und Abarten schränken den Stellenwert der Erwerbsarbeit im Lebensplan und subjektiven Bewußtsein ein (Werteproblem);
- der eingeschränkte Verteilungsspielraum und der harte Verteilungskampf machen ein differenziertes Verhältnis von Erwerbsarbeit und Einkommen nötig (Grundsicherungsproblem);
- neue Techniken ermöglichen einen engeren Bezug von Erwerbsarbeit und Eigenarbeit, die Aufspaltung in zwei streng getrennte Bereiche wird lockerer;
- die Rückbesinnung auf die alte Forderung der Gewerkschaftsbewegung, Produktions- und Reproduktionsbereich miteinander zu verbinden, eröffnet unter den heutigen technischen, ökonomischen und gesellschaftlichen Voraussetzungen neue Chancen für umfassende Gewerkschaftsangebote zur Hilfestellung und Beratung im Bildungs- und Weiterbildungsbereich, im Erwerbsarbeits- und Eigenarbeitsbereich und nicht zuletzt im lokal-räumlichen und Selbstverwaltungsbereich.

Im folgenden werden vor dem Hintergrund eines knapp geschilderten Negativ-Szenarios kapitalistischer Flexibilisierungsstrategie und ihrer absehbaren Folgen für die Gewerkschaften konkrete Umsetzungsrezepte als Elemente einer angebotsorientierten, alternativen Wirtschafts- und Gesellschaftskonzeption der Gewerkschaftsbewegung vorgestellt und diskutiert.

2. Die angebotsorientierte Kapitalstrategie: Flexibilisierung der Arbeit

Mit der Rationalisierungswelle geht eine *Flexibilisierungswelle* einher. Sie betrifft vier Kernbereiche der Arbeitskraft[5]:

- *Zahl* (Arbeitskräftevolumen soll nach Nachfragelage schnell flexibel sein);
- *Aufgaben* (Qualifikationsspektrum muß erweitert werden, dafür auch rasche Umsetzungsbereitschaft nötig);
- *Finanzierung* (Arbeitskosten müssen so variabel sein, daß nach Nachfrage und Rationalisierungserfordernissen schnell reagiert werden kann);
- *Zeitbudget* (die individuelle Arbeitszeit muß hochflexibel sein).

Dieses betriebswirtschaftlich-technisch orientierte Konzept hat heute und in Zukunft weltweit aufgrund folgender Rahmenbedingungen gute Realisierungschancen:

- weltwirtschaftliche Rezession, dadurch gewerkschaftliche Schwächen;
- Einführung neuer, flexibel handhabbarer Techniken in Betrieb und Büro im großen Maßstab;
- Überangebot der Arbeit bzw. Reservearmee von Arbeitslosen;
- Strukturkrisen, d.h. Erfordernis von Umschalten in der Produktion und damit Zäsuren für weitergehende Veränderungen;
- gestiegene Notwendigkeit und auch Bereitschaft der Beschäftigten zum Um- und Weiterlernen.

Sollte dieses Konzept von der Kapitalseite durchgesetzt werden, dann werden die Differenzen zwischen den Arbeitnehmern in Zukunft weniger statusbezogen (Arbeiter und Angestellte) und mehr technisch-arbeitsbezogen sein (Randarbeitnehmer – Stammarbeitnehmer). Dabei werden sich die Stammarbeitnehmer durch besonders hohe funktional-qualitative (aufgabenbezogene) Flexibilität auszeichnen. Bei Randarbeitnehmern wird dagegen besonders die numerische (zahlenmäßig-quantitative) Flexibilität ausgeprägt. Ein betrieblicher Kernkreis von Stammarbeitnehmern wird von verschiedenen Schichten unterschiedlich stark flexibilisierter Randarbeitnehmerschaften umlagert. Das Modell sieht *idealtypisch* folgendermaßen aus:

- *Stammarbeitnehmer:* vollzeitig tätig, dauerhaft beschäftigt, auf betriebliche (oft lebenslange) Karriere in einem Unternehmen angelegt. Manager, Konstrukteure, Techniker, hochqualifizierte Facharbeiter, Verkaufs- und Qualitätskontrollspezialisten sind die zugehörigen Berufe. Sehr hohe Flexibilität bezüglich Aufgabenveränderung, Versetzungen, Umschulungen, Weiterbildung. Betriebsspezifische Qualifikation, daher sind Betrieb und Stammarbeitnehmer stark gegenseitig aufeinander angewiesen.

5 Vgl. dazu *Atkinson, J.*: Flexible Firm Takes Shape, in: The Guardian, 18.4.1984.

- *1. Kategorie der Randarbeitnehmer:* Fest angestellt, doch engere Qualifikation als Stammarbeitnehmer, geringere Arbeitsplatzsicherheit, geringere Karrierechancen. Bürotätigkeiten, Überwachungsarbeiten, Einrichtungs- und Testtätigkeiten. Die Aufgaben sind allerdings weder besonders hoch qualifiziert noch betriebsspezifisch. Daher auch geringerer Umschulungs- und Weiterbildungsaufwand, geringere aufgabenbezogene Flexibilität. Diese Arbeitnehmer werden über den externen Arbeitsmarkt besorgt und gegebenenfalls auch an ihn wieder abgegeben.
- *2. Kategorie der Randarbeitnehmer:* Einstellungsverhältnisse sind bedeutend flexibler, d.h. unsicherer als bei der ersten Kategorie. Unterstützungstätigkeit für die erste Kategorie bei entsprechender Markt- oder Absatzlage. In der Regel handelt es sich dabei um zeitlich befristete Tätigkeiten, sehr oft Teilzeitarbeit, z.B. bei zwischenzeitlicher (saisonaler) Ausweitung des Schichtbetriebs.
- *3. Kategorie der Randarbeitnehmer:* Völlig betriebsunspezifische Tätigkeiten. Diese sind entweder hochspezialisiert (z.B. Systemanalytiker) oder extrem schlecht qualifiziert (Reinigungsarbeiten). Sie werden in Subkontrakt-Abkommen bzw. Manpower-Vermittlungsbüros als Leiharbeitnehmer angestellt. Es sind Arbeitnehmer ohne Betriebsbezug, meist ohne Gewerkschaftsbezug und von geringer Durchsetzungsfähigkeit ihrer Interessen.
- *4. Kategorie der Randarbeitnehmer:* Privatisierung von Tätigkeiten z.B. als Heimarbeit. Dabei handelt es sich dann um individuelle Arbeitsverträge, z.B. bei Telekommunikationsarbeiten in den Privatwohnungen, also totale Abtrennung vom betrieblichen Organisationszusammenhang, Vereinzelung, Bereitstellung privater, unbezahlter Einrichtungen für diese Art von Erwerbsarbeit, fehlender Kollektivschutz.

Ganz abgesehen von der in diesem Modell angelegten – und wohl politisch auch gewollten – Entwicklung hin zu einer Zwei-Drittel-Gesellschaft und den oben beschriebenen negativen Folgen für die Stabilität und Zukunftsperspektiven der Ausgegrenzten, wird dieses Entwicklungsszenario auch einschneidende Konsequenzen für die Gewerkschaften haben:

- Das Organisationsfeld wird tendenziell auf die erste oder allenfalls die ersten beiden Gruppen beschränkt. Es ist davon auszugehen, daß der Stammarbeitnehmeranteil bei 20 bis 25 % liegen wird;
- dieses bedeutet eine sinkende Organisationsquote (einpendelnd bei 20 bis maximal 35 %);
- auseinanderfallende Arbeits- und Beschäftigungsbedingungen der verschiedenen Arbeitnehmergruppen;
- starke Verengung der Gewerkschaftsperspektive auf den Betrieb;
- der Interessengegensatz Kapital – Arbeit wird allmählich vom Interessengegensatz Stammarbeitnehmer – Randarbeitnehmer überdeckt und abgelöst;

- Verlust des gesamtgesellschaftlichen (politischen) Anspruchs der Gewerkschaften und Entwicklung zu einem Versicherungsverein für die privilegierten Stammarbeitnehmer.

3. Elemente einer angebotsorientierten, alternativen Gewerkschaftsstrategie des Arbeitsbegriffs

Im Unterschied zur Arbeitsflexibilisierungsstrategie des Kapitals, steht im Mittelpunkt gewerkschaftlicher (Tarif-)Politik in der Bundesrepublik die Arbeitszeitverkürzungsstrategie, wobei sich nach den Enttäuschungen mit Experimenten des vorgezogenen Altersruhestands heute eine gewisse Vereinheitlichung der Gewerkschaften hin das auf Ziel der wöchentlichen Arbeitszeitverkürzung auf zunächst 35 Stunden, in langfristiger Perspektive auf 30 Stunden und weniger andeutet. Im internationalen Vergleich spielen die deutschen Gewerkschaften dabei eine Vorreiterrolle, wenn man den inzwischen gestoppten Ansatz der Arbeitszeitverkürzung in Frankreich, den arbeitsmarktpolitischen Ansatz in Schweden, die existentielle Schwäche der Gewerkschaftsbewegung in den USA, Japan und Großbritannien und die weitgehend gewerkschaftliche Akzeptanz der Flexibilisierungsstrategie in Italien bedenkt: Lediglich einige Einzelgewerkschaften in Belgien, den Niederlanden und Dänemark (allerdings meist bei Einkommenseinbußen und z.T. weitreichenden Zugeständnissen bei der Arbeitszeitflexibilisierung), sowie die österreichische Gewerkschaftsbewegung, konnten in den letzten Jahren Erfolge bei der Wochenarbeitszeitverkürzung verzeichnen.

Neben den externen Problemen einer internationalen Vorreiterrolle (negativ ausgedrückt: einer gewissen internationalen Isolierung) und den bekannten Widerständen der Unternehmer gegen das Konzept einer wöchentlichen Arbeitszeitverkürzung bei vollem Lohnausgleich stellen sich aber für die Gewerkschaften auch erhebliche *interne Probleme,* die ein Umdenken bei zentralen Kategorien ihres Bezugssystems erforderlich machen. Dabei spielen die Probleme unterschiedlicher Präferenzen in den Arbeitszeitverkürzungsstrategien zwischen verschiedenen Mitgliedsgewerkschaften des DGB oder Schwierigkeiten der Verzahnung von betrieblicher Vereinbarungspolitik und tariflichen Rahmenabkommen oder auch die Austarierung der unterschiedlichen Aspekte der Arbeitszeitverkürzung von der Verhinderung der Entsolidarisierung von Arbeitenden und Arbeitslosen bis hin zu familienpolitischen Konsequenzen nicht die letztlich entscheidende Rolle. Wichtiger und für die gewerkschaftliche Zukunftsperspektive kaum zu unterschätzen ist vielmehr die *Veränderung des Stellenwerts formeller Erwerbsarbeit* im Lebensplan des einzelnen, die Bedeutungsverringerung der gesellschaftlichen Sozialisationsinstanz „Betrieb“ und analog dazu die Ausweitung der Bedeutung der Reproduktionssphäre und der dort angesiedelten oder ansiedelbaren Tätigkeiten.

Ein gewerkschaftliches, angebotsorientiertes Positiv-Szenario befriedigender Entwicklung der Arbeitsgesellschaft muß im Arbeitnehmerinteresse also zukünftig neben dem traditionellen Bezugssektor „Erwerbsarbeit" auch den Sektor „Eigenarbeit" abdecken und dafür Gestaltungsvorschläge entwickeln. Die beiden Sektoren können definitorisch wie folgt beschrieben und voneinander abgegrenzt werden[6].

- *Der formelle Sektor abhängiger Erwerbsarbeit* umfaßt die betriebswirtschaftlich organisierte und mit dem Ziel des Einkommenserwerbs betriebene Arbeit im primären (Landwirtschaft), sekundären (Produktion) und tertiären Sektor (Dienstleistungen) der Volkswirtschaft. In diesen Bereichen gibt es festgelegte Einflußmöglichkeiten der Arbeitnehmer und ihrer Vertreter, hier gibt es gewerkschaftliche Tarifpolitik und ein sicheres Einkommen.
- *Der informelle Sektor der Eigenarbeit* ist schwieriger abzugrenzen, da für ihn die traditionelle volkswirtschaftliche Gesamtrechnung keinen Wertschöpfungsbeitrag ausweist und er daher fälschlicherweise im öffentlichen Bewußtsein nicht als Arbeit bzw. Produktion, sondern lediglich als Konsum erscheint. Dabei handelt es sich bei diesen Tätigkeiten auch im landläufigen, umgangssprachlichen Sinn durchaus um „Arbeit": Hausarbeit, Alten- und Krankenpflege zu Hause, Selbsthilfe im Bau- und Wohnbereich, kooperative Einkaufs- und Transportgemeinschaften, Natur- und Umweltschutz in Nachbarschaftskooperation, Selbsthilfegruppen in der Therapie, Netzwerke, Beratungs- und Bildungsarbeit (z.B. auch ehrenamtliche Gewerkschaftsarbeit), Lernarbeit im formellen Bildungssystem und Selbsthilfeunterricht. Diesen Tätigkeiten ist gemeinsam, daß für sie kein festes, sicheres Entgelt bezahlt wird, das dem Berufseinkommen vergleichbar wäre, sondern – wenn überhaupt – lediglich ein Honorar bzw. eine Alimentation. Die Arbeit ist im Unterschied zur Erwerbsarbeit unmittelbar bedarfsorientiert, von vergleichsweise niedriger Arbeitsproduktivität und geringer Kapitalintensität, dabei aber tendenziell eher selbstbestimmt

Das quantitative Verhältnis der beiden Sektoren wird deutlich, wenn man den Gesamtarbeitsaufwand der Erwerbswirtschaft (formeller Sektor) zu Beginn der achtziger Jahre mit ca. 54 Milliarden Arbeitsstunden dem Arbeitsaufwand allein der Hausfrauentätigkeiten (größter Teilbereich des informellen Sektors der Eigenarbeit) von ca. 45 – 50 Milliarden Stunden gegenüberstellt. Insgesamt also ist von einem größeren Anteil der Eigenarbeit am gesamten Arbeitsvolumen der modernen, hochindustrialisierten Gesellschaft auszugehen. Für die Ausweitung des gewerkschaftlichen Arbeitsbe-

6 Dazu und zu dem folgenden quantitativen Vergleich der Dimensionen von Erwerbsarbeit und Eigenarbeit siehe *Binswanger, H.C., H. Frisch, H.G. Nutzinger* u.a.: Arbeit ohne Umweltzerstörung – Strategien einer neuen Wirtschaftspolitik. Frankfurt a.M. 1983, S. 171f. und S. 177.

griffs und entsprechende Handlungsfelder auf diesen bisher weitgehend unbeachteten Sektor der informellen Eigenarbeit sprechen aber auch *qualitative Gründe,* bei denen sich die schlechte Wirklichkeit der Krisenauswirkungen mit den positiven Zukunftsgestaltungsmöglicheiten häufig überschneiden und daher nicht analytisch trennen lassen.

- Die *Arbeitslosigkeit* vermindert das Arbeitsvolumen im Erwerbsarbeitsbereich und beschränkt die Betroffenen auf Schwarz- und Eigenarbeit;
- *Arbeitszeitverkürzungen,* gleich ob lebenszeitlich- oder wochen-/tageszeitorientiert, werten den Eigenarbeitsbereich (Freizeitindustrie, Erweiterung des privaten Kommunikationsangebots, gesellschaftliche Interaktionsmöglichkeiten) auf;
- auch das Kapitalkonzept umfassender *Flexibilisierung* verwischt die bisher klaren Grenzen zwischen den beiden Arbeitssektoren;
- Arbeitsbeiträge des informellen Sektors zur Sicherung der Effizienz des formellen Sektors (Reproduktionsleistungen, Bildungsleistungen, Therapie- und Pflegeleistungen) als *Komplementärleistungen* werden immer wichtiger, aber nicht entsprechend professionalisiert und materiell honoriert;
- die formelle Erwerbsarbeit wird durch Reprivatisierungstendenzen, Schwarzarbeit, Scheinangeboten an Selbstverwaltung und Selbstausbeutung in einigen Bereichen nicht unerheblich gefährdet, muß sich daher schon seit längerem und in der Krise verstärkt mit Auswirkungen der *Schattenwirtschaft* auseinandersetzen;
- andererseits aber liegen im informellen Sektor bisher gewerkschaftlich kaum genutzte Chancen *emanzipativer Arbeitsgestaltung* (Eigeninitiative, Mit- und Selbstbestimmungspotentiale, gesellschaftlich sinnvolle Arbeit als Überwindung eines rein individuell-hedonistischen Arbeitsbegriffs, Selbstverwaltung und Produktivgenossenschaften), die durch Überbürokratisierung, Fremdbestimmung und ausschließlich betriebswirtschaftliches Nutzenkalkül im formellen Sektor nicht entwickelt werden konnten (Anreiz- und Beispielfunktion der Eigenarbeit).

Die wachsende Bedeutung des informellen Sektors für die gewerkschaftliche Arbeit darf allerdings nicht dazu führen, eine Gleichrangigkeit von Erwerbs- und Eigenarbeit für die gewerkschaftspolitischen Handlungsperspektiven anzunehmen. Gerade der zur Zeit mittelfristig entscheidende tarifpolitische Ansatz der Verkürzung der Wochen-/Tagesarbeitszeit spricht dafür, daß sowohl objektiv als auch subjektiv im Bewußtsein der Arbeitnehmer und ihrer Repräsentanten der *Bereich der Erwerbsarbeit noch für sehr lange Zeit das entscheidende gesellschaftliche Beziehungs- und Orientierungsmuster* bereitstellt. Die Erwerbsarbeit ist und bleibt Kern und Bezugspunkt warenmäßiger und gesellschaftlicher Beziehungen, der informelle Sektor wird zwar wichtiger, bleibt aber auf absehbare Zeit in einer die gewerkschaftliche Arbeit unterstützenden und flankierenden Funktion. Ausgangspunkt aller Überlegungen zur Gestaltung des Verhältnisses von Erwerbsarbeit und Eigenarbeit aus gewerkschaftlicher Sicht muß daher das Ziel sein, jedem und vor allem jeder, der/die im formellen Sektor arbeiten wollen, dort einen Arbeitsplatz zur Verfügung zu stellen, und zwar bei gleichen Arbeits- und Entlohnungsbedingungen. Voraussetzung dafür ist eine Erweiterung des Angebots an Erwerbsarbeit durch generelle Verkürzung der Arbeitszeit. Erst auf dieser Grundlage materiell gesicherter Arbeitsrollen und Arbeitseinkommen werden weitere, alimentierte Arbeitsrollen auf dem Gebiet der Eigenarbeit ohne existentielle Not und ohne verdeckten Arbeitsdruck möglich. Nicht die Aufspaltung der Arbeitsgesellschaft in duale Arbeitsrollen (Vollerwerbstätige versus Arbeitslose, Zwei-Drittel-Gesellschaft), sondern die gesellschaftlich und ökonomisch ermöglichte und anerkannte Vereinigung beider Aspekte der Arbeit in einer Person wäre das anzuvisierende Zukunftsziel. *Nicht interpersonelle, sondern intrapersonelle Vereinigung der unterschiedlichen Arbeitsaspekte* ist als eine attraktive, eigenständige, konkrete Utopie der Gewerkschaften gegenüber dem Flexibilisierungskonzept der Unternehmer zu entwickeln. Wichtige Bestandteile dieses Konzepts wären eine bedarfsorientierte Grundsicherung als Ergänzung bei ungenügenden oder fehlenden Arbeitseinkommen, konkrete Vorschläge zur Beeinflussung der Entwicklung von Erwerbsarbeit und praktisch-pragmatische Schritte zur Öffnung der Gewerkschaften gegenüber den bisher vernachlässigten Feldern der Eigenarbeit.

4. Umsetzung des Konzepts: Grundsicherung, Beeinflussung der Erwerbsarbeit, Öffnung zur Eigenarbeit

Aus den Ausführungen zu der aus vielerlei Gründen weiterbestehenden Dominanz der Erwerbsarbeit geht klar hervor, daß eine totale Abkoppelung von Arbeit und Einkommen zugunsten einer allgemeinen Grundsicherung für die Gewerkschaften nicht in Frage kommt. Noch kann von einer objektiv und deutlich abnehmenden Gestaltungskraft der Erwerbsarbeit in Produktion und Dienstleistungen für die Gesellschaftsverfassung nicht die Rede sein. Stattdessen müssen folgende Voraussetzungen einer größeren Verteilungsgerechtigkeit geschaffen werden[7]:

- Verallgemeinerung des zentralen gesellschaftlichen Zuteilungssystems „Erwerbsarbeitsplatz" durch Arbeitszeitverkürzung und materielle – nicht nur formelle – Chancengleichheit der Frauen auf Vollzeiterwerbsarbeitsplätze. Damit zu verbinden wäre eine tarifliche und steuerliche Änderung der Einkommenshierarchie;

7 Siehe zur Argumentation und zu Daten einer bedarfsorientierten Grundsicherung die Artikel des *Schwerpunktheftes 2/1987 der WSI-Mitteilungen:* „Die soziale Grundsicherung neu gestalten".

- Verallgemeinerung und Vereinheitlichung des Anrechtsystems „Soziale Sicherung";
- angebotsorientierte Gestaltungspolitik von Produktion, Arbeitsplätzen, Arbeitsbedingungen und technischem Wandel, die eine Reduzierung der Entgeltstufen bzw. eine Vereinfachung der Eingruppierungsschemata ermöglicht.

Es handelt sich also um eine Verknüpfung von Arbeitszeit, Sozial- und Qualifikationspolitik mit dem Ziel, bei verkürzter Arbeitszeit und befriedigender Grundsicherung sowohl besser qualifizierte Erwerbsarbeit als auch mehr Zeit für Eigenarbeit zu schaffen. Zur Verbesserung des heute in den unteren Bereichen bis unter die Armutsgrenze absinkenden Sozialsicherungssystems wird eine *bedarfsorientierte Grundsicherung* vorgeschlagen, die sich auf das Erwerbsarbeitsprinzip stützt, dann aber in den einzelnen Zweigen wie Arbeitslosenversicherung, Rentenversicherung usw. eine am Bedarfsprinzip orientierte Grundsicherung einführt, auf der dann die weiteren beitrags- und einkommensabhängig gestaffelten Versicherungsleistungen aufbauen. Das heißt, daß es für *jeden* Arbeitslosen und für *jeden* Rentenempfänger Anspruch auf eine bedarfsbezogene Mindestunterstützung gibt, unabhängig von Anwartschaftszeiten und unabhängig von einer vorherigen versicherungspflichtigen Beschäftigung. Das Abschieben auf die Sozialhilfe entfällt. Da der „Bedarf" nicht als Existenzminimum, sondern nach den Kriterien der gleichberechtigten Teilhabe am öffentlichen Leben definiert wird, müssen für die Leistungserbringung folgende Voraussetzungen erfüllt werden:

- deutliche Anhebung der Regelsätze;
- Einschränkung des Kreises unterhaltsverpflichteter Personen;
- Anhebung der Vermögens- und Einkommensfreigrenzen;
- Aufhebung der Arbeitsverpflichtung.

Nach dem bedarfsorientierten Grundsicherungsprinzip werden also die versicherungsförmigen Leistungen im unteren Einkommensbereich dann ergänzt, wenn das Arbeitseinkommen dazu nicht die Voraussetzungen schafft. Implizit ist dadurch auch ein erheblicher Druck zur Anhebung der unteren Arbeitseinkommen gegeben, da dies eine Entlastung der Finanzierung bedarfsorientierter Grundsicherung bedeutet. Ein solches Konzept geht von einer engen Verbindung von Arbeits- und Sozialpolitik bei aufgefächerten Leistungsverbesserungen für die unteren Einkommen aus und schafft damit auch die materielle Sicherheit für die in der Regel nur alimentierten Tätigkeiten in Bereichen außerhalb der Erwerbsarbeit.

4.1 Im *formellen Sektor der Erwerbsarbeit* können drei gewerkschaftliche, zukunftsbezogene Arbeitsfelder genannt werden, die schon heute eine vorherrschende Rolle in der innergewerkschaftlichen Diskussion und in den außenbezogenen Auseinandersetzungen mit den Kapitalverbänden und dem Staat spielen. Es handelt sich um Arbeitszeitpolitik durch Tarifvertrag und Gesetz, um Technikgestaltung und Humanisierung der Arbeit und um die Einführung prozeßbezogener Mitbestimmungsrechte der Arbeitnehmer. Die *Anpassung der Arbeitszeit an das Erwerbspersonenpotential* durch Arbeitszeitverkürzungen bei vollem Lohnausgleich in Form verkürzter Wochen-/ Tagesarbeitszeit nimmt dabei eine Schlüsselrolle ein, weil sich in diesem Handlungsziel gesellschaftspolitische, sozialpolitische, humanisierungspolitische und volkswirtschaftliche Aspekte miteinander verbinden:

- Verhinderung der Entsolidiarisierung von Beschäftigten und Arbeitsuchenden und Vermeiden der Zwei-Drittel-Gesellschaft;
- Kampf gegen eine nicht nur individuell, sondern auch gesamtgesellschaftlich problematische Durchflexibilisierung der Erwerbsarbeit auf Kosten anderer Lebensbereiche;
- bessere Vereinbarkeit von Beruf und Familie und Gleichrangigkeit von Mann und Frau;
- Herstellen eines offenen und ausgewogenen Verhältnisses von Erwerbs- und Eigenarbeit in der Lebensplanung und -führung;
- Verhindern des Absinkens der Massenkaufkraft und der Pauperisierung von Arbeitslosen und unteren Einkommensgruppen.

Im Ziel der Wochenarbeitszeitverkürzung verschränken sich also qualitative und quantitative Elemente, die weit über die traditionelle Tarifpolitik hinausgehen und zentrale Bestandteile einer konkreten Gesellschaftsutopie sind.
Der humaneren Gestaltung der Erwerbsarbeit könnte zweitens eine Gewerkschaftspolitik der *Arbeitszeitverkürzung in der Arbeitszeit* dienen. Darunter ist die Verwendung eines Teils der zusätzlichen, produktivitätsbedingten Arbeitsersparnis für eine betriebliche/arbeitsbezogene kritische Aneignung neuer Techniken nach den Kriterien der sozialen Beherrschung, der humanen Verträglichkeit und des Ausbaus des Kreativitätspotentials zu verstehen. Konkret bedeutet das:

- Zeit für *Weiterbildung* am Arbeitsplatz mit den neuen Techniken (eigene Software-Programmierung, Werkstattprogrammierung statt Auslagerung usw.) unter freier, experimenteller Benutzung der neuen Techniken;
- Zeit für alternative *Arbeitszirkel* zur Humanisierung der Arbeit, die sich bewußt gegen das Qualitätszirkelkonzept mit seiner Produktivitäts- und Profitorientierung absetzen und stattdessen die Verbesserung der Arbeitsbedingungen und nicht nur Sozialtechniken zum Ziel haben;
- Zeit für die Entwicklung von *Gegenkonzepten* zur zunehmenden Arbeitsintensivierung und zum Leistungsstreß als bewußt verringertes Arbeitstempo, längere Pausen, mehr Kommunikation zwischen den Arbeitsplätzen und Produktionsabschnitten und mehr Information und Überblick über den Gesamtproduktionsprozeß;
- Zeit für *Diskussion und Informationsverarbeitung* im Rahmen prozeßbezo-

gener Mitbestimmungsmöglichkeiten besonders bei der Planung und Einführung neuer Techniken mit der Möglichkeit, arbeitsplatzübergreifende Kommunikations- und Interaktionswege zu erproben.

Die *Faustregel* zur Aufteilung der verschiedenen Formen betriebsinterner und externer Arbeitszeitverkürzungsmaßnahmen könnte lauten: Die eine Hälfte der Wochenarbeitszeitverkürzung für weniger Erwerbsarbeit, die andere Hälfte für mehr Einfluß auf diese Arbeit.

Schließlich wird drittens den Gewerkschaften eine interne Diskussion um die Präferenz von betrieblichen Öffnungsklauseln bei flächendeckenden Tarifverträgen versus einer betriebsnahen Tarifpolitik besonders bei der Einführung neuer Techniken und neuer Arbeitszeiten nicht erspart bleiben. Die *Ausweitung der Mitbestimmnungsrechte am Arbeitsplatz,* Mechanismen einer dort institutionalisierten Technikkritik und die Erarbeitung vor allem von Programmierungs- und Bedienungsalternativen erfordern eine Stärkung der Vertrauensleutearbeit, ihrer betrieblichen und gewerkschaftlichen Verankerung und eine feste Verbindung ihrer Arbeit mit der Tätigkeit der oben genannten Arbeitszirkel und den betriebsverfassungsgemäßen Rechten der Betriebsräte. Nur wenn den Gewerkschaften hier eine feste und tragfähige Verzahnung gelingt, haben sie Chancen, daß die prozeßbezogene Mitbestimmung erfolgreich wird.

4.2 Im *informellen Sektor der Eigenarbeit* werden gleichfalls drei Vorschläge zu einer Ausweitung gewerkschaftlicher Tätigkeitsfelder gemacht, die allerdings eher eine Brücke zwischen den beiden Arbeitsbereichen schlagen sollen, als daß sie sich eindimensional auf die Eigenarbeit beziehen. Ein solcher Ansatz ist angesichts der (noch) weitgehenden Nicht-Präsenz dieses Aufgabenfeldes in den Gewerkschaften pragmatisch. Die Vorschläge betreffen Lernarbeit, Entwicklung bzw. Rekonstruktion der bisher vernachlässigten lokal-räumlichen gewerkschaftlichen Organisationsebenen und die Förderung von Selbstverwaltung und Produktivgenossenschaften.

Auf dem Gebiet der *Lernarbeit* kommt es vor allem auf die Einbeziehung der technisch-naturwissenschaftlichen Intelligenz und die Verbindung dieser Arbeit mit den in den Betrieben einzurichtenden Arbeitszirkeln an. Ziel ist, ein umfassendes und kritisches Verständnis von Hard- und Software der neuen Techniken zu entwickeln und einen gesellschaftlichen Expertenberatungskreis für die Probleme bei der Einführung dieser Techniken zu schaffen[8]. Eine solche ehrenamtliche Lernarbeit stößt – wie Umfrageergebnisse zeigen – auf ein erhebliches Interesse von Ingenieuren und Computerspezialisten. Vermutlich sind es häufiger Hemmschwellen bei den zuständigen Gewerkschaftsfunktionären auf Kreis- und Bezirksebene als die

8 Ein interessantes, anregendes Beispiel dafür bietet Schweden mit seinen gewerkschaftlichen – vom Unternehmer bezahlten – Arbeitnehmerberatern (Arbetstagarkonsultants); vgl. *Lecher, W.:* Mitbestimmmnung und Arbeitnehmerberatung in Schweden, Arbeitspapier des WSI/AGH. Düsseldorf 1987.

oft behauptete, traditionelle Abneigung technisch-naturwissenschaftlicher Berufsgruppen gegenüber gewerkschaftlicher Arbeit und Organisierung. Die Ausweitung einer eigenständigen, kritischen gewerkschaftlichen Berufsbildungs- und Weiterbildungsarbeit wäre jedenfalls ein wichtiger Ansatz zum Ausbau des viel zu schwachen Kontaktes der Gewerkschaften zu diesen Berufen. In solchen Lernarbeitskreisen könnten natürlich auch umweltpolitische Themen sachlich fundiert besprochen und damit eine weitere wichtige Verbindung zwischen Produktions- und Reproduktionssphäre institutionalisiert werden.

Für die Ausweitung und Stärkung der *lokal-räumlichen Ebene* als institutioneller Schnittstelle zwischen Erwerbs- und Eigenarbeit sprechen eine Reihe ganz unterschiedlicher, aber für die gewerkschaftliche Zukunftsperspektive in der Krise existentiell wichtiger Gründe:

- Die zunehmende Teilzeitarbeit von Frauen reduziert den Erwerbsarbeitsbezug;
- arbeitslose Jugendliche sind nur noch am Wohnort ansprechbar, die betrieblichen Rekrutierungsmöglichkeiten der Gewerkschaften entfallen;
- langzeitliche bzw. Dauerarbeitslose verlieren den auf den Betrieb angelegten Gewerkschaftskontakt;
- die Ausweitung der Telearbeit verlagert immer mehr Erwerbsarbeit in die Reproduktionssphäre;
- Erfahrungen mit außerbetrieblicher Demokratie (Bürgerinitiativen, Selbstverwaltungsbetriebe usw.) können befruchtend auf Mitbestimmungskampagnen im Erwerbssektor wirken;
- nur durch einen ständigen, festen Kontakt zwischen Produktion und Konsumtion läßt sich das gesellschaftliche Ziel einer umweltverträglichen Herstellung von Produkten und unschädlichem Konsum von Waren garantieren (Formaldehyd ist eben bei der Herstellung *und* im vertriebenen Produkt gesundheitsgefährdend). Die Kooperation von lokalen Gewerkschaftsinstitutionen beispielsweise mit Wissenschaftsläden könnte das Netz zwischen den beiden meist getrennten doch gleichermaßen betroffenen Bereichen enger knüpfen;
- Verstärkung der lokal-räumlichen Ebene erhöht auch die Chancen der Gewerkschaften, unmittelbare Einsichten und Erstinformationen über neue Gefährdungsbereiche und kritische Strömungen im Alltagsbewußtsein zu erhalten.

Der Ausbau dieser Ebene sowohl bei den Einzelgewerkschaften als auch beim Dachverband soll also eine Doppelfunktion haben: Brückenkopf der Gewerkschaften in die kurzfristig erzwungene (Arbeitslosigkeit, Teilzeitarbeit) oder langfristig gewollte (Verkürzung der Erwerbsarbeitszeit) Sphäre der Eigenarbeit und Frühindikator für gesellschaftliche Veränderungstendenzen.

Eine dritte Schnittstelle von Erwerbsarbeit und Eigenarbeit sind *Produk-*

tivgenossenschaften und selbstverwaltete Betriebe. Nach dem Desaster der Neuen Heimat und der gemeinwirtschaftlichen Idee bzw. Ideologie sollten alternative Ansätze zwischen Markt und Staat von den Gewerkschaften ernsthaft auf *Risiken und Chancen* überprüft werden. Ihr produktkritischer Ansatz bietet die Chance, in bereits bestehende Märkte einzudringen und für alternative Produkte und Dienstleistungen neue Märkte zu erschließen. Die absehbare technologische Entwicklung geht in Richtung Dezentralisierung und umfassende Integration der Arbeitsprozesse, was die Verlagerung von Leitungs- und Arbeitsprozessen aus Groß- in Kleinunternehmen von der technischen Seite her ermöglicht. Die Zentralisierung wirtschaftlicher Macht wird von der Technikentwicklung nicht mehr abgedeckt, d.h. es gibt einen objektiven Spielraum für relativ kleine Produktivgenossenschaften. Und schließlich bietet das Genossenschaftsprinzip der Arbeitnehmerbewegung und den Gewerkschaften die Chance, reformpolitisch wieder in die Offensive zu kommen, zur Lösung beschäftigungspolitischer und damit zugleich auch gesellschaftspolitischer Probleme beizutragen und der neuen Krisenqualität gemäße neue, innovative Antworten zu geben.

Diese positiven Trends und Fakten dürfen aber nicht darüber hinwegtäuschen, daß mit dem System der Produktivgenossenschaften gewerkschaftlich sehr ernstzunehmende Probleme auf mindestens zwei Ebenen verbunden sind. Zum einen krankt dieses System an unzureichenden Förderungsbedingungen, mangelnder Kapitalhilfe, fehlender Beratung, bürokratisierten Verfahren und ideologischen Vorbehalten von links und rechts. Ein wichtiger Lösungsschritt wäre hier eine Novellierung und Anpassung des Genossenschaftsrechts an die neuen Bedürfnisse. Zweitens aber, und das sind die eigentlich zentralen Problempunkte, wird die Genossenschaftsbewegung erst in sehr ferner Zukunft – wenn überhaupt – einen bedeutsamen Beitrag zur Lösung globaler arbeitsmarktpolitischer Probleme leisten können, werden Bedenken in den Fragen tariflicher Entlohnung, Selbstausbeutung, soziale Absicherungsschwächen und Überstunden noch lange bestehen bleiben. Es besteht die Gefahr des Unterlaufens lang erkämpfter Arbeitnehmerrechte unter „Alternativbedingungen". Dies würde dem weiteren Abbau des Sozial- und Rechtsstaates Tür und Tor öffnen.

Als *Fazit* kann festgehalten werden, daß die Gründung von Produktivgenossenschaften hilft, gefährdete wirtschaftliche Existenzen und damit Arbeitsplätze zu sichern. Dazu kommt die Chance, Aufbau und Erhaltung praktisch-politischer Gegenidentität als Vorrang von humanen Arbeits- und Mitbestimmungsinteressen gegenüber dem herkömmlichen kapitalgerichteten Profitinteresse zu demonstrieren. Die aktuelle Wiederbelebung des Instruments der Produktivgenossenschaften sollte sich aber nicht vorrangig auf den alternativen Wirtschaftsansatz stützen, sondern zunächst eher das beispielhafte konkreter Experimente im Arbeitnehmerinteresse mit Gewerkschaftsunterstützung herausstellen. Damit wäre zugleich gewährleistet, daß die genannten Risiken minimiert werden.

Ulrich Mückenberger

Allein wer Zugang zum Beruf hat, ist frei, sich für Eigenarbeit zu entscheiden

3-Schwellen-Modell zum Verhältnis von Erwerbsarbeit und außererwerblicher Tätigkeit

1. Gründe, über Eigenarbeit nachzudenken

Ich verstehe unter „Eigenarbeit" solche Tätigkeiten, die dem „Eigensinn" von Individuen und Gruppen folgen, d.h. die der Initiative der Arbeitenden entspringen, bei denen Planung und Ausführung in selbstbestimmter Kooperation liegen, und deren Resultat den Tätigen zur eigenen Verwendung zufällt[1]. Eigenarbeit kann der Erwerbsarbeit ähneln – so etwa bei der Selbst- und Nachbarschaftshilfe beim Eigenheimbau. Sie kann aber auch spielerische, kreative und raumgestaltende Formen annehmen – wie etwa bei der Gestaltung verkehrsberuhigter Zonen, Entwurf von Kunst im öffentlichen Raum, Straßentheater. Sie kann aber auch in der Öffnung von Privatbereichen zu Kommunikationszonen bestehen – durch Schaffung kommunikativer, karitativer, unter Umständen kurativer Kooperationszusammenhänge in der Kommune – und sich von dort aus zu politischen oder infrastrukturellen Initiativen entwickeln. Schließlich kann Eigenarbeit auch einen Teil privater und gesellschaftlicher Reproduktion durch „Kooperationsringe" ablösen[2], die eine direkte Beziehung zwischen Produzenten und Konsumenten errichten und so dem Markt entziehen. In der Geschichte der sozialen Bewegungen, auch der Arbeiterbewegung, hat es immer wieder den Versuch gegeben, eine so umrissene Eigenarbeit zum Modell von Gesellschaft zu erheben. Eigenarbeit meint letztlich nicht marktvermittelte Arbeit und Arbeit, die nicht fremdbestimmten Produktionsbedingungen unterliegt. In der Arbeiterbewegung ist diese Idee von Arbeiterselbstverwaltung weithin vergessen worden – erst in den letzten zehn bis fünfzehn Jahren sind Erinnerungsfetzen wieder entdeckt worden[3]. Mit Eigen-

1 Vgl. hierzu die Übersicht und Analyse von *Offe, C.*, und *R.G. Heinze*, Am Arbeitsmarkt vorbei. Überlegungen zur Neubestimmung „haushaltlicher" Wohlfahrtsproduktion in ihrem Verhältnis zu Markt und Staat, in: Leviathan 14, 1986, S. 471ff.

2 Vgl. auch dies., a.a.O. (Fußn. 1), S. 491ff.

3 Siehe hierzu die instruktiven Beiträge in dem Buch *Fiedler, W., R. Hoffmann* und *K. Kost* (Hrsg.), Gewerkschaften auf neuen Wegen. Auf der Suche nach Alternativen innerhalb der Gewerkschaften. Marburg 1987.

arbeit wird immer auch ein Gegenmodell zur vorherrschenden kapitalistischen Marktgesellschaft angesprochen.

Daß heute die Diskussion sich auch den Fragen der Haushaltsproduktion, der Eigenarbeit im genannten Sinne, aber auch der Alternativproduktion im erwerblichen Sinne zuwendet, hat zwei wesentliche Ursachen[4]:

a) Daß das Leben im Dienste der Arbeit zu stehen hat und nicht umgekehrt, wird nicht mehr ausnahmslos akzeptiert. Selbst wenn man der Theorie vom „Wertewandel" jedenfalls in ihrer Allgemeinheit skeptisch gegenübersteht, kann man doch gewisse Umorientierungen in den Optionen abhängig Beschäftigter nicht leugnen. Junge Menschen der Vorberufsphase äußern deutlich andere Wünsche, als so schnell und so ausschließlich wie möglich sich im Beruf zu verwirklichen. Aber auch in (unter Umständen qualifizierte) Berufe integrierte Menschen beiderlei Geschlechts suchen heute stärker als früher nicht vorrangig berufliche Befriedigung, sondern eher so etwas wie ein Gleichgewicht zwischen beruflichen und außerberuflichen Befriedigungen. Dahinter steht einerseits, daß die tradierte Einordnung (und Unterordnung) von Haus- und Erziehungsarbeit, damit auch das tradierte Verhältnis der Geschlechterrollen, nicht mehr unwidersprochen bleibt, daß vielmehr größerer Freiraum und größere gesellschaftliche (auch materielle) Anerkennung für solche Tätigkeiten eingefordert werden. Und andererseits ist es die offenkundige Tatsache gesellschaftlicher Unterversorgung und ökologischer Verödung unseres Lebensraumes im Vergleich zur relativ weit entwickelten Güter- und Dienstleistungsproduktion, die nach Alternativen zur Marktproduktion und nach Umleitung gesellschaftlicher Ressourcen auf die unterentwickelten Zonen im privaten und gesellschaftlichen Bereich verlangt.

Eigenarbeit scheint hier ein – noch nicht sehr präzis gefaßter und von Praxis gesättigter – Auffangbegriff für einen Bedarf nach unmittelbar gesellschaftlicher Praxis darzustellen. Mag sein, daß darüber bislang auch noch mehr geredet und gedacht als experimentiert und praktiziert wird. Aber allemal tritt darin das Bestreben zu Tage, die Selbstverständlichkeit des Denkens in „abhängiger Arbeit" und deren potentielle Ausweitung zu reflektieren und die utopische Kraft menschlicher Phantasie wirksam werden zu lassen. Das Denken in Stabilitäts- und Sicherheitsformeln vermag nur in Grenzen Motiv aktiven Handelns zu werden. So ist auch erklärbar, daß der neue Konservatismus unserer Tage Erfolg dabei erringt, wenn er eine Antinomie zwischen den Sicherheits- und den Freiheitsbedürfnissen

4 Ich habe mich zu diesen Ursachen mehrfach in früheren Publikationen geäußert und verweise darauf. Vgl. Die Krise des Normalarbeiterverhältnisses, in: Zeitschrift für Sozialreform 1985, S. 415ff. und 457ff.; Deregulierendes Arbeitsrecht. Die Arbeitsrechtsinitiativen der Regierungskoalition, in: Kritische Justiz 1985, S. 255ff.; Zur Rolle des Normalarbeitsverhältnisses bei der sozialstaatlichen Umverteilung von Risiken, in: Prokla Nr. 64, 1986, S. 31ff.; Sozialpolitische Regulierung und Normalisierung des Arbeitsbürgers (zusammen mit *J. Behrens* und *St. Leibfried*), in: *M. Opielka* und *I. Ostner* (Hrsg.), Umbau des Sozialstaats. Essen 1987, S. 24ff.

der Menschen konstruiert und die Verheißungen der Freiheit gegen den „erworbenen materiellen Besitzstand" ausspielt.

Für unser Thema bedeutet dies zweierlei. Das Projekt „Eigenarbeit" setzt auf die Verheißungen von Freiheit, Selbstbestimmung, Autonomiespielräumen und Optionen. Es spricht damit Bedürfnisse an, die bereits vom neuen Konservatismus besetzt sind oder im Begriffe stehen, besetzt zu werden[5]. Deshalb wird diesen Konzepten auch immer eine unheimliche Nähe zu diesem Konservatismus nachgesagt[6]. Sie unterscheiden sich aber von jenem – dies ist der zweite Aspekt –, daß sie die Antinomie zwischen Freiheit und Sicherheit bestreiten und eben die Vereinbarkeit selbstbestimmter Formen gesellschaftlicher Produktion und Reproduktion mit berechtigten Sicherheitsbedürfnissen postulieren.

b) Die Vollbeschäftigung ist auf lange Sicht beseitigt – Wege zu ihrer Wiederherstellung erscheinen entweder wenig realistisch oder ökologisch oder sozial kaum erstrebenswert. Ein allgemeiner, gleichförmiger Rückgang von Erwerbsarbeit könnte – rein als Modell betrachtet – einen kontinuierlich wachsenden Anteil von Eigenarbeit in der Biographie aller Menschen schaffen. Nur wissen wir, daß die durch das Ende der Vollbeschäftigung hervorgerufene Veränderung der Beschäftigungsstruktur selektiv und ungleichmäßig verlaufen ist. Die Arbeitsmarktkrise hat – im Verein mit technologischen Innovationen und arbeitsorganisatorischen Strukturveränderungen – zu einer fünfstufigen Segmentierung der Arbeitsmärkte und damit einhergehender Diskriminierung am Arbeitsmarkt geführt. Um einen Kern von Stammbelegschaften lagern sich Randbelegschaften mit flexibilisierten Beschäftigungsverhältnissen (befristet, Teilzeit, Leiharbeit usw.), darum gruppieren sich Erwerbstätige, die gar nicht das Kriterium der Arbeitnehmereigenschaft erfüllen (freie Mitarbeiter, kontrahiert Selbständige, Heimarbeiter usw.), darum lagern sich registriert Arbeitslose, und den letzten Ring bildet die stille Reserve der nicht registriert Arbeitslosen.

Aus der Tatsache, daß der Rückgang der Vollbeschäftigung selektiv und

---

5 Aus arbeitsrechtlicher Perspektive kann man hier insbesondere die neokonservativen Autoren nennen: *Adomeit, K.*, Das Arbeitsrecht und unsere wirtschaftliche Zukunft. München 1985; und *Rüthers, B.*, Die offene Arbeitsgesellschaft und Grauzone Arbeitsrechtspolitik. Osnabrück 1985 und 1986. Hinter diesen Orientierungsvorschlägen stehen ihrerseits neokonservative Gesellschaftsentwürfe, wie sie etwa von *Biedenkopf, K.* und *M. Miegel* und von *Späth, L.* publiziert worden sind (vgl. dazu kritisch *Leithäuser, G.*, in: Jahrbuch soziale Bewegungen, Bd. Armut und soziale Bewegungen. Frankfurt 1987). Die ökonomische Basistheorie schließlich zu diesen Gewerkschaftsentwürfen findet sich in der neoklassischen Kieler Schule: vgl. etwa *Soltwedel, R.*, Zum Einfluß sozialer Sicherung auf die Arbeitslosigkeit, in: Arbeitslosigkeit als Problem der Rechts- und Sozialwissenschaften. Baden-Baden 1980, S. 111ff. Eine Übersicht und fundierte ökonomische Kritik dieser Basistheorien findet sich bei *Buttler, F.*, Regulierung und Deregulierung der Arbeitsbeziehungen, in: *ders.*, *H.-D. Hardes* und *A. Klose*, Sozialpolitik in der Beschäftigungskrise, Bd. 2. Berlin 1986, S. 9ff.

6 So etwa *Bosch, G.*, Hat das Normalarbeitsverhältnis eine Zukunft?, in: WSI-Mitteilungen, Schwerpunktheft Zukunft der Arbeit, 1986, S. 163.

segmentär, nicht linear und allgemein erfolgt, erwachsen Probleme, die einen sinnvollen Anstieg von Eigenarbeit im oben umrissenen Sinn gerade verhindert. Nach sozialwissenschaftlichen Erhebungen dürfte davon auszugehen sein, daß paradoxerweise gerade diejenigen Erwerbstätigen am meisten Eigenarbeit leisten, die am besten und stabilsten im Erwerbsleben verankert sind, also vermutlich zu dem engeren Ring der Kernbelegschaften im obigen Modell gehören[7]. Dieses Paradox erweist sich bei näherem Zusehen als recht leicht erklärbar. Beschäftigte in den schlechteren Arbeitsmarktsegmenten und Arbeitslose – selbst wenn sie über ein höheres Maß an „Freiheit" in ihrer Zeiteinteilung verfügen sollten (was gewiß nicht bei allen so sein wird!) – werden durch ein hohes Maß psychischer, materieller und sozialer Instabilität daran gehindert, „eigensinniger" Arbeit nachzugehen. Sie drückt der Mangel stabiler Erwerbsarbeit zu sehr, als daß sie aus der Not der Arbeitslosigkeit die Tugend der Eigenarbeit machen könnten.

Die beiden genannten Gesichtspunkte – Umorientierung bei den Erwerbstätigen und segmentär gestufte Verschlechterung der Beschäftigungschancen – vermögen zu erklären, warum heute verstärkt über Eigenarbeit nachgedacht wird. Denn sie aktualisieren einerseits sozusagen die Nachfrage nach selbstbestimmten Formen des Umgangs mit eigenen materiellen und immateriellen Bedürfnissen, andererseits das Ende der Selbstverständlichkeit des Denkens in aufsteigenden kontinuierlichen Berufsbiographien. Zugleich erklären die beiden Gesichtspunkte in ihrer konkreten Gestalt, daß das Thema Eigenarbeit immer noch höchst widersprüchlich und kontrovers behandelt wird. Denn wenn ein Zugewinn an Freiheit mit materiellen Einbußen und Unsicherheiten erkauft werden muß und der Rückgang von Erwerbstätigkeit in erzwungene Diskriminierung mündet, dann ist das allemal kein guter Ausgangspunkt für ein Projekt Eigenarbeit. Denn dann ist schon von der Konstruktion her Eigenarbeit entweder ein Trostpflaster für diejenigen, die aus dem materiellen Verteilungsprozeß der Gesellschaft ausgegliedert worden sind, oder sozusagen eine „Doppelbelastung" derer, die schon im beruflichen Bereich den Kern von Belegschaften bilden. Beide Ergebnisse können niemanden befriedigen.

2. Probleme, die zu lösen sind

In gewisser Hinsicht haben die Vertreter des Konzepts eines garantierten Mindesteinkommens die so umrissene Problemstellung aufgenommen[8]. Würde ein garantiertes Mindesteinkommen – etwa in Gestalt einer negati-

7 Dazu *Offe, C.*, und *R.G. Heinze*, a.a.O. (Fußn. 1), S. 483f. und 490f.

8 Hier wie im folgenden greife ich zurück auf Überlegungen, die ich zusammen mit Claus Offe und Ilona Ostner im Rahmen der Studie „Das garantierte Mindesteinkommen" angestellt habe. Aus den dort geführten Diskussionen ist auch die Fragestellung und

ven Einkommensteuer und einer Grundrente im Alter – für alle Menschen gewährleistet, so wäre zumindest verhindert, daß Nichterwerbstätige aktuell oder im Rentenalter durch die Maschen der sozialen Sicherungssysteme hindurchfallen und materielle Not erleiden würden. Eine solche Mindesteinkommenssicherung würde den Spielraum für Eigenarbeit erweitern. Sie würde nämlich den Zwang, zur Aufnahme abhängiger Arbeit verfügbar zu sein, beseitigen und auf diese Weise die nicht durch Erwerbsarbeit gebundenen Zeiträume freier – d.h. auch für Eigenarbeit – verfügbar machen, als das nach heutigen sozialversicherungs- und sozialhilferechtlichen Vorkehrungen der Fall ist.

Freilich löst das Konzept des garantierten Mindesteinkommens die unter 1. beschriebene Problemstruktur für sich genommen noch nicht. Das Mindesteinkommen vermag vielleicht jetzt vorhandene materielle Not lindern – durch Arbeitsmarktsegmentation bedingte Diskriminierung (insbesondere von Frauen) freilich vermag es nicht zu beseitigen. Denn wenn alle übrigen Bedingungen gleich bleiben, kann (und wird) die Einführung eines garantierten Mindesteinkommens zur Folge haben, daß die schwächsten Segmente des Arbeitsmarktes zwar eine gewisse materielle Besserstellung erfahren, damit aber zugleich aus dem Arbeitsmarkt ausgegrenzt und in mehr oder minder unfreiwillige „Eigenarbeit" abgedrängt werden. Bei fortbestehender traditioneller Geschlechterrollentrennung dürfte dies – und die Erfahrung mit den Elternschaftsurlaubsregelungen bestätigen dies – vor allem die periphere Arbeitsmarktrolle von Frauen verfestigen[9].

Daß das Problem nicht leicht zu lösen ist, läßt sich leicht an der (vermeintlichen, aber doch gesellschaftlich wirksamen) Antinomie von Freiheit und Sicherheit veranschaulichen, die oben bereits verwendet wurde. Aufgrund andernorts[10] vielfach dargestellter Verkoppelungen des Systems der Erwerbsarbeit mit anderen gesellschaftlichen Sicherungs- und Umverteilungssystemen ist unter gegebenen gesellschaftlichen Bedingungen für Beschäftigte eine relative Sicherung ihrer Reproduktion nur durch eine kontinuierliche „normale" Berufsrolle zu erwerben. Sicherheit wird also strukturell durch Unterwerfung unter ein abhängiges Beschäftigungsverhältnis erkauft. Jede Form von Tätigkeit, die „frei" erfolgt, die sich diesem Abhängigkeitsverhältnis entzieht, fällt somit aus dem Sicherungsgefüge heraus. In diesem Sinne organisiert die bestehende Gesellschaft Freiheit und Sicherheit in der Tat als einander ausschließende Pole. Und es ist konservativen Protagonisten ein Leichtes, zu behaupten, auf dem gegebenen gesellschaftlichen Entwicklungsstand sei zwar ein Zuwachs von Freiheit wünschens-

Grundidee dieses Beitrags – das Paradox, daß freie Entscheidung zu Eigenarbeit die Alternative des Zugangs zu beruflicher Tätigkeit voraussetzt – hervorgegangen.

9 Das ist die Sorge etwa von gewerkschaftlichen Autoren (vgl. etwa Fußn. 6), aber auch Autorinnen, die eher feministischer oder grün-alternativer Programmatik zuzurechnen sind: vgl. die Beiträge von *Möller, C.*, *I. Hehr* und *G. von Erler* oder von *Ostner, I.* und *H. Schmidt-Waldher* in dem von *M. Opielka* und *I. Ostner* herausgegebenen Band (Fußn. 4).

10 Wie oben Fußn. 4.

wert, aber eben nur unter Preisgabe eines gewissen Standards an sozialer Sicherheit. Hieraus können dann Modelle erwachsen, die eine gewisse materielle Grundsicherung vorsehen, jenseits deren dann das „Reich der Freiheit" (Freiheit von staatlicher „Bevormundung", private Vorsorge, Eigenverantwortlichkeit usw.) beginnt.

Leider bleiben auch die entwickelteren gewerkschaftlichen Positionen – paradoxerweise gerade indem sie die konservativen Grundsicherungsvorstellungen zurückweisen – der polaren Vorstellung von Freiheit und Sicherheit verhaftet[11]. Indem sie angesichts konservativer Freiheitsverheißungen rein defensiv reagieren und das traditionell errungene Sicherheitsniveau zu halten trachten, perpetuieren sie auch die Vorstellung, daß Sicherheit eben nur um den Preis der Freiheit zu erringen sei. Damit fördern sie – ungewollt, allerdings eben auch um den Preis, daß die den Arbeitsmarkt schon beherrschenden Diskriminierungen und Segmentierungen aufrechterhalten und vertieft werden – die konservative Hegemonie über den utopischen Gehalt von Freiheit und Selbstbestimmung. Freiheit, die unter kapitalistischen Bedingungen bekanntlich allemal einen doppelten Charakter hat – einen zynischen und einen utopischen –, verdünnt sich so in der gewerkschaftlichen Defensivargumentation auf die zynische und ist damit argumentativ, motivational und perspektivisch vollständig entwertet.

Worauf es in der sozialpolitischen Debatte der Zukunft ankommt, ist aber gerade, Bedingungen der Vereinbarkeit von Sicherheits- und Freiheitsinteressen zu ermitteln. Es müßten also gerade Formen der Freiheitsbetätigung gefunden werden, die nicht zu Lasten der Sicherheitsinteressen gehen. Wenn ich das Problem zuletzt mit den Begriffen von Freiheit und Sicherheit umrissen habe, so wird im Zusammenhang mit dem Thema dieses Artikels leicht sichtbar, daß mit Freiheit auch Eigenarbeit gemeint ist und daß die Forderung nach Vereinbarkeit von Freiheit und Sicherheit auch eine Paraphrasierung der Forderungen nach Entkoppelung von Einkommen und Erwerbsarbeit enthält. Die Frage ist also, wie gesellschaftliche Rahmenbedingungen auszusehen hätten, die – über ein garantiertes Mindesteinkommen hinausgehend – nicht erwerbliche Tätigkeit, „Eigenarbeit", mit den zentralen Sicherheitsinteressen Erwerbstätiger in dieser Gesellschaft vereinbar machen.

---

11 Der Beitrag von G. Bosch (Fußn. 6) öffnet sich zwar zu den Fragen einer neuen Arbeitspolitik. In seiner Kritik zu meinen Arbeiten zur Krise des Normalarbeitsverhältnisses verbleibt sein Aufsatz jedoch inkonsistent. Er lehnt meine These von der Krise des Normalarbeitsverhältnisses – aus Gründen, deren Seriosität hier nicht zu diskutieren ist – ab, entwickelt aber seinerseits lediglich eine arbeitspolitische Perspektive, die sich auf Reorganisationsmöglichkeiten der Arbeits*zeit*politik bezieht. Daß er damit den eigentlichen sozialpolitischen Sprengstoff dieser Tage umgeht – nämlich die Situation solcher Menschen, die aus dem Erwerbsarbeitsbereich ausgegrenzt sind und dauerhaft bleiben –, scheint mir eine Problemverdrängung darzustellen, die im gewerkschaftlichen Bereich bislang leider noch vorherrscht.

3. Das Paradox: nicht erwerbstätig sein zu müssen, weil man erwerbstätig sein kann

Wie wir aus der gegenwärtigen Flexibilisierungstendenz lernen können, kommt die Verminderung des zwingenden gesetzlichen Status und der damit einhergehende erneute Bedeutungszuwachs der Vertragsfreiheit im Arbeitsleben immer den Unternehmen, nicht den Beschäftigten zugute. Daß ein Mehr an Vertragsfreiheit die Handlungsspielräume und Optionen der Beschäftigten erhöhe, ist eine Propagandaformel für eine veränderte Subsumtion (ungeschützter oder nur partiell geschützter) Arbeit unter das Kapital. Denn immer, wo Spielräume einzelvertraglicher Gestaltung eröffnet werden, dringen sofort die das Arbeitsleben beherrschenden Macht- und Herrschaftsstrukturen in diese Spielräume ein, bemächtigen sich ihrer und funktionalisieren sie für die Ziele derer, die diese Macht- und Herrschaftsstrukturen ihrerseits beherrschen. Im Ergebnis werden die Segmentations- und Ausgrenzungsstrukturen des Arbeitsmarktes dadurch noch vertieft. Strategien zur Ausweitung von Eigenarbeit, zur Reorganisation beruflicher und außerberuflicher Tätigkeit, sind nur realistisch, wenn sie auf diesen Mechanismus gefaßt sind, auf ihn bezogene Instrumente parat haben.

Ich gehe davon aus, daß ein Schlüssel zur Ermöglichung materiell freier Entscheidungen für selbstbestimmte außererwerbliche Tätigkeit gerade in der realen Aussicht auf Zugang zur Erwerbstätigkeit liegt. Deshalb muß eine Strategie zur Entfaltung von Eigenarbeit nicht nur allgemein von einem System von Berufszugängen flankiert sein. Diese Berufszugänge müssen vielmehr derart auf bestehende Arbeitsmarktstrukturen und -segmentierungen zugeschnitten sein, daß sie die Abdrängung jetzt schon schwacher Arbeitsmarktgruppen in „Eigenarbeit" verhindern helfen. Sie müssen also explizit eine antidiskriminierende Ausgestaltung haben. Erst dann läßt sich eine selbstbestimmte Wahl, Ausübung und Abwahl nichterwerblicher Tätigkeit vorstellen.

Der Grund für diese Annahme liegt darin, daß Art und Ausmaß der Teilhabe am Erwerbsleben nach wie vor über zentrale Lebenschancen mitentscheidet. Wer am Erwerbsleben nicht teilnimmt, ohne eine reale Zugangsaussicht zum Erwerbsleben zu haben, bleibt diskriminiert, wie immer attraktiv der dann noch offenstehende Sektor von Eigenarbeit auch sei. Daran würde auch die Einführung eines garantierten Mindesteinkommens nichts ändern. Dies würde vielleicht unmittelbare Not und gesellschaftliche Stigmatisierung lindern. Es würde auch bestimmte derzeit existierende Zwänge zur Integration in Erwerbstätigkeit verringern oder gar beseitigen. Es würde aber sonst die über die Teilnahme am Erwerbsleben erfolgende gesellschaftliche Chancenverteilung nicht nennenswert beeinflussen. Denn das garantierte Mindesteinkommen wird seiner Höhe wie seiner Ausgestaltung nach den Anreiz zu einer Erwerbsarbeit aufrechterhalten, es wird den Lohn (und die damit verbundenen Lebenschancen) nicht ersetzen, sondern „unterbauen"[12].

Auch bei einem garantierten Mindesteinkommen bleiben somit Lebenschancen und Erwerbsteilnahme in gewissem Umfang miteinander verbunden. Von einer freiwilligen Entscheidung für Eigenarbeit – also für partielle oder vollständige Nichtteilnahme am Erwerbsleben und Verzicht auf die damit verbundenen Lebenschancen – könnte somit nur die Rede sein, wenn auch die Alternative, nämlich Erwerbsarbeit, gewählt werden könnte. Hieraus erklärt sich das scheinbare Paradox, daß nur wer arbeiten kann, frei ist, nicht zu arbeiten.

4. Drei Schwellen des Berufszugangs

Die bisherigen Überlegungen haben ergeben, daß die Freiwilligkeit der Entscheidung für Eigenarbeit der institutionellen Absicherung bedarf. Ein garantiertes Mindesteinkommen ist zwar ein Schritt zu dieser Absicherung, aber nicht mehr. Ähnlich verhält es sich mit quantitativen Arbeitszeitverkürzungen. Unterstellt man einmal, die Arbeitszeit würde gesetzlich oder tariflich radikal reduziert und die verkürzte Arbeitszeit würde auch betrieblich effektiv, so würde zwar der zeitliche Spielraum für Eigenarbeit quantitativ entsprechend zunehmen. Aber selbst bei so weitgehenden (und nach aller Beobachtung unrealistischen) Unterstellungen würde das Problem der Strukturiertheit des Arbeitsmarktes, der Segmentbildung zu Lasten schwacher Arbeitsmarktgruppen, nicht gelöst. Dies Problem läßt sich überhaupt nicht mit der Beeinflussung der Nachfrageseite des Arbeitsmarktes – und einer generellen „Sogwirkung" von Arbeitszeitverkürzungen – lösen. Es setzt vielmehr bewußte gesellschaftliche Einflußnahme auf das Arbeitskraftangebot voraus – und zwar eine Einflußnahme, die entlang den Diskriminierungslinien des Arbeitsmarktes verläuft und positiv diskriminiert. Unter Bedingungen einer marktförmigen Organisation der Verfügung über Arbeitskraft kann eine solche Beeinflussung entweder direkt erfolgen – durch zwingende Beschäftigungsauflagen oder individuelle Beschäftigungsansprüche – oder indirekt – durch materielle Anreize zur Beschäftigung bestimmter Gruppierungen bzw. materielle Belastungen bei deren Nichtbeschäftigung –. Ich kann diese Instrumentarien – die nicht nur hinsichtlich ihrer jeweiligen Legitimität und Effektivität, sondern auch ihrer unbeabsichtigten Nebenwirkungen zu diskutieren sind – hier nicht konkretisieren. Wichtig ist aber festzuhalten, daß Wahlfreiheit, „Optionalität" zwischen Eigenarbeit und Erwerbsbeteiligung ohne von Segmentierungen des Arbeitsmarktes ausgehende Zwänge erst dann gewährleistet ist, wenn die Angebotsseite des Arbeitsmarktes durch Instrumentarien der beschriebenen Art

12 Dazu s. Fußn. 8

derart beeinflußt wird, daß die unternehmerische Nachfragemacht dadurch effektiv beeinflußt wird.

Diese Überlegungen laufen auf stärkere gesellschaftliche Gestaltung der Abschlußfreiheit beim Arbeitsvertrag hinaus. Sie führen aber nicht notwendig zum Schreckgespenst einer „Bewirtschaftung" des Arbeitsmarktes. Zwei Klarstellungen erscheinen mir insoweit wichtig:

- Wahlfreiheit zwischen Eigenarbeit und Erwerbsarbeit einzuräumen, begründet eine Option, aber keinen Zwang. Der neuerlich zu verzeichnende Trend zu einer „Berufslenkung"[13] ist somit durch ein System des Berufszugangs, wie ich es darstellen möchte, keineswegs zwangsläufig verbunden.
- Gesellschaftliche Einflußnahme auf die Chance des Zugangs zum Beruf drängt notwendig unternehmerische Entscheidungsfreiheit zurück. In einer Situation, die nicht durch soziale Bewegungen auf diesem Gebiet gekennzeichnet ist, kann sich eine solche Zurückdrängung der unternehmerischen Entscheidungsfreiheit nicht allein mit dem Interesse der Arbeitenden legitimieren, sondern muß sich zumindest auch an einem langfristigen Unternehmensinteresse messen lassen – so wie das Bundesverfassungsgericht es tat, als es die Berufsausbildungsabgabe für verfassungsgemäß erklärte.

Vor allem drei Schwellen sind zu bewältigen, wenn man Wahlfreiheit im oben genannten Sinne zu institutionalisieren versucht: *Erstens* die Chance, einen den eigenen Fähigkeiten und Bedürfnissen entsprechenden qualifizierten Beruf erlernen zu können; *zweitens* die Chance, eine der eigenen beruflichen Bildung entsprechende Erstbeschäftigung zu erlangen; *drittens* die Chance, nach Phasen vollständiger oder teilweiser Eigenarbeit eine Requalifizierung und den Wiedereintritt in das Erwerbsleben zu erlangen. Die Bewältigung der beiden ersten Schwellen verlangt nach einem Einsatz kontraktueller Lösungen; die Bewältigung der dritten Schwelle wird sich demgegenüber häufig eines Freistellungsanspruches mit Rückkehroption bedienen können.

a) Beim Zugang zur Berufsausbildung wird heute immer noch – aufgrund eines rein quantifizierenden Vergleichs zwischen Ausbildungsplatzangebot und -nachfrage – vielfach übersehen, zu welchen Diskriminierungen und Fehlqualifikationen das derzeitige System führt. Ich habe dies unter Hervorhebung der Ausbildungsmisere von Mädchen dargestellt und verfassungsrechtlich eine Ausbildungspflicht von Unternehmen begründet[14]. Das geltende Recht steht konkreten Ausbildungspflichten von Unternehmen jedenfalls dort, wo diese unterproportional ausbilden und überproportional Ausbildungsabsolventen später beschäftigen, nicht entgegen. Es läßt auch

13 Dazu eher affirmativ *Pitschas, R.*, Berufsfreiheit und Berufslenkung. Berlin 1983.

14 Die Ausbildungspflicht der Unternehmen nach dem Grundgesetz. Rechtsgutachten. Baden-Baden 1986.

geschlechtsspezifische Ausbildungsquoten zu, zumal es sich dabei lediglich um den Zugang zu Qualifizierungsprozessen handelt, bei dem ein Qualifikationsvergleich der Bewerber beiderlei Geschlechts eben gerade nicht erforderlich ist[15].

Solche Überlegungen konzentrieren sich auf eine Ausbildung im dualen System (Betrieb und Berufsschule). Nun kann man – wenn man die Spielräume für Eigenarbeit ausweiten möchte – natürlich auch an Ausbildungsprozesse denken, die sich, mehr oder minder öffentlich gefördert, außerhalb des dualen Systems abspielen. Aber schon hier legt die Sicherung wirklicher Wahlmöglichkeiten nahe, nicht im Hinblick auf existierende autonome Ausbildungsbemühungen auf den Zugang zu Ausbildungsplätzen im dualen System zu verzichten. Gewisse hochqualifizierte Berufe werden ohne eine entsprechende Ressourcenausstattung des Ausbildungsunternehmens gar nicht erlernt werden können, außerdem ist das Ausbildungsnachweiswesen fest an das duale System gekoppelt. So wird vielfach eine autonome Ausbildung eine solche im dualen System kaum ersetzen können, sogar in der Gefahr stehen, zum bloßen Auffangnetz für nicht im dualen System Untergekommene zu werden. Zudem kann man davon ausgehen, daß wichtige Qualifikationen, die im dualen System erworben worden sind, auch späterer Eigenarbeit zugute kommen werden.

b) Angesichts der immer noch hohen Jugendarbeitslosigkeit ist der Gedanke, Jugendlichen nach der Berufsausbildung einen Ersteinstieg in das Beschäftigungssystem zu sichern, immer wieder diskutiert worden[16]. In Frankreich ist Jugendlichen in den Reformen von 1979/ 1982 ein unbefristeter Beschäftigungsanspruch zuerkannt worden (der freilich noch vor der dortigen konservativen „Wende" zurückgenommen wurde)[17]. Auch für die Bundesrepublik wurde ein Ersteinstellungsanspruch diskutiert. Ein Abglanz davon findet sich noch – freilich marktradikal deformiert – in § 1 Abs. 1 Ziff. 2 Beschäftigungsförderungsgesetz, der die befristete Einstellung Ausgebildeter erleichtert[18].

Ersteinstellungsansprüche nach der Berufsausbildung müßten gewährleistet werden. Allerdings müßten sie – wenn man nicht einen Zwang zu kontinuierlichen Berufskarrieren aufbauen, vielmehr die Chance zu frühzeitigen Betätigungen in Eigenarbeit begünstigen möchte – von dem unmittelbaren zeitlichen Zusammenhang mit dem Berufsausbildungsverhältnis gelöst werden. Zu überlegen wäre, inwieweit ein solcher Anspruch auf

15 Vgl. Fußn. 14, a.a.O., Nachweise auf S. 112 und 121.

16 Instruktiv hierzu DGB-Bundesvorstand, Abt. Jugend (Hrsg.), Jugendarbeitslosigkeit. Weiterbeschäftigung nach der Ausbildung. Düsseldorf, April 1987. Das Problem dieser Untersuchung besteht nur darin, daß sie sich jeden praktischen und perspektivischen Kommentars zu den vorgelegten Daten enthält.

17 Allgemeiner Überblick bei *Jeammaud, A.* und *A. Lyon-Caen*, France, in: dies. (Hrsg.), Droit du travail, démocratie et crise, Actes sud 1986, S. 19ff.

18 Beschäftigungsförderungsgesetz 1985 vom 26. April 1985 (BGBl I, S. 710).

eine „Erstbeschäftigung" an den Ausbildungsbetrieb gekoppelt bleiben muß oder auf andere Betriebe übertragbar gestaltet werden kann. Jedenfalls dürfte in einer Konzeption der Entwicklung von Eigenarbeit auf die Ausgestaltung dieser Schwelle nicht verzichtet werden. Denn von ihr hängt ab, ob jungen Menschen überhaupt der Zugang zu beruflichen Rollen – einschließlich der dort gegebenen Freistellungsmöglichkeiten für Eigenarbeit (dazu unter c) – offen bleibt oder ob sie von vornherein in ein unfreiwilliges Außenseiterdasein (ob nun „Eigenarbeit" genannt oder nicht) abgedrängt werden.

Beim Zugang zur Erstbeschäftigung reichen generelle Einflußnahmen nicht aus, vielmehr bedarf es der bewußten Gegensteuerung gegen Segmentierungen und Diskriminierungen des Arbeitsmarktes. Da vom Zugang zur Erstbeschäftigung die Möglichkeiten sowohl von kontinuierlicher Beschäftigung als auch von mit Rückkehroption ausgestatteten Freistellungsansprüchen für außererwerbliche Tätigkeit abhängen, findet hier eine zentrale Weichenstellung dafür statt, ob Präferenzen für Eigenarbeit wirklich auf bewußter eigener Entscheidung (d.h. mit Alternativmöglichkeiten) beruhen oder ob hier lediglich eine getarnte Abdrängung in periphere Erwerbsbeteiligung oder außererwerbliche Rollen stattfindet. Positiv-rechtlicher Anknüpfungspunkt wäre hier § 611a BGB, der – freilich unzulänglich – europäisch-rechtliche und grundgesetzliche Gleichbehandlungsgebote hinsichtlich des Beschäftigungszugangs konkretisiert[19]. Dieser Anknüpfungspunkt müßte freilich zu einem Instrument, das wirklichen Arbeitsplatzzugang ermöglicht, ausgebaut und um Instrumentarien ergänzt werden, die die Diskriminierungsabwehr institutionell (z.B. durch Quotenregelungen und sogenannte „Frauenförderpläne") verankern[20]. Inwieweit solche institutionellen Sicherungen zulässig und geboten sind, kann ich hier nicht auseinanderlegen. Festhalten möchte ich aber, daß mir eine wirksame Antidiskriminierungspolitik beim Erstzugang zur Beschäftigung die entscheidende arbeitsrechtliche Komplementärvorkehrung zu einem System der Förderung von Eigenarbeit zu sein scheint. Denn vieles spricht dafür, daß, was heute als Eigenarbeit propagiert wird, in der Praxis nur Fortsetzung der alten Geschlechtsrollen mit veränderten Mitteln zu sein verspricht. Eigenarbeit für beide Geschlechter in freier Entscheidung zu ermöglichen, setzt daher zuallererst voraus, daß der heute auf Frauen wirkende Zwang zu außererwerblicher Betätigung oder zu peripherer Erwerbsbeteiligung außer Kraft gesetzt wird und daß an seine Stelle eine wirkliche Wahlfreiheit zwischen Eigenarbeit und vollwertiger Erwerbstätigkeit tritt.

c) Auch Ansprüche auf Rückkehr in die Erwerbstätigkeit nach einer Phase nichterwerbsbezogener Tätigkeit sind dem geltenden Recht nicht völlig

19 Siehe Arbeitsrechtliches EG-Anpassungsgesetz vom 13.08.1980 (BGBl I, S. 1308).

20 Dazu allgemein *Pfan, H.M.* und *K. Bertelsmann*, Gleichbehandlungsgesetz. Zum Verbot der unmittelbaren und der mittelbaren Diskriminierung von Frauen im Erwerbsleben. Wiesbaden 1985.

fremd. Nur sind die Tätigkeiten, die eine solche Rückkehroption zulassen, eng begrenzt. Die Arbeitsplatzgarantie, die das Arbeitsplatzschutzgesetz[21] wehrpflichtigen Arbeitnehmern (§§ 2 und 6) und das Zivildienstgesetz[22] anerkannten Kriegsdienstverweigerern (§ 78) gewähren, gehören ebenso hierher wie Kündigungsverbot und Kontinuitätssicherung, die §§ 2 und 4 des Abgeordnetengesetzes[23] Bundestagsabgeordneten gewähren. Zu denken ist hier auch an den Kündigungsschutz, den § 18 Bundeserziehungsgeldgesetz[24] den zu Erziehungsurlaub berechtigten Elternteilen bietet. In all diesen Fällen knüpft das Gesetz an fest umrissene Tatbestände, die zu einem Ruhen des Arbeitsverhältnisses führen, eine Option, die Rechte und Pflichten aus dem Arbeitsverhältnis wieder aufleben zu lassen. Die genannten Beispiele freilich erfahren – neben anderen, hier nicht zu diskutierenden Mängeln – erhebliche Beeinträchtigungen durch die neuerlich zu verzeichnende Erleichterung der Befristung von Arbeitsverhältnissen: Die Befristung beseitigt nämlich definitiv die Rückkehroption.

Ein Konzept, das die Bedingungen freigewählter Eigenarbeit fördern will, müßte sich an den soeben skizzierten Regulierungstyp (freilich ohne die zuletzt genannten Mängel) anfügen und ihn auf eine allgemeinere Grundlage stellen. Es ginge darum, für einen breit gefächerten Kreis gesellschaftlich anerkannter sinnvoller Tätigkeiten Freiräume zu schaffen, die dadurch konstituiert werden, daß für solche Tätigkeiten einerseits Freistellungsansprüche eingeräumt, andererseits effektive Rückkehrwege zur Verfügung gestellt werden. Ein solches System von Freistellungsansprüchen mit Rückkehroption ist vielfach zu Recht als „qualitative" oder auch „innere" Arbeitszeitverkürzung bezeichnet worden. Es hat – mehr noch als das Konzept der quantitativen oder äußeren Arbeitszeitverkürzung – den Vorteil, sowohl das quantitative Arbeitskräfteangebot zu verkürzen (und somit Erwerbsarbeitswilligen Arbeitsgelegenheiten zu bieten) als auch Freiräume für nichterwerbliche Eigenarbeit ohne Diskriminierungsgefahr zu eröffnen (und damit den Erwerbstätigen mehr als bisher Anreize zu bieten, das Arbeitsleben vorübergehend zu verlassen). Bislang am weitestgehenden durchgespielt worden ist dieses Konzept im Arbeitszeitgesetzentwurf der Grünen, in dem ein gestuftes System von Freistellungsansprüchen für familiäre, infrastrukturelle, kommunalpolitische usw. Tätigkeiten vorgesehen ist[25].

Man kann den Rückkehranspruch aus einer Phase von Eigenarbeit in Erwerbstätigkeit auch als dritte Schwelle zum Beschäftigungssystem bezeichnen. Dabei sollte man allerdings nicht die Besonderheit aus dem Auge verlieren, daß eine solche dritte Schwelle situativ mehrfach auftreten und

21 Arbeitsplatzschutzgesetz in der Fassung vom 14. April 1980 (BGBl I, S. 426).
22 Zivildienstgesetz in der Fassung vom 31. Juli 1986 (BGBl I, S. 1206).
23 Abgeordnetengesetz in der Fassung vom 30. Juli 1985 (BGBl I, S. 1623).
24 Bundeserziehungsgeldgesetz vom 6. Dezember 1985 (BGBl I, S. 2154).
25 BT-Drucks. 10/2188.

regulierungsbedürftig sein kann. Auch ist an den bislang vorgetragenen Überlegungen unbefriedigend, daß die Rückkehroption an das jeweilige Ausgangsarbeitsverhältnis gebunden bleibt. Dies setzt nicht nur den Fortbestand des früheren Betriebes voraus, sondern verhindert auch eine von den Arbeitenden selbst bestimmte Mobilität, die man ja auch als einen Freiheitsgrad ansehen kann. Ob mit bestehenden oder weiterzuentwickelnden arbeitsrechtlichen und sozialpolitischen Strukturen unserer Gesellschaft sozusagen eine „Übertragbarkeit" des Wiederbeschäftigungsanspruches von Betrieb zu Betrieb vereinbar zu machen wäre, bedürfte weitergehender Überlegungen.

Gleichfalls genauerer Durcharbeitung bedarf die Frage, wie die Wiederbeschäftigungsoptionen ausgestaltet sein müssen, um geschlechtsspezifisch diskriminierender Arbeitsmarktgestaltung entgegenzutreten oder zumindest doch jene nicht zu vertiefen. Insoweit ist schon als ein gewisser Fortschritt zu werten, wenn das Bundeserziehungsgeldgesetz den Anspruch auf Erziehungsurlaub geschlechtsneutral ausgestaltet. Ein aktiver Regulierungsversuch ist die Regelung im Arbeitszeitgesetzentwurf der Grünen, die den Elternschaftsurlaub nur beiden Partnern je zur Hälfte zuerkennt: Mit der Folge, daß die Hälfte des Anspruches verfällt, wenn nur ein Elternteil diese familiäre Tätigkeit verrichtet. Noch energischer wäre eine Regelung, die Freistellungsansprüche an die unverzichtbare Bedingung koppelte, daß beide Partner sie wahrnehmen. Bei der Beurteilung solcher Vorschläge kommt man unweigerlich zu der Frage nach den Grenzen der Regulierung kulturell-moralisch-sozialer Einstellungen und Verhaltensweisen. Zu beurteilen ist dabei letztlich, ob durch Regulierung allein Freiräume zur Realisierung schon veränderter oder in Veränderung begriffener sozialer Haltungen (etwa zur Geschlechterfrage) eingeräumt werden können oder ob Regulierung sozusagen einen effektiven Zwang zu sozialer Umorientierung ausüben kann und ausüben darf. Ich kann diese Frage nicht weiter verfolgen.

5. Freiheits- und Sicherheitsinteressen sind vereinbar!

Ich habe bei den bisherigen Überlegungen vorausgesetzt, daß es wünschenswert ist, für nichterwerbliche gesellschaftliche Tätigkeiten (hier Eigenarbeit genannt) Freiheitsspielräume zu schaffen und zu fördern. Hervorzuheben war dabei allerdings, daß die Eröffnung von Freiheitsspielräumen im gegenwärtigen Arbeitsleben nicht „im freien Raum", sondern in einem durch Machtgefälle und Herrschaftsverhältnisse strukturierten Feld erfolgt. Sie steht daher immer in der Gefahr, erreichte notwendige gesellschaftliche Absicherungen abzubauen oder zu unterhöhlen bzw. gegebene gesellschaftliche Diskriminierungen und Segmentierungen noch zu vertiefen.

Aus dieser Konstellation erklärt sich manches Dilemma heutiger sozialpolitischer Neuorientierungsversuche. Die Gewerkschaften wittern hinter dem neuaufkommenden Freiheitspathos vielfach zu Recht den modern getarnten Versuch der Zurückdrängung von Schutzstandards[26]. Sie vergeben über dieser Skepsis aber – mit ganz wenigen Ausnahmen[27] – die Chance, selbst an Realisierungen von Freiheitsutopien mitzuwirken, die Vielfalt, Selbstbestimmtheit, Lebensfreude einschließen und sich nicht in Uniformität, Sicherheit und Kollektivität erschöpfen. Ebenso wichtig ist, daß Gewerkschaften, die mit sicherem Instinkt Flexibilisierung abwehren, die Segmentations- und Diskriminierungstendenzen der gegenwärtigen Arbeitsmarktentwicklung bestenfalls unthematisiert lassen, schlimmstenfalls noch vertiefen. Denn die gewerkschaftliche Sicherungspolitik vollzieht sich notgedrungen selektiv, d.h. sie wirkt in den stärksten Arbeitsmarktsegmenten am stärksten und vertieft so noch die Ungleichgewichte.

Das Dilemma alternativer Überlegungen zur Förderung freierer und selbstbestimmter Formen des Arbeitens ist, daß neu eröffnete Freiheitsspielräume unter gegenwärtigen Bedingungen immer gleich von den Mächtigen „geschluckt", d.h. im Dienste ihrer Herrschaftsimperative instrumentalisiert zu werden drohen. Genau dies macht es möglich, daß sich heutzutage Neokonservative zuweilen kaum erkannt dem Lager der Alternativen nähern können, daß alternative Konzeptionen sich plötzlich – zur (Un-)Kenntlichkeit entstellt – in den sozialpolitischen Programmen neokonservativer Technokraten wiederfinden[28]. Sofern solcherlei Nähe besteht, beruht sie darauf, daß eine Ausweitung von Freiheitsspielräumen befürwortet wird, ohne daß darin implizierte Sicherheitsverluste mitreflektiert bzw. zur öffentlichen Diskussion gestellt werden.

Ich habe demgegenüber versucht, mich an der Frage zu orientieren, wie auf dem Gebiet der Arbeit ein Zugewinn an Freiheit erzielt werden könnte, ohne bestehende Unsicherheiten noch zu vertiefen oder Sicherheitsstandards zu senken. Diese Überlegung führt eben zu dem Paradox, daß die freie Wahl von Eigenarbeit erst dann möglich ist, wenn auch die freie Wahl von Erwerbsarbeit möglich wäre, daß die Entwicklung eines Systems von Eigenarbeit die Beseitigung diskriminierender Strukturen des Zugangs zum Beschäftigungssystem voraussetzt. Deshalb stellt sich mir der Grad materialer Freiheit bei der Ausübung von Eigenarbeit an der Meßlatte dar, ob und wie die jeweilige Zugangsschwelle zum Beschäftigungssystem über-

---

26 So leider der Grundtenor der in dem Schwerpunkt „Die soziale Grundsicherung neu gestalten" der WSI-Mitteilungen Nr. 2/1987 enthaltenen Beiträge, insbesondere desjenigen von *Adamy, W.*, und *A. Schmidt*, Mindestsicherung – Alternative oder Ergänzung des Sozialstaats?, S. 58ff.

27 Interessante Ansätze finden sich etwa bei *Lecher, W.*, Zum künftigen Verhältnis von Erwerbsarbeit und Eigenarbeit aus gewerkschaftlicher Sicht, in: WSI-Mitteilungen 1986, S. 256ff.; in dem von *Kurz-Scherf, I.* und *G. Breil* herausgegebenen Band „Wem gehört die Zeit". Hamburg 1986; in der vom DGB-Landesbezirk Baden-Württemberg herausgegebenen Dokumentation „Kongreß Zukunft der Arbeit am 7. Juni 1986 in Stuttgart". Stuttgart 1987; wie auch in dem bereits in Fußn. 3 genannten Buch.

28 Siehe oben Fußn. 5

wunden werden kann. Ich vermute, daß sich an der Frage der Ausgestaltung dieser Schwellen die konservativen von den alternativen Geistern scheiden und so das hinter den scheinbar ähnlichen Rezepten liegende unterschiedliche Freiheitskonzept sichtbar wird.

Hildegard Müller-Kohlenberg

Die Helferrückwirkung. Was profitiert der Helfer von seiner Hilfeleistung?

Es ist den Helfern im psychosozialen Bereich oft gar nicht bewußt, welchen immateriellen Gewinn sie selbst aus ihrer Hilfeleistung ziehen. Üblicherweise fragt man nach den Auswirkungen von Hilfe, indem man den Adressaten dieser Hilfeleistung betrachtet. Die Veränderungen seines Zustands gelten als Kriterium für den Erfolg von sozialen, pädagogischen oder therapeutischen Maßnahmen. Soweit der Helfer im Zusammenhang mit den von ihm erbrachten Leistungen gesehen wird, wurden die eher negativen Auswirkungen unter dem Stichwort „burn out" beschrieben (z.B. Maslach 1985). Die ebenfalls vorhandenen positiven Auswirkungen werden mit dem Begriff „helper-therapy principle" (Riessman 1965, S. 30f.) bzw. „Helferrückwirkung" bezeichnet.

Auf eine Kurzformel gebracht, lautet die These des Beitrags: Helfer „profitieren" durch ihre Hilfeleistungen oft mehr als der Hilfsempfänger. Die Persönlichkeitsförderung der Helfer bezieht sich etwa auf Gebiete wie Zufriedenheit, Rehabilitation, Selbstkonzept oder Kompetenzerweiterung in bestimmten Bereichen.

Der Empfänger von Hilfeleistungen, der das *Ziel* der Hilfeleistungen ist, ist zugleich auch *Medium* von Hilfe (für den Helfer). Diese Tatsache ist konstitutiver Bestandteil aller Selbsthilfegruppen. Dort gilt die Formel: „Ich helfe mir selbst und dadurch den anderen". Hier hingegen liegt der Akzent auf der Sichtweise „ich helfe den anderen und dadurch mir selbst". Sicherlich enthalten beide Aussagen ein wirksames Agens für persönliches und soziales Wachstum. Die letztere Aussage steht jedoch hier im Mittelpunkt.

Studenten als Betreuer von Psychiatriepatienten

Die Rückwirkung auf die Persönlichkeitsänderung von Helfern ist im Hinblick auf Studenten, die als Helfer z.B. in der Psychiatrie tätig waren, besonders ausführlich dokumentiert (Gruver 1971; McVeigh et al. 1984)[1]. Ob-

1 Darüber hinaus sind zahlreiche Untersuchungen zum Thema „Studenten in der Psychiatrie" veröffentlicht, die jedoch einseitig die Auswirkungen der Hilfe auf die Patienten untersuchen. Sie sind hier nicht berücksichtigt.

wohl auch andere Personen und Berufsgruppen in psychiatrischen Krankenhäusern als freiwillige Helfer tätig sind, verdanken wir die Einsichten in Veränderungen der Helfer wohl der Tatsache, daß die damit verbundenen Befragungen und Tests (vorher/nachher; Kontrollgruppen) am ehesten Studenten zumutbar erschienen. Wenn Studenten befragt wurden, ob sie selbst Gewinn aus der Hilfstätigkeit gezogen haben, gaben diese im allgemeinen eine positive Einschätzung. Das wäre innerhalb des Erwartungsrahmens und insofern nicht weiter erwähnenswert, wenn diese Aussagen nicht von emphatischer Begeisterung geprägt gewesen wären. Die Studenten sprachen davon, daß diese Tätigkeit das „Highlight der College-Erfahrung" (vgl. Kreitzer 1969) gewesen sei, daß die Beziehung ein bedeutender Faktor der Entwicklung gewesen sei, „im Umgang mit Leuten und in dieser Welt zu leben" (Wrenn/Mencke 1972), oder sie schlugen vor, daß alle Studenten an einem solchen Programm teilnehmen sollten, weil es eine „sehr wertvolle Erfahrung" sei (Holzberg et al. 1964). Diese Einschätzungen einzelner reihen sich in die Gesamttendenz. In einer frühen Untersuchung von 1959 äußerten sich alle Studenten positiv über die Erfahrungen (vgl. Umbarger et al. 1962), in einem anderen Projekt (1964) waren es 97 % (Holzberg et al. 1964).

Die Selbsteinschätzungen werden von Testergebnissen und Beobachtungen Außenstehender gestützt. So stellten Holzberg und Mitarbeiter fest, daß sich die Studenten, die an einem Companionship-Programm teilgenommen hatten, in verschiedener Hinsicht von einer Kontrollgruppe unterschieden (vgl. Holzberg et al. 1964; Holzberg/Knapp 1965). Es handelte sich um 32 männliche College-Studenten, die mit einer Kontrollgruppe verglichen wurden. Sie beantworteten zu Beginn und nach ihrer Helfertätigkeit Fragen zur Selbstakzeptanz und zum moralischen Urteil. Die Unterschiede waren in beiden Persönlichkeitsdimensionen signifikant. Die Studenten des Hilfsprogramms wurden in ihrem Urteil toleranter (die Kontrollgruppe zeigte keine Veränderung), die Selbstakzeptanz der Studenten nahm deutlich zu, während sie bei der Kontrollgruppe eher abnahm. Die Persönlichkeitsänderungen der Companionship-Studenten waren insgesamt größer und gingen in Richtung einer Lockerung ursprünglich mehr prohibitiver Wertsysteme.

Im Zusammenhang mit diesen quasi-therapeutischen Veränderungen der Helferstudenten, wie es von einigen Autoren bezeichnet wurde (vgl. Stollak 1969; Cowen et al. 1966), ist auch die erhöhte Selbstexploration als eine Persönlichkeitsänderung zu betrachten, die als Therapieziel (z. B. ausdrücklich in der Gesprächstherapie) formuliert wird.

Die Beobachtungen, daß die Helferstudenten stärkere Persönlichkeitsveränderungen aufweisen als die Kontrollgruppe, veranlaßten einige Forscher zu der Frage, ob diejenigen Studenten, die sich für derartige Hilfsdienste freiwillig entscheiden u. U. über ungünstigere („pathologischere") Ausgangsstrukturen ihrer Persönlichkeit verfügen; ist es möglicherweise –

so fragten sie sich – für sie eine ohnehin unvermeidliche Notwendigkeit, sich mit eigenen Problemen zu beschäftigen, wozu dann die Hilfstätigkeit instrumentalisiert wird? Das ist nicht der Fall. Knapp und Holzberg (1964) verglichen 85 männliche Collegestudenten, die chronisch kranke psychiatrische Patienten begleiteten, mit einer Kontrollgruppe. Sie verwendeten verschiedene standardisierte klinische Tests und Fragebögen. In den Persönlichkeitsdimensionen, die mit diesen klinischen Tests erfaßt wurden, bestanden keinerlei Unterschiede, die auf subnormale oder pathologische Gegebenheiten hätten hinweisen können. Wohl waren die am Hilfsprogramm teilnehmenden Studenten religiöser und moralischer orientiert, einfühlsamer und introvertierter. Ähnliche Ergebnisse verzeichneten auch Hersch u.a. (1969), die insbesondere Reife und Kontrolliertheit der Helferstudenten feststellen. Knapp u.a. kommen zu dem Ergebnis: „die Teilnahme an der freiwilligen Tätigkeit ist nicht motiviert durch übermäßige Beschäftigung mit persönlichen Problemen, sondern mit einem kontrollierten Streben nach Unabhängigkeit und Leistung, verbunden mit Sensibilität für menschliche Probleme" (Knapp et al. 1964, S. 34).

Tutoren in der Schule

Allgemein bekannt ist das Phänomen einer positiven Helferrückwirkung im kognitiven Bereich. Man versteht eine Angelegenheit am besten, wenn man sie einem anderen erklärt – der beste Weg zu lernen ist das Lehren. Ein Lehrer erzählte die folgende Anekdote: „... ich erklärte es den Schülern und sah an ihren Gesichtern, daß sie nichts verstanden hatten. Ich nahm es ein zweites Mal durch, und sie verstanden immer noch nichts. Daraufhin nahm ich es ein drittes Mal durch, da hatte ich es verstanden" (Gartner et al. 1972, S. 81).

Das Lernen durch Lehren wurde in Tutorenprogrammen bereits in der römischen Republik praktiziert – daher auch der Name Tutor – es lebte im Mittelalter fort und wurde in der deutschen Reformpädagogik praktisch und theoretisch favorisiert. Gerade die Vorteile für die begabten und hochbegabten Schüler wurden im „Kleinen Jena-Plan" (1927 von Peter Petersen) beschrieben.

Ein anderes gut dokumentiertes Tutorenprojekt wurde 1975 in Kalifornien von Fitz-Gibbon (vgl. 1975; 1977) durchgeführt. Da sie von der Voraussetzung ausging, daß die Tutoren von ihrer Tätigkeit einen großen Gewinn haben, wählte sie 40 leistungs*schwache* Schüler in Mathematik aus. Diese Tutoren aus dem 9. Schuljahr sollten Schülern aus dem 4. Schuljahr das Bruchrechnen beibringen. Die Tutoren (Experimentalgruppe) wurden ebenso wie eine Kontrollgruppe von Schülern darin unterrichtet, wie man das Bruchrechnen lehren kann. Die Schüler der Experimentalgruppe arbeiteten daraufhin drei Wochen als Tutoren; die Schüler der Kontrollgruppe übten in der gleichen Zeit mit ihrem Lehrer das Bruchrechnen. Damit wurde überprüfbar, welchen Effekt das Lehren gegenüber dem Üben hat. Nach Abschluß der drei Wochen – wie auch drei Monate später – wurden die Leistungen verglichen. Es zeigten sich bedeutsame Unterschiede. Die Tutoren wiesen eindeutig bessere Leistungen auf als die Kontrollschüler. Auch die jüngeren Schüler der 4. Klasse hatten bei den Tutoren mehr gelernt als im Normalunterricht. Die besten „Lehrer" waren die leistungsschwächsten Schüler! Mit anderen Worten: Die jüngeren Schüler hatten bei denjenigen Tutoren am meisten gelernt, die auch im Nachtest die schwächsten Leistungen erbrachten. Sind die leistungsschwächeren Schüler besonders verständnisvoll oder ist die emotionale Distanz besonders gering, deren Überwindung auf der Basis der Identifikation bei diesem Programm vermutlich eine große Rolle spielt?

Fitz-Gibbon nennt ihre Unterrichtsmethode „Learning-Tutoring Cycle" (LTC). Mit dieser Bezeichnung ist die Spirale oder der zirkuläre Prozeß angedeutet, der durch die Steigerung des Selbstkonzepts (vor allem auf der Motivationsebene) in Gang gesetzt wird: Das Erlebnis, Tutor zu sein, wird besonders von einem leistungsschwachen Schüler, der sich von Lehrern und Mitschülern abgelehnt fühlt, als Erfolg gewertet. Sein negatives Selbstbild erfährt durch diese Erfahrung eine Uminterpretation. Er wird zur Lehrerfunktion und zur Beschäftigung mit dem Stoff motiviert, hat damit weitere Erfolge auf der Sachebene und in der Arbeit mit seinem Schützling, wodurch er im günstigen Fall erneute Bestätigung durch seinen Lehrer erhält. Das ist die Umkehrung der negativen Spirale, die bei schlechten, motivationslosen Schülern so häufig wirkt.

In einem Tutorenexperiment an der Columbia Universität konnte bestätigt werden, daß der Tutor aus seiner Tätigkeit großen Gewinn zieht. High-School-Studenten belehrten als Tutoren Schüler des 4. und 5. Schuljahres. Die Schüler machten dabei Fortschritte im Lesen; die Fortschritte der Tutoren selbst waren aber bei weitem größer (vgl. Cloward 1977).

Wie zu erwarten, zeigte sich auch eine positive Beeinflussung der Tutoren, wenn diese eine Betreuung für Kinder mit emotionalen Problemen durchführten. In Campaign, Illionois, betreuten Teenager Kinder von 6 bis 10 Jahren. Die Fortschritte im persönlichen Wachstum der Tutoren, die die Autoren feststellten, führten diese darauf zurück, daß die Teenager die Möglichkeit hatten, eine wichtige soziale Rolle auszufüllen, indem sie die Notlage der Kinder milderten. Dadurch wurde der Wunsch der Jugendlichen nach Sinn und Einzigartigkeit erfüllt, und ihre persönliche Identität wurde gestützt. Ihre Tätigkeit als Begleiter („Pal") lag außerhalb der Einflußsphäre der Eltern, sie focussierten ihre Einstellung auf das Geben und hatten damit ein „objektives Interesse außerhalb des eigenen Selbst" (Perlmutter/Durham 1969, S. 265ff.). Damit wurden wichtige Schritte im Wachstum der emotionalen Reife eingeleitet.

Ein zweites Beispiel ist ähnlich gelagert. Auch hier fungieren Schüler als

Berater für Mitschüler. Diese sind jedoch – wie die Tutoren – zwischen 12 und 18 Jahren. Der „Peer Counselor" sollte beim Lösen persönlicher Probleme assistieren, soziale Kompetenzen vermitteln, über Arbeitsmöglichkeiten informieren, eine Brücke zur Erwachsenenwelt darstellen und als Impulsgeber für Veränderungen dienen in einer kalten und gleichgültigen Schulumwelt. Das Trainingsprogramm für die Tutoren und die Tutorentätigkeit repräsentierte eine bedeutsame Erfahrung für die Persönlichkeitsentwicklung der Berater. Die positiven Auswirkungen lagen häufig auf *unerwarteten* Gebieten. So z.B. zeigten einige Berater wieder Interesse an der Schule, das bereits verloren schien; ein Sohn erlernte Verständnis für seinen Vater, was zu einer Verbesserung der häuslichen Atmosphäre beitrug, oder eine Gruppe von peer counselors startete ein Programm, um die Schule menschlicher zu gestalten (vgl. Hamburg/Varenhorst 1972).

Die Autorin dieser Studie – Barbara B. Varenhorst – legte einen weiteren sehr detaillierten Bericht vor, in dem festgestellt wird, daß beratende Schüler (Schüler der 7. bis 12. Klasse, die ohne besondere Auslese – jedoch mit einem 18stündigen Trainingsprogramm – auf ihre Beraterfunktion vorbereitet wurden) in signifikanter Weise Lernfortschritte durch ihre Tutorentätigkeit machten. Die Fortschritte zeigten sich auf dem Gebiet der Gruppen- und Kommunikationsfähigkeit sowie auf dem Gebiet der Problemlösungs- und Beratungsfähigkeit. Die Schüler wurden durch ihre Supervisoren dreimal auf Rating-Skalen eingeschätzt, wobei sich zeigte, daß die größten Fortschritte in den genannten Dimensionen nicht durch den Trainingskurs, sondern durch die praktische Tätigkeit hervorgerufen wurden. Sie schreibt, daß das „Peer Counseling" eine eindrucksvolle Veränderung im Verhalten der Schülerberater bewirkt habe. Diese konnten anschließend ihre Probleme besser bewältigen, waren in ihrer Persönlichkeit gereift und profitierten in allen folgenden personalen Beziehungen davon. Auch Schülerkommentare bestätigen diese These. Ein Beispiel aus vielen: „It was the most important thing I did in four years of High School" (Varenhorst 1976, S. 541f.).

Patienten helfen Patienten

Auch im Bereich psychiatrischer Anstalten konnte die Helferrückwirkung für den Heilungsprozeß nutzbar gemacht werden, indem Patienten die Helferrolle für ihre Mitpatienten übernahmen (vgl. Needham et al. 1966). Im State Hospital von Wyoming wurden ab 1964 zunächst 40, dann über 200 der insgesamt 650 Insassen als „Patienten-Therapeuten" eingesetzt. Sie hatten die Aufgabe, schwergestörte, inaktive Mitpatienten zur Aufnahme sozialer Beziehungen anzuregen, wodurch ihre Gefühlswelt und ihre Verhaltensmöglichkeiten bereichert werden sollten. Ziele also, die sich nicht grundlegend von üblichen Therapien unterscheiden. Den so betreuten Patienten war es zunächst nicht möglich gewesen, an den vom Personal angebotenen Aktivitäten mit Gewinn teilzunehmen. Anders bei den Angeboten der Mitpatienten: Sie konnten motiviert werden, an Gemeinschaftsaktivitäten, wie Malen, Singen, Gesprächen, Handarbeiten, Spielen u.a. teilzunehmen. Jeder Patienten-Therapeut arbeitete während einer 5-Tage-Woche insgesamt 40 Stunden. Eine Stunde in der Woche fand eine Besprechung mit dem leitenden Klinikpersonal statt. Die Patienten-Therapeuten waren auch in der Lage, ein einfaches Programm zur operanten Konditionierung durchzuführen. Bei den Schwerstgestörten verteilten sie Belohnungsgutscheine, tokens, sobald sich eine Verbesserung im sozialen Verhalten andeutete.

Leider ist weder der Therapieerfolg bei den betreuten Patienten noch die Helferrückwirkung bei den Patienten-Therapeuten methodisch exakt beschrieben oder gemessen. Es wird von Fortschritten in beiden Gruppen berichtet. Von den Patienten-Therapeuten heißt es: „Viele von denen, die entlassen wurden, haben uns geschrieben, daß ihre Aktivität als Patienten-Therapeut ein wichtiger Teil ihrer eigenen Entwicklung war, besonders in bezug auf ihre Einstellungsveränderung" (Needham et al. 1966, S. 44f.).

Auch stark retardierte Jugendliche mit einem IQ von 48 bis 54 (in einem anderen Fall von IQ unter 20) konnten als Helfer („Tutoren") für ebenfalls behinderte Kinder unter 10 Jahren fungieren (vgl. Whalen/Henker 1969; Wagner/Sternlicht 1975). In diesem Zusammenhang sind auch die positiven Erfahrungen zu nennen, die mit ehemaligen Abhängigen im Drogen- und Alkoholismusbereich gemacht wurden. Diese waren nicht nur erfolgreiche Therapeuten für die Rehabilitation Abhängiger; auch ihre eigene Entwicklung wurde durch diese Tätigkeit nachhaltig gefördert und gefestigt (vgl. z.B. Kaufman 1976).

Die Helferrückwirkung bei alten Menschen

Forschungen über die ehrenamtliche Tätigkeit alter Menschen geben ebenfalls Hinweise auf die positive Rückwirkung für die Helfer. Diese Beobachtungen stehen in Übereinstimmung mit der Grundlagenforschung zu Prediktoren für Langlebigkeit und zu allgemeiner Lebenszufriedenheit im Alter. In der zweibändigen Längsschnittstudie über das Altern von E. Palmore (1970; 1974) wird festgestellt, daß es für ein langes Leben bedeutsam ist, auch im Alter „work-satisfaction" zu empfinden, daß man also eine zufriedenstellende und bedeutungsvolle soziale Rolle inne hat. Dieser Gesichtspunkt nimmt in der Rangreihe von Prediktoren den zweiten Platz nach cardiovasculären Erkrankungen ein. Auch die Ergebnisse der Bonner Längsschnittuntersuchung (Lehr/Schmitz-Scherzer) weisen in die gleiche Richtung. Die Autorinnen vergleichen die Merkmale von verstorbenen und überlebenden Personen einer Gruppe von ursprünglich 222 Männern und Frauen. Neben anderen diskriminierenden Daten zeigten sich „bezüglich des Gefühls, gebraucht zu werden, signifikante Unterschiede. Überlebende fühlten sich in einem weit stärkeren Maße von anderen Menschen gebraucht ..." (Lehr/Schmitz-Scherzer 1976, zit. n. Lehr 1979, S. 318).

Die Umfrageergebnisse von Chr. Schachtner (erhoben 1985) deuten in die gleiche Richtung. „Der Wunsch, auch im Alter Sinnvolles zu tun, und d.h., etwas zu tun, was auch *für andere* einen Sinn hat, ist bei vielen Menschen unüberhörbar. Dieser Wunsch geht nicht auf in Hobbybeschäftigung ..." (Schachtner 1987, S. 387ff.).

Viele auf Unterhaltung, Geselligkeit oder auch Kreativität abzielenden Angebote für alte Menschen gehen an diesem zentralen Bedürfnis vorbei. Die Aktivität oder der Sozialkontakt allein sind nicht die entscheidenden Dimensionen, sondern die Überzeugung, in ein Sozialsystem eingebunden zu sein und darin etwas Sinnvolles leisten zu können; nützlich zu sein, um einen gemiedenen Ausdruck zu gebrauchen.

In der Gerontologie wurde diese besondere Form des Engagements unter dem Stichwort 'Partizipation' untersucht. Es ließ sich feststellen, daß eine auf andere gerichtete Aktivität das Selbstvertrauen, die Lebenszufriedenheit und die psychophysische Gesundheit fördert (vgl. Ward 1979; Haditono 1986). Wenn man die englischen Termini dieser Forschungsrichtung benutzt (survivors/nonsurvivors), klingt an, welche existentielle Kategorie hier gemeint ist. Das auf andere Menschen bezogene Engagement entscheidet mit über das Überleben (survival) des Helfers. Die Vorstellung, überflüssig zu sein, trifft – gerade im Alter – den Lebensmut empfindlich. Ein Rentner sagte von sich, nachdem er festgestellt hatte, daß er trotz aller möglichen „Beschäftigungen" im Grunde überflüssig sei, daß er in „so'n richtig tiefes schwarzes Loch gefallen" sei[2].

Nur in Ansätzen gelingt es der Altenarbeit, die in guter Sozialarbeitstradition meist „Angebote macht" oder „Anregungen gibt", das Können und Wissen alter Menschen anzusprechen, um es für andere (hilfsbedürftige) Menschen nutzbar zu machen. Ein Beispiel ist das Berliner Programm „Erfahrungswissen älterer Menschen", ein Verband mehrerer einzelner Initiativen. Nur im Kontext realer Lebensbezüge kann Hilfe geleistet werden, nur ernsthaftes Engagement entfaltet die Helferrückwirkung.

Sozialpolitische Überlegungen

Die positiven Persönlichkeitsveränderungen des Helfers werden bisweilen als so segensreich beschrieben, daß man versucht ist, soziales Engagement allein deshalb zu propagieren, weil der Anbieter der Hilfe daraus für sich Vorteile ziehen kann. Welche sozialpolitischen Folgerungen für die Gewinnung von ehrenamtlichen Kräften lassen sich also ziehen? – Keine! Würde

2 Broschüre des „Werkhaus Anti-Rost", Berlin 1987 (Rathausstr. 28).

man nämlich den Nutzen für den Helfer in den Mittelpunkt einer Werbekampagne stellen, so würde durch diese Intention vermutlich verhindert, daß die erhoffte Wirkung eintritt. Die Helferrückwirkung gehört zu den Phänomenen, die – wie Jon Elster es formuliert – als „Zustände, die wesentlich Nebenprodukt" sind, angesehen werden müssen (Elster 1987, S. 141ff.). Diese psychischen (oder gesellschaftlichen) Zustände haben danach die Eigenschaft, daß sie *nur* als Nebenprodukt (byproduct) zu Handlungen entstehen können, die zu anderen Zwecken unternommen werden; sie können nicht absichtlich hervorgebracht werden, weil der „bloße Versuch dazu den angestrebten Zustand ausschließt" (ebd., S. 141)[3]. Elster nennt als Beispiele die „Anstrengungen" zum Einschlafen, zur Spontaneität oder zum Vergessen: Die Bemühungen darum sind der beste Garant, daß das Ziel verfehlt wird. Ebenso können die komplexen Persönlichkeitsveränderungen, die nicht zuletzt durch die altruistische Zuwendung zu einer anderen Person zustandekommen, kaum durch den selbstbezogenen Entschluß erreicht werden, durch das „soziale Engagement" sich selbst zu fördern. So müßten wohl Hilfe *und* Helferrückwirkung scheitern.

Durch das Erlebnis des persönlichen Wachstums kann die ursprüngliche Motivation des Helfers durchaus verstärkt werden. In diesem Sinne äußert sich Elster in bezug auf Künstler oder Wissenschaftler: „Selbst wenn z.B. das Gefühl der Befriedigung und Selbstverwirklichung wesentlich Nebenprodukt ist und darum kein Handlungsmotiv sein kann, könnte es doch die Motivation verstärken, die Tätigkeit zu unternehmen, deren Nebenprodukte diese Gefühle sind" (Elster 1987, S. 208). Als primäre Ziele können dagegen die inhaltliche Orientierung an einer Aufgabe oder die Annahme einer sozialen oder persönlichen Herausforderung gelten. Entgegen diesen Überlegungen wird bisweilen in neueren Schriften zum Ehrenamt, die in der Nähe von programmatischen Aufrufen stehen, die Nützlichkeit für die Helfer herausgekehrt: Es sei die Chance, neue Fähigkeiten zu erlangen, die eigenen Probleme würden relativiert oder man könne ein Stück Autonomie gewinnen. Das ist eine zweischneidige Sache. Es handelt sich um ein ähnliches Problem, wie bei der Frage, ob man durch gute Werke die Seligkeit erlangen könne, wenn man sie mit dieser Absicht unternimmt. Bekanntlich ist diese Frage unterschiedlich beantwortet worden. Wenn ich es recht sehe, hat Luther den Zusammenhang am ehesten in einer Weise gefaßt, in dem die Gnade als „byproduct" verstanden wird, während die römisch-katholische Lehre und der Calvinismus eher Kausalitäten annehmen (wenn auch in unterschiedlichem Sinne). Ähnlich wie die Vorstellung, daß das Almosen zum Seelenheil des Gebers beitrüge, letztlich zu der Konsequenz führte,

3 Die Charakterisierung des „byproduct" bei Elster unterscheidet sich von der im deutschen Sprachraum verwendeten „Nebenwirkung"; vgl. z.B. E. Spranger: Das Gesetz der ungewollten Nebenwirkungen in der Erziehung. 2. Aufl., Heidelberg 1965 – hier fehlt das Bedingungselement, daß es sich um Zustände handelt, die intentional nicht erreicht werden können.

daß die Armut für die Almosengeber ein nutzbringender Zustand sei, besteht die Gefahr, psychisches Elend zu instrumentalisieren. Die Helferrückwirkung empirisch bzw. „wissenschaftlich" festzustellen, mag noch im Stande relativer Unschuld geschehen, sie zu propagieren bedeutet, in die Falle zu gehen, die in diesem Konstrukt enthalten ist.

Aber die Versuchung, daß das Nebenprodukt von Politikern ins Zentrum gerückt wird, ist groß. Besonders dann, wenn „eigentlich" eine Überlegung dahinter steht, von der jeder, der über das sogenannte politische Fingerspitzengefühl verfügt, weiß, daß sie unausgesprochen bleiben *muß:* Freiwillige Helfer im sozialen Bereich sparen öffentliche Mittel. Diese schlichte und richtige Tatsache auszusprechen heißt, ein in doppelter Hinsicht sinnvolles Konzept (Laienhilfe ist für den Hilfsempfänger und für den Helfer förderlich) einem riskanten öffentlichen Prozeß auszusetzen. Sobald das Ehrenamt erst einmal unter dem Begriff „Sparpolitik" subsumiert ist, muß damit gerechnet werden, daß die Idee insgesamt diskreditiert wird.

Erklärungsansätze zur Helferrückwirkung

Frank Riessman, dem wir den entscheidenden Hinweis auf die Helferrückwirkung verdanken, unternahm auch den Versuch, eine psychologische Erklärung für dieses Phänomen zu geben (Riessman 1965) und stellte es zusammen mit Alan Gartner 1977 in überarbeiteter Fassung vor (Gartner/ Riessman 1977). Danach sind es folgende Faktoren, die den Effekt bewirken: die Selbstüberzeugung (self-persuasion), die Helferrolle und die Veränderung des Selbstbildes. Mit der Selbstüberzeugung ist die Tatsache gemeint, daß die Einstellung des Helfers durch den Interaktionsprozeß, in welchem er einen anderen beeinflußt, ebenfalls in diese Richtung verändert oder verstärkt wird. Man verpflichtet sich am ehesten einer Position, indem man sie als Advokat vertritt. Dieser intrapsychische Prozeß konnte auch empirisch nachgewiesen werden: Studenten, die versuchten, andere von einer bestimmten Auffassung zu überzeugen, neigten selbst dieser Meinung mehr zu, als diejenigen, die entsprechende Argumente nur gelesen hatten (vgl. King/Janis 1956).

Den zweiten Erklärungsaspekt sieht Riessman im Zusammenhang mit dem Rollenkonzept. Es besteht die Tendenz, die Erwartungen und Anforderungen, die mit einer übernommenen Rolle verbunden sind, zu erfüllen. Personen, die die Helferrolle akzeptieren, entwickeln demnach tendenziell die Fähigkeiten, Haltungen und mentalen Strukturen, die für die Bewältigung der Aufgabe notwendig sind. Mit der Übernahme der Helferrolle wird ein sozial anerkannter Status erlangt, der Auswirkungen auf das Selbstbild hat. Der erwähnte Learning-Tutoring Cycle ist ein eindrucksvoller Spezialfall dieses Prinzips. Das Selbstkonzept wird jedoch nicht nur über die soziale Anerkennung positiv beeinflußt, sondern auch durch die unmittelbare Befriedigung, die aus dem Erlebnis entspringt, einem anderen Menschen geholfen zu haben. Es handelt sich hier – verhaltenstheoretisch gesprochen – um eine „Belohnung", die den Helfer anregt, weiterzuarbeiten und zu einer generalisierten positiven Veränderung des Selbstbildes führt. Riessman bringt es auf die kurze Formel „I must be well if I help others" (Riessman 1965).

Die Forschergruppe um Jules Holzberg (Connecticut Valley Hospital) stellt ebenfalls Überlegungen an, auf welche Weise die von ihr beobachteten Persönlichkeitsveränderungen der Studenten, die psychiatrischen Patienten halfen, erklärt werden können. Die Autoren sprechen von vier theoretischen Spekulationen (vgl. Holzberg et al. 1966).

1. Eine erhöhte Einschätzung der eigenen Kompetenz.
   Es zeigte sich, daß die Studenten im Jahr des sogenannten companionship eine Vielzahl von Ängsten erfolgreich überwanden. Die Ängste bezogen sich auf die Klinik bzw. die immer noch existierenden Vorstellungen vom „Irrenhaus". Andere Ängste verbanden sich mit der Befürchtung, die Patienten könnten sexuelle oder aggressive Verhaltensweisen zeigen, mit denen die Studenten nicht zurecht kämen. Einige Studenten befürchteten auch, daß ihr eigenes Verhalten die Patienten negativ beeinflussen könnte. Ferner existierten – weniger explizit, aber bei einigen Studenten wohl auch vorhanden – Ängste in bezug auf die eigene psychische Gesundheit. Daß diese Ängste überwunden werden konnten, trug nach Ansicht der Autoren zur Steigerung des Kompetenzgefühls bei, verleitete aber auch zu übersteigerten Vorstellungen bezüglich der eigenen Einflußmöglichkeiten. Erst als auch die Frustrationen über das Ausbleiben der unrealistisch hohen Erfolgserwartungen überwunden waren und als reduzierte, adäquate Ziele formuliert werden konnten, erlangten die Studenten eine stabile positive Einschätzung ihrer Kompetenz.

2. Die Entwicklung eines erweiterten Systems von Persönlichkeitskonstrukten.
   Die Studenten begannen das companionship-Jahr mit einer verengten Vorstellung über die Persönlichkeiten der Patienten. Im Laufe der Arbeit und der Beziehung stellten sich jedoch Ereignisse ein, die diese Sichtweise in Frage stellten. Das rigide Konstrukt zeigt seine Unzulänglichkeiten, als so „unmögliche" Dinge passierten, wie etwa die Tatsache, daß ein Außenseiter ein Freund oder ein Patient ein Mitmensch mit ganz persönlichen Zügen wurde.

3. Klärung der Selbstdefinition.
   Die Studenten mußten feststellen, daß der übliche Kommunikationsstil, den sie beispielsweise mit ihren Kommilitonen pflegten, hier unangebracht war. Was sie bislang fraglos als „natürlich" empfunden hatten, das Schäkern, Flirten oder forsche Auftreten, erwies sich als kei-

neswegs natürlich, wenn die Patienten darauf mit Bestürzung, Konfusion oder Verletztsein reagierten. Indem die Maske bzw. Inszenierung des sozialen Umgangs als solche erkannt wurden, tauchte das Problem der Identität und Selbstdefinition in neuer, veränderter Form auf. Die Bewältigung dieser Krise könne nach Ansicht der Autoren zu einem angemesseneren Selbst führen – zumindest zu einer authentischeren Haltung als die, die man gegenüber den sonstigen Bekannten einnimmt.

4. Emotionale Katharsis.
   Die von den Studenten berichteten Erlebnisse veranlassen die Autoren, eine Parallele zur aristotelischen Theorie der Tragödie, wie er sie in der „Poetik" entwickelt hat, zu ziehen. Die Schilderungen der Studenten zeugten von starker emotionaler Anteilnahme am Schicksal – der Tragödie – der Patienten: ihrer familiären Verstrickungen und der Verschwendung ihres menschlichen Potentials. Wie ein Student von diesem Erleben innerlich berührt war, wird deutlich, wenn man hört: „Er ist die einsamste Person, die ich kenne. ... Ich verglich mich mit ihm, und es war ein Vergleich, der mir das Herz brechen konnte" (Holzberg et al. 1966, S. 403). Es scheint keineswegs abwegig, wenn die Autoren hier einen Verweis auf die „Poetik" von Aristoteles anschließen. Die kathartische Wirkung der antiken Tragödie beruht auf „Jammer" (Eleos) und „Schaudern" (Phobos), oder – wie Lessing übersetzte – auf „Mitleid und Furcht". Nach Aristoteles setzt die kathartische Wirkung, d.h. die Reinigung ein, wenn dem Zuschauer ein Schicksal vor Augen geführt wird, in dem einem Helden (unverdientermaßen) ein schweres Übel zugefügt wird, wobei der Rückbezug auf den anteilnehmenden Zuschauer möglich sein muß. Der Held darf daher weder eine böse, noch eine lächerliche, noch eine „makellose" Figur sein (vgl. Aristoteles, Poetik, Kap. 13). Die Tragik drückt sich in der Folgerichtigkeit des Unheils aus, das sich aus einem Fehler des Helden ergibt. Durch diese inhaltliche Bestimmung sind die Distanzierungsmöglichkeiten des Zuschauers eingeschränkt, er identifiziert sich mit dem Helden und erlebt so „eine Reinigung von derartigen Erregungszuständen" (ebd., Kap. 6).

Alle zitierten Nachweise für eine positive Helferrückwirkung beziehen sich auf nicht berufliches Helfen. Für professionelle Helfer liegen meines Wissens keine entsprechenden Befunde vor. Wohl ist das eingangs erwähnte burn out Syndrom in bezug auf verschiedene Gruppen helfender Berufe untersucht worden (Pines et al. 1987). Für die psychische Auswirkung auf den Helfer scheint es von entscheidender Bedeutung zu sein, ob er seine Hilfe einem einzelnen Hilfsbedürftigen – oder wenigen – zukommen läßt, oder ob er im Rahmen seiner Berufstätigkeit Tag für Tag und Jahr für Jahr Hilfe im hier beschriebenen Sinne, d.h. intensive persönliche Zuwendung, zu geben hat. Damit sich die positive Helferrückwirkung entfalten kann, scheint es notwendig zu sein, daß die Hilfe gezielt auf bestimmte Personen und in einem zeitlich begrenzten Rahmen erbracht wird.

Literatur

Aristoteles, Poetik (z.B. Reclam 7828). Stuttgart 1982.

Cloward, R., 1966: Studies in tutoring. Research Center, Columbia University, School of Social Work.

Cowen, E.L., M. Zax und *J.D. Laird*, 1966: A College Student Volunteer Program in the Elementary School Setting, in: Community Mental Health Journal, 2, 4, S. 319-328.

Elster, J., 1987: Subversion der Rationalität. Frankfurt a.M.

Fitz-Gibbon, C.T., 1975: The Role Change Intervention: An Experiment in Cross-age Tutoring. Diss. Univ. of California, Los Angeles.

– 1977: CSE-Report on Tutoring 0-5. University of California, Los Angeles, Center for the Study of Evaluation.

Gartner, A., M.C. Kohler, F. Riessman, 1971: Children Teach Children: Learning by Teaching, New York.

– und *F. Riessman*, 1977: Self-help in the Human Services. San Francisco/Washington/London.

Grosser, C., W.E. Henry und *F.G. Kelly*, 1971: Nonprofessionals in the Human Services. San Francisco/Washington/London, S. 98-117.

Gruver, G.G., 1971: College Students as Therapeutic Agents, in: Psychological Bulletin, 76, 2, S. 111ff.

Guerney, B.G. jr. (Hrsg.), 1969: Psychotherapeutic Agents. New Roles for Nonprofessionals, Parents, and Teachers. New York/Chicago.

Haditono, S.R., 1986: Zur Beziehung zwischen Aktivitätsausmaß und Zufriedenheit im Alter, in: Zeitschrift für Gerontologie, 19, S. 101-104.

Hamburg, B.A., und *B.B. Varenhorst*, 1972: Peer Counseling in the Secondary Schools: A Community Mental Health Project for Youth, in: American Journal of Orthopsychiatry, 42 (4), S. 566ff.

Hersch, P.D., J.A. Kulik und *K.E. Scheibe*, 1969: Personal Characteristics of College Volunteers in Mental Hospitals, in: Journal of Consulting and Clinical Psychology, 33, S. 30-34.

Holzberg, J.D., H. Gewirtz und *E. Ebner*, 1964: Changes in Moral Judgement and Self-acceptance in College Students as a Function of Companionship with Hospitalized Mental Patients, in: Journal of Consulting Psychology, 28, Nr. 4, S. 299-303.

– und *R.H. Knapp*, 1965: The Social Interaction of College Students and Chronically Ill Mental Patients, in: American Journal of Orthopsychiatry, 35, S. 487-492.

–, *R.H. Knapp* und *J.L. Turner*, 1966: Companionship with the Mentally Ill: Effects on the Personalities of College Student Volunteers, in: Psychiatry, 29 (4), S. 395-405.

–, *H.S. Whiting* und *D.G. Lowy*, 1964: Chronic Patients and a College Companion Program, in: Mental Hospitals, 15, Nr. 3, S. 152-158.

Kaufman, E., 1976: The Use of Ex-addicts and Other Paraprofessionals as Mental Health Workers in Prison, in: Diseases of the Nervous System, 37 (1), S. 679-682.

King, B.T., und *J.L. Janis*, 1956: Comparison of the Effectiveness of Improvised Versus Nonimprovised Role Playing in Producing Opinion Changes, in: Human Relations, 1, S. 177-186.

Knapp, J.I., und *J.D. Holzberg*, 1964: Characteristics of College Students Volunteering for Service to Mental Patients, in: Journal of Consulting and Clinical Psychology, 28, S. 82ff.

Kreitzer, S.F., 1969: College students in a Behavior Therapy Program With Hospitalized Emotionally Disturbed Children, in: *B.G. Guerney jr.*, a.a.O.

Lehr, U., 1979: Psychologie des Alterns. 4. Aufl., Heidelberg.

–, und *R. Schmitz-Scherzer*, 1976: Survivors and Nonsurvivors – Two Fundamental Patterns of Aging, in: *H. Thomae* (Hrsg.), Patterns of Aging. Basel, S. 237-146.

Maslach, C., 1985: Das Problem des „Ausbrennens" bei professionellen Helfern, in: *E. Wacker* et al. (Hrsg.), Geistige Behinderung und soziales Leben. Frankfurt a.M./New York.

McVeigh, J.S., W.S. Davidson und *R. Redner*, 1984: The Long-term Impact of Nonprofessional Service Experience on College Students, in: American Journal of Community Psychology, S. 725-729.

Needham, W.E., H. White und *B.J. Fitzgerald*, 1966: A Patient-Therapist Program, in: Hospital and Community Psychiatry, 17 (3), S. 44-45.

Palmore, E., 1970 und 1974: Normal Aging. Durham, N.C., 2 Bde.

Perlmutter, F., und *D. Durham*, 1969: Using Teen-agers to Supplement Casework Services, in: *B.G. Guerney jr.* (Hrsg.), a.a.O., S. 265ff.

Petersen, P., 1927: Der Kleine Jena-Plan. 54. Aufl. 1974. Weinheim/Basel.

Pines, A.M. et al., 1987: Ausgebrannt. 3. Aufl., Stuttgart.

Riessman, F., 1965: The „Helper-therapy" Principle, in: Social Work, 10, S. 30f.

Schachtner, C., 1987: Wie sich alte Menschen ihr Leben wünschen. Ergebnisse einer Umfrage, in: Die ergraute Gesellschaft, hrsg. vom Deutschen Zentrum für Altersfragen, Bd. 71. Berlin, S. 387-404

Stollak, G.E., 1969: The Experimental Effects of Training College Students as Play Therapists, in: *B.G. Guerney jr.* (Hrsg.), a.a.O., S. 510ff.

Umbarger, C.C., J.S. Dalsimer und *A.P. Morrison*, 1962: College Students in a Mental Hospital. New York.

Varenhorst, B.B., 1976: Peer Counseling, in: *J.D. Krumboltz* und *C.E. Thorensen*, Counseling Methods. New York, S. 541.

Wagner, P., und *M. Sternlicht*, 1975: Retarded Persons as Teachers: Retarded Adolescents Tutoring Retarded Children, in: American Journal of Mental Deficiency, 79 (6), S. 674-679.

Ward, R.L., 1979: The Meaning of Voluntary Association Participation to Older People, in: Journal of Gerontology, 34, S. 438-445.

Whalen, C.K., und *A.B. Henker*, A.B., 1969: Creating Therapeutic Pyramids Using Mentally Retarded Patients. In: American Journal of Mental Deficiency, 74, S. 331-337.

Wrenn, R., und *R. Mencke*, 1972: Students Who Counsel Students, in: Personel and Guidance Journal, 50, S. 687-691.

Richard Pieper

Selbstorganisation in der Nachbarschaft. Ein Modellprojekt zur Institutionalisierung von Eigenarbeit

Die Kommunen geraten zunehmend unter Handlungsdruck. Das gilt für das Problem der Arbeitslosigkeit und der steigenden Kosten für Sozialhilfe ebenso wie für wohnungs- und umweltpolitische Probleme. Entsprechend wächst die Bereitschaft zu sozialpolitischen Experimenten und Programmen, auch wenn bisher von einer systematischen Anstrengung zur Bewältigung der Probleme nicht gesprochen werden kann. Ein Beispiel dafür ist die Einrichtung eines „Zweiten Arbeitsmarkts" in einer Reihe von Kommunen und der Versuch, in diesem Rahmen neue Problemlösungen zu erproben. Das Projekt „Self-Reliance: Selbstorganisation in der Nachbarschaft" des Wissenschaftszentrum München e.V. (WZM) im „Zweiten Arbeitsmarkt" der Stadt München versteht sich als ein Modellvorhaben mit dem Ziel, die verschütteten Potentiale städtischer Wohnsiedlungen zu wecken und die Selbstorganisation auf der Ebene des alltäglichen Zusammenlebens zu entwickeln. Aus den Erfahrungen des Projekts sollen Empfehlungen für die Kommunen gewonnen werden, wie Nachbarschaftsinitiativen auf Dauer gestellt und gefördert werden können.

Ein Ausgangspunkt ist die Einsicht, daß die Aufsplitterung der sozialen Beziehungen in ein Nebeneinander von Individuen, Familien und privaten Haushalten die Anpassung an zukünftige Formen gesellschaftlicher Arbeitsteilung zwischen informeller und formeller Ökonomie, zwischen Eigenarbeit und Erwerbstätigkeit, behindert. Insoweit Individuum, Familie und Haushalt wichtige Institutionen der gesellschaftlichen Arbeitsteilung sind, geht es (auch) um ein institutionelles Defizit.

Die praxis- und forschungsleitende These ist, daß der Nachbarschaft als subsidiärer, multifunktionaler Einheit sozialer Organisation in Zukunft eine größere Bedeutung zuwächst, daß sie die entsprechenden Aufgaben aber nur über eine weitgehende Institutionalisierung und im Kontext einer neuen „kommunalen Sozialstaatlichkeit" erfüllen kann. Die Arbeit in der Praxis hat mit der Einrichtung eines Nachbarschaftsbüros und einer kleinen Gemeinschaftswerkstatt sowie verschiedenen Initiativen gerade erst begonnen. Deshalb kann noch kein Erfahrungsbericht vorgelegt, sondern nur der

„institutionelle Ansatz" des Modellvorhabens beschrieben und begründet werden.

1. Die Zukunft der Nachbarschaft

Die Tendenzen zur Individualisierung in der modernen Industriegesellschaft haben einen Strukturwandel von Verwandtschaft, Nachbarschaft und Freundschaft herbeigeführt, der die Tragfähigkeit dieser sozialen Netzwerke beeinträchtigt. Zur empirischen Stützung dieses Sachverhalts wird auf das Ansteigen der Häufigkeit von Einpersonenhaushalten, auf sinkende Kinderzahlen, hohe Scheidungsquoten, abnehmende Eheschließungen und steigende Anteile alleinerziehender Mütter oder Väter hingewiesen. Zusätzlich zehrt eine hohe räumliche Mobilität an der Tragfähigkeit sozialer Beziehungen (vgl. Offe/Heinze 1986; Grimm 1985).

Diese Trends sind belegt, ihre Interpretation ist allerdings Gegenstand von Diskussionen. In der Familiensoziologie wird zwar von einem tiefgreifenden Strukturwandel gesprochen, aber letztlich bleibt die Familie als orientierendes Handlungsmuster im Lebensverlauf offenbar in Kraft (Mühlfeld 1986; Rosenmayr 1986; Pieper 1988). Die Ausdünnung der Familien- und Verwandtschaftsbindungen geht einher mit einer Öffnung gegenüber freundschaftlichen und nachbarlichen Beziehungen. Tatsächlich erweist sich in der stadtsoziologischen ebenso wie in der sozialpolitischen Forschung, daß die Zahl der informellen Beziehungen und Unterstützungssysteme jedenfalls größer ist, als es daß Selbstverständnis unserer modernen Gesellschaft erwarten läßt (Diewald 1986; Fauser 1982; Grunow 1982; Strohmeier 1983; Wendt 1986). Offenkundig ist allerdings auch, daß soziale Aufgaben, wie die Bewältigung der Arbeitslosigkeit oder die Pflege einer wachsenden Zahl alter Menschen von diesen sozialen Netzwerken nicht bzw. nicht ohne unvertretbare Belastungen übernommen werden können.

Die Nachbarschaft wird allerdings nur in dem Maße an Bedeutung gewinnen, wie ein objektiver Bedarf an sozialen Beziehungen auf dieser Ebene der Sozialorganisation entsteht und für die Selbstorganisation von Aktivitäten bestimmte Rahmenbedingungen gegeben sind. Nachbarschaftliche Beziehungen beruhen nicht auf der räumlichen Nähe, auch wenn Nähe eine Voraussetzung für soziale Kontakte ist. Wie andere *persönliche* Beziehungen auch, leben sie von dem spontanen Bemühen der (meisten) Individuen um positive soziale Beziehungen zur Befriedigung sozialer Bedürfnisse (Zuwendung, Anerkennung) und um die Aufrechterhaltung einer Ordnung und Stabilität des sozialen Kontextes insgesamt, um Verhaltenssicherheit zu gewährleisten bzw. Angst zu vermeiden. Der erste Aspekt liefert das Medium für die Interaktionen: das Vertrauen, den Vertrauensvorschuß oder den „guten Willen" zur wechselseitigen Kooperation. Der zweite Aspekt impliziert eine funktionale Struktur von Anlässen oder Gelegenheiten zu

Interaktionen, in denen sich die sozialen Beziehungen bewähren und stabilisieren – oder auch an Konflikten scheitern – können (vgl. Luhmann 1973; Pieper (im Erscheinen)).

Die begrenzte Reichweite persönlicher Interaktionen in der Durchdringung sozialer Systeme legt dabei eine – wenn auch unscharfe – Größenordnung für Nachbarschaften fest. Die untere Grenze ergibt sich mit der Beziehung zwischen einzelnen Haushalten, wobei dies nicht nur eine Frage der Definition von Nachbarschaft ist. Vielmehr ist zu berücksichtigen, daß auf der Ebene engerer persönlicher Beziehungen zwischen Individuen und innerhalb von Familien, Haushalten und (seltener) Hausgemeinschaften eine Privatsphäre errichtet und gegen eine halböffentliche Nachbarschaft abgegrenzt wird. Nachbarschaften können sicherlich nur in dem Maße an Bedeutung gewinnen, wie sie – gegenüber dem Leit- oder Zerrbild traditionaler Dorfidylle – diese Privatsphäre respektieren. Nach oben hin wird eine Zahl von 2-3.000 Haushalten nicht wesentlich überschritten werden können, ohne daß die Koordination von gemeinschaftsorientierten Handlungen über formalisierte und bürokratisierte Verfahren geregelt werden muß. Diese Grenze in der Maßstäblichkeit „solidarischer" Selbstorganisation läßt sich aus einer Reihe von Untersuchungen über kleine Sozialsysteme und freiwillige Vereinigungen ablesen (Hettlage 1979; Horch 1983; Richter 1985; Novy et al. 1985; Pieper [im Erscheinen]).

Wie empirische Untersuchungen belegen, hat der nachbarliche Kontext besonders im städtischen Raum seine Funktionalität für viele Bewohner verloren, während das Bemühen um „gut nachbarliche Beziehungen" weiterhin festzustellen ist (Jessen et al. 1986; Diewald 1986). Eine Stärkung nachbarlicher Beziehungen ist deshalb nur zu erwarten, wenn sich die Rahmenbedingungen in Richtung auf eine Ausweitung ihrer *Funktionen* ändern. Eine Reihe von Trends könnten in diese Richtung wirken:

1. *Arbeitsmarktpolitik:* Der gesellschaftliche Strukturwandel führt zu steigender Arbeitslosigkeit, einem Wachstum der informellen Ökonomie und einer neuen Arbeitsteilung zwischen formeller („Markt", „Staat") und informeller Ökonomie (Schattenwirtschaft, Eigenarbeit, Gemeinwirtschaft). Eine wesentliche Ursache sind Produktivitätssteigerungen aufgrund von Rationalisierungsstrategien und neuen Technologien, die Arbeit im sogenannten ersten Arbeitsmarkt knapp werden lassen (vgl. Gretschmann et al. 1984; Ollmann et al. 1985; Schäfer 1984; Siebel 1986).

Nicht nur wächst mit der Arbeitslosigkeit der Bedarf an Eigenarbeit zur Subsistenzsicherung, das Bedürfnis nach „sinnvoller Betätigung" steigt allgemein und die Qualität der Eigenarbeit verändert sich. Die gute Ausstattung vieler Haushalte mit Werkzeuggeräten erhöht das produktive Potential (vgl. Joerges 1983) und ist vermutlich ebensooft Anlaß zu nachbarlichen Kontakten (zumal es sich hier häufig um Prestigeobjekte handelt), wie sie die Tendenz zur Selbstgenügsamkeit fördert. Eine Verkürzung und Flexibilisierung der Arbeitszeit und eine stärkere Dezentralisierung von Arbeitsplätzen mit Hilfe von Computern lassen zudem die Präsenz wertvoller Arbeitskraft in der Nachbarschaft zunehmen. Außerdem beobachten wir einen allgemeinen Wertwandel, in dem sich eine Orientierung von der Arbeitswelt auf Familie und Freizeit hin vollzieht, die ebenfalls nachbarliche Kontakte begünstigen wird (vgl. Dierkes/Strümpel 1985). Denn der individuelle Kleinhaushalt ist für Eigenarbeit keine günstige Einheit, weil er für viele Aufgaben zu wenig Personal, Qualifikationen und Einrichtungen zur Verfügung hat (vgl. Offe/Heinze 1986).

Schließlich ist auch der generelle Effekt einer Dezentralisierung und Kommunalisierung der Arbeitsmarktpolitik und ihre Koppelung mit der Sozialpolitik nicht zu unterschätzen (Blanke et al. 1986). Die Bestimmungen des Arbeitsförderungsgesetzes (AFG), die eine Konkurrenz für den ersten Arbeitsmarkt durch ABM verhindern sollen, drängen die Kommunen dazu, die Organisation von Eigenarbeit insbesondere im sozialen Bereich zu unterstützen, da sie leichter als „zusätzlich" im Sinne des Gesetzes zu begründen ist. Auch hier ergeben sich Chancen für Nachbarschaftshilfen.

2. *Sozialpolitik:* Das System der sozialen Sicherung stößt aufgrund von Kostensteigerungen, Verrechtlichung und Bürokratisierung, Professionalisierung, Technisierung und der Spezialisierung in zentralen Einrichtungen auf Grenzen der Effektivität (Badura/von Ferber 1981). Das gilt insbesondere im Bereich personenbezogener und auf persönlichen Kontakt angewiesener Dienstleistungen. So beansprucht das Problem der Pflegebedürftigkeit alter Menschen inzwischen mehr als ein Drittel der Ausgaben für Sozialhilfe und hat zu einer Reorientierung auf das Subsidiaritätsprinzip und auf verwandtschaftliche und nachbarliche Unterstützungssysteme geführt. Eine kostengünstigere und bedürfnisgerechtere Versorgung über ambulante Dienste wird angestrebt, ebenso eine Dezentralisierung und Koordination von Sozialleistungen über die flächendeckende Einrichtung von Sozialstationen (Grunow/Hegner 1981). Außerdem orientiert sich Sozialpolitik zunehmend am Problem der Prävention, d.h. die physische und soziale Umwelt – Wohnverhältnisse und soziale Netzwerke – werden in sozialpolitische Maßnahmen einbezogen. Subsidiarität, Dezentralisierung und Prävention als Schwerpunkte einer sozialökologischen Sozialpolitik (vgl. Mühlum et al. 1986) begünstigen aber die Entstehung von Nachbarschaftshilfen und neue Formen der Kooperation zwischen Kommunen und Bürgerinitiativen in der Sozialplanung (vgl. Klages et al. 1987).

3. *Wohnungspolitik:* Steigende Grundstücks-, Bau-, Reparatur- und Mietkosten begünstigen Selbsthilfe-Initiativen inzwischen nicht nur auf dem Lande, sondern auch in der Stadt. Eine Reihe von Kommunen haben Mietermodernisierungsprogramme beschlossen, die – wie z.B. in München – die Modernisierung durch Hausgemeinschaften besonders fördern. In den unattraktiven Großsiedlungen der 60er und frühen 70er Jahre entsteht zudem

ein Bedarf an Nachbesserungen, auf den die Wohnungsbaugesellschaften u.a. mit der Nachrüstung von Gemeinschaftseinrichtungen und der Unterstützung von Mieterinitiativen und -selbstverwaltung reagieren (Hamacher 1985; SRL 1986). Zudem steigen mit der Orientierung auf Familie und Freizeit auch die Ansprüche an die Wohnung und das Wohnumfeld. Eine Vielzahl von Initiativen zur gemeinsamen Gestaltung (z.B. Kinderspielplätze, Hinterhofbegrünung) ist die Folge und fördert eine nachbarschaftliche Orientierung.

4. *Umweltpolitik:* Umweltbewußtsein äußert sich zunächst als *Wohn*umweltbewußtsein, zumindest soweit es zu konkreten Aktionen führt. Entsprechend beobachten wir einen engen Zusammenhang von umwelt- und wohnungspolitischen Problemen und Aktivitäten, dem die Stadtplanung inzwischen mit dem Leitbild einer „ökologischen Stadterneuerung“ gerecht zu werden versucht (vgl. Hahn 1982). Hintergrund ist u.a. die Tatsache, daß viele Probleme im Umweltschutz unmittelbar im Handlungsfeld der Individuen und Haushalte in ihrer Rolle als Verbraucher auftreten und Problemlösungen „vor Ort“ verlangen (Joerges 1982).

Das gilt etwa für die Abfallvermeidung und -beseitigung, die zunehmend auf verbrauchernahe Verfahren und Einrichtungen wie getrennte Mülltonnen, Kompostierung im eigenen Garten und Sammelstellen in der Nachbarschaft setzt (vgl. Koch/Seeberger 1984). Außerdem ist eine wirksame Umweltpolitik auf Investitionen der einzelnen Hausbesitzer und Mieter in energie- und rohstoffsparende Maßnahmen (z.B. Wärmedämmung, Heizungsanlagen) angewiesen. Die Kosten solcher Maßnahmen und ihre Durchführung erfordern eine intensive Beratung und Koordination, die sich effektiver im Rahmen von Hausgemeinschaften und Wohnsiedlungen mit einem einheitlichen Träger (-verein, -gesellschaft) organisieren lassen (vgl. Klien et al. 1985; Dütz/Märtin 1982; Feist et al. 1986). Das gilt insbesondere für ambitionierte, innovative ökologische Gemeinschaftseinrichtungen wie ein Blockheizkraftwerk oder ein Recycling-Center, aber auch schon für das Anlegen von Mietergärten oder die (Tolerierung von) Kleintierzucht in städtischen Wohnblocks (vgl. Küenzlen 1984). Zweifellos sind die meisten Umweltprobleme nicht auf der Ebene der Nachbarschaft zu lösen, dazu sind sie zu eng mit der Struktur der Industriegesellschaft verknüpft. Aber die Umweltpolitik wird nur dann Erfolg haben, wenn sie die Berücksichtigung ökologischer Belange auch in den sozialen Netzwerken des Alltags und ihrer Infrastruktur verankern kann – d.h. auch in der Nachbarschaft.

Es ist somit nicht nur ein allgemeiner soziokultureller Wertwandel hin zu „postmaterialistischen“ Werten, der nachbarliche Beziehungen fördert und beispielsweise seinen Ausdruck in der Wiederbelebung lokaler Traditionen oder in Straßenfesten findet. Nachbarschaft als mehr oder weniger aufgesetzte „Folklore“ und Freizeitgestaltung hätte sicher nur geringe sozialorganisatorische Kraft. Vielmehr werden sich die Rahmenbedingungen für die Nachbarschaft als funktional aufgewerteter, informeller Sozialorganisation mit den gesellschaftlichen Trends verbessern, auch wenn diese Entwicklung nicht zwingend auf ein bestimmtes Modell nachbarlicher Beziehungsmuster hinführt. In *diesem* Kontext gewinnen dann lokale kulturelle und freizeitbezogene Aktivitäten eine Bedeutung für die Entwicklung nachbarschaftlicher Identifikationen und emotionaler Ortsbezogenheit.

Dennoch bleiben berechtigte Zweifel an der Leistungsfähigkeit von Nachbarschafts- und Selbsthilfeinitiativen. Als freiwillige „Bedarfsausgleichssysteme *zwischen* Markt, Staat und Haushalt" (Offe/Heinze 1986, S. 485) haben sie Probleme der Kontinuität und der Verläßlichkeit, eine unzureichende und schwer kontrollierbare Qualität der Leistungen und sind überdies verteilungspolitisch fragwürdig, weil sie in der Regel sehr selektiv – nach Verwandtschaftsgrad, Interessen, Schichtzugehörigkeit, Wertorientierungen etc. – in der Wahl ihrer Mitglieder sind. Hinzu kommt, daß gerade im sozialen Bereich die Gruppe mit erklärten Hilfsbereitschaften in der Regel die Hilfeleistungen *selbst* nicht benötigt, so daß als Basis häufig nur ein „Mittelschichts-Altruismus" mit geringer Organisationskraft bleibt.

Das gilt um so mehr, als das Prinzip des Leistungsaustausches *nicht* (primär) in einer *ökonomischen* Reziprozität, d.h. in einem fairen Austausch von äquivalenten Gütern und Dienstleistungen bestehen soll. Nach diesem Reziprozitätsprinzip würden die Nachbarn in dem Vertrauen helfen, „daß jeder Beitrag, den ein Mitglied zur Wohlfahrt der Gemeinschaft leistet, über kurz oder lang von reziproken Beiträgen anderer entgolten wird ..." (Offe/Heinze 1986, S. 485). Sicherlich leidet die Stabilität sozialer Beziehungen darunter, wenn dem moralischen Anspruch auf Gegenleistungen nicht entsprochen wird. Aus diesem Grunde wird jeder Versuch, ein Bedarfsausgleichssystem in der Nachbarschaft einzuführen, *auch* die Grundsätze eines fairen Tausches berücksichtigen müssen. Aber insoweit in der Nachbarschaft gerade gemeinschaftlich-solidarische Prinzipien zum Tragen kommen sollen, um typische Funktionsdefizite von „Markt" und „Staat" auszugleichen, müssen Leistungen letztlich *bedingungslos* und *ohne* Ansprüche auf Gegenleistungen erbracht werden.

Das Paradigma für solche Solidargemeinschaften ist immer noch die Familie oder auch der Generationenvertrag. Ökonomisch oder verteilungspolitisch gesehen, können die Interaktionen höchst einseitige oder unfaire Transaktionen beinhalten. Diese Tatsache macht es aber auch möglich, daß eine *Umverteilung* von Gütern im positiven Sinne sozialer Unterstützungssysteme erfolgt. Allerdings wird das System gefährdet durch Personen, die sich nicht an die „Spielregeln" halten und die Gemeinschaft ausbeuten. Deshalb ist eine Kontrolle über die Mitgliedschaft und eine Verpflichtung auf eine kollektive Identität eine funktionale Voraussetzung von Solidarität. *Netzwerke* von bilateralen Beziehungen sind für unsolidarisches Verhalten wesentlich angreifbarer als mehr oder weniger institutionalisierte *Gemeinschaften.* Die Geschichte der Genossenschaften zeigt, daß ihre Leistungsfähigkeit und ihr Bestand von normativen Bindungen abhängt, die sich aus der Wahl dieser *Lebensform* herleiten und daß nur auf dieser Basis ein Ausgleich zwischen reicheren und ärmeren Mitgliedern möglich wird (vgl. Novy 1983; Novy et al. 1985).

Die Nachbarschaft als eine verallgemeinerte neue Form der Sozialorganisation wird sich sicherlich nicht als Gemeinschaft im engeren Sinne durchsetzen. Aber die genannten Trends weisen darauf hin, daß auch moderne Gesellschaften nicht auf gemeinschaftliche Bindungen verzichten können. Dafür müssen entsprechende Normen oder Traditionen in Kraft sein, auf die man heute unter dem Titel „gut nachbarliche Beziehungen" sicherlich nur noch in begrenztem Ausmaß und bei kleineren Hilfeleistungen zurückgreifen kann. Diese Tatsache macht Nachbarschaftshilfe heute zu einem *moralischen* Verhalten in dem engeren Sinne, daß bewußte Selbstverpflichtungen von Individuen auf ethische oder religiöse Werthaltungen – echter Altruismus – als notwendige Voraussetzung von gemeinschaftsorientiertem Verhalten angesehen werden. Eine solche „Wertrationalität" (Weber) spielt in alternativen Experimenten und in neuen Genossenschaften eine wichtige Rolle. Es ist aber nicht absehbar, daß solche Modelle auf die alltäglichen Lebensformen breiterer Bevölkerungsschichten verallgemeinert werden können.

Es ergibt sich die Konsequenz, daß sich nachbarschaftlich-gemeinschaftliches Handeln nur insoweit durchsetzen kann, wie es im normalen Alltagsleben *institutionalisiert* wird. Das heißt, die Nachbarschaft (oder ein ähnliches Sozialgebilde) muß den privaten (Familien-)Haushalt als Institution ergänzen, wenn schon nicht ersetzen. Eine solche Entwicklung ist alles andere als ein notwendiger Trend, aber man sollte sich klar darüber sein, *daß genau diese Entwicklung die Konsequenz aus einer Anwendung des Subsidiaritätsprinzips in Verbindung mit der Prämisse ist, daß private (Familien-)Haushalte als subsidiäre Institutionen überfordert sind.*

Damit verschiebt sich die Frage nach der Möglichkeit von Nachbarschaftsorganisationen auf die Frage nach den geeigneten Strategien ihrer Institutionalisierung bzw. ihrer institutionellen Abstützung. Dabei wird man zum einen auf tradierte Deutungsmuster zurückgreifen können und müssen (die Genossenschaftsidee, die Kirchengemeinde, die Dorfgemeinschaft, spezifische örtliche identitätsstiftende Traditionen). Zum anderen muß die Nachbarschaft als sozialökologisches System entwickelt werden, d.h., die Selbstorganisation der Nachbarschaft ist nur zu erwarten, sofern sie wichtige Funktionen zu erfüllen hat und über eine entsprechende Infrastruktur verfügt.

2. Nachbarschaft und politisch-administrative Intervention

Staatlich-kommunale Interventionen werden sich nicht auf finanzielle Unterstützung der Nachbarschaften als subsidiären, intermediären Handlungssystemen und die Schaffung einer Legitimationsbasis für eine derartige öffentliche Subventionierung privater Initiativen beschränken können. Bei jeder öffentlichen Förderung entsteht ein Bedarf an institutionellen Regelungen und korrespondierenden Veränderungen in den kommunalen Verwaltungsstrukturen. Die Selbsthilfeaktivitäten müssen in einen für die öffentliche Verwaltung berechenbaren und damit auch förderungsfähigen institutionellen Rahmen kanalisiert werden; die Verwaltung bedarf ihrerseits einer Reorganisation, um mit den neuen Formen der Selbsthilfe, Selbstversorgung und Selbstverwaltung kooperieren zu können, ohne sie „zugleich durch Bevormundung und Reglementierung aus(zu)trocknen" (Offe/Heinze 1986, S. 483).

Im übrigen zeichnet sich in der Theorie und Praxis staatlicher Intervention ein *Bedarf* an intermediären Systemen wie der Nachbarschaft ab und dies besonders im Falle komplexer Probleme, die in den Alltag hineinreichen und deren Lösung eine tiefgreifende Veränderung von individuellen Lebensstilen und kollektiven Lebensformen implizieren. Derartige Probleme erfordern den verstärkten Einsatz *ökologischer* und *persuasiver Interventionsprogramme* gegenüber finanziellen Anreizprogrammen, Aufklärungskampagnen oder gesetzlichen Regulierungen (vgl. Mayntz 1983). Während ökologische Programme für eine geeignete Infrastruktur sorgen, sprechen persuasive Interventionsprogramme spezielle Zielgruppen über Schlüsselpersonen oder Multiplikatoren an. Ihre Effektivität steigt mit der Leistungsfähigkeit und der Vernetzung intermediärer Systeme, die als Vermittler auftreten und das Problem der Glaubwürdigkeit von Überzeugungsstrategien in ihrem Einflußbereich durch intensive, persönliche Kontakte lösen.

Eine Reihe von Grundsätzen scheinen für den Erfolg einer politisch-administrativen Steuerung intermediärer Sozialsysteme entscheidend:

1. *Subsidiarität:* Die politisch-administrativen Programme müssen als Förderungsprogramme angelegt werden, die die Eigenständigkeit von Selbstorganisation, Selbstversorgung und Selbstverwaltung respektieren und diese intermediären Systeme als Verhandlungs- und Kooperationspartner in bestimmten Aufgabenbereichen akzeptieren. Nur unter dieser Voraussetzung kann sich ihre spezifische Leistungsfähigkeit entwickeln. Die Anwendung des Subsidiaritätsprinzips darf im übrigen nicht darauf hinauslaufen, qualifizierte, effektive Versorgungssysteme (von „Markt" und „Staat") durch unqualifizierte, ineffektive Laienarbeit zu ersetzen. Deshalb ist die Frage, welche Leistungen von einer Nachbarschaft erbracht werden können sowie nach Art und Umfang der Förderung, vor dem Hintergrund der jeweiligen sozialen und städtebaulichen Voraussetzungen, alternativer Möglichkeiten (von „Markt" und „Staat") und in Abhängigkeit vom Stand technologischer Entwicklungen jeweils neu zu prüfen. Beispielsweise sind die Möglichkeiten dezentraler Alten- und Krankenbetreuung von den verfügbaren Notruf-, Transport- und Kommunikationssystemen abhängig.

2. *Dezentralisierung:* Subsidiäre Systeme haben nur dann eine Chance zur gleichberechtigten Kooperation, wenn das politisch-administrative System weitgehend dezentralisiert und ein kommunaler Ansprechpartner „vor Ort" vorhanden ist. Schon die Einschätzung der Leistungsfähigkeit einer Nachbarschaft für ein angepaßtes Förderungsprogramm erfordert eine dezentralisierte Vorgehensweise durch die Verwaltung. Gegenüber einer zentralisierten Verwaltung können sich auch nur zentralisierte Verbände behaupten.

3. *Institutionalisierung:* Die politisch-administrative Schnittstelle zu den subsidiären Sozialsystemen muß ausgebaut und auf Dauer gestellt werden. Darüber hinaus sind gesetzliche Regulierungen und Verwaltungsrichtlinien so zu verändern, daß die gesellschaftliche Bedeutung und Funktion von Nachbarschaftsorganisationen anerkannt und ihre Förderung als gemeinnützig erleichtert wird. Ein Beispiel, wenn auch aufgrund von Tendenzen zur bürokratischen Zentralisierung kein Vorbild, sind die Wohlfahrtsverbände und ihre Zusammenarbeit mit den Kommunen. In diesem Zusammenhang ist eine Reform des Vereins- und Genossenschaftsrechts anzustreben, um das Verhältnis von Förderungsansprüchen und Gemeinnützigkeit oder „Sozialpflichtigkeit" neu zu regeln (vgl. Novy 1984).

4. *Vernetzung von Funktionen:* Die Vorteile subsidiärer Eigenarbeit ergeben sich nicht primär aus einer arbeitsteiligen Spezialisierung, wenngleich Arbeitsteilung natürlich auch in diesem Bereich die Produktivität erhöht, sondern aus der Integration in einen vielschichtigen Lebenszusammenhang. Deshalb müssen Nachbarschaftsorganisationen gefördert werden, die *einerseits* ihre Aktivitäten auf solche Leistungen beschränken, die im Vollzug des Alltags – subsidiär und ehrenamtlich – erbracht werden können. Das ist nicht nur eine Frage der Qualifikation, sondern auch des zeitlichen und personellen Aufwands. *Andererseits* müssen sie eine Vielzahl wichtiger Lebensbereiche abdecken und miteinander koordinieren.

Die Überforderung der Einzelhaushalte liegt ja nicht primär in der Unfähigkeit, eine spezialisierte Leistung anzubieten – das tun Haushalte über den Beruf ihrer Erwerbstätigen mit mehr oder minder großem Erfolg –, sondern vielmehr in der Koordination vielfältiger Anforderungen (Anpassung der Wohnverhältnisse in Selbsthilfe, Hausarbeit, Kinderbetreuung, Altenpflege, Informationsbeschaffung, Behördenkontakte, Freizeitgestaltung etc.). Die Vernetzung der Funktionen über eine Kooperation steigert nicht nur die Produktivität und vermeidet die Überforderung einzelner Haushalte durch besondere Belastungen. Vielmehr ist die Vernetzung eine Voraussetzung für die Entwicklung einer verallgemeinerten Kooperationsbereitschaft: *Nur eine Vielfalt von nicht strikt arbeitsteilig geregelten Anlässen zu Kooperation und Austausch generiert eine Hilfsbereitschaft, die nicht (nur) durch die Erwartung von Gegenleistungen motiviert wird. Von spezialisierten Nachbarschaftsinitiativen, d.h. von Interessengruppen, ist dieser Effekt nicht zu erwarten.*

5. *Verräumlichung:* Wesentliche Ziele politisch-administrativen Handelns, wie Gleichheit vor dem Gesetz und soziale Gerechtigkeit, werden formal durch das Territorialprinzip gestützt. Es gliedert Rechte und Pflichten in einer Gemeinschaft „ohne Ansehen der Person" nach räumlichen Gesichtspunkten, d.h. nach dem Wohnsitz. Die Verräumlichung hat besondere Vorteile: sie ist ein flächendeckendes Prinzip, erfaßt alle Individuen und liegt quer zu sozialen Differenzierungen wie Alter, Geschlecht, Schicht oder ethnische Herkunft. Damit kann sie zur Basis einer Politik des sozialen Ausgleichs werden, sobald die wechselseitige Verantwortung der Bürger eines Raumes für einander akzeptiert wird. Das setzt eine Identifikation der Individuen mit der räumlichen Einheit voraus und diese Einheit wird natürlich nicht durch rein räumliche Strukturen gebildet, sondern durch soziale Zusammenhänge gestiftet.

Raumbezogene Identifikationen setzen ihrerseits eine gewisse räumliche Immobilität voraus. Der enge Zusammenhang zwischen räumlicher Immobilität und Gemeinschaftsbildung wird oft hervorgehoben, während der Zusammenhang mit politischem Engagement und mit der Durchsetzung von sozialer Gerechtigkeit häufig übersehen wird. Verräumlichung bedeutet somit, daß staatliche Politik dem Trend zur „mobilen Gesellschaft" entgegenwirkt und auf allen Ebenen durch entsprechende Infrastruktureinrichtungen und politisch-administrative Zuständigkeiten die Entwicklung sozialer Einheiten nach räumlichen Kriterien fördert.

Um Mißverständnissen vorzubeugen sei betont, daß dieses Prinzip keine Einschränkung der Information und Kommunikation bedeutet und auch dem Recht auf freie Wahl des Wohnsitzes oder der Reiselust keine Grenzen setzt. Vielmehr geht es darum, daß ein gesellschaftspolitisches Engagement der Bürger auf lokaler Ebene eine gewisse Stabilität und Kontinuität in den sozialen Beziehungen voraussetzt, die ihrerseits durch eine Dezentralisierung des politisch-administrativen Systems und eine raumgliedernde Infrastruktur begünstigt werden kann. Für die Institutionalisierung der Nachbarschaft und die Förderung von Eigenarbeit erscheinen somit neben finanziellen Hilfen insbesondere persuasive Programme, die sich mit Kooperations- und Beratungsangeboten an ortsbezogene Initiativen wenden und Infrastrukturprogramme, die die Nachbarschaft als Einzugsbereich von Gemeinschaftseinrichtungen konstituieren, in besonderer Weise geeignet.

3. Konzeption und Strategien des Projekts „Self-Reliance"

Im Projekt „Self-Reliance" wird versucht, die Konsequenzen aus diesen Überlegungen zu ziehen und sie in eine praktische Strategie umzusetzen. Dabei geht es im wesentlichen um zwei Adressaten: die Kommune und die Bewohner. Gegenüber der Kommune muß für ein entsprechendes Interventionsprogramm und die Anerkennung von Nachbarschaftsorganisationen geworben werden; gegenüber den Bewohnern gilt es, durch Aktionen und Angebote das Eigeninteresse an einer Nachbarschaftsorganisation zu wekken und einen Prozeß der Selbstorganisation zu initiieren.

Die Konzeption des Projekts läßt sich in fünf wesentlichen Punkten zusammenfassen:

Erstens, die räumliche und soziale Eingrenzung des Projekts auf eine überschaubare Nachbarschaft – ca. 2.000 Haushalte in einem durch verkehrsreiche Straßen eingegrenzten Mischgebiet im Münchner Norden – soll gewährleisten, daß sich gemeinschaftliche Strukturen und ortsbezogene Identifikationen entwickeln können. Damit wird auch den Grundsätzen der Dezentralisierung und Verräumlichung entsprochen.

Zweitens, eine wichtige Vorentscheidung der Konzeption besteht darin, daß sie ein Modell für die Zukunft einer „normalen" Nachbarschaft anstrebt. Diese Vorgabe hat eine große Rolle bei der Auswahl des Gebiets gespielt. Einerseits wurde keine sogenannte Problemsiedlung gewählt, weil das Projekt durch eine Häufung sozialer Probleme überfordert wäre und die Anwendung von Selbsthilfe-Konzepten und Subsidiaritätsprinzip auf solche Siedlungen leicht zum Alibi für einen Rückzug der Kommune aus der Verantwortung gerät. Andererseits findet das Projekt auch nicht in einem Wohngebiet der gehobenen Mittelschicht oder in einer Neubausiedlung statt, obwohl solche Situationen sich durchaus anbieten und dem innovativen Charakter des Projekts in mancher Hinsicht entgegen kommen. Vielmehr wurde ein Gebiet ausgewählt, daß nach stadtplanerischer Einschätzung Entwicklungsimpulse und Stadterneuerungsmaßnahmen benötigt, um negativen Entwicklungen frühzeitig zu begegnen.

Drittens, das üblicherweise enge Spektrum der Problemstellungen und Funktionen in Nachbarschaftsinitiativen wird zugleich ausgeweitet und eingeschränkt: ausgeweitet in dem Sinne, daß in den sehr heterogenen Bereichen der Arbeitsmarkt-, Sozial-, Wohnungs- und Umweltpolitik an die nachbarschaftsfördernden Trends angeknüpft wird; eingeschränkt schon durch die Auswahl dieser vier Bereiche, aber wichtiger ist, daß die Initiativen auf möglichst wenige und konkrete Maßnahmen beschränkt werden sollen. Die Bereiche und ihre Maßnahmen bilden einen „Baustein"; die Bausteine und ihre Beziehungen sollen dem Projekt eine klare programmatische und organisatorische Struktur geben und die Fülle möglicher und im Projektalltag sich aufdrängender Problemstellungen auf ein praktisches Maß reduzieren helfen. Die einzelnen Bausteine sind als Kristallisationskerne für Initiativen der Bewohner zu verstehen, die über diese Angebote hinaus eigene Aktivitäten entfalten können und sollen. Im Vordergrund steht die Beratung, Unterstützung und Koordination gemeinsamer Aktivitäten, nicht die direkte Hilfeleistung an einzelne.

Die vier Bausteine und ihre Schwerpunkte sind: die „Gemeinschaftswerkstatt", die „Ökologische Gestaltung", das „Soziale Netz" und das „Gemeinschaftsbüro". In jedem Baustein leistet das Projekt eine personelle, finanzielle und sachliche Unterstützung:

1. *Gemeinschaftswerkstätte:* Die Eigenarbeit wird durch eine kleine offene Werkstatt unterstützt. Im handwerklichen Bereich beraten drei Handwerker/innen und führen Kurse durch (z.B. Holzarbeiten für Hausfrauen), um Fähigkeiten zur Eigenarbeit zu vermitteln und Hemmungen überwinden zu helfen. Problematisch ist hier, daß nach den Bestimmungen des AFG keine Konkurrenz für Handwerksbetriebe entstehen darf. Dieser Schwierigkeit wird dadurch die Spitze genommen, daß die Handwerker sich weitgehend auf eine beratende Rolle beschränken und das Projekt insgesamt das örtliche Gewerbe einbezieht und Angebote zur Kooperation macht. Schließlich liegen in der Zusammenarbeit nachweislich Chancen für das Handwerk, weil Selbsthilfe eine Nachfrage nach qualifizierteren Leistungen im Rahmen von Maßnahmen schafft, die ansonsten nicht durchgeführt würden.

Ein Schwerpunkt in diesem Baustein ist die Mietermodernisierung und die alten- und behindertengerechte Anpassung von Wohnraum. Das Projekt beschäftigt hierfür eine Architektin, die die Selbsthelfer berät und in der Beantragung finanzieller Hilfen durch die Stadt unterstützt. Das Mietermodernisierungsprogramm ist ein typisches Beispiel für ein Angebot der Stadt mit einem Bedarf an Beratung und Koordination vor Ort, der durch die Stadt selbst nicht in ausreichendem Maße gedeckt werden kann. Das Programm drohte zu Beginn durch die Schwerfälligkeit und Restriktivität des Verfahrens zu einem „Fiasko" zu werden (Süddeutsche Zeitung vom 10.06. 1987). Außerdem sperrten sich die Vermieter. Inzwischen scheinen die Vermieter die Möglichkeiten des Programms zu erkennen, während die Finanzierung in der politischen Diskussion umstritten bleibt.

2. *Soziales Netz:* Ein wichtiger Bereich nachbarlicher Hilfen liegt in der Betreuung von Kindern und Kranken und der Hilfe und Pflege für alte Menschen. Diese sozialen Gruppen bzw. die sie betreuenden Personen sind mit ihren Bedürfnissen und Aktivitäten auf den engeren Wohnbereich angewiesen. Zudem sind vielen Bedürftigen die sozialen Angebote im Stadtviertel nicht bekannt oder es bestehen Hemmungen der Inanspruchnahme. Die Erfahrungen mit den Sozialstationen zeigen, daß diese Einrichtungen zumindest insofern noch zu bürgerfern sind, als ihr Angebot nicht alle Bedürftigen erreicht und sie nicht genügend ehrenamtliches Engagement in ihrem Zuständigkeitsbereich wecken können. Die Nachbarschaft übernimmt hier eine Vermittlerrolle, wobei sie zugleich durch die Vielzahl ihrer Aktivitäten über größere Spielräume für die Motivierung zur Hilfeleistung verfügt.

Ein Sozialpädagoge hat hier einerseits die Aufgabe der Beratung und Vermittlung, andererseits der Organisation von Selbsthilfeinitiativen. Ein Schwerpunkt sind Mütter-Kind-Gruppen, ein anderer die Altenhilfe in enger

Kooperation mit den Einrichtungen und sozialen Diensten der Stadt und der Wohlfahrtsverbände. In Verbindung mit der „Gemeinschaftswerkstatt" steht die Initiative zur behinderten- und altengerechten Anpassung von Wohnraum, um Selbständigkeit im Alter zu unterstützen (Pieper 1987).

3. *Ökologische Gestaltung:* Ökologische Belange reichen einerseits in die Modernisierungsmaßnahmen hinein, etwa in der Berücksichtigung energiesparender Maßnahmen und der Wohnumfeldgestaltung. Andererseits geht es um eine Förderung des Umweltbewußtseins in Fragen der Wiederverwertung und Beseitigung von Abfall. Eine Stadtplanerin ist im Projekt für die Informationsarbeit und die Koordination von Initiativen verantwortlich. Schwerpunkte sind einfache Begrünungsmaßnahmen und die Einrichtung einer „Recycling-Börse".

4. *Gemeinschaftsbüro:* Dieser „Baustein" greift das Arbeitslosenproblem auf und versucht einerseits, den Tendenzen zur Entstehung einer neuen Heimarbeit am Mikrocomputer mit einem alternativen Modell für wohnungsnahes Arbeiten zu begegnen und andererseits, ein Angebot zur Zusammenarbeit mit dem örtlichen Gewerbe zu entwickeln. Kernstück ist die Einrichtung eines Büros für Schreib- und Büroarbeiten, eventuell auch Buchhaltung und Datenverarbeitung, über eine gemeinschaftliche Initiative von (Teilzeit-)Arbeitssuchenden in der Nachbarschaft. Das Vorhaben wird beraten von einem Volkswirtschaftler und unterstützt durch Sachmittel in Form von Personalcomputern. Schwierigkeiten bereitet die problematische Vereinbarkeit einer derartigen Beschäftigungsinitiative mit der Gemeinnützigkeit des WZM als Träger. Die Interessenten haben deshalb einen (vorerst nicht eingetragenen) Verein gegründet, der sich über seine Satzung auf die enge Kooperation mit den Initiativen in der Nachbarschaft verpflichtet hat.

Ziel des Projekts ist es, aus diesen vielfältigen Initiativen ein praktikables Bündel von Maßnahmen herauszufiltern, das möglichst auf andere städtebauliche und soziale Situationen (z.B. Nachbesserung, Nachverdichtung, Neubau) übertragbar ist und sich für eine Übernahme in die Planung und Förderung der Kommunen eignet.

Viertens, ein zentrale Rolle spielt der Grundsatz der Vernetzung. Zum einen sollen die Maßnahmen und Initiativen danach ausgewählt werden, ob sie „synergetische Effekte" oder Beziehungen *zwischen* den Bausteinen begünstigen. Die altengerechte Wohnraumanpassung ist dafür ein gutes Beispiel. Zum anderen ist es die Aufgabe des Projekts, Verfahren und organisatorische Konzepte zu entwickeln, die eine Vernetzung von Aktivitäten aus den verschiedenen Bereichen, zwischen den Bewohnern und mit den Angeboten und Programmen der Stadt(teil)ebene ermöglichen. Schwerpunkt ist hier die Einrichtung einer rechnergestützten Buchführung oder „Aktivitätenbörse", die einen möglichst bargeldlosen Austausch von Gütern und Dienstleistungen koordinieren soll. Dieses System hat (gegenüber bilateralen Entgelten) den Vorteil, daß es zugleich das Informationsproblem zwischen „Anbietern“ und „Nachfragern“ löst und die Identifikation aller Beteiligten mit der Nachbarschaft stärkt. Außerdem bietet diese Börse die Möglichkeit, Leistungen auf Vorrat zu erbringen bzw. auf Kredit zu beanspruchen, wodurch die Flexibilität des Austauschsystems beträchtlich erhöht wird. Sicherlich sind viele Maßnahmen, wie eine aufwendige Mietermodernisierung dafür nicht geeignet. Dennoch scheint die Annahme gerechtfertigt, daß viele mögliche Transaktionen an einer mangelnden Transparenz scheitern, die durch das Nachbarschaftsbüro hergestellt werden kann.

Fünftens, der Grundsatz der Institutionalisierung bedeutet im Binnenverhältnis die Schaffung dauerhafter neuer Strukturen. Die „Keimzelle“ dafür ist das Nachbarschaftsbüro, in dem unter der Betreuung durch das WZM die acht ABM-Kräfte beschäftigt sind (eine Architektin, ein Sozialpädagoge, eine Stadtplanerin, ein Volkswirtschaftler, drei Handwerker/innen, eine Büroangestellte). Organisatorisches Ziel ist der Aufbau einer Nachbarschaftsinitiative, eventuell in Form eines Vereins, die die Aktivitäten des Projekts in eigener Regie weiterführt, durch Sachmittel und personell (mit ein bis zwei ABM-Kräften o.ä.) unterstützt über ein zukünftiges städtisches Förderungsprogramm. Im Außenverhältnis zur Kommune und zu anderen Einrichtungen und Initiativen im Stadtteil bedeutet Institutionalisierung, daß eine enge Kooperation und die Ausdifferenzierung eines öffentlich anerkannten, eigenen Aufgabenbereichs angestrebt wird.

Auf soziokultureller Ebene erfordert die Institutionalisierung eine Neuorientierung an und Identifikation mit der Nachbarschaft, die durch eine entsprechende Öffentlichkeitsarbeit geweckt und gefördert werden muß. Die Praxis des Projekts zeigt allerdings, daß die Verwendung der „Nachbarschaft“ als symbolischer Gehalt nicht unproblematisch ist. Einerseits transportiert das Symbol in angemessener Weise die Prinzipien der Verräumlichung, Dezentralisierung und Institutionalisierung sowie den primär gemeinschaftsorientierten Charakter der Beziehungen. Andererseits ist die Nachbarschaft in der Vorstellung städtischer Bewohner in der Regel erheblich kleiner (Hausflur, Haus, Block, Straße), die Inhalte einer typischen „Nachbarschaftshilfe“ sind wesentlich beschränkter als das Spektrum der Aktivitäten im Projekt, und das Symbol der Nachbarschaft suggeriert sehr intensive *persönliche* Beziehungen und Identifikationen sowie eine „totale“ Mitgliedschaft *aller* Bewohner, was dem „institutionellen Ansatz“ nicht entspricht. Da keine andere geeignete „Sinnressource“ zur Verfügung steht, wird man allerdings mit den resultierenden Mißverständnissen im Binnen- und Außenverhältnis fertig werden müssen.

4. Kommunale Förderung und Kontrolle

Der „institutionelle Ansatz" impliziert, daß eine Einbindung in kommunale Programme gesucht wird, soweit sie den Grundsätzen nicht zuwiderlaufen. Dazu gehören in München der „Zweite Arbeitsmarkt", das Mietermodernisierungsprogramm, die Förderung der alten- und behindertengerechten Anpassung von Wohnungen, das Programm zur Begrünung von Hinterhöfen und der Ausbau der ambulanten Dienste.

Die Einbindung in kommunale Programme ist allerdings nicht nur eine Chance – insbesondere als Finanzierungsquelle –, sondern wirft handfeste Probleme für die Konzeption und die Praxis auf. Geld ist ohne Kontrollen und Anpassung an Vergabekriterien nicht zu haben. Darüber hinaus ist der „Zweite Arbeitsmarkt" ein Beispiel für die internen administrativen und politischen Probleme der Kommunen, die zumal mit einem neuen und umstrittenen Förderungsinstrument verbunden sind und die Zusammenarbeit mit freien Trägern erheblich beeinträchtigen.

Die Schwierigkeiten ergeben sich nach der bisherigen Erfahrung des Projekts nicht auf der Ebene der Sachbearbeiter in Stadt und Arbeitsamt, deren Bemühen um vernünftige und praktikable Regelungen sie oft an den Rand des verwaltungsintern und politisch Vertretbaren führt. Allerdings müssen sie, ebenso wie die Vertreter der Träger und Initiativen auch, noch lernen, mit diesem Instrument umzugehen, zumal einige Sachbearbeiter für dieses Programm neu eingestellt wurden und erst einmal innerhalb der Verwaltung ihren Platz finden und sichern müssen. Das führt zu Mißverständnissen und Ineffizienz.

Beeinträchtigungen der Projektarbeit resultieren aber vor allem aus dem aufwendigen bürokratischen Verfahren und dem entsprechenden Verwaltungsaufwand im Projekt, Widersprüchlichkeiten in gesetzlichen und verwaltungsinternen Bestimmungen und der unklaren politischen Situation, die den Finanzierungsrahmen und die Richtlinien jedes Jahr erneut zur Disposition stellt und zur Manövriermasse angesichts knapper Haushaltsmittel macht.

Das Beantragungsverfahren zieht sich – mit ungewissem Ausgang – über Monate hin, nicht zuletzt weil zwei Entscheidungsprozesse, in Stadt und Arbeitsamt, mit unterschiedlichen Interessen und Vergabekriterien aufeinander abzustimmen sind. Dieses Verfahren wird jedes Jahr wiederholt, wobei nach etwa einem halben Jahr die Vorklärungen und Beantragungsfristen für den nächsten Förderungszeitraum beginnen. Das löst Unsicherheiten bei den Mitarbeitern von solchen Projekten aus, die zumindest auf eine Ausschöpfung der zweijährigen Förderungsmöglichkeit angewiesen sind (was bei der Beantragung und Bewilligung durchaus klar ist). Denn die Entscheidung über die Weiterfinanzierung ist keine berechenbare Routineangelegenheit, wie die Aussetzung der Förderung für schon bewilligte Projekte durch den Stadtkämmerer im Sommer 1986 und die Infragestellung aller und die Streichung einiger Anträge durch die „neue Mehrheit" im Münchner Stadtrat im Sommer 1987 beweisen. Verwaltungsaufwand und Finanzierungsunsicherheit treffen insbesondere kleine Träger, die durch den Aufwand schnell überfordert sind. Die ABM-Kräfte müssen dann neben der Projektarbeit noch die Verwaltung ihrer eigenen Stellen leisten. Sie treffen auch besonders kleine Projekte mit überwiegender Personalausstattung über ABM, die sofort in ihrem Bestand gefährdet sind, so daß die Mitarbeiter Schwierigkeiten haben, sich mit dem Projekt zu identifizieren.

In einer besonders prekären Lage aufgrund wechselnder Interpretationen der Bewilligungskriterien sind Projekte wie „Self-Reliance" mit einem Modellcharakter. Naturgemäß ist der Bedarf an qualifizierten Arbeitslosen in einem Modellprojekt relativ groß. Mit konjunkturell sinkenden Arbeitslosenquoten oder Finanzierungsmitteln steigt die Tendenz, nur noch den harten Kern strukturell Arbeitsloser in „Beschäftigungsprojekten" unterzubringen. Modellprojekte werden in Frage gestellt und qualifizierte Mitarbeiter sind schwer zu finden. Damit nehmen die Möglichkeiten ab, im „Zweiten Arbeitsmarkt" Projekte anzusiedeln, die tatsächlich mehr anstreben, als ein vorübergehendes Beschäftigungsverhältnis für schwer vermittelbare Arbeitslose.

Eine weitere Widersprüchlichkeit ergibt sich aus dem Kriterium der „Zusätzlichkeit" von Maßnahmen im Arbeitsförderungsgesetz (AFG), d.h., Maßnahmen dürfen nicht in Konkurrenz zum ersten Arbeitsmarkt treten und nicht von privaten Betrieben übernommen werden können. Projekte, die sich ernsthaft um die *Schaffung* von Arbeitsplätzen bemühen, haben aber den Charakter von potentiellen privaten Betrieben und stehen fast notwendig in Konkurrenz zu irgendwelchen etablierten Interessen, die über ihren Sitz in den Vergabeausschüssen Einfluß auf die Bewilligung nehmen können. Auch hier ist die Unberechenbarkeit des Verfahrens letztlich das größere Problem, weniger (bisher) eine restriktive Bewilligungspraxis.

Die Problematik des „Zweiten Arbeitsmarkts" zeigt beispielhaft die Schwierigkeiten mit und den Bedarf an neuen Formen der Kooperation zwischen der Kommune, anderen Instanzen des Wohlfahrtsstaates, dem ersten Arbeitsmarkt und der privaten Wirtschaft, den Trägern der freien Wohlfahrtspflege und Bürgerinitiativen. Auch wenn es im Projekt gelingt, das gesteckte Ziel einer Nachbarschaftsorganisation zu verwirklichen, so werden damit die Rahmenbedingungen für die Nachbarschaft als Institution noch keineswegs geschaffen.

5. „Self Reliance" und „kommunale Sozialstaatlichkeit"

Die Strategie „Self-Reliance" unterscheidet sich in ihren einzelnen Aktivitäten nicht von anderen Initiativen. Sie bündelt aber eine Reihe von Aktivitäten und Maßnahmen in besonderer Weise und unterscheidet sich von anderen Modellen nicht zuletzt in dem Versuch, die Nachbarschaft als eine „feste Institution" oder als „ordnungspolitischen Faktor", ähnlich den privaten Haushalten oder den anerkannten freien Trägern der Wohlfahrtspflege zu entwickeln. Der „institutionelle Ansatz" beinhaltet somit ein Programm, das sich nur im Kontext einer neuen Kommunalpolitik unter dem Einfluß der genannten Trends realisieren läßt.

Zumindest und in einem ersten Schritt ist die Förderung bestehender Nachbarschaftsinitiativen und dezentraler Infrastruktur in dieses Programm aufzunehmen. Ein zweiter Schritt wäre die Konstitution von Nachbarschaften als kleinräumigen Einheiten einer ressortübergreifenden Planung und Stadterneuerung. Die Strategie ist sicherlich nur ein mögliches Element in der Lösung der Strukturprobleme, alternative Entwicklungspfade sind denkbar. Das hier vorgeschlagene Modell der Institutionalisierung der Eigenarbeit auf der Ebene der Nachbarschaft ordnet sich aber in existierende Trends ein.

Der „institutionelle Ansatz" folgt unter anderem aus einer Einschätzung der politischen Kultur der BRD. Eine Entwicklung zur freien Organisation gesellschaftlicher Gruppen und Interessen, etwa nach dem Muster der Nachbarschafts- und Stadtteilorganisationen in den USA, erscheint eher unwahrscheinlich. Die Kommunen gelten in der BRD als unterste Ebene einer grundsätzlich akzeptierten sozialstaatlichen Ordnung und werden in der gegenwärtigen Krise auch in die Pflicht genommen. Wie Wollmann (1986) bemerkt, ist ein „kommunaler Interventionismus" die Folge und es zeichnen sich die Konturen einer neuen „kommunalen Sozialstaatlichkeit" ab (S. 97-98).

Dieses Ordnungsmuster ist neu, insofern es auf die Kooperation mit neuen subsidiären und intermediären Sozialorganisationen angewiesen ist, aber es wird sich in der BRD vermutlich nach den Prinzipien der Sozialstaatlichkeit entwickeln und insofern eine geordnete Einbindung und rechtliche Absicherung erhalten. Ein charakteristisches Interventionsprogramm für diese Entwicklung ist der „Zweite Arbeitsmarkt", weshalb das Projekt zugleich als subsidiäre Selbstorganisation der Nachbarn und als Strukturelement einer staatlich regulierten „Dualisierung" des Arbeitsmarktes verstanden werden kann. Ein weiterer Anknüpfungspunkt im Gesundheitswesen ist auf der Ebene des Stadtteils der Ausbau eines flächendeckenden Systems von Sozialstationen, in dem die kommunalen Sozialdienste, die Wohlfahrtsverbände und die Ärzte kooperieren. Das Konzept „Self-Reliance" sucht für diese Kooperation zwischen „Staat", „Markt" und freien Vereinigungen ein Modell auf der Ebene der Nachbarschaft.

Literatur

Badura, B., und *Ch. von Ferber* (Hrsg.), 1981: Selbsthilfe und Selbstorganisation im Gesundheitswesen. München.

Blanke, B., A. Evers und *H. Wollmann* (Hrsg.), 1986: Die Zweite Stadt. Neue Formen lokaler Arbeits- und Sozialpolitik, Leviathan, Sonderheft 7.

Dierkes, M., und *B. Strümpel* (Hrsg.), 1985: Wenig Arbeit – aber viel zu tun. Opladen.

Diewald, M., 1986: Sozialkontakte und Hilfeleistungen in informellen Netzwerken, in: *W. Glatzer* und *R. Berger-Schmitt* (Hrsg.), Haushaltsproduktion und Netzwerkhilfe. Frankfurt a.M.

Dütz, A., und *H. Märtin*, 1982: Energie und Stadtplanung. Berlin.

Fauser, R., 1982: Zur Isolationsproblematik von Familien, (DJI). München.

Feist, W., R. Greiff, J. Klien und *P. Werner*, 1986: Sozialer Mietwohnungsbau nach ökologischen Prinzipien. Expertise zum Stand der Erfahrungen, Institut Wohnen und Umwelt. Darmstadt.

Gretschmann, R., R.G. Heinze und *B. Mettelsiefen* (Hrsg.), 1984: Schattenwirtschaft. Wirtschafts- und sozialwissenschaftliche Aspekte, internationale Erfahrungen. Göttingen.

Grimm, S., 1985: Aktuelle Entwicklungstendenzen familialer und schulischer Sozialisation in der Bundesrepublik Deutschland, in: *St. Hradil* (Hrsg.), Sozialstruktur im Umbruch, K.D. Bolte zum 60. Geburtstag. Opladen.

Grunow, D., 1987: Soziale Ressourcen in der alltäglichen Gesundheitsselbsthilfe, in: *H. Keupp* und *B. Röhrle* (Hrsg.), Soziale Netzwerke. Frankfurt a.M.

–, und *F. Hegner*, 1981: Sozialstationen im Bereich der ambulanten Sozial- und Gesundheitspflege, in: *B. Badura* und *Ch. von Ferber* (Hrsg.), Selbsthilfe und Selbstorganisation im Gesundheitswesen. München.

Hahn, E. (Hrsg.), 1982: Siedlungsökologie. Ökologische Aspekte einer neuen Stadt- und Siedlungspolitik. Karlsruhe.

Hamacher, G., 1985: Wann bricht der Damm / Über die Notwendigkeit der Sanierung von Neubausiedlungen, in: *W. Kabisch* (Hrsg.), ...und hinter der Fassade. Köln.

Hettlage, R., 1979: Genossenschaftstheorie und Partizipationsdiskussion. Frankfurt a.M.

Horch, H.D., 1983: Strukturbesonderheiten freiwilliger Vereinigungen. Frankfurt a.M.

Jessen, J., W. Siebel, Ch. Siebel-Rebell, U.J. Walther und *I. Weyrather*, 1985: Mythos informelle Ökonomie, Leviathan, 3, S. 398-419.

Joerges, B. (Hrsg.), 1982: Verbraucherverhalten und Umweltbelastung. Frankfurt a.M.

–, 1983: Konsumarbeit – Zur Soziologie und Ökologie des „informellen Sektors", in: *J. Matthes* (Hrsg.), Krise der Arbeitsgesellschaft? Verhandlungen des 21. Dt. Soziologentages in Bamberg. Frankfurt a.M.

Klages, H. et al. (Hrsg.), 1987: Soziale Selbsthilfe. Entwicklungsperspektiven und Unterstützungsmöglichkeiten durch die Sozial- und Gesundheitspolitik von Bund, Ländern und Gemeinden, Speyersche Forschungsberichte 56.

Klien, J., D. Schubert und *K. Traube*, 1985: Energiepolitik vor Ort. Köln.

Koch, T.C., und *J. Seeberger*, 1984: Ökologische Müllverwertung. Karlsruhe.

Küenzlen, M., Oekotop Autorenkollektiv, 1984: Ökologische Stadterneuerung. Karlsruhe.

Luhmann, N., 1973: Vertrauen. Ein Mechanismus der Reduktion von Komplexität, 2. erw. Aufl. Stuttgart.

Mayntz, R. (Hrsg.), 1983: Implementation politischer Programme II. Ansätze zur Theorienbildung. Opladen.

Mühlfeld, C., 1986: Entwicklungskapazitäten familialer Lebenswelten: Stetigkeit im Wandel, Archiv für Wissenschaft und Praxis der sozialen Arbeit, 2-4, S. 82-101.

Mühlum, A., G. Olschowy, H. Oppl und *W.R. Wendt*, 1986: Umwelt – Lebenswelt. Beiträge zu Theorie und Praxis ökosozialer Arbeit. Frankfurt a.M.

Novy, K., 1983: Genossenschaftsbewegung. Zur Geschichte und Zukunft der Wohnreform. Berlin.

–, 1984: Eine Zukunft für gemeinnützige Träger. Anmerkungen zur Reform des Wohnungsgemeinnützigkeitsrechts, Arch+, 74, S. 17-24.

– et al., 1985: Anders Leben. Geschichte und Zukunft der Genossenschaftskultur. Berlin.

Offe, C., und *R.G. Heinze*, 1986: Am Arbeitsmarkt vorbei. Überlegungen zur Neubestimmung „haushaltlicher" Wohlfahrtsproduktion in ihrem Verhältnis zu Markt und Staat, Leviathan, 4, S. 471-495.

Ollmann, R., H.J. Niessen und *M. Ehling*, 1985: Eigen- und Schwarzarbeit in der Bundesrepublik, Wirtschaftsdienst, IV, S. 197-201.

Pieper, R., 1987: Selbständigkeit im Alter – Selbstorganisation in der Nachbarschaft. Zur Konzeption des Projekts „Nachbarschaft Georgenschwaige", in: *Deutsches Zentrum für Altersfragen* (Hrsg.), Die ergraute Gesellschaft, Beiträge zur Gerontologie und Altenarbeit, Bd. 71. Berlin.

–, im Erscheinen: Die Neue Sozialphysik. Zur Mechanik der Solidarität. Frankfurt a.M.

Pieper, U., 1988: Familienwirklichkeit im Lebensverlauf. Gutachten zum Modellprojekt „Familien- und Nachbarschaftszentren" für das Institut Frau und Gesellschaft, Hannover/München.

Richter, R., 1985: Soziokulturelle Dimensionen freiwilliger Vereinigungen. München.

Rosenmayr, L., 1986: Über Familien in den Strukturumbrüchen heute. Forschungen und Erwägungen in disziplinübergreifender Absicht, Archiv für Wissenschaft und Praxis der sozialen Arbeit, 2-4, S. 48-81.

Schäfer, W. (Hrsg.), 1984: Schattenökonomie. Theoretische Grundlagen und wirtschaftspolitische Konsequenzen. Göttingen.

Siebel, W., 1986: Der Mythos Schattenwirtschaft, Die Zeit, 25. April, 1986, S. 18.

SRL – Vereinigung der Stadt-, Regional- und Landesplaner e.V. (Hrsg.), 1986: Nachbesserung von Großsiedlungen der 60er und 70er Jahre, SRL-Informationen 20. Bochum.

Strohmeier, K.P., 1983: Quartier und soziale Netzwerke. Grundlagen einer sozialen Ökologie der Familie. Frankfurt a.M.

Wendt, W.R., 1986: Die ökosoziale Aufgabe: Haushalten im Lebenszusammenhang, in: *A. Mühlum, G. Olschowy, H. Oppl* und *ders.* (Hrsg.), Umwelt – Lebenswelt. Beiträge zu Theorie und Praxis ökosozialer Arbeit. Frankfurt a.M.

Wollmann, H., 1986: Stadtpolitik – Erosion oder Erneuerung des Sozialstaats „von unten"?, in: *ders., B. Blanke* und *A. Evers* (Hrsg.), Die Zweite Stadt. Neue Formen lokaler Arbeits- und Sozialpolitik, Leviathan, Sonderheft 7.

Thomas Olk

Förderung und Unterstützung freiwilliger sozialer Tätigkeiten – eine neue Aufgabe für den Sozialstaat?

1. Problemstellung

In der sozialpolitischen Diskussion wurde der Staat jahrzehntelang als die zentrale Wohlfahrt produzierende Institution betrachtet: „Fortschritt" bzw. „Reform" waren gleichbedeutend mit einer Ausdehnung des öffentlichen bzw. quasi-öffentlichen Sektors, mit quantitativem Wachstum und qualitativer Ausdifferenzierung öffentlicher Institutionen der sozialen Sicherung. Im Hinblick auf das System der gesellschaftlichen Arbeit bedeutete dies, daß Prozesse der Verberuflichung sozialer Hilfeleistungen bzw. deren Professionalisierung im Mittelpunkt der Aufmerksamkeit standen. Unbezahlte und freiwillige soziale Tätigkeiten, die es auch in dieser Phase sozialpolitischer Entwicklung gegeben hat, fanden als selbstverständliche Voraussetzungen verberuflichter Arbeit kaum Interesse.

Inzwischen zeichnet sich ab, daß weder der Staat noch die privaten Familienhaushalte allein in der Lage sein werden, die sich verändernden sozialen Risiken und Bedarfslagen angemessen abzusichern. Hierfür sind vor allem Veränderungen in den Erscheinungsformen sozialer Hilfebedürftigkeiten verantwortlich. Demographische Verschiebungen im Altersaufbau der Bevölkerung – vor allem die Zunahme der Anzahl alter und hochbetagter Menschen – sowie Veränderungen der Lebensweise in modernen Gesellschaften verursachen einen Anstieg vornehmlich „immaterieller" Hilfebedürftigkeiten, wie vor allem Pflegebedürftigkeit, chronisch degenerative Erkrankungen sowie psychosoziale Befindlichkeitsstörungen und Suchtprobleme. Eine Bewältigung dieser Probleme ausschließlich durch staatliche Mittel der Risikoabsicherung, also durch Zuteilung von Rechtsansprüchen, Geldeinkommen und Bereitstellung professioneller Dienstleistungen, wäre weder finanzierbar, noch problemadäquat. Ebenfalls unangemessen wäre es, diesen Problemanfall auf die Familienhaushalte abzuwälzen, die ohnehin einen großen Teil dieser Hilfebedürftigkeiten bislang bewältigt haben. Der gesellschaftliche Strukturwandel der Familien hat nämlich dazu geführt, daß die Leistungsmöglichkeiten der Familienhaushalte genau zu dem Zeitpunkt abnehmen, in dem deren Beiträge zur Bewältigung der angesprochenen sozialen Hilfebedürftigkeiten und Bedarfslagen besonders dringlich bzw. wünschenswert wären.

In dieser Situation setzt in der sozialpolitischen Reformdebatte die Suche nach Möglichkeiten und Wegen zur „Ausschöpfung bislang ungenutzter gesellschaftlicher Ressourcen" bzw. nach zusätzlichen oder gar innovativen Arrangements des Bedarfsausgleichs ein. Dem entspricht, daß auf theoretisch-konzeptioneller Ebene Begrifflichkeiten und Konzepte wie „welfare pluralism" (vgl. Johnson 1987) oder „welfare mix" (vgl. Evers/Wintersberger 1988) eine zunehmend prominente Rolle spielen. Solche *wohlfahrtspluralistischen Konzepte* betonen, daß bei der Produktion von sozialpolitisch relevanten Leistungen eine Mehrzahl unterschiedlicher Institutionen des Bedarfsausgleichs zusammenwirken: Neben den bereits erwähnten (wohlfahrts-)staatlichen Institutionen und Familienhaushalten handelt es sich um privatwirtschaftliche Anbieter, um freie und selbstorganisierte Träger sowie nicht zuletzt um außerhäusliche informelle Unterstützungsnetzwerke (Nachbarschaften, Freundschaften etc.). Im Rahmen dieser Perspektive erweitert sich auch der Blick auf unterschiedliche Formen sozial nützlicher Tätigkeiten. Neben der Erwerbstätigkeit und der Hausarbeit geraten insbesondere die vielfältigen Varianten freiwilliger (und unbezahlter) sozialer Tätigkeiten in den Blick.

Neben Erwartungen, das bürokratisierte und professionalisierte soziale Dienstleistungssystem durch die verstärkte Mobilisierung solcher freiwilliger sozialer Tätigkeiten sowohl kostengünstiger als auch humaner gestalten zu können, tritt in jüngster Zeit vor allem die Hoffnung, die angesichts des angesprochenen Anstiegs immaterieller Problemlagen zu erwartende *„Dienstleistungslücke"* im Bereich sozialer Dienste durch den Einbezug von Selbsthilfe und Ehrenamt ein Stück weit schließen zu können (vgl. etwa Fink 1988). Dieses neuartige „Staatsinteresse" an den freiwilligen sozialen Tätigkeiten hat sich auch bereits in ersten Versuchen zur systematischen und gezielten Förderung und Unterstützung dieses Typs von gesellschaftlich nützlichen Aktivitäten manifestiert.

Die folgenden Ausführungen konzentrieren sich auf den Bereich der *„freiwilligen sozialen Tätigkeiten"*. Unter diesen Begriff fallen höchst unterschiedliche und heterogene Tätigkeitsformen, die von individuellen Hilfeleistungen einzelner Personen für andere über traditionelles und neues ehrenamtliches Engagement in Helfergruppen, Einrichtungen und Diensten der freien Wohlfahrtspflege bzw. in öffentlichen Sozialdiensten bis hin zu Selbsthilfeaktivitäten in kleinen Gesprächsgruppen, aber auch in Initiativen und Projekten reichen. Allen diesen Aktivitätsformen ist gemeinsam, daß sie sich sowohl von der familialen Eigenhilfe als auch von der beruflich entgeltlichen Dienstleistungsarbeit unterscheiden (vgl. dazu ausführlich Olk 1988).

So gilt etwa für gegenseitige Hilfeleistungen unter Familienangehörigen, wie etwa die Betreuung und Versorgung kranker, behinderter oder pflegebedürftiger Personen, daß sie nicht auf dem Prinzip der Freiwilligkeit, sondern der wechselseitigen Verpflichtung zur Hilfe beruhen. Sie sind Bestandteil und Ausdruck auf Dauer angelegter Solidaritätsbeziehungen und alltäglicher Lebensvollzüge. Beruflich entgeltliche Dienstleistungen werden dagegen in formal-organisierten Institutionen zum Zwecke der „Sicherung einer dauerhaften Erwerbschance" (Max Weber) erbracht. Diese Dienstleistungen werden nach Maßgabe eines formal geregelten Versorgungsauftrages für prinzipiell jedes Mitglied der Gesellschaft unter Einhaltung nachprüfbarer Qualitätsstandards bereitgehalten.

Kennzeichnend für sämtliche freiwilligen sozialen Tätigkeiten ist nun, daß sie weder aufgrund einer wie auch immer begründeten Pflicht zur Hilfeleistung noch zum Zwecke der Erzielung eines Erwerbseinkommens, sondern ausschließlich als freiwilliger Beitrag mittelbar oder unmittelbar betroffener Bürger zum Wohl bestimmter Gruppen bzw. zum Gemeinwohl erbracht werden. Hiermit ist keineswegs gesagt, daß Personen, die „freiwillige soziale Tätigkeiten" leisten, überhaupt keine Gratifikationserwartungen hegen, wie dies im Altruismus im engeren Sinne unterstellt wird: entscheidend ist nur, daß sich diese Erwartungen jedenfalls nicht auf ein unmittelbares monetäres Entgelt (im Sinne eines quid pro quo-Austausches) beziehen.

Trotz solcher Gemeinsamkeiten ist es unter bestimmten Gesichtspunkten geboten, zwischen verschiedenen *Typen* freiwilliger sozialer Tätigkeiten zu unterscheiden. In den Fällen, in denen von einem gemeinsamen Problem bzw. Leiden Betroffene sich zusammenschließen, um sich in erster Linie selbst zu helfen (Identität von Produzent und Konsument der Hilfeleistungen), kann von *Selbsthilfe(aktivitäten)* gesprochen werden. In denjenigen Fällen aber, in denen nicht unmittelbar selbst betroffene Personen(-gruppen) anderen bei der Bewältigung ihrer Probleme bzw. Leiden freiwillig und unentgeltlich helfen, liegt *ehrenamtliche Arbeit* vor.

Freiwillige soziale Tätigkeiten in diesem umfassenden Sinne lassen sich heute in nahezu allen Bereichen der Gesellschaft nachweisen. Dies gilt sowohl für die Bereiche von Bauen und Wohnen, Ökonomie und Beschäftigung, Bildung als auch Freizeit und Kultur usw. Dennoch ist es zweckmäßig, den *Jugend-, Sozial- und Gesundheitsbereich* gesondert zu untersuchen. Dies liegt nicht zuletzt daran, daß die in diesem Bereich wirkenden Auslösebedingungen derartiger Aktivitäten, aber auch die von den Beteiligten geäußerten Interessen, Wünsche und Bedürfnisse sowie nicht zuletzt die Bedarfe nach politischer Förderung und Unterstützung sich zum Teil erheblich von denen in anderen Bereichen unterscheiden.

Bevor die Ansatzpunkte und Wirkungen der bisher realisierten Politik einer Unterstützung und Förderung „freiwilliger sozialer Tätigkeiten" untersucht werden (vgl. die Abschnitte 3 u. 4), sollen zunächst einmal der quantitative Umfang, die Leistungspotentiale und Entwicklungsperspektiven sowohl von Selbsthilfe- als auch ehrenamtlichen Aktivitäten in der gebotenen Kürze beschrieben werden.

2. Quantitative Dimensionen freiwilliger sozialer Tätigkeiten

Quantitative Angaben zur Anzahl bestehender Selbsthilfegruppen im engeren Sinne sowie zur Beteiligung der Bevölkerung an Selbsthilfegruppen-Aktivitäten in der Bundesrepublik beruhen zumeist auf Hochrechnungen regional bzw. sektoral begrenzter Stichproben und können daher nur einen ungefähren Eindruck von den realen Größenordnungen vermitteln. Was die Gesamtzahl der Selbsthilfegruppen, -initiativen und -projekte in dem uns hier zentral interessierenden Bereich sozialer Dienste (Jugend-, Gesundheits- und Sozialsektor) anbelangt, so kann davon ausgegangen werden, daß hier ein Anstieg von etwa 5.000 bis 10.000 solcher Gruppen (vgl. Winkelvoss et al. 1981) zu Beginn der 80er Jahre auf gegenwärtig ca. 17.500 bis 20.000 (vgl. Huber 1987, S. 27) zu verzeichnen ist.

Im Rahmen einer Repräsentativstudie zur Gesundheitsselbsthilfe haben Grunow et al. (vgl. 1983, S. 120ff.) ermittelt, daß lediglich 3,3 % der Befragten überhaupt schon einmal Erfahrungen mit Selbsthilfegruppen hatten; daß für einen Großteil dieser Personen (2,4 %) diese Teilnahme aber nur eine vorübergehende und kurzfristige Aktivität darstellte. Dagegen gaben nur knapp 1 % der Befragten an, sich sehr häufig in Selbsthilfegruppen engagiert zu haben. Aus den Befunden zur Haushaltsbefragung dieser Studie läßt sich hochrechnen, daß sich ca. 1 % der Bevölkerung zwischen 15 und 80 Jahren jeweils an Selbsthilfegruppen beteiligt; allerdings gibt es eine quantitativ relevante Gruppe von Befragten (von den Einzelpersonen meinten dies mehr als 35 %), die sich eine Teilnahme an Selbsthilfegruppen-Aktivitäten vorstellen konnte. Eine quantitative Erhebung von Selbsthilfegruppen in den Bereichen Gesundheit, Behinderung, psychosoziale Probleme und soziale Schwierigkeiten in Nordrhein-Westfalen (vgl. Jakubowski 1987) weist insgesamt eine Anzahl von 6.418 Selbsthilfegruppen (= 1 Selbsthilfegruppe auf 2.598 Einwohner) aus, in denen ca. 96.270 Personen aktiv sind. Dies wären ca. 0,8 % der 15- bis 75jährigen Einwohner in Nordrhein-Westfalen.

Obwohl sich die einzelnen Untersuchungen also auf unterschiedliche Ausschnitte der Selbsthilfegruppen-Szene beziehen, bzw. unterschiedliche Erfassungsmethoden und Bezugsgrößen wählen, so stimmen sie doch darin überein, daß zwischen 0,5 bis 1 % der bundesrepublikanischen Bevölkerung an Selbsthilfegruppen-Aktivitäten teilnehmen.

Solche Angaben über Umfang und Verbreitungsgrad von Selbsthilfegruppen-Aktivitäten lassen es geraten erscheinen, das Leistungspotential von Selbsthilfe im Jugend-, Sozial- und Gesundheitsbereich nicht zu überschätzen. Der gesellschaftliche Stellenwert und die hohe sozialpolitische Signifikanz von Selbsthilfegruppen-Aktivitäten ergeben sich ganz offensichtlich weniger aus ihrer quantitativen Verbreitung als vielmehr aus ihrer qualitativen Bedeutung als *innovatives Element* zur Erneuerung des Systems sozialstaatlicher/professioneller Versorgung.

Entgegen der semantischen Bedeutung und Geschichte des Begriffes „Ehrenamt" gilt für die gegenwärtige Situation, daß der überwiegende Anteil ehrenamtlicher Tätigkeiten nicht mit der Übertragung eines öffentlich-rechtlichen Amtes verbunden ist. Dies gilt insbesondere für die unmittelbaren persönlichen Dienstleistungen im Sozialsektor. Dementsprechend schlägt der Ausschuß „Statistik" der Bundesarbeitsgemeinschaft der Freien Wohlfahrtspflege folgende Definition vor: „Ehrenamtliche Mitarbeit ist freiwillige, nicht auf Entgelt ausgerichtete Tätigkeit im sozialen Bereich. Um ehrenamtliche, d.h. unentgeltliche, Mitarbeit handelt es sich auch dann, wenn nur Aufwandsentschädigungen oder Auslagenersatz gewährt werden" (BAG FW 1982a, S. 5).

Da ehrenamtliche Tätigkeiten zumeist nicht mit formalen Abmachungen und Verträgen verbunden sind und zudem die Form ihrer Organisation höchst unterschiedlich ausfallen kann, ergeben sich erhebliche Probleme bei der präzisen Erfassung ihres Umfangs und ihrer Struktur. Hinzu kommt, daß vorliegende Untersuchungen und Schätzungen unterschiedliche Definitionen ehrenamtlicher Aktivitäten zugrunde legen und deshalb schwer zu vergleichen sind. Sollen dennoch Aussagen über quantitative Größenordnungen gemacht werden, so sind zunächst einmal die ehrenamtlichen Aktivitäten innerhalb der etablierten verbandlichen Wohlfahrtspflege von denjenigen, die außerhalb abgeleistet werden, zu unterscheiden.

Die Bundesarbeitsgemeinschaft der Freien Wohlfahrtspflege schätzt die Anzahl ehrenamtlicher Mitarbeiter auf der Grundlage von Repräsentativbefragungen bereits seit zehn Jahren auf 1,5 Millionen Personen (vgl. BAG FW 1987). Ein Drittel davon sind Männer, zwei Drittel Frauen. Hierzu stehen Aussagen und Einschätzungen von Verbandsvertretern, die seit 1973 ein kontinuierliches Nachlassen des ehrenamtlichen Engagements beklagen. Diese abnehmende Bereitschaft zur freiwilligen Betätigung im Sozialsektor betrifft vor allem Verwaltungs- und Sammlungstätigkeiten, öffentliche Ehrenämter (wie z.B. Vormundschaften und Pflegschaften), aber vor allem auch Aufgabenbereiche, die eine kontinuierliche und beschwerliche Betätigung mit einer Einschränkung persönlicher Dispositionsspielräume mit sich bringt. In den einschlägigen verbandlichen Verlautbarungen werden hierfür insbesondere die Entmutigung ehrenamtlicher Kräfte durch ihre Reduktion auf „Erfüllungsgehilfen" oder „Lückenbüßer" für berufliche Fachkräfte sowie auf generelle gesellschaftliche Entwicklungen wie die Säkularisierung und die wachsende Partizipation von Frauen am Arbeitsmarkt verantwortlich gemacht.

Einen überraschenden Trendbruch signalisiert die letzte Allensbach-Untersuchung von 1985. Im Gegensatz zu den Angaben der Umfrage von 1979 geben in dieser Umfrage nicht 3,8 %, sondern 6,1 % (oder fast 3 Millionen Personen) an, daß sie (ehrenamtlich oder hauptberuflich) bei der Freien Wohlfahrtspflege mitarbeiten (vgl. Institut für Demoskopie Allensbach 1985). Da der hier zum Ausdruck kommende Zuwachs von Mitarbeitern um 1 Million Personen durch die inzwischen real erfolgte Expansion hauptamtlicher Mitarbeiter nicht vollständig erklärt werden kann, haben diese Ergebnisse auch in den Verbänden selbst zu Irritationen und zu einer methodischen Kritik dieser Untersuchung geführt (vgl. Niedrig 1986). Teresa Bock stellt auf der Grundlage dieser neuen Zahlenangaben im Hinblick auf das ehrenamtliche Engagement folgende Berechnung an: „Wenn davon (also von diesen 3 Millionen in der Wohlfahrtspflege aktiven Bürgern, d.V.) 758.202 hauptamtliche Mitarbeiter (557.440 Vollzeit- und 200.762 Teilzeitbeschäftigte), ca. 53.000 Zivildienstleistende und ca. 200.000 stundenweise Beschäftigte mit geringer Vergütung abgezogen werden, bleiben 2 Millionen über 16jährige Bürger, die sich in ehrenamtlicher Arbeit engagieren. Es kann davon ausgegangen werden, daß ca. 500.000 dieser Bürger sich an sozialen Aktivitäten von Jugendverbänden, Frauenverbänden, politischen Vereinigungen, Kirchengemeinden, Aktionsgruppen, kommunalen Diensten, außerhalb von Wohlfahrtsverbänden, aber oft in Kooperation mit ihnen beteiligen" (1988, S. 302). Folgt man dieser Berechnung, dann landet man wieder bei der Zahl von 1,5 Millionen Personen, die im engeren Sinne bei der Freien Wohlfahrtspflege ehrenamtlich tätig sind.

Aus den zur Verfügung stehenden Verbandsstatistiken und Studien geht hervor, daß zwischen 50 und 60 % der Ehrenamtlichen im Bereich der unmittelbaren persönlichen Hilfen, die übrigen dagegen im Bereich administrativer Funktionen sowie der Gremien- und Vorstandsarbeit engagiert sind. Die Daten der verschiedenen Allensbacher Untersuchungen verweisen zusätzlich auf einige interessante Veränderungen in der sozialen Zusammensetzung der Gruppe der bei den Wohlfahrtsverbänden engagierten Ehrenamtlichen: Die bislang überrepräsentierte Altersgruppe der 45- bis 60jährigen ist seit den 70er Jahren nicht mehr signifikant angewachsen; dagegen nahm der Anteil der über 60jährigen kräftig zu. Auch in der bisher stark unterrepräsentierten Altersgruppe der 30- bis unter 45jährigen sind inzwischen Zuwächse zu verzeichnen, die wohl mit dem stärkeren Engagement von Frauen dieser Altersgruppe in der Nachbarschaftshilfe zusammenhängen dürften (vgl. Institut für Demoskopie Allensbach 1985).

Vor dem Hintergrund der sozialpolitischen Kontroverse um die Möglichkeiten und Risiken einer Einsparung von Sozialausgaben durch verstärkten Einsatz ehrenamtlicher Kräfte stellt sich die Frage, ob es Anhaltspunkte für eine Substitution hauptamtlicher durch ehrenamtliche Mitarbeiter – vor allem in der Freien Wohlfahrtspflege – gibt. Gegen diese Vermutung spricht zunächst, daß in den letzten Jahren die Anzahl hauptamtlicher Mitarbeiter in der Freien Wohlfahrtspflege von 592.870 im Jahre 1981 (vgl.

BAG FW 1982) auf 758.202 hauptamtliche Mitarbeiter im Jahre 1986 angestiegen ist (vgl. BAG FW 1987).

Berücksichtigt man allerdings die unterschiedlichen Arten von Beschäftigungsverhältnissen, dann zeigt sich, daß im Bereich der Freien Wohlfahrtspflege eine kräftige Zunahme von Teilzeitbeschäftigung, subventionierter Beschäftigungsverhältnisse (ABM-Stellen) sowie von ungesicherten und befristeten Beschäftigungsverhältnissen zu verzeichnen ist. Auch wenn von einer gezielten und weitreichenden Substitution hauptamtlicher durch ehrenamtliche Kräfte kaum die Rede sein kann, so scheint doch zuzutreffen, daß insbesondere in bestimmten Bereichen der Freien Wohlfahrtspflege (etwa im Bereich der „offenen Hilfen") die systematische Mobilisierung und Integration ehrenamtlicher Mitarbeiter von einer *Deregulierung und Deprofessionalisierung hauptamtlicher Mitarbeit* begleitet wird (vgl. Bendele 1988).

Abgesehen von solchen Entwicklungen gibt es Anzeichen dafür, daß die potentiell an ehrenamtlichem Engagement interessierten Bürger immer weniger bereit sind, in den etablierten, hochorganisierten Einrichtungen und Diensten der Freien Wohlfahrtspflege mitzuarbeiten. Statt dessen nimmt das Interesse sowohl an gering formalisierten Organisations- und Tätigkeitsformen, wie etwa Nachbarschaftshilfen, als auch an selbstorganisierten bzw. alternativen Trägern, Gruppen und Vereinen zu. Diese Tendenz wird durch repräsentative Bevölkerungsumfragen zum sozialen Engagement in der Bundesrepublik bestätigt. Solche Studien zeigen nämlich, daß der Anteil der erwachsenen Bundesbürger, die im Sozialsektor in irgendeiner Form freiwillig und unentgeltlich tätig sind, zwischen 7 und 8 Millionen Personen schwankt, und damit erheblich höher ausfällt, als die Anzahl von 1,5 Mio. bei den etablierten Trägern der Freien Wohlfahrtspflege tätigen Ehrenamtlichen es erwarten lassen würde (vgl. Infas 1984; Braun/Röhrig 1987; Glatzer 1984). Diese Diskrepanz, aber auch die in den repräsentativen Bevölkerungsumfragen zum Ausdruck kommenden veränderten Präferenzen, Wünsche und Ansprüche von an ehrenamtlicher Arbeit beteiligten und/oder interessierten Bürgern verweist darauf, daß die Fähigkeit der etablierten Wohlfahrtsverbände, das Potential sozialen Engagements an sich zu binden, abgenommen hat. Die Bereitschaft zur Beteiligung an freiwilligen unentgeltlichen Tätigkeiten schwindet aber keineswegs generell, sondern verlagert sich auf neue Betätigungsfelder und Organisationsformen. Insbesondere der Wunsch, über die Gestaltung des eigenen Engagements selbst entscheiden zu wollen, das Interesse an interessanten und abwechslungsreichen Tätigkeiten und die Bevorzugung möglichst flexibler Zeitvorgaben reiben sich an den Bedingungen des Einsatzes ehrenamtlicher Mitarbeiter in den meisten Einrichtungen und Diensten der freien Wohlfahrtspflege. Die empirischen Befunde (vgl. z.B. Braun/Röhrig 1987, S. 79) zeigen dementsprechend, daß insbesondere jüngere Befragte, und hier wiederum vor allem jüngere Frauen (vgl. auch Ballhausen et al. 1986), am wenigsten dazu neigen, ihr ehrenamtliches Engagement in den traditionellen Einrichtungen und Diensten der Freien Wohlfahrtspflege abzuleisten. Auch was die Beweggründe zum ehrenamtlichen Engagement angeht, scheint sich ein Wandel anzubahnen: Konfessionelle und caritative Motive nehmen an Bedeutung ab, Bedürfnisse wie der Wunsch nach Selbstverwirklichung, nach gelungenen sozialen Beziehungen, Selbstbestimmung, Partizipation und Selbstorganisation scheinen dagegen zuzunehmen (für weitere Informationen vgl. die Studie von Oswald et al. 1987).

Faßt man sämtliche Aspekte und Tendenzen des derart gekennzeichneten *„Strukturwandels" des Ehrenamtes* (vgl. Olk 1987) zusammen, so ergibt sich folgendes Bild:

- Das „alte" Ehrenamt ist in überkommene Sozialmilieus eingebunden und durch gesellschaftliche Zentralwerte (wie christliche Nächstenliebe, Humanität oder Klassensolidarität) legitimiert; es ist hochorganisiert, in festgefügte Formen der Kooperation und Arbeitsteilung eingebaut und unterliegt in der Regel den Weisungen und der Aufsicht professioneller bzw. hauptamtlicher Mitarbeiter.
- Demgegenüber ist das „neue" Ehrenamt eher durch die Erfahrung konkreter Benachteiligungen und Leiden (Betroffenheit) motiviert, entwickelt sich in überschaubaren lokalen Lebenszusammmenhängen und äußert sich in weitgehend selbstbestimmten, autonomen und gering formalisierten Organisationsformen; das Interesse an der Bewältigung und Uberwindung einer eigenen Problemsituation, soziale Gesinnung und politischer Veränderungswille gehen eine neuartige Verbindung ein.

Solche Befunde verweisen darauf, daß die Grenzen zwischen Selbsthilfe und bestimmten Varianten „neuer Ehrenamtlichkeit" zu verschwimmen beginnen. Bei manchen selbstorganisierten Projekten und Gruppierungen ist es allenfalls noch eine Frage der Selbsteinschätzung, ob sich die Beteiligten als „Selbsthelfer" oder „Ehrenamtliche" verstehen wollen. Aber selbst im unmittelbaren Umfeld der Freien Wohlfahrtspflege wird diese Entwicklung spürbar: Auch Vertreter der Freien Wohlfahrtspflege stellen fest, daß sich die ehrenamtlichen Mitarbeiter als Einzelpersonen aus den Einrichtungen und Diensten zurückziehen und an anderer Stelle als Mitglieder von Vereinen, Gruppen und Initiativen wieder in Kontakt mit Wohlfahrtsverbänden treten, und auf diese Weise neben dem „ersten" System wohlfahrtsverbandlicher Dienste ein „zweites" System ehrenamtlicher und selbstorganisierter Dienste entwickeln (vgl. Bock 1988, S. 305ff.).

3. Maßnahmen und Strategien öffentlicher Selbsthilfe-Förderung

Nach jahrelanger Zurückhaltung und Skepsis in Politik und Verwaltung gegenüber der Selbsthilfe-Szene und einer weitverbreiteten Abneigung gegen „Staatsknete" bei den Selbsthilfegruppen, -initiativen und -projekten, kann mittlerweile von einem zumindest auf der programmatischen Ebene zu beobachtenden regen Interesse an Selbsthilfe und Selbstorganisation und Möglichkeiten zu ihrer politischen Förderung und Unterstützung gesprochen werden. Die in diesem Zusammenhang geführten fachpolitischen Debatten kreisten insbesondere um Fragen nach deren spezifischen Leistungsmöglichkeiten im Jugend-, Gesundheits- und Sozialbereich, nach ihrem besonderen Förderbedarf und den Auswirkungen einer systematischen Selbsthilfe-Förderung auf das professionelle Versorgungssystem.

In weitgehender Übereinstimmung mit Stellungnahmen und Empfehlungen einschlägig arbeitender Sozialwissenschaftler und fachpolitischer Interessenvertreter (vor allem der Deutschen Arbeitsgemeinschaft Selbsthilfegruppen e.V.) hat sich die bisherige Selbsthilfe-Förderungspolitik im wesentlichen auf zwei kombinierte Instrumente konzentriert: nämlich (1.) auf die direkte finanzielle Förderung von Selbsthilfe durch die Bereitstellung entsprechender Haushaltsmittel bzw. die Einrichtung von Selbsthilfe-Förderfonds und (2.) die infrastrukturelle Förderung von Selbsthilfe durch die Einrichtung sogenannter „Selbsthilfe Kontakt- und Ressourcenstellen". Aus den besonderen Merkmalen des Fördergegenstandes ergibt sich, daß der Schwerpunkt einer entsprechenden Förder-Politik zunächst einmal auf der *kommunalen Ebene* liegt. Es waren daher auch nicht zufällig einige Großstädte bzw. Stadtstaaten, die mit entsprechenden Vorhaben und Modellen spürbare Anstoßwirkungen für andere Kommunen ausgelöst haben. In diesem Zusammenhang ist nicht lediglich auf Berlin zu verweisen, das mit seinem legendären, ursprünglich 7,5 Millionen Mark umfassenden Selbsthilfe-Förder-Fonds ab 1983 ein 5-Jahres-Programm zur Förderung von Selbsthilfegruppen implementierte (vgl. Fink 1988a; kritisch Krotz 1988). Auch Hamburg, wo im Jahre 1981 die erste Selbsthilfe-Kontaktstelle der Bundesrepublik gegründet wurde, sowie Bremen, München und Nürnberg haben mittlerweile zum Teil innovative, zum Teil von ihrem Finanzvolumen her über das übliche hinausgehende Programme installiert (vgl. für Einzelheiten Jakubowski 1988; Selbsthilfezentrum München 1988).

(1) Was die *finanzielle* Förderung von Selbsthilfe anbelangt, so ist zu berücksichtigen, daß der diesbezügliche Unterstützungsbedarf sozialer Selbsthilfegruppen höchst unterschiedlich ausfallen kann. Kleine, gering formalisierte Selbsthilfegruppen im Gesundheits- und Sozialbereich benötigen allenfalls geringe Geldbeträge, wie sie sich aus Aufwendungen für Porto-, Telefon- und Druckkosten usw. ergeben. Selbsthilfeinitiativen und -projekte, die einen größeren Koordinations- und Verwaltungsaufwand bewältigen müssen, die zum Teil bezahlte Mitarbeiter beschäftigen und Hilfeleistungen für Nicht-Mitglieder erbringen, benötigen bereits Unterstützung in wesentlich höheren Dimensionen. Auch Selbsthilfeverbände und -zusammenschlüsse, die auf Landes- oder Bundesebene die Interessen ihrer Mitgliedseinrichtungen und -organisationen vertreten, sind bei der finanziellen Förderung mit ihren spezifischen Bedarfen zu berücksichtigen.

Ein erster Überblick über den Stand der finanziellen Selbsthilfe-Förderung in der Bundesrepublik liegt mit der nicht repräsentativen schriftlichen Befragung von Sozial- und Gesundheitsämtern, die im Jahre 1986 von der

NAKOS durchgeführt worden ist, vor (vgl. Beutin/Fehse o.J.). Aus dieser Studie geht hervor, daß zwar ein großer Teil der befragten Stellen angab (knapp 78 %), daß sie eine Förderung von Selbsthilfe-Zusammenschlüssen vornehmen, allerdings geht der überwiegende Anteil derart eingesetzter Mittel an bereits seit längerem bestehende große Selbsthilfe-Organisationen und ehrenamtliche Helfergruppen bzw. an zu Unrecht unter dem Selbsthilfebegriff geführte professionelle Institutionen, wie etwa Ehe- und Lebensberatungsstellen. Lediglich in elf Fällen kann gesichert davon ausgegangen werden, daß für die finanzielle Unterstützung von Selbsthilfegruppen ein eigener zweckgebundener Haushaltstitel zur Verfügung steht. Der Gesamtumfang der kommunalen Fonds liegt im Jahre 1986 bei lediglich ca. 4 Millionen DM, wobei allein 3,4 Millionen DM auf die Städte München und Nürnberg entfallen.

Eine finanzielle Unterstützung von Selbsthilfe erfolgt mittlerweile auch auf der Ebene der Länder. In dieser Hinsicht registrieren Beutin und Fehse zum Zeitpunkt ihrer Untersuchung, daß in den CDU-regierten Bundesländern vorwiegend Selbsthilfeorganisationen und ehrenamtlich arbeitende Gruppen unterstützt werden, während in den SPD-regierten Ländern vor allem eine Unterstützung von Arbeitslosen-Initiativen und alternativökonomischen Projekten erfolgt. Obwohl diese Einschätzung in der Tendenz heute noch stimmt, bemühen sich mittlerweile auch Bremen und Nordrhein-Westfalen um eine Unterstützung der Selbsthilfegruppen im Sozial- und Gesundheitsbereich. Für das Jahr 1986 gilt, daß insgesamt fünf Behörden bzw. Ministerien der Länder über Förderprogramme zur Unterstützung von Selbsthilfe-Zusammenschlüssen verfügen. Der Gesamtumfang der Förderung beträgt hier knapp 10 Mio. DM.

Auch auf der Ebene des Bundes existiert mittlerweile eine finanzielle Unterstützung von Selbsthilfe. Insbesondere im BMJFFG, in dem seit 1985 eine „Arbeitsgruppe Selbsthilfe" besteht, bemüht man sich um eine Koordination und Verstärkung der selbsthilfebezogenen Fördermaßnahmen auf Bundesebene. Im Jahre 1987 wurde ein neuer Titel „Förderung zentraler Maßnahmen und Organisationen der Selbsthilfe" im Haushalt des Ministeriums eingerichtet. Mit Hilfe dieser Mittel soll erstmalig jenseits der in den jeweiligen Ressorts betriebenen Fördermaßnahmen Selbsthilfe *fachübergreifend* durch bundesweit bedeutsame Projekte und Initiativen unterstützt werden (vgl. Hesse 1987; Wend 1988).

Die hier zusammengetragenen Angaben zum Umfang und zur Art der finanziellen Unterstützung von Selbsthilfegruppen und -initiativen zeigen, daß eine erhebliche Diskrepanz zwischen der politischen Thematisierung und symbolischen Anerkennung von Selbsthilfegruppen und -initiativen und ihrer tatsächlichen materiellen Unterstützung besteht. Eine genauere Analyse der Fördermodalitäten würde zudem ergeben, daß gerade im Bereich der finanziellen Förderung administrative und politische Kontrollinteressen besonders stark ausgeprägt sind und daher tendenziell die Gefahr besteht, daß der „Eigensinn" und die spezifische Funktionslogik selbstorganisierter Gruppen und Projekte durch solche Regelungen beeinträchtigt werden. Generell gilt, daß je weiter die Selbsthilfegruppen und -projekte von den Problemdefinitionen, inhaltlichen Arbeitskonzepten und ressortspezifischen Kompetenzschneidungen von Politik und Verwaltung entfernt sind, desto eher das Risiko laufen, aus der Förderung herauszufallen.

(2) Die *infrastrukturelle* Unterstützung von Selbsthilfe erfolgt in der Regel durch sogenannte *Selbsthilfe Kontakt- und Ressourcenstellen* (für die es mittlerweile unterschiedliche Bezeichnungen und damit auch Abkürzungen gibt). Ziel dieses Einrichtungstypes ist es, die materiellen und infrastrukturellen Rahmenbedingungen für Selbsthilfegruppen zu verbessern, einzelne und Gruppen bei ihren Selbsthilfe-Aktivitäten (durch Beratung, Unterstützung bei der Gruppengründung bzw. bei auftretenden Krisen) zu unterstützen, potentiell Interessierte für Selbsthilfe zu aktivieren bzw. sie an bestehende Selbsthilfegruppen zu vermitteln, sowie nicht zuletzt die Zusammenarbeit zwischen professionellen Mitarbeitern und Angehörigen von Selbsthilfegruppen weiterzuentwickeln und zu intensivieren (vgl. DAG SHG 1987, Braun/Röhrig 1987, S. 143ff.; Heinze/Olk/Hilbert 1988, S. 194ff.). Inzwischen gibt es nicht lediglich in Großstädten, sondern auch in Mittel- und Kleinstädten sowie auf dem Lande insgesamt um die 100 solcher Selbsthilfe Kontakt- und Ressourcenstellen.

Der gegenwärtige Stand infrastruktureller Selbsthilfe-Förderung durch Kontaktstellen geht aus einer Befragung hervor, die die NAKOS im Jahre 1987 bei allen ihr bekannten Personen und Einrichtungen, die in der Bundesrepublik und in Berlin-West Selbsthilfegruppen unterstützen, durchgeführt hat (vgl. Thiel 1988). Die Befragung zeigt, daß sich die Politik der infrastrukturellen Selbsthilfe-Förderung nach einer Experimentier- und Orientierungsphase nun im Prozeß der Institutionalisierung befindet. Infrastrukturelle Selbsthilfe-Unterstützung entwickelt sich „zu einem 'Dienstleistungsangebot' unter vielen anderen, mit dem sowohl große, traditionelle Träger auf einen möglicherweise zukunftsträchtigen fahrenden Zug aufspringen wollten, wie auch die große Zahl von sozialwissenschaftlichen, psychologischen und pädagogischen Hochschulabsolventen mit prekären Beschäftigungsaussichten. Spezielle Mittel sind – wenn auch überwiegend nur in geringem Umfang oder mit ungesichertem Status – vorhanden" (Thiel 1988, S. 91). In diesem Zusammenhang scheint sich auch so etwas wie ein geschlossenes Berufsbild der „Selbsthilfegruppen-Unterstützer" herauszubilden, das in Ausbildungsgängen und Curricula institutionalisiert zu werden beginnt.

Die Befragung informiert darüber, daß die meisten Kontaktstellen nach 1981 entstanden sind, daß es solche Stellen sowohl bei großen „traditionellen" Trägern als auch bei kleinen „neuen" Trägern als eigenständige Einrichtungen gibt, als auch als unselbständige Arbeitsfelder in Einrichtungen und Diensten der psychosozialen und gesundheitlichen Versorgung (etwa bei den AOKs). Zielgruppen der Kontaktstellen sind insbesondere Selbsthilfegruppen im psychosozialen und Gesundheitsbereich; weitgehend ausgeklammert werden wirtschaftliche Alternativprojekte, aber auch kulturelle Projekte und Initiativen. Auch im Hinblick auf die infrastrukturelle Förderung von Selbsthilfe kann also von einer gewissen Konsolidierung auf allerdings geringem Niveau mit unsicherer Zukunft gesprochen werden.

4. Strategien und Maßnahmen zur Gewinnung und zum Einsatz ehrenamtlichen Engagements

Mobilisierung, Rekrutierung, Qualifizierung und Einsatz ehrenamtlicher Mitarbeiter gehörten und gehören auch heute noch zu den „klassischen" Aufgaben der Einrichtungen und Dienste freier Wohlfahrtspflege. Der Staat bzw. Länder und Kommunen beschränken sich daher in dieser Hinsicht zumeist darauf, die freien Träger bei der Erfüllung dieser Aufgabe zu unterstützen, indem sie ihnen finanzielle Subventionen zukommen lassen. Erst seitdem das staatliche Interesse an der Nutzung der Ressource „soziales Engagement" ansteigt, gerät diese eingespielte Aufgabenverteilung in Bewegung. Seit einigen Jahren beteiligen sich staatliche Institutionen auf allen Ebenen des vertikalen Instanzenzuges mit eigenen Vorstößen und Experimenten an der direkten Förderung und Unterstützung ehrenamtlicher Arbeit. Ordnet man diese Strategien und Konzepte nach den jeweils intendierten Wirkungsmechanismen, so lassen sich Überzeugungsprogramme, finanzielle Anreize, Maßnahmen der infrastrukturellen Steuerung sowie Strategien der Zwangsverpflichtung unterscheiden.

(1.) Der erstgenannte Typus von Maßnahmen und Strategien zielt darauf ab, die Einstellungen und Orientierungen der Bevölkerung zum sozialen Engagement durch gezielte Werbungs- und Informationskampagnen in positiver Richtung zu verändern. Solche Werbeaktionen sind im Bundesgebiet – etwa in Form der Aktion „Reden ist Silber, Handeln ist Gold" – sowie auch in Berlin – z.B. unter dem Motto: „Ich für Dich" – durchgeführt worden. Dem Einsatz dieses Instrumentes liegt die Überlegung zugrunde, daß es den an ehrenamtlicher Mitarbeit nicht beteiligten Bevölkerungsgruppen sowohl an Informationen fehlt, etwa darüber, in welchen Bereichen man sich nützlich machen kann, als auch an Motivation, ihre frei disponierbare Zeit für ehrenamtliches Engagement zu verwenden. Aus diesem Grunde wird versucht, durch die Bereitstellung von Informationen und die Aktivierung bestimmter Wertbindungen und Emotionen („Gemeinwohlorientierung", „Solidarität" etc.) die bestehenden Barrieren gegen ein soziales Engagement zu reduzieren.

Die bisher gemachten Erfahrungen weisen übereinstimmend darauf hin, daß insbesondere generelle, breit gestreute Appelle in den Massenmedien wenig dazu beitragen können, um Personen relativ direkt zur Übernahme konkreter ehrenamtlicher Tätigkeiten anzuregen. Die besonderen Perzeptionsbarrieren und -bereitschaften einzelner Bevölkerungsgruppen bzw. das Wirken eventueller gegenläufiger Faktoren können bei solchen ungezielten Überzeugungsprogrammen zu wenig berücksichtigt und modifiziert werden. Solche Programme verpuffen daher entweder folgenlos, oder sie produzieren „Strohfeuereffekte". Es melden sich dann zwar viele potentiell interessierte Bürger, aber die meisten von ihnen springen im Verlaufe der nachfolgenden Allokation und Selektion für einzelne Einrichtungen und Dienste bzw. Aufgabenbereiche relativ rasch wieder ab, weil ihre gering spezifizierte Erwartungshaltung mit den konkreten Einsatzbedingungen ehrenamtlicher Mitarbeit zumeist nicht übereinstimmt. Allerdings scheint es in den USA und in Großbritannien durchaus gelungen zu sein, lokale Radio- und Fernsehprogramme für gezielte, auf die örtlichen Verhältnisse und ihre Population abgestimmte Werbestrategien einzusetzen. Zumindest zeigen Evaluationsstudien aus den USA, daß auf diese Weise in wenigen Minuten Erfolge erzielt worden sind, die durch die üblichen infrastrukturellen Vermittlungsinstitutionen normalerweise erst in Monaten erzielt werden können (vgl. Townsend 1978).

(2.) Der zweitgenannte Typus von Maßnahmen und Strategien bedient sich der *positiven bzw. negativen finanziellen Anreize.* Die in diesem Falle angezielte Wirkungslogik läuft darauf hinaus, durch selektive Anreize die Kosten-Nutzen-Relationen für die Individuen derart zu verändern, daß eine Entscheidung für ehrenamtliches Engagement – da Nutzen mehrend – als individuell rationale Option erscheint.

Auf der Ebene idealtypisch unterstellter Wirkungsbedingungen widersprechen sich die Anreizlogiken von Überzeugungsprogrammen und finanziellen Anreizen. Entweder gelingt es, die Bindung an übergreifende Werte (wie etwa das Ethos des Gemeinsinns oder die Solidarität mit den Unterprivilegierten etc.) zu aktualisieren mit der Folge, daß finanzielle Belohnungen für das soziale Engagement kontraproduktiv bzw. bestenfalls unschädlich wirken würden. Oder aber die Individuen ziehen materielle Gratifikationen vor, was aber wiederum einschließen würde, daß der Appell an gemeinsame Wertbindungen folgenlos bleiben müßte. In der Realität einer hochgradig pluralisierten und individualisierten Gesellschaft können sich allerdings die Effekte beider Programmtypen aufsummieren. Dies wäre dann zu erwarten, wenn einzelne Personen(-gruppen) aufgrund unterschiedlicher Präferenzen auf die gegenläufigen Anreizsysteme verschieden reagieren. Jedenfalls zeigen die sozialwissenschaftlichen Analysen und Debatten um den „Strukturwandel des Ehrenamtes", daß es sowohl Phänomene einer „neuen Solidarmoral" als auch eine Bedeutungsaufwertung materieller Gratifikationen beim Sozialengagement gibt.

Dem entspricht, daß sich in der Praxis der Einrichtungen und Dienste, die auf ehrenamtliche Mitarbeit zurückgreifen, eine breite Palette von monetären Anreizen entwickelt hat, die von Unkostenerstattungen in nachgewiesenen Einzelfällen, über pauschale Aufwandsentschädigungen, Taschengelder bis hin zu geringfügigen Entgelten reichen (vgl. Alff et al. 1985, S. 14; Braun/Articus 1985, S. 324). Die mittlerweile unüberschaubare Vielfalt von Regelungen und Praktiken signalisiert, daß es sich hierbei um situative und informelle Anpassungsstrategien einzelner Dienste und Einrichtungen handelt, die vor dem Hintergrund institutioneller Zwänge (möglichst kostengünstige Produktion von Diensten und Leistungen) und veränderter Ansprüche potentiell interessierter Ehrenamtlicher ausprobiert werden.

Neuerdings werden solche materiellen Gratifikationen nicht lediglich durch freie Träger, sondern auch durch öffentliche Institutionen angeboten. In diesem Zusammenhang sind insbesondere Vorschläge und Modelle wie die Nichtbesteuerung geringfügiger finanzieller Anerkennungen, die Einführung eines Null-Tarifes für ehrenamtliche Helfer in öffentlichen Verkehrsmitteln sowie vor allem Sozialversicherungsgutscheine (also die Anrechnung von Sozialtätigkeiten als Beiträge zum Aufbau von Rentenansprüchen) (vgl. Gretschmann et al. 1989, S. 206ff.) erwähnenswert. Auch in Modellprojekten und innovativen Strategien zur Gewinnung und Stabilisierung sozialen Engagements in sozialpolitisch brisanten Aufgabenfeldern spielen finanzielle Anreize eine strategisch neuartige Rolle. So wird etwa im Kent Community Care Scheme in Großbritannien seit einigen Jahren modellhaft erprobt, welche Auswirkungen der Einsatz geringfügiger Entgelte bei der Mobilisierung von Ehrenamtlichen für die Betreuung pflegebedürftiger alter Menschen in wohngebietsbezogenen Projekten zeitigt (vgl. Qureshi/Challis/Davies 1983; Challis/Davies 1985). Die bislang vorliegenden Ergebnisse der wissenschaftlichen Begleitforschung zeigen, daß es insbesondere Frauen aus unteren sozialen Schichten sind, die diese freiwillig angebotenen Entgelte überdurchschnittlich in Anspruch nehmen. Dabei scheinen die Honorare insbesondere für diese spezifische Bevölkerungsgruppe eine Möglichkeit darzustellen, ihr außerhäusliches Engagement gegenüber den Familienmitgliedern zu legitimieren und zugleich für sie die gesellschaftliche Nützlichkeit dieser Tätigkeit zu dokumentieren.

Ähnliche Erfahrungen werden gegenwärtig auch in den sogenannten Mütterzentren gemacht (vgl. Jaeckel et al. 1988), die sich als lokale Ressourcenzentren verstehen, in denen Familienfrauen mit ihren Kindern vornehmlich auf Hausarbeit und Familientätigkeit bezogene Aufgaben und Probleme in eigener Regie und unter Einsatz sozialen Engagements gemeinsam angehen. Auch in diesen Einrichtungen werden Frauen, die bestimmte Aufgaben im Zusammenhang mit dieser Einrichtung übernehmen, durch Honorare entlohnt. Sie interpretieren diese Entgelte aber nicht als Lohn für eine (geringfügige) Erwerbstätigkeit, sondern ebenfalls als Legitimation für ihre Betätigung im öffentlichen Raum sowie als gesellschaftliche Anerkennung ihrer Hausfrauen- und Erziehungstätigkeit. Auch hier zeigt sich, daß durch die Honorierung bestimmter Tätigkeiten auch solche Frauen mobilisiert werden können, die in traditionellen ehrenamtlichen Tätigkeitsbereichen unterdurchschnittlich repräsentiert sind.

An diesen wenigen Beispielen wird deutlich, daß je nach Höhe der materiellen Gratifikationen die Grenzen zwischen ehrenamtlichem sozialen Engagement und (ungesicherter) Beschäftigung undeutlich werden. Ein zentrales Problem dieses Typs von Anreizstrategien liegt also in der Ausbalancierung der Höhe des Anreizes. Sind die finanziellen Gratifikationen so niedrig angesetzt, daß sie keinen wesentlichen Beitrag zur materiellen Absicherung darstellen, dann dürften nur diejenigen Bevölkerungsgruppen erreicht werden, die ohnehin schon überproportional an ehrenamtlichen Aktivitäten teilhaben, also Frauen, Rentner usw. Will man aber diejenigen Gruppen erreichen, die bislang unterproportional an solchen Aktivitäten partizipiert haben, dann besteht bei gegebenen Rahmenbedingungen die Gefahr, daß die finanziellen Anreize so hoch dosiert werden müssen, daß eine „Verberuflichung" des sozialen Ehrenamtes einsetzt. Dies würde dann allerdings zur Folge haben, daß die für freiwillige soziale Tätigkeiten charakteristische Motivstruktur durch das Erwerbsmotiv zerstört werden würde.

(3.) Der drittgenannte Typ von Maßnahmen und Strategien zielt auf die *Bereitstellung und Verbesserung der sachlichen, personellen und baulichen Infrastruktur* für ehrenamtliche Tätigkeiten. Aufgaben der fachlichen Anleitung und Fortbildung, der Beratung und Information, des gemeinsamen Erfahrungsaustausches und vor allem der Vermittlung potentiell Hilfebereiter an Hilfebedürftige können nur erfüllt werden, wenn eine geeignete Infrastruktur von Treffpunkten, Vermittlungsbörsen, Einrichtungen und Diensten entwickelt wird. Auch in dieser Hinsicht gilt, daß es bislang überwiegend die freien Träger waren, die die für die Gewinnung, Einarbeitung und den Einsatz ehrenamtlicher Mitarbeiter geeigneten organisatorischen Rahmenbedingungen entwickelt und vorgehalten haben.

Allerdings stellen selbst Vertreter der verbandlichen Wohlfahrtspflege in dieser Hinsicht fest, daß die systematischen Anstrengungen und finanziellen Mittel, die für die Förderung und Unterstützung ehrenamtlicher Mitarbeit innerverbandlich aufgewendet werden, unzureichend sind und die „ehrenamtlichen Mitarbeiter von den 'Brosamen', die vom Tisch professionalisierter Dienste übrig bleiben" (Bock 1988, S. 313), leben müssen.

Seit einiger Zeit wird nun nicht lediglich bei den Wohlfahrtsverbänden, sondern auch bei politischen Instanzen darüber nachgedacht, auf welche Weise die Infrastruktur für ehrenamtliche Mitarbeit verbessert werden könnte. Auch in dieser Hinsicht ist die Entwicklung in den angelsächsischen Ländern der Situation in der Bundesrepublik weit voraus. In den USA, in denen der „Voluntary Sector" sowohl in gesellschaftspolitischer Hinsicht als auch im Hinblick auf seine quantitative Ausdehnung eine viel gewichtigere Rolle spielt als hierzulande, hat sich ein dichtes Netz von „Vermittlungsbörsen" (Volunteer Bureaux) etabliert, die sich der Aufgabe widmen, an freiwilliger Mitarbeit Interessierte an für sie geeignete Aufgaben bzw. Organisationen weiterzuvermitteln (vgl. ausführlich Paulwitz 1988). Solche Vermittlungsdienste gibt es nicht lediglich als dezentrale Ressourcenstellen, sondern auch als telefonische Dienste und als Spezialdienste, die etwa die Service-Leistungen verrenteter Spezialisten (etwa ehemalige Manager) an nachfragende Institutionen verweisen. Um den Erfahrungsaustausch der vielen einzelnen „Volunteers" zu intensivieren, und um ein gemeinsames Standesbewußtsein zu entwickeln, werden darüber hinaus regionale bzw. nationale Verknüpfungssysteme geschaffen, in denen sich die gegenüber dem Kontinent wesentlich höhere Anzahl von freiwilligen Helfern wechselseitig beraten und unterstützen kann.

Solche „Büros für das Ehrenamt" (Volunteer Bureaux) gibt es seit Anfang der 70er Jahre auch in England. Heute existieren ca. 300 solcher Büros, die in ladenähnlichen Räumlichkeiten untergebracht und zumeist mit einer Teilzeit-Arbeitskraft ausgestattet sind. Eine empirische Evaluationsstudie, die allerdings nur einige wenige solcher Büros einbeziehen konnte, hat erbracht, daß über diese Art von lokalen Vermittlungsstellen insbesondere jüngere weibliche Angestellte angesprochen werden konnten, die auf diese Weise zumeist ihre ersten Erfahrungen mit ehrenamtlicher Arbeit machen konnten. Immerhin zwei Drittel derjenigen, die tatsächlich aufgrund der Vermittlung solcher Büros eine ehrenamtliche Tätigkeit aufnahmen, blieben länger als drei Monate dabei, und die Hälfte sogar mehr als sechs Monate (vgl . Mocroft 1983).

In der Bundesrepublik wird gegenwärtig damit begonnen, zum Teil ausdrücklich in Anlehnung an die angelsächsischen Vorbilder, solche dezentralen Vermittlungsbörsen aufzubauen. Nachdem bereits in München seit einigen Jahren eine entsprechende Ressourcenstelle unter dem Begriff „Münchner Helferinformation" (vgl. die Erfahrungsberichte von 1986 und 1987) besteht, wird seit August 1988 in Berlin ebenfalls eine solche Einrichtung unter dem Titel „Treffpunkt Hilfsbereitschaft" aufgebaut (vgl. NAKOS Info 8/88, S. 21).

(4.) Der viertgenannte Typ von Maßnahmen und Strategien rekurriert auf das Mittel der *Zwangsverpflichtung*. Modelle wie das „obligatorische Sozialjahr" bzw. der „allgemeine Sozialdienst" werden in regelmäßigen Abständen erneut in die Debatte gebracht. Erst im Herbst '88 wurde aus den Reihen der konservativ-liberalen Koalition wieder einmal für ein soziales Pflichtjahr für Mädchen und junge Frauen plädiert. Als Begründung wird auf den eklatanten Mangel an Pflegekräften in den Krankenhäusern und auf das Interesse an Gleichberechtigung zwischen den Geschlechtern verwiesen (vgl. N.N. 1988). Aber auch bei einigen Vertretern der Grünen findet dieser Vorschlag Beifall (vgl. stellvertretend Opielka 1988).

Nicht zu bestreiten ist, daß auf diese Weise ein erheblich größeres Potential an Arbeitsvolumen mobilisiert werden könnte, als durch die bislang diskutierten „weichen" Mobilisierungsstrategien. Allerdings sind hiermit einige Nachteile verbunden, die in diesem Zusammenhang bedacht werden müssen. Spätestens seit Titmuss' (vgl. 1970) Analyse des Blutspendewesens ist bekannt, daß sich soziale Regulierungsmechanismen der Leistungserstellung und -verteilung auf die Qualität sozialer Hilfeleistungen auswirken. Dies gilt insbesondere auch für den Bereich persönlicher Dienste, in dem die Qualität der Leistung von der sozialen Beziehung zwischen Konsument und Produzent abhängig ist. Wird also jemand zu einem persönlichen Dienst für einen anderen gezwungen, so dürfte im Regelfall die Qualität der derart herbeigeführten Dienstleistung geringer ausfallen, als die freiwillig erbrachte. Bewertet man solche „harten" Strategien der Mobilisierung sozialer Pflege- und Betreuungsleistungen also nicht lediglich unter quantitativen, sondern auch unter qualitativen Gesichtspunkten, so verlieren sie erheblich an Attraktivität und Akzeptanz.

5. Bilanz und Perspektiven

Darstellung und Analyse bisher realisierter bzw. geplanter Maßnahmen und Strategien zur Förderung und Unterstützung von freiwilligen sozialen Tätigkeiten bestätigen, daß der Unterstützungsbedarf von Selbsthilfeaktivitäten und ehrenamtlichem Engagement mittlerweile als sozialpolitische Aufgabe anerkannt wird.

Vor diesem Hintergrund lassen sich Stand und Perspektiven der Politikformulierungs- und Implementationsprozesse in diesem Bereich folgendermaßen umreißen: Im Bereich der Selbsthilfe-Förderpolitik zeigen sich die typischen Probleme bei der Umsetzung einer solchen *„Querschnittsaufgabe"*. Mit der Ausdifferenzierung eigener Selbsthilfe-Förderfonds und einer nur für diese Aufgabe vorgesehenen Beratungs-Infrastruktur haben sich zwar die Rahmenbedingungen für Selbsthilfeaktivitäten verbessert, es entstehen nun aber Probleme der Abstimmung und Integration der Selbsthilfe-Förderpolitik mit den politischen Maßnahmen und Einrichtungen der einzelnen Fachressorts auf den unterschiedlichen Ebenen des politischen Instanzenzuges. Sowohl auf kommunaler als auch auf Länder- und Bundesebene (vor allem im BMJFFG) gilt, daß sich Selbsthilfe-Förderung als ein unverbundener, additiver Teilbereich entwickelt, der die Reformziele und Strategien vor allem im Jugend-, Sozial- und Gesundheitsbereich kaum beeinflußt. Hinzu kommt, daß auch in vertikaler Hinsicht eine Abstimmung und Verknüpfung der Selbsthilfe-Förderstrategien auf Bundes-, Länder- und kommunaler Ebene weitgehend unterbleibt, was zu Reibungsverlusten und Diskrepanzen in den Vorgehensweisen und Zielsetzungen führt (vgl. zu dieser Einschätzung aus der Binnenperspektive des politisch-administrativen Systems Wend 1988). Um also zu vermeiden, daß Selbsthilfe-Förderpolitik lediglich zum Aufbau eines zusätzlichen Stranges von Unterstützungs- und Beratungsinstitutionen neben anderen Beratungsinstitutionen führt, wäre künftig zweierlei erforderlich: Zum einen wäre zu prüfen, ob und in welcher Weise sich die herausbildende Infrastruktur zur Beratung und Unterstützung von Selbsthilfe-Aktivitäten mit anderen infrastrukturellen Einrichtungen im Sozialsektor und dem System sozialer Dienste, etwa auf kommunaler Ebene, zu einem *Verbundsystem* integrieren lassen. Zum anderen muß es verstärkt darum gehen, die Prinzipien von Selbsthilfe, Selbstorganisation und Partizipation in das herkömmliche professionell-bürokratische Versorgungssystem hineinzutragen (vgl. Olk 1987a).

Es ist bereits anläßlich der begrifflichen Eingrenzung freiwilliger sozialer Tätigkeiten darauf hingewiesen worden, daß Selbsthilfe-Aktivitäten und ehrenamtliches Engagement in einigen zentralen Hinsichten unterschiedliche Motivationsgrundlagen, Produktionslogiken und damit auch Förderbedarfe aufweisen. Solche Differenzen schlagen sich – wie die Abschnitte 3 und 4 gezeigt haben – auch in partiell eigenständigen Maßnahmen und Strategien öffentlicher Förderung nieder. Neben dem Sachverhalt, daß sich Mitglieder von Selbsthilfegruppen und -projekten in erster Linie einmal wechselseitig selbst helfen wollen, spielt hier das soziale und politische Selbstverständnis eine prominente Rolle. Während das traditionelle ehrenamtliche Engagement keineswegs zwangsläufig mit politischen Veränderungszielen bzw. alternativkulturellen Werthaltungen verknüpft sein mußte, gilt zumindest für die Selbsthilfe-Aktivisten, daß es ihnen nicht lediglich um die Verwirklichung eines „neuartigen“ Prinzips des Helfens, sondern auch um gesellschaftliche und sozialpolitische Veränderungen geht (vgl. Brand 1988). Ehrenamtliches Engagement ist also immer schon ein ergänzender Bestandteil des professionell-sozialstaatlichen Systems der Versorgung gewesen, während Selbsthilfe sich eher als „Stachel im Fleisch“ eben dieses Systems versteht.

Die Intensivierung staatlicher Bestrebungen zur Ausschöpfung der gesellschaftlichen Ressource „Mitmachbereitschaft“ führt nun allerdings dazu, daß sich die Probleme und Dilemmata sowohl im Bereich der Selbsthilfe-Aktivitäten als auch des ehrenamtlichen Engagements aneinander annähern und angleichen. Beide Varianten freiwilliger sozialer Tätigkeiten geraten nun unter den Druck von Erwartungen und Anforderungen, die mit der je spezifischen Eigenlogik entsprechender Aktivitäten partiell unvereinbar sind. Für diese Aktivitäten ist nun einmal kennzeichnend, daß sie im Hinblick auf die Quantität des Angebotes und die Qualität der erbrachten Hilfeleistungen weniger verläßlich und verbindlich sind. Dies ist nicht zuletzt darin begründet, daß die Erbringer solcher Leistungen nicht ausschließlich, und gelegentlich sogar eher sekundär, an den Endprodukten, sondern vielmehr am *„Prozeßnutzen“* des Tätigwerdens interessiert sind: Die Suche nach befriedigenden sozialen Beziehungen, das Gefühl, anderen bzw. der Allgemeinheit geholfen zu haben, sowie soziale Anerkennung und Teilhabe sind ein zentrales Movens freiwilliger sozialer Tätigkeiten. Gerade diese eigentümliche Motivstruktur macht den besonderen Wert und auch die Qualität dieser Aktivitätsformen aus. Das zentrale Problem einer Politik der Förderung und Unterstützung sowohl von Selbsthilfe als auch von ehrenamtlichem Engagement besteht also darin, einerseits die besondere Produktivität und den „Eigensinn" solcher Formen freiwilliger sozialer Tätigkeiten erhalten zu müssen, um deren Produktivitätspotential zur Entfaltung bringen zu können, und zugleich Ziele wie flächendeckende Versorgung und Einhaltung eines bestimmten durchschnittlichen Qualitätsniveaus dieser Leistungen zu garantieren.

Nicht zuletzt unter dieser Perspektive bleibt festzuhalten, daß auch eine effektive und gut integrierte Politik der direkten Förderung und Unterstützung von Selbsthilfe und ehrenamtlichem Engagement kaum in der Lage sein dürfte, die hier liegenden „unausgeschöpften" Leistungsreserven in wesentlich höherem Maße als bisher auszuschöpfen. In quantitativer Hinsicht dürfte es daher eine realistische Zielsetzung sein, das bereits vorhandene Aktivitätspotential zu *stabilisieren und gegebenenfalls geringfügig auszubauen.* Eine wesentliche zusätzliche Legitimation für öffentliche Strategien und Maßnahmen der Förderung freiwilliger sozialer Tätigkeiten liegt allerdings weniger in der quantitativen als in der qualitativen Bewertung solcher Aktivitätsformen. Deren Förderung und Unterstützung ist nämlich vor allem auch unter dem Aspekt der *Innovations- und Anstoßeffekte* für das etablierte Versorgungssystem zu gewichten. Es sollte deutlich geworden sein, daß auch eine verstärkte Förderung und Mobilisierung von Selbsthilfe und Ehrenamt jedenfalls keinen zentralen Beitrag zur Lösung aktueller sozialpolitischer Herausforderungen darstellen können.

Nur wenn darauf verzichtet wird, Selbsthilfe und ehrenamtliches Engagement ausschließlich unter dem Aspekt der kurzfristigen Schließung von „Dienstleistungslücken" zu instrumentalisieren, kann deren Förderung und Unterstützung sinnvoll und hilfreich sein. Auch ist der Beitrag, den solche freiwilligen sozialen Tätigkeiten in Kombination mit anderen Tätigkeitsformen zur Bewältigung der Nachfrage nach sozialen Diensten erbringen können, keinesfalls gering zu bewerten. Dies macht allerdings weder den quantitativen Ausbau und die qualitative Reform öffentlicher sozialer Dienste noch die Suche nach zusätzlichen und innovativen Arrangements des Bedarfsausgleichs überflüssig. In diesem Zusammenhang ist etwa an die Förderung von „Kooperationsringen" (vgl. ausführlich Offe/Heinze 1986) zu denken, die sich nicht auf den Austausch sozialer Dienstleistungen beschränken, sondern in denen zusätzlich auch handwerkliche und andere Dienste (z.B. Reparaturen, Gartenarbeiten etc.) auf der Ebene haushaltsnaher Verbundsysteme einbezogen werden können (vgl. hierzu die Beiträge von Cahn und Petersson in diesem Band). Ein wesentlicher Vorteil solcher Kooperationsringe könnte darin liegen, daß auf dem Wege der *Entdifferenzierung* sozialer Austauschbeziehungen zwischen Haushalten „Schwellenängste" abgebaut werden können, die oft genug den Austausch nachbarschaftlicher Hilfeleistungen verhindern. Sollten sich im Zuge des Aufbaus solcher Kooperationsringe die sozialen Beziehungen zwischen den beteiligten Haushalten intensivieren, so sind die Beteiligten eventuell eher bereit, in der Intimsphäre des Familienlebens entstehende Problemlagen und Bedarfe (z.B. etwa die Pflegebedürftigkeit eines Angehörigen) gegenüber Nachbarn offenzulegen und nachbarliche Unterstützungsleistungen anzunehmen. Inwieweit mit solchen innovativen Systemen des Bedarfsausgleichs bestimmte Durchsetzungsprobleme und unerwünschte Folgewirkungen verbunden sind, kann hier nicht abschließend beurteilt werden und muß künftigen Erprobungen und Evaluationen derartiger Projekte vorbehalten bleiben.

Literatur

Alff, J., H. Martini und *H. Braun*, 1985: Ehrenamtlichkeit im sozialen Bereich – eine Denkschrift – Institut für Kommunalwissenschaften der Konrad-Adenauer-Stiftung. (St.-Augustin, Dezember 1985), Recklinghausen.

Ballhausen, A., U.Brandes, M. Karrer und *R. Schreiber*, 1986: Zwischen traditionellem Engagement und neuem Selbstverständnis – weibliche Präsenz in der Öffentlichkeit. Eine empirische Untersuchung zur politischen und sozialen Partizipation von Frauen. Bielefeld.

Bendele, U., 1988: Soziale Hilfen zu Discountpreisen. Auf dem Weg zu neuartigen Arbeitsverhältnissen in sozialen Berufen, in: *S. Müller* und *Th. Rauschenbach* (Hrsg.), Das soziale Ehrenamt. Nützliche Arbeit zum Nulltarif. Weinheim/München, S. 71-86.

Beutin, L., und *W. Fehse*, o.J.: Die Förderung der Selbsthilfegruppen durch die öffentliche Hand in der Bundesrepublik Deutschland und Berlin (West) – eine Bestandsaufnahme. Berlin.

Bock, T., 1988: Ressourcen ehrenamtlicher Tätigkeit zur Erfüllung von Hilfeerwartungen, in: Archiv für Wissenschaft und Praxis der sozialen Arbeit, 19 (4), S. 292-317.

Brand, K.-W., 1988: Selbsthilfe und neue soziale Bewegungen. Historische und internationale Vergleichsaspekte, in: Selbsthilfezentrum München (Hrsg.), a.a.O., S. 72-86.

Braun, H., und *St. Articus*, 1985: Zwischen ehrenamtlichem Engagement und unterbezahlter Arbeit, in: Nachrichtendienst des Deutschen Vereins (NDV), 65 (6), S. 317ff.

Braun, J., und *P. Röhrig*, 1987: Praxis der Selbsthilfeförderung. Das freiwillige soziale Engagement am Beispiel von vier Städten. Frankfurt a.M./New York.

Bundesarbeitsgemeinschaft Der Freien Wohlfahrtspflege (BAGFW), 1982: Gesamtstatistik der Einrichtungen der freien Wohlfahrtspflege. Bonn (Stand 1.1.1981).

– – Ausschuß „Statistik", 1982a: Ehrenamtliche Arbeit in der Freien Wohlfahrtspflege, Bonn (Internes Positionspapier).

– 1987: Gesamtstatistik der Einrichtungen der freien Wohlfahrtspflege, Bonn (Stand: 1.1.1986).

Challis, D., und *B. Davies*, 1985: Long Term Care for the Elderly: The Community Care Scheme, in: British Journal of Social Work, 15, S. 563-579.

DAG SHG (Hrsg.), 1987: Selbsthilfegruppen Kontaktstellen, Informationen, Anregungen, Unterstützung. Gießen/Berlin.

Evers, A., und *H. Wintersberger* (Hrsg.), 1988: Shifts in the Welfare Mix. Their Impact on Work, Social Services and Welfare Policies. Wien.

Fink, U. (Hrsg.), 1988: Der neue Generationenvertrag. Die Zukunft der sozialen Dienste. München/Zürich.

– 1988a: Fünf Jahre Selbsthilfeförderung in Berlin, in: Blätter der Wohlfahrtspflege, 135 (9), S. 193ff.

Glatzer, W., 1984: Haushaltsproduktion, in: *W. Glatzer* und *W. Zapf* (Hrsg.), Lebensqualität in der Bundesrepublik, Frankfurt a.M./New York, S. 366ff.

Gretschmann, K., R.G. Heinze, J. Hilbert, E. Schulz und *H. Voelzkow*, 1989: Neue Technologien und soziale Sicherung. Opladen.

Grunow, D. et al., 1983: Gesundheitsselbsthilfe im Alltag. Ergebnisse einer repräsentativen Haushaltsbefragung über gesundheitsbezogene Selbsthilfeerfahrungen und -potentiale. Stuttgart.

Heinze, R.G., Th. Olk und *J. Hilbert*, 1988: Der neue Sozialstaat. Analyse und Reformperspektiven. Freiburg/Brsg.

Hesse, U., 1987: Möglichkeiten zur Selbsthilfeförderung durch das Bundesministerium für Jugend, Familie, Frauen und Gesundheit, in: *Klages, J. Braun und P. Röhrig* (Hrsg.), Soziale Selbsthilfe (Speyerer Forschungsberichte 56). Speyer, S. 118ff.

Huber, J., 1987: Die neuen Helfer. Das 'Berliner Modell' und die Zukunft der Selbsthilfebewegung. München/Zürich.

INFAS (Institut für angewandte Sozialwissenschaft), 1984: Ehrenamtliche Tätigkeit im sozialen Bereich. Aktivitäten, Potentiale, Meinungen. Bonn-Bad Godesberg

Institut für Demoskopie Allensbach, 1985: Die Stellung der Freien Wohlfahrtspflege. Kenntnisse, Erwartungen, Engagement der Bundesbürger. Ergebnisse repräsentativer Bevölkerungsumfragen 1962 – 1985. Allensbach.

Jaeckel, M., G. Tüllmann et al., 1988: Mütter im Zentrum – Mütterzentrum. Wo Frauen mit ihren Kindern leben. München.

Jakubowski, A., 1987: Selbsthilfegruppen und Selbsthilfegruppenunterstützung in Nordrhein-Westfalen. Bottrop (Schriftenreihe der GIB: 'Bottroper Dokumente' 2/87).

– 1988: Förderfonds für Selbsthilfegruppen ('Bottroper Dokumente' IV/88). Bottrop.

Johnson, N., 1987: The Welfare State in Transition. The Theory and Practice of Welfare Pluralism. London.

Krotz, F., 1988: Die Instrumentalisierung der Selbsthilfe. Erfahrungen mit dem 'Berliner Modell', in: *P. Grottian, F. Krotz, G. Lütge* und *H. Pfarr*: Die Wohlfahrtswende. Der Zauber konservativer Sozialpolitik. München, S. 82ff.

Mocroft, I., 1983: Volunteers through Volunteers Bureaux, in: *St. Hatch* (Hrsg.), Volunteers: Patterns, Meanings and Motives. A Symposium. London, S. 14-23.

Münchner Helfer Information, 1986: Tätigkeitsbericht (Münchner Helfer Information (MHI), Lothringer Str. 7, 8000 München 80). München.

– 1987: Tätigkeitsbericht. München.

NAKOS (Nationale Kontakt- und Informationsstelle zur Anregung und Unterstützung von Selbsthilfegruppen), 1988: NAKOS-Info Nr. 16, August '88. Berlin.

Niedrig, H., 1986: Das Erscheinungsbild der freien Wohlfahrtspflege – Karitatives Verhalten der Bürger, in: Theorie und Praxis der sozialen Arbeit, 37 (1), S. 82ff.

N.N., 1988: Pflichtjahr: Vorschlag glatt abgeschmettert, in: Sozialmagazin, 13 (10), 7.

Offe, C., und *R.G. Heinze*, 1986: Am Arbeitsmarkt vorbei. Überlegungen zur Neubestimmung 'haushaltlicher' Wohlfahrtsproduktion in ihrem Verhältnis zu Markt und Staat, in: Leviathan, 4 (4), S. 471ff.

Olk, Th., 1987: Das soziale Ehrenamt, in: Sozialwissenschaftliche Literatur Rundschau, 10 (14), S. 84ff.

– 1987a: Zu einigen Ambivalenzen und Problemen öffentlicher Selbsthilfe-Förderung, in: Deutsche Arbeitsgemeinschaft Selbsthilfegruppen e.V. (Hrsg.), Selbsthilfegruppen-Förderung. Beiträge zu der Tagung 'Konzepte der Selbsthilfegruppen-Förderung', Berlin, 3. bis 5. Juni 1987, Berlin, S. 31-42.

– 1988: Zwischen Hausarbeit und Beruf. Ehrenamtliches Engagement in der aktuellen sozialpolitischen Diskussion, in: *S. Müller* und *Th. Rauschenbach* (Hrsg.), Das soziale Ehrenamt. Nützliche Arbeit zum Nulltarif. Weinheim/München, S. 19-36.

Opielka, M., 1988: Garantiertes Grundeinkommen ist keine reformierte Sozialhilfe, in: Frankfurter Rundschau, 14.9.1988, Nr. 214, S. 10.

Oswald, G. et al., 1987: Dem anderen helfen. Eine Untersuchung über ehrenamtliche Arbeit im sozialen Bereich (im Auftrag des Ministeriums für Arbeit, Gesundheit, Familie und Sozialordnung Baden-Württemberg). Stuttgart.

Paulwitz, I., 1988: Freiwillige in sozialen Diensten. Volunteers und Professionelle im Wohlfahrtssektor der USA. Weinheim/München.

Qureshi, H., D. Challis und *B. Davies*, 1983: Motivations and Rewards of Helpers in the Kent Community Care Scheme, in: *St. Hatch* (Hrsg.), Volunteers: Patterns, Meanings and Motives. A Symposium. London, S. 144-168.

Runge, B., und *F. Vilmar*, 1988: Handbuch Selbsthilfe. Gruppenberichte, 900 Adressen, Gesellschaftliche Perspektiven. Frankfurt a.M.

Selbsthilfezentrum München (Hrsg.), 1988: Zurück in die Zukunft. Selbsthilfe und gesellschaftliche Entwicklung. München.

Thiel, W., 1988: Kontaktstellenarbeit wenig gesichert. Ergebnisse einer Befragung von Unterstützungsstellen für Selbsthilfegruppen in der Bundesrepublik Deutschland und Berlin (West), in: DPWV-Nachrichten 7/1988, S. 91-94.

Titmuss, R.M., 1970: The Gift Relationship. From Human Blood to Social Policy. London.

Townsend, A., 1978: New Pathways to Volunteer Recruitment. Community Service Volunteers.

Trojan, A. (Hrsg.), 1986: Wissen ist Macht. Eigenständig durch Selbsthilfe in Gruppen. Frankfurt a.M.

Wend, Ch., 1988: Rechte, Räume und Ressourcen. Fachübergreifende Selbsthilfe-Förderpolitik im Bundesministerium für Jugend, Familie, Frauen und Gesundheit, in: SEKIS – Selbsthilfe Kontakt- und Informationsstelle (Hrsg.), Fünf Jahre SEKIS. Selbsthilfe Kontakt- und Informationsstelle. Diskussionsbeiträge zu Perspektiven der Selbsthilfebewegung. Berlin, S. 66-71.

*Winkelvoss, H., A. Trojan*und *R. Itzwerth*, 1981: Zur Definition und Verbreitung von Gesundheitsselbsthilfegruppen, in: *I. Kickbusch* und *A. Trojan* (Hrsg.), Gemeinsam sind wir stärker. Selbsthilfegruppen und Gesundheit. Frankfurt a.M., S. 133ff.

Autorenverzeichnis

Univ.Doz. Dr. Christoph *Badelt,* Wirtschaftsuniversität Wien

Prof. Edgar S. *Cahn,* Ph.D., Florida International University, North Miami/Florida

Prof. Dr. Wolfgang *Glatzer,* Universität Frankfurt/M.

Prof. Dr. Hartmut *Häußermann,* Karin *Lüsebrink,* Werner *Petrowsky,* Universität Bremen

Prof. Dr. Rolf G. *Heinze,* Ruhr-Universität Bochum, Fakultät für Sozialwissenschaft

Dr. Johann *Jessen,* Prof. Dr. Walter *Siebel,* Dr. Christa *Siebel-Rebell,* Dr. Uwe-Jens *Walther,* Irmgard *Weyrather,* Universität Oldenburg

Dr. Wolfgang *Lecher,* Wirtschafts- und sozialwissenschaftliches Institut des DGB, Düsseldorf

PD Dr. Joachim *Merz,* Klaus *Wolff,* Universität Frankfurt/M.

Prof. Dr. Ulrich *Mückenberger,* Hochschule für Wirtschaft und Politik, Hamburg

Prof. Dr. Hildegard *Müller-Kohlenberg,* Hochschule für Wirtschaft und Politik, Hamburg

Prof. Dr. Claus *Offe,* Universität Bremen/Zentrum für Sozialpolitik

PD Dr. Thomas *Olk,* Universität Bremen/Zentrum für Sozialpolitik

Prof. Raymond E. *Pahl,* Ph.D., University of Kent at Canterbury

Kerstin *Petersson,* Community Organizer, Wakefield/Kanada

PD Dr. Richard *Pieper,* Technische Universität München

Dr. Jiri *Skolka,* Österreichisches Institut für Wirtschaftsforschung, Wien

GPSR Compliance

The European Union's (EU) General Product Safety Regulation (GPSR) is a set of rules that requires consumer products to be safe and our obligations to ensure this.

If you have any concerns about our products, you can contact us on ProductSafety@springernature.com

In case Publisher is established outside the EU, the EU authorized representative is:

Springer Nature Customer Service Center GmbH
Europaplatz 3
69115 Heidelberg, Germany

Batch number: 10809468

Printed by Printforce, the Netherlands